Wirtschaftspolitik

Rainer Klump

Wirtschaftspolitik

Instrumente, Ziele und Institutionen

PEARSON
Studium

ein Imprint von Pearson Education
München • Boston • San Francisco • Harlow, England
Don Mills, Ontario • Sydney • Mexico City
Madrid • Amsterdam

Bibliografische Information Der Deutschen Bibliothek

Die Deutsche Bibliothek verzeichnet diese Publikation in der Deutschen Nationalbibliografie; detaillierte bibliografische Daten sind im Internet über *http://dnb.ddb.de* abrufbar.

Umwelthinweis:
Dieses Produkt wurde auf chlorfrei gebleichtem Papier gedruckt.
Die Einschrumpffolie – zum Schutz vor Verschmutzung – ist aus
umweltverträglichem und recyclingfähigem PE-Material.

10 9 8 7 6 5 4 3 2 1

08 07 06

ISBN-13: 978-3-8273-7238-3
ISBN-10: 3-8273-7238-0

© 2006 Pearson Studium
ein Imprint der Pearson Education Deutschland GmbH,
Martin-Kollar-Straße 10–12, D-81829 München/Germany
Alle Rechte vorbehalten
www.pearson-studium.de
Lektorat: Dennis Brunotte, dbrunotte@pearson.de;
         Christian Schneider, cschneider@pearson.de
Korrektorat: Dunja Reulein, München
Einbandgestaltung: adesso 21, Thomas Arlt, München
Herstellung: Andreas Fleck, afleck@pearson.de
Satz: PTP-Berlin Protago-TEX-Production GmbH
Druck und Verarbeitung: Kösel, Krugzell (www.KoeselBuch.de)

Printed in Germany

Inhaltsverzeichnis

Vorwort

Die wirtschaftspolitische Praxis in Deutschland, aber auch die Theorie der Wirtschaftspolitik haben sich in den letzten zwei Jahrzehnten dramatisch verändert. Mit dem Untergang des sozialistischen Wirtschaftssystems der DDR, der deutschen Wiedervereinigung, der Europäischen Währungsunion, neuen Technologien und dem unaufhaltsamen Prozess der Globalisierung sind neue Rahmenbedingungen für die nationale Wirtschaftspolitik entstanden. Gleichzeitig haben neue Ansätze in der Wirtschaftstheorie und der empirischen Wirtschaftsforschung die wissenschaftliche Basis erweitert, auf der fundierte wirtschaftspolitische Entscheidungen getroffen werden können.

Das vorliegende Lehrbuch unternimmt den Versuch, einen Überblick über den aktuellen Stand der theoretischen Wirtschaftspolitik zu geben. Die Auswahl der behandelten Gebiete und Themen ist dabei naturgemäß subjektiv. Sie ist geleitet von der Idee, eine möglichst große Zahl von methodischen Ansätzen anzusprechen, die für die praktische Wirtschaftspolitik Relevanz besitzen. Die Darstellung dieser Ansätze sollte außerdem in einer Weise erfolgen, dass das Buch für vielfältige Anwendungen in der Lehre genutzt werden kann. Es sollte sowohl als zentrale Grundlage einer eigenständigen Lehrveranstaltung zur Wirtschaftspolitik dienen können als auch als Begleittext zu einer allgemeinen Einführung in die Volkswirtschaftslehre oder als einführende Lektüre zu weiterführenden Veranstaltungen in Teilbereichen der Wirtschaftspolitik. Die in jedem Kapitel diskutierten Praxisbeispiele behandeln zentrale Bereiche der deutschen oder europäischen Wirtschaftspolitik, wobei sich die Grenzen zwischen beiden immer mehr verwischen.

Hervorgegangen ist das Buch aus einer Serie von wirtschaftspolitischen Lehrveranstaltungen, die ich in den vergangenen Jahren an den Universitäten Würzburg, Ulm, Frankfurt am Main, Lyon 2 sowie an der Technischen Universität Darmstadt gehalten habe. Kritik und Anregungen der Studierenden sind in vielfältiger Weise in den Text eingeflossen. Großen Dank schulde ich meinen Mitarbeiterinnen und Mitarbeitern, die an der langen Entstehungsgeschichte dieses Werks zu unterschiedlichen Zeiten und in unterschiedlicher Weise beteiligt waren: *Boris Berning, Gerlinde Borkhataria, Thorsten Brackert, Klaus Dorner, Susanne Franke, Thomas Hartmann, Anne Jurkat, Sabine Nagelschmitt, Lars Pilz, Manfred Plagens, Harald Preißler, Marianne Saam, Cornelia Schiller, Martin Skala, Denis Stijepic, Florian Täube, Wiebke Wetzmüller und Yuyang Xing. Dennis Brunotte* und *Christian Schneider* danke ich für die konstruktive verlegerische Betreuung.

Rainer Klump
Frankfurt am Main, im März 2006

Wege durch die Wirtschaftspolitik: Eine Lesehilfe

1. Das Grundkonzept

Der Aufbau des Buchs orientiert sich an den Bedürfnissen von Studierenden am Ende des wirtschaftswissenschaftlichen Grundstudiums. Aufbauend auf bereits bekannten wirtschaftstheoretischen Grundlagen werden unterschiedliche Ansatzpunkte der Wirtschaftspolitik hergeleitet und danach erst speziellere theoretische Grundlagen der Wirtschaftspolitik erschlossen: Nach einer Einführung in die Grundprobleme der wirtschaftspolitischen Beratung wird zunächst auf die dann schon bekannten Ansätze der Mikro- und Makroökonomik zurückgegriffen, um Instrumente und Ansatzpunkte der Wirtschaftspolitik zu diskutieren. Als neuer Bereich tritt dann die Institutionenökonomik hinzu, mit deren Hilfe die Gestaltung, die Transformation und die Integration von Wirtschaftsordnungen analysiert werden können. Daran anschließend werden die Ziele der Wirtschaftspolitik im Kontext wohlfahrtsökonomischer Überlegungen hergeleitet und diskutiert. Im letzten Teil werden Ansätze der Neuen Politischen Ökonomie herangezogen, um zu untersuchen, von welchen Faktoren das tatsächliche Verhalten wirtschaftspolitischer Institutionen beeinflusst wird.

2. Der systematische Ansatz

Die wissenschaftliche Systematik der Wirtschaftspolitik geht normalerweise in einer anderen Reihenfolge vor, die durch den vorliegenden Text in folgender Weise abgedeckt wird: Nach der Einführung in die Grundprobleme der theoretischen Wirtschaftspolitik und der wirtschaftspolitischen Beratung (Teil 1) werden zunächst die Ziele der Wirtschaftspolitik hergeleitet und dargestellt (Teil 5). Danach werden die primär prozesspolitischen Instrumente der Wirtschaftspolitik für Eingriffe auf Märkten oder im Wirtschaftskreislauf diskutiert (Teile 2 und 3). Schließlich folgt eine Analyse ordnungspolitischer Fragen beim Zusammenspiel wirtschaftspolitischer Institutionen (Teil 4) sowie die Analyse des Verhaltens wirtschaftspolitischer Institutionen aus Sicht der Neuen Politischen Ökonomie (Teil 6).

3. Die institutionelle Perspektive

Einen besonderen Schwerpunkt der theoretischen Wirtschaftspolitik bildet die wissenschaftliche Auseinandersetzung mit der Bedeutung von Institutionen für die wirtschaftliche Entwicklung. Ein Spezialkurs zu diesem Thema kann die Kapitel des Buchs in der folgenden Weise nutzen: In den Kapiteln 3 und 4 wird die Rolle unterschiedlicher institutioneller Lösungen zur Korrektur von Marktfehlern thematisiert. Kapitel 6 beleuchtet die besonderen Probleme, die mit der Institution Geld verknüpft sind. Die Kapitel 10 bis 12 analysieren die Wirkungen, die von der Kombination unterschiedlicher Institutionen in einer Wirtschaftsordnung ausgehen, sowie die besonderen institutionellen Probleme, die bei der Transformation und Integration von Wirtschaftsordnungen entstehen. Kapitel 13 untersucht, warum institutionelle Regelungen eine wichtige Rolle bei der Herleitung kollektiver Ziele spielen. Die Kapitel 16 bis 18 diskutieren die Funktionsprobleme wichtiger gesellschaftlicher Institutionen.

4. Ein Kompendium deutscher und europäischer Wirtschaftspolitik

Schließlich kann der vorliegende Text auch verwendet werden, um einen Überblick über zentrale Bereiche der deutschen und europäischen Wirtschaftspolitik zu geben. Ein solcher Ansatz kann beginnen mit der institutionellen Verankerung der deutschen Wirtschaftspolitik und ihrem Verhältnis zur Finanz- und Sozialpolitik (Kapitel 1.6) und sich dann dem Konzept der Sozialen Marktwirtschaft (Kapitel 10.5) zuwenden. Mit dem Gesetz gegen Wettbewerbsbeschränkungen (Kapitel 5.4) und dem Stabilitäts- und Wachstumsgesetz (Kapitel 8.4) werden die beiden zentralen wirtschaftspolitischen „Grundgesetze" näher behandelt. Für ein vertieftes Verständnis der deutschen Wirtschaftspolitik können schließlich die Probleme der Transformation in Ostdeutschland (Kapitel 11.4), die Deregulierung des Telekommunikationssektors (Kapitel 4.4), die Regionalpolitik (Kapitel 7.4), die Zahlungsbilanzpolitik (Kapitel 9.4), die Erfahrungen mit dem Bündnis für Arbeit (Kapitel 18.4) und die Arbeit des Sachverständigenrats zur Begutachtung der gesamtwirtschaftlichen Entwicklung (Kapitel 2.5) betrachtet werden.

Die Behandlung der europäischen Wirtschaftspolitik beginnt mit einem Überblick über den Prozess der europäischen Integration (Kapitel 12.3). Anschließend werden mit der Agrarpolitik und der Geldpolitik zwei Politikbereiche behandelt, in denen die nationalen Regelungen keine Rolle mehr spielen. Nach der Darstellung der Grundkonzeption der Europäischen Agrarpolitik (Kapitel 3.4) werden die jüngsten Reformansätze analysiert (Kapitel 16.5). Der Überblick über die Geldpolitik in der Euro-Zone beginnt mit der Verfassung und der geldpolitischen Strategie der Europäischen Zentralbank (Kapitel 17.3) und widmet sich dann den geldpolitischen Instrumenten (Kapitel 6.5).

Zusatzmaterialien zu diesem Buch

Unter *www.pearson-studium.de* stellen wir Ihnen Zusatzmaterialien zu diesem Lehrbuch zur Verfügung.

 **Dozenten** finden dort im Passwort geschützten Bereich einen auf das Buch abgestimmten Foliensatz sowie alle Abbildungen aus dem Buch im Format PowerPoint. Außerdem werden zu den einzelnen Teilen des Buches weitere wirtschaftspolitisch relevante Texte zusammen mit Übungsfragen bereitgestellt.

Studierende finden im allgemein zugänglichen Bereich die Lösungen zu den Übungsaufgaben der einzelnen Kapitel, ein Glossar mit Erläuterungen zu den Schlüsselbegriffen sowie Links zu wirtschaftspolitisch relevanten Websites.

TEIL I

Theoretische Wirtschaftspolitik und wirtschaftspolitische Beratung

Wirtschaftstheorie und Theorie der Wirtschaftspolitik

1

ÜBERBLICK

Lernziele

- Wirtschaftspolitik steht in einem permanenten Spannungsverhältnis zwischen wirtschaftstheoretischen Einsichten und politischer Machbarkeit.

- Theoretische Wirtschaftspolitik basiert auf ökonomischen Theorien, die nicht nur logisch widerspruchsfrei, sondern auch empirisch gehaltvoll sein sollen.

- Wirtschaftspolitik lässt sich in unterschiedlicher Weise systematisieren. Neben einer Systematik nach den Zielen ist die Unterscheidung in quantitative und qualitative Wirtschaftspolitik, sowie diejenige in Ordnungs- und Prozesspolitik besonders bedeutsam.

- Die praktische Wirtschaftspolitik steht in ständiger Konkurrenz einerseits zur Finanzpolitik, deren Hauptinteresse der finanziellen Handlungsfähigkeit des Staates gilt, und andererseits zur Sozialpolitik, deren Ziel die Besserstellung besonders benachteiligter Gruppen der Gesellschaft ist.

- Ein Blick in die deutsche Wirtschaftsgeschichte zeigt, dass die Wirtschaftspolitik sich institutionell in ganz unterschiedlicher Weise gegenüber Finanz- und Sozialpolitik positionieren konnte.

1.1   Praktische und theoretische Wirtschaftspolitik

Wirtschaftspolitik bezeichnet zielgerichtete Eingriffe in den Bereich der Wirtschaft durch dazu legitimierte Instanzen. Solche Träger der Wirtschaftspolitik sind entweder den Staatsorganen zuzurechnen oder sind von diesen mit der Wahrnehmung öffentlicher Aufgaben betraut. Wirtschaftspolitik ist somit ein Teilgebiet der allgemeinen staatlichen Politik.

Von der praktischen Wirtschaftspolitik ist die wissenschaftliche Behandlung der Wirtschaftspolitik als Teilgebiet der Volkswirtschaftslehre zu unterscheiden. Die Aufgabe dieser theoretischen Wirtschaftspolitik oder Theorie der Wirtschaftspolitik besteht darin, auf der Grundlage von Erkenntnissen der ökonomischen Theorie geeignete Ansatzpunkte und Instrumente zu entwickeln, mit denen die in der praktischen Wirtschaftspolitik explizit oder implizit angestrebten Ziele erreicht werden können. Wirtschaftspolitik lässt sich insofern als angewandte Wirtschaftstheorie zur Lösung konkreter ökonomischer Probleme ansehen. Sie schließt eine gründliche Fehleranalyse ein, versucht also auch die Frage zu beantworten, warum bestimmte Ziele nicht erreicht werden.

Aussagen der ökonomischen Theorie sind als funktionale Beziehungen der Form:

$$y = f(x, z) \tag{1.1}$$

formulierbar. Dabei ist y die abhängige (endogene) Variable und x die unabhängige (oder exogene) Variable der Theorie. Die Variable z ist ein Strukturparameter des ökonomischen Modells, in dem alle weiteren Einflüsse auf die abhängige Variable y zusammengefasst sind. Eine wichtige Rolle für die Höhe des Strukturparameters spielen die institutionellen Rahmenbedingungen, unter denen die ökonomischen Prozesse ablaufen. Sofern sich die Rahmenbedingungen nur langsam verändern, kann man den Strukturparameter als konstant ansehen. Bei Konstanz des Strukturparameters z kann aufgrund theoretischer Überlegungen gefolgert werden, dass eine eindeutige Beziehung zwischen den Variablen x und y besteht. So behauptet etwa die mikroökonomische Angebotstheorie, dass der Anstieg des Preises für ein Gut (unabhängige Variable) eine Zunahme der produzierten und angebotenen Menge dieses Guts (abhängige Variable) bewirkt, sofern alle anderen Determinanten des Angebots unverändert bleiben. Nach der Quantitätstheorie des Geldes folgt bei Konstanz aller weiterer Einflussgrößen aus einer Erhöhung der Geldmenge (unabhängige Variable) ein Anstieg des Preisniveaus (abhängige Variable).

Die funktionalen Beziehungen der Wirtschaftstheorie finden in dreifacher Hinsicht Verwendung:

■ Sie dienen als *positive Aussagen* zur Erklärung ökonomischer Zusammenhänge. So kann die Zunahme der Angebotsmenge eines Gutes durch den gestiegenen Preis des Gutes erklärt werden. Ebenso stellt ein über das reale Wirtschaftswachstum hinausgehender Anstieg der Geldmenge eine Erklärung für das Entstehen von Inflation dar.

■ Sie dienen als *prognostische Aussagen* zur Vorhersage zukünftiger Entwicklungen. Ein Anstieg eines Güterpreises lässt für die Zukunft eine Ausweitung der Produktion des betreffenden Gutes oder ein starkes Geldmengenwachstum lässt für die nächste Zeit eine Zunahme des allgemeinen Preisniveaus erwarten.

■ Sie dienen schließlich als *präskriptive Aussagen* zur Konzeption wirtschaftspolitischer Maßnahmen. Das Angebot eines Gutes kann dadurch gesteigert werden, dass durch wirtschaftspolitische Eingriffe sein Preis erhöht wird. Gemäß der Quantitätstheorie des Geldes lässt sich ein Anstieg des Preisniveaus verhindern, wenn das Wachstum der Geldmenge der Zunahme des realen Sozialprodukts entspricht. Die abhängigen Variablen der Theorie stellen dabei die Ziele der Wirtschaftspolitik dar, während die unabhängigen Variablen direkt oder indirekt zu Ansatzpunkten der Wirtschaftspolitik werden. Befindet sich die exogene Variable unter direkter Kontrolle der wirtschaftspolitisch Verantwortlichen, so bezeichnet man sie auch als ein Instrument der Wirtschaftspolitik.

1.2 Anforderungen an ökonomische Theorien

Nicht alle Theorien sind gleichermaßen gut für die Erklärung, Prognose und wirtschaftspolitische Gestaltung ökonomischer Prozesse verwendbar. Um diese Aufgaben zu erfüllen, sollten sie möglichst allgemein gültig und durch empirische Überprüfung bestätigt sein. Um sie als Grundlage wirtschaftspolitischer Entscheidungen zu verwenden, sollten ökonomische Theorien aber auch so verständlich formuliert sein, dass sie den Anwendern in der wirtschaftspolitischen Praxis kommuniziert werden können.

Ökonomische Theorien liegen in verschiedenster Form vor. Es gibt grafische, formale und verbale Darstellungen von Hypothesen über wirtschaftlich relevante Zusammenhänge. Als Denkmodelle versuchen solche Theorien zunächst, möglichst allgemeingültige Aussagen zu formulieren. *Allgemeingültigkeit* ökonomischer Theorien darf nicht in dem Sinne missverstanden werden, dass damit die Handlungen jedes einzelnen

Akteurs präzise beschrieben werden sollen. Analysiert wird in der Regel das Verhalten von „repräsentativen" Individuen, die jeweils größere Gruppen im Wirtschaftsleben abbilden, oder man beschreibt die Entwicklung ökonomischer Aggregatgrößen, in denen bereits eine Vielzahl individueller Entscheidungen zusammengefasst wurden.

Karl Popper und der Kritische Rationalismus

Karl Raimund Popper (1902–1994), geboren in Wien, studierte an der Universität Wien, promovierte dort 1928 in Philosophie und arbeitete danach einige Zeit als Lehrer für Mathematik und Physik. 1937 emigrierte er aus Österreich, zunächst nach Neuseeland, 1946 nach England. Von 1949 bis zu seinem Lebensende war er Professor für Logik und wissenschaftliche Methodenlehre an der *London School of Economics*. Er gilt als einer der einflussreichsten Philosophen und Wissenschaftstheoretiker des 20. Jahrhunderts. Der von ihm vertretene *Kritische Rationalismus* versucht, das Fortschreiten wissenschaftlicher Erkenntnis im ständigen Zusammenspiel von theoretischer und empirischer Forschung zu erklären. Als seine Hauptwerke gelten: *Logik der Forschung* (1935); *Die offene Gesellschaft und ihre Feinde* (1944).

Wie *Popper* nachdrücklich betont, kann man weder alleine aus wiederholter Beobachtung auf unveränderliche Gesetzmäßigkeiten in Natur oder Gesellschaft schließen, noch kann man wissenschaftliche Erkenntnis über die reale Welt alleine aus theoretischen Deduktionen gewinnen. Vielmehr werden wissenschaftliche Hypothesen zunächst in der Vorstellung des Forschers formuliert und dann anhand von Beobachtungen geprüft. Die Hypothesen sollten deshalb so formuliert sein, dass sie prinzipiell durch empirische Beobachtungen auch widerlegt und damit falsifiziert werden können. Die Bestätigung von Hypothesen in empirischen Tests führt niemals zu einer endgültigen Verifikation wissenschaftlicher Gesetzmäßigkeiten; die Forscher müssen immer damit rechnen, dass bewährte Hypothesen unter neuen Randbedingungen nicht mehr gültig sind. Falsifikation von Hypothesen bedeutet nach *Popper* nicht, dass eine Theorie grundsätzlich falsch ist und sofort aufgegeben werden muss. Falsifikation bedeutet zunächst nur, dass in dem ganzen System von Theorien, Hilfsannahmen, Randbedingungen, Beobachtungen und sprachlicher Formulierung irgendetwas falsch sein muss. Mit seiner Forderung, Hypothesen möglichst zu falsifizieren, ermuntert *Popper* daher zu einer kontinuierlichen Verbesserung wissenschaftlicher Theorien, warnt aber gleichzeitig davor, solche Theorien ohne genaue Prüfung zur Grundlage umfassender Projekte zur Umgestaltung der realen Welt zu machen.

Gerade im Bereich der Gesellschaftswissenschaften, und damit auch in den Wirtschaftswissenschaften, sieht *Popper* die Gefahr, dass Theorien nur unzureichend empirisch überprüft sind, dennoch aber als Grundlage für weit reichende wirtschafts- und sozialpolitische Reformprojekte dienen sollen. Weil niemand wissen könne, wie eine ideale Gesellschaft (oder Wirtschaft) auszusehen habe, plädiert *Popper* dafür, Sozialwissenschaftler sollten eher Vorschläge für stückweise Veränderungen gesellschaftlicher (oder ökonomischer) Zustände entwickeln, so dass auch die Schäden bei Verwendung falscher Theorien klein gehalten werden können. Man bezeichnet das von ihm vorgeschlagene Verfahren auch als *piecemeal engineering*.

Hohe Allgemeingültigkeit wird jedoch häufig durch einen hohen Abstraktionsgrad erkauft, der viele interessante Phänomene der ökonomischen Realität ausklammert. Notwendig ist daher die Formulierung von Bedingungen, unter denen aus allgemeinen Theorien konkrete Hypothesen über die Funktionsweise des Wirtschaftslebens werden. Wichtig kann dabei eine präzise Beschreibung der institutionellen Rahmenbedingungen werden, unter denen wirtschaftliches Handeln zu bestimmten Zeiten und an bestimmten Orten stattfindet.

Schließlich sollten ökonomische Lehrsätze so formuliert sein, dass sie logisch oder empirisch mögliche Sachverhalte ausschließen. Damit können sie prinzipiell durch Gegenüberstellung mit der ökonomischen Realität einem Gütetest unterzogen werden. Die *Falsifizierung* einer Hypothese durch einen empirischen Test führt zu ihrer Ablehnung; bei *Verifizierung* kann die Gültigkeit der Hypothese vorläufig angenommen werden. Da immer das Risiko einer Falsifizierung in einem weiteren empirischen Test droht, ist eine Theorie nie endgültig beweisbar. Als Grundlage wirtschaftspolitischer Empfehlungen sind aus Sicht des Kritischen Rationalismus solche Hypothesen geeignet, die sich in einem breiten empirischen Test bewährt haben. Manche Theorien genügen diesem Anspruch nicht, da ihr Anwendungsbereich auf wenige konkrete Situationen der ökonomischen Realität beschränkt ist. Ihre theoretische und historische Plausibilität muss in diesen Fällen einen umfassenden Test ersetzen.

1.3 Ökonomische Grundlagen der theoretischen Wirtschaftspolitik

Beispiele für die Verwendung unterschiedlicher Erkenntnisse der Wirtschaftstheorie in der theoretischen Wirtschaftspolitik finden sich in den folgenden Abschnitten. Bei der Herleitung von Ansatzpunkten und Instrumenten der Wirtschaftspolitik wird in den Teilen 2, 3 und 4 auf Aussagen der Mikroökonomik, der Makroökonomik und der Institutionenökonomik zurückgegriffen. Im Zusammenhang mit der Diskussion von Zielen der Wirtschaftspolitik werden im Teil 5 Erkenntnisse der Wohlfahrtsökonomik verwendet, und für die Analyse des Verhaltens von Trägern der Wirtschaftspolitik finden im Teil 6 Ergebnisse aus der Neuen Politischen Ökonomie Berücksichtigung. Für die einzelnen Teilbereiche der Wirtschaftstheorie sind die folgenden Kernkonzepte von zentraler Bedeutung:

- Im Zentrum der Mikroökonomik steht das Konzept des *Marktes*. Angebot, Nachfrage und Preisbildung an einzelnen Märkten bieten ebenso Ansatzpunkte für wirtschaftspolitisches Handeln wie die Existenz möglicher Marktunvollkommenheiten. Sie können durch die Marktmacht einzelner Akteure, durch positive oder negative Externalitäten, durch zunehmende Skalenerträge oder durch asymmetrische Informationsverteilung entstehen.

- Kennzeichnend für die Makroökonomik ist die Vorstellung vom *Wirtschaftskreislauf*, der die Vielzahl der einzelnen Teilmärkte verbindet. Für die Interdependenz zwischen den Teilmärkten in einer Wirtschaft spielt das Medium Geld mit seinen spezifischen Angebots- und Nachfragebedingungen eine herausragende Rolle. Wirtschaftspolitische Eingriffe im makroökonomischen Bereich müssen daher die Zusammenhänge zwischen monetärer und realwirtschaftlicher Sphäre beachten.

- Die Institutionenökonomik weist sowohl mikroökonomische als auch makroökonomische Aspekte auf. Der zentrale Begriff der *Institution* beschreibt Spielregeln, mit deren Hilfe ökonomisches Handeln strukturiert wird. Sowohl der Markt als auch das Geld und der Wirtschaftskreislauf sind in diesem Sinne Institutionen. Besondere Bedeutung besitzen diejenigen institutionellen Arrangements, aus denen sich die Wirtschaftsordnung eines Landes zusammensetzt. Sie verändern sich in den Prozessen wirtschaftlicher Transformation und Integration.

- Bei der Analyse wirtschaftspolitischer Zielsysteme, ihrer Konsistenz und ihrer Veränderung ist es hilfreich zu untersuchen, wie aus vielfältigen individuellen Präferenzen eine sinnvolle Grundlage für kollektive Entscheidungen gewonnen werden kann. Die Wohlfahrtsökonomik hat dafür das zentrale Konzept einer *gesellschaftlichen Wohlfahrtsfunktion* entwickelt.

- Die Neue Politische Ökonomik schließlich kann als eine besondere Variante der Institutionenökonomik verstanden werden, in der nicht die Außenwirkungen, sondern das Innenleben von staatlichen Institutionen analysiert wird. Unterstellt wird dabei grundsätzliche *Heterogenität der Interessen* zwischen denjenigen Akteuren, die für wirtschaftspolitische Entscheidungen verantwortlich sind und denjenigen, die von ihnen betroffen sind. Heterogenität kann ex ante bestehen, wenn die Ziele einzelner Träger der Wirtschaftspolitik sich von den Zielen einzelner Marktteilnehmer unterscheiden. Sie kann sich auch ex post ergeben, wenn bestimmte wirtschaftspolitische Entscheidungen unterschiedliche Verteilungseffekte aufweisen.

1.4   Empirische Grundlagen der theoretischen Wirtschaftspolitik

Der Anspruch der theoretischen Wirtschaftspolitik, Empfehlungen auf der Basis empirisch gehaltvoller Hypothesen zu entwickeln, rückt die regelmäßige Überprüfung der theoretischen Konzepte in den Mittelpunkt. In umfangreichen Verfahren werden inzwischen sowohl die grundlegenden ökonomischen Verhaltenshypothesen als auch ihre Implikationen unter Berücksichtigung der relevanten institutionellen Rahmenbedingungen immer wieder neuen empirischen Tests unterworfen. Methodisch lassen sich dabei die *experimentellen* und die *nicht-experimentellen* (oder *historischen*) *Ansätze* unterscheiden. Während die nicht-experimentellen Ansätze mit historischen Fakten arbeiten, deren Existenz unabhängig von den ökonomischen Theorien ist, generieren experimentelle Verfahren Fakten unter den Bedingungen eines kontrollierten Experiments mit dem Ziel, konkrete ökonomische Theorien zu überprüfen.

Folgende Verfahren kommen infrage, um die empirischen Grundlagen der theoretischen Wirtschaftspolitik zu erweitern:

- Als einfachste Form der nicht-experimentellen Verfahren analysieren *Fallstudien* die ökonomischen Wirkungszusammenhänge unter den konkreten Bedingungen einer bestimmten historischen Situation. Besonders großen Raum nimmt dabei naturgemäß die Beschreibung der relevanten institutionellen, politischen und gesellschaftlichen Rahmenbedingungen ein, unter denen sich die ökonomischen Handlungen in einem Land, einer Region oder einer Branche vollziehen. Da diese Beschreibung häufig nur in qualitativer Form erfolgen kann, ist die Analyse besonders anfällig für eine Verzerrung aufgrund subjektiver Bewertungen. Andererseits können nur auf diese Weise Strukturelemente der Wirtschafsordnung diagnostiziert werden, die das individuelle ökonomische Handeln beeinflussen. Die Ergebnisse ökonomischen Handelns können durchaus in Form quantitativer Daten erfasst werden, allerdings können Fallstudien, da sie eben an eine bestimmte historische Situation in Raum und Zeit gebunden sind, in der Regel nur erste Vermutungen über mögliche ökonomische Zusammenhänge geben, die dann in einem breiteren Test vertieft werden müssen.

- Die Bereitstellung umfangreicher Datensätze, die sowohl die historische Entwicklung einzelner Variablen im Zeitablauf als auch im Querschnitt zu einem bestimmten historischen Zeitpunkt auf Mikro- und Makroebene dokumentieren, lässt heute für die meisten ökonomischen Theorien den Einsatz ausgefeilter *ökonometrischer Testverfahren* zu. Dabei werden mit Hilfe statistischer Verfahren die Beziehungen zwischen Variablen überprüft und gegebenenfalls auch Prognosen zukünftiger Entwicklungen vorgenommen. Der Vorteil der ökonometrischen Verfahren liegt in der quantitativen Analyse der theoretischen Hypothesen, die intersubjektiv gut überprüfbar ist. Sie wird in ihrer Aussagekraft begrenzt durch die Verfügbarkeit der Daten und durch die Güte der statistischen Prüfkriterien. Verzerrend kann sich auswirken, dass die Konzentration auf rein quantitative empirische Untersuchungen den Blick für die institutionellen Rahmenbedingungen trüben kann, sofern diese nicht auch anhand quantitativer Daten in den Analysen berücksichtigt werden können. Es gibt daher große Anstrengungen, die quantitative Datenbasis über institutionelle Besonderheiten zu verbessern, um die Aussagekraft der ökonometrischen Testverfahren zu erhöhen.

- Im Zentrum der experimentellen Ansätze stehen kontrollierte *Laborexperimente*, bei denen Daten erzeugt werden, mit denen dann die Aussagen konkreter ökonomischer Theorien konfrontiert werden. Aufgrund der Versuchsanordnung, die Einflüsse der Außenwelt möglichst ausblenden will, eignen sich Laborexperimente vor allem dazu, Einblick in die Struktur von individuellen und gesellschaftlichen Präferenzordnungen und ihre Abhängigkeit von bestimmten Rahmenbedingungen zu gewinnen. Bei der wirtschaftspolitischen Umsetzung der Ergebnisse aus Laborexperimenten ist allerdings zu berücksichtigen, dass die Rahmenbedingungen keine historische Einbettung besitzen, sondern unter den besonderen Bedingungen des Labors generiert werden. Ihre Anpassung an die realen Bedingungen erfordert dann wiederum qualitative Einschätzungen in erheblichem Umfang.

1.5 Zur Systematik der theoretischen Wirtschaftspolitik

Es gibt verschiedene Versuche, die Vielzahl von Ansatzpunkten und Instrumenten der Wirtschaftspolitik zu systematisieren. Die Systematik orientiert sich entweder an der Art der eingesetzten Instrumente, an ihrem angestrebten Wirkungsbereich oder an den angestrebten wirtschaftspolitischen Zielen.

Innerhalb der deutschsprachigen Nationalökonomie dominierte lange die von *Walter Eucken* (1952) eingeführte Zweiteilung, die nach der Art der eingesetzten Instrumente zwischen Ordnungspolitik (Rahmenpolitik) und Prozesspolitik (Ablaufpolitik) unterscheidet. Unter *Ordnungspolitik* ist dabei die Beeinflussung derjenigen Faktoren zu verstehen, die den institutionellen Rahmen der ökonomischen Aktivitäten und der möglichen wirtschaftspolitischen Eingriffe abstecken. Sie beinhaltet die Festlegung der in einer Volkswirtschaft gültigen Grundregeln für das Verhältnis der Wirtschaftssubjekte untereinander, die Schaffung von Institutionen, die als Träger der Wirtschaftspolitik agieren, sowie die Ausgestaltung ihrer Kompetenzen für Eingriffe in das Wirtschaftsgeschehen. *Prozesspolitik* umfasst dagegen alle diejenigen Maßnahmen, mit denen innerhalb des ordnungspolitischen Rahmens die für ökonomischen Entscheidungen relevanten Daten beeinflusst werden. Bei solchen Daten kann es sich beispielsweise um Güterpreise, Steuersätze, Subventionsbeträge, Zinssätze, Nachfrage- oder Einkommensänderungen handeln.

Walter Eucken und die Ordnungspolitik

Walter Eucken (1891–1950), geboren in Jena, studierte Nationalökonomie in Jena, Kiel, Bonn und Berlin, wo er sich 1921 habilitierte. 1925 erhielt er eine erste Professur an der Universität Tübingen, seit 1927 war er Professor für Nationalökonomie in Freiburg i. Br. Er wurde dort zum Mitbegründer der Freiburger Schule, einer Arbeitsgemeinschaft von Ökonomen und Juristen zur Analyse ordnungspolitischer Zusammenhänge und Probleme. Zu seinen Hauptwerken zählen: *Die Grundlagen der Nationalökonomie* (1940); *Grundsätze der Wirtschaftspolitik* (1952).

Im Zentrum von *Euckens* Werk steht die Frage, inwieweit es für die Methodik der Wirtschaftswissenschaften möglich ist, theoretisch-abstrakte Aussagen mit konkreten, raum- und zeitabhängigen Beobachtungen und wirtschaftspolitischen Problemlösungen in Beziehung zu setzen. Vertreter der so genannten *Historischen Schulen* hatten lange bezweifelt, dass es angesichts der historischen Vielfalt gesellschaftlicher und ökonomischer Entwicklungen allgemein gültige Wirtschaftstheorien geben könne. *Eucken* vertrat dagegen die Auffassung, dass im Rahmen einer gegebenen Wirtschaftsordnung sehr wohl allgemeine Theorien über den Wirtschaftsprozess entwickelt werden könnten. Als idealtypische Wirtschaftsordnungen unterschied er die Marktwirtschaft (oder Verkehrswirtschaft) und die Planwirtschaft (oder Zentralverwaltungswirtschaft). In der konkreten Ausgestaltung der Wirtschaftsordnung sah er sehr wohl ein breites Spektrum an historischen Differenzierungen. Mit seinem Plädoyer für eine nach Wirtschaftsordnungen relativierte Wirtschaftstheorie trug *Eucken* maßgeblich zur Überwindung der Historischen Schulen bei.

Im Bereich der Wirtschaftspolitik interessierte sich *Eucken* vor allem dafür, die notwendigen Grundlagen für ein langfristig störungsfreies Funktionieren der marktwirtschaftlichen Ordnung herauszuarbeiten. Er plädierte für die Sicherung der Wettbewerbsordnung durch geeignete staatliche Eingriffe in den Markt sowie für eine Sicherung der Geldwertstabilität, um eine Verzerrung der Marktpreise durch Inflation zu verhindern. Direkten lenkenden Eingriffen des Staates in den Wirtschaftsprozess, zum Beispiel durch Preiskontrollen, Steuern oder Subventionen, stand er weitgehend kritisch gegenüber. Er betrachtete sie als Beeinträchtigung der Marktpreisbildung, durch die sich die Stabilität der marktwirtschaftlichen Ordnung verschlechtern könne. Kritisch bewertete er auch die Möglichkeiten, exakte quantitative Vorhersagen über die Wirkungen wirtschaftspolitischer Eingriffe zu machen.

Im anglo-amerikanischen Schrifttum herrscht eine Systematik vor, die auf den niederländischen Ökonomen *Jan Tinbergen* (1952) zurückgeht. Sie stützt sich auf die breite Anwendung ökonometrischer Methoden für ökonomische Analysen und Prognosen und unterscheidet zwischen qualitativer und quantitativer Wirtschaftspolitik. *Qualitative Wirtschaftspolitik* umfasst Veränderungen einer gegebenen Wirtschaftsstruktur. Maßnahmen der *quantitativen Wirtschaftspolitik* werden aus ökonometrischen Strukturgleichungen abgeleitet, die Zusammenhänge zwischen wirtschaftspolitischen Instrument- und Zielvariablen bei Konstanz der Wirtschaftsstruktur abbilden. Die Variation einzelner Instrumente soll eine genau quantifizierbare Änderung der Zielgrößen ermöglichen. Später führte *Tinbergen* (1956) eine weitere Differenzierung ein, indem er quantitative und qualitative Wirtschaftspolitik strikt von Reformen unterschied. Als *Reform* bezeichnete er dabei eine tiefgreifende Veränderung der gesellschaftlichen Organisation, die sich nachhaltig auf die Wirtschaftsstruktur auswirkt.

Nach dem angestrebten Wirkungsbereich der wirtschaftspolitischen Instrumente lässt sich unterscheiden in eine die Gesamtwirtschaft betreffende *Globalpolitik* und eine nur auf einzelne Teilbereiche der Gesamtwirtschaft abzielende *Strukturpolitik*. Zentrale Felder strukturpolitischer Eingriffe sind insbesondere die *regionale* und die *sektorale*

Jan Tinbergen und die Ökonometrie

Jan Tinbergen (1903–1994), geboren in Den Haag, studierte Mathematik und Physik an der Universität Leiden und wandte sich dann den Wirtschaftswissenschaften zu. Seit 1933 war er Professor für Ökonomie in Rotterdam, zwischen 1945 und 1955 Leiter des Zentralen Planungsbüros der niederländischen Regierung. 1969 erhielt er als erster Ökonom (zusammen mit *Ragnar Frisch*) den neu gestifteten Nobelpreis für Wirtschaftswissenschaften. Zu seinen Hauptwerken zählen: *Statistical Testing of Business Cycle Theories* (1939); *Economic Policy: Principles and Design* (1956).

Tinbergen zählt zu den Pionieren der quantitativen Analyse in den Wirtschaftswissenschaften. Die von ihm mit entwickelte Ökonometrie überprüft wirtschaftstheoretische Aussagen mit Hilfe mathematisch-statistischer Methoden. Durch die ökonometrische Schätzung wirtschaftstheoretischer Hypothesen und Modelle lassen sich ökonomische Beziehungen quantitativ berechnen und prognostizieren; es lassen sich dann prinzipiell auch quantifizierbare Vorgaben für wirtschaftspolitische Eingriffe ableiten. *Tinbergens* Arbeiten konzentrierten sich auf die Schätzung von gesamtwirtschaftlichen Modellen, die als Grundlage für gesamtwirtschaftliche Prognoserechnungen und die Konzeption quantitativer wirtschaftspolitischer Maßnahmen dienen sollten. Sein erstes ökonometrisches Konjunkturmodell für die USA bestand aus 48 Gleichungen. Daraus entwickelte sich das heute standardmäßig verwendete Instrumentarium der Konjunkturanalyse und -prognose auf der Basis ökonometrischer gesamtwirtschaftlicher Modelle. Ein Problem ergab sich immer wieder aus der Diskrepanz zwischen der Genauigkeit des Modells und der Leistungsfähigkeit der ökonometrischen Schätzungen. Höhere Genauigkeit erfordert eine höhere Zahl von Gleichungen, wodurch sich die Komplexität der Schätzung aber erhöht.

Wirtschaftspolitik. Schließlich kann eine Systematisierung von Ansatzpunkten und Instrumenten der Wirtschaftspolitik aus den angestrebten Zielen abgeleitet werden. Dabei kann zwischen *Konjunkturpolitik, Wachstumspolitik, Umweltschutzpolitik* und *Verteilungspolitik* unterschieden werden. Die zur Konjunkturstabilisierung eingesetzten Maßnahmen lassen sich wiederum in die Bereiche der *Stabilitäts-, Beschäftigungs-* und *Zahlungsbilanzpolitik* aufgliedern.

1.6   Beispiel: Wirtschaftspolitik, Finanzpolitik und Sozialpolitik in Deutschland

Eng verwandt mit der Wirtschaftspolitik, wenn auch nicht deckungsgleich, sind die Finanzpolitik und die Sozialpolitik. Der Zusammenhang wird schon an dem häufigen Gebrauch der zusammengesetzten Begriffe „Wirtschafts- und Finanzpolitik" sowie „Wirtschafts- und Sozialpolitik" deutlich, der sich im Titel von Lehrbüchern, Lehrstühlen, Forschungsinstituten oder Beratungsgremien findet. In die oben entwickelte Systematik der theoretischen Wirtschaftspolitik lassen sich Finanzpolitik und Sozialpolitik nur schwer einordnen.

Nur in einem sehr verengten Sinne lässt sich *Sozialpolitik* auf Strukturpolitik oder Verteilungspolitik reduzieren. Zwar ist es das Ziel sozialpolitischer Maßnahmen, die Lebens- und Arbeitsbedingungen benachteiligter gesellschaftlicher Gruppen zu verbessern. Dies schließt verteilungspolitische Maßnahmen ein. Andere Bereiche moderner Sozialpolitik, nämlich die Absicherung weiter Bevölkerungskreise gegen die Risiken von Unfall, Krankheit oder Alter sowie die Regulierung der Funktionsbedingungen von Arbeitsmärkten berühren allerdings zentrale Bereiche der Allokations- bzw. Stabilisierungspolitik. Sozialpolitische Maßnahmen können prozesspolitisch orientiert und quantitativer Natur sein, wie beispielsweise eine Veränderung gesetzlicher Sozialversicherungsbeiträge. Sie können aber eher qualitativ und ordnungspolitisch ausgerichtet sein, wenn es etwa um die Neugestaltung der Arbeitsmarktverfassung geht.

Ähnliches gilt für die *Finanzpolitik*, die sich mit den Wirkungen staatlicher Ausgaben und Einnahmen, einschließlich den Wirkungen staatlicher Verschuldung befasst. Durch die Einbindung der staatlichen Haushalte in den Wirtschaftskreislauf sind die Steuer-, Staatsausgaben und Schuldenpolitik zwar ein wichtiger Bestandteil des stabilisierungspolitischen Instrumentariums. Gleichzeitig gehen von allen Veränderungen im Staatshaushalt aber auch erhebliche Allokations- und Verteilungswirkungen aus. *Robert Musgrave* (1959) hat in diesem Zusammenhang die Idee der *functional finance* entwickelt. Sie sieht drei unterschiedliche Abteilungen in allen öffentlichen Haushalten vor, die sich jeweils an der Verfolgung von Allokations-, Stabilisierungs- und Verteilungszielen orientieren. Eine dermaßen funktionale, d. h. nach rein ökonomischen Zielen ausgerichtete Gliederung der öffentlichen Haushalte konnte sich in der Praxis allerdings niemals durchsetzen. Finanzpolitik kann prozesspolitisch orientiert sein, wenn es etwa um die Veränderung einzelner Steuersätze geht. Sie ist aber auch wesentlicher Bestandteil der Ordnungspolitik, soweit es um den Aufbau der gesamten Finanzverfassung eines Landes geht. Die Wirkungen finanzpolitischer Maßnahmen können sowohl einzelne Gruppen als auch die gesamte Volkswirtschaft betreffen. Die öffentlichen Haushalte spielen für die Sozialpolitik eine entscheidende Rolle, allerdings tragen beispielsweise am Arbeitsmarkt auch Gewerkschaften und Arbeitgeberverbände eine wichtige sozialpolitische Verantwortung.

Die Zusammenhänge und die Unterschiede zwischen Wirtschaftspolitik, Sozialpolitik und Finanzpolitik werden sehr viel deutlicher, wenn man im historischen Rückblick die institutionelle Verankerung der drei Politikfelder in Deutschland untersucht. In den Zeiten absolutistischer Fürstenherrschaft, also im 17. und 18. Jahrhundert, waren Wirtschaftspolitik und Finanzpolitik quasi deckungsgleich. Eingriffe in das Wirtschaftsgeschehen, wie die Erhebung von Steuern und Zöllen oder die Einrichtung von Märkten, erfolgten auf zentralstaatliche Anordnung und dienten letztlich dem Zweck, die Einnahmen der fürstlichen Kassen zu maximieren. Erst im 19. Jahrhundert bildete sich eine klare Trennung zwischen individuellen Wirtschaftsinteressen der Herrscher und gesamtstaatlichen Wirtschaftsinteressen der Bürger heraus. In dieser Zeit entstanden in den deutschen Ländern neben den Finanz- und Schatzministerien die ersten Handels- und Gewerbeministerien.

Nach der Reichsgründung 1871 besaß das Reich zwar viele Zuständigkeiten für Handel, Gewerbe, Zölle und Münzwesen. Es existierten zunächst aber keine zentralen Wirtschaftsbehörden. Erst 1879 wurde ein Reichsschatzamt zur Regelung finanzpolitischer Aufgaben eingerichtet; im Reichsamt des Inneren wurde 1880 eine Abteilung für wirtschaftliche Angelegenheiten geschaffen. Sie erhielt auch die Zuständigkeit für die neu geschaffenen Sozialversicherungen sowie für Arbeitsschutz und Arbeitsverhältnisse. 1917 wurde aus dieser Abteilung ein eigenständiges Reichswirtschaftsamt geschaffen, das eine Wirtschaftspolitische und eine Sozialpolitische Hauptabteilung besaß. In den wissenschaftlichen Diskussionen bürgerte sich daraufhin der Begriff „Wirtschafts- und Sozialpolitik" ein.

Nach dem Ende des Ersten Weltkriegs setzte sich die institutionelle Ausdifferenzierung von Wirtschafts-, Finanz- und Sozialpolitik fort. Die Weimarer Republik besaß bereits eigenständige Reichsministerien für Finanzen, Wirtschaft und Arbeit (einschließlich Sozialordnung). Nach dem Zweiten Weltkrieg wurde diese Trennung in der Bundesrepublik beibehalten. Im internationalen Vergleich besaß dabei das Bundeswirtschaftsministerium eine besonders mächtige Stellung. Es vertrat Deutschland bei vielen internationalen Organisationen und Regierungskonferenzen, insbesondere beim Internationalen Währungsfonds (*International Monetary Fund*, IMF) und bei der Vorbereitung der Römischen Verträge von 1957, auf denen die Gründung der Europäischen Wirtschaftsgemeinschaft (EWG) basierte. Die Grundsatzabteilung des Ministeriums legte großen Wert auf die Zusammenarbeit mit wissenschaftlichen Beratungsgremien und verstand sich als Wächter einer wirtschaftspolitischen Gesamtkonzeption, der sich im Prinzip auch Finanzpolitik und Sozialpolitik unterordnen sollten.

50 Jahre später haben sich die Gewichte und Zuordnungen erneut verschoben. Der Anteil von Steuern, Staatsausgaben und Staatsschulden am Sozialprodukt hat sich in Deutschland, wie in allen Industrieländern, dramatisch erhöht. Verantwortlich dafür war vor allem ein kontinuierlicher Anstieg sozialpolitisch motivierter Transferzahlungen. Das Bundeswirtschaftsministerium hat in dieser Zeit Bedeutung und Aufgaben eingebüßt. Es hat wichtige Abteilungen, 1998 auch den größten Teil der Grundsatzabteilung an das Bundesfinanzministerium verloren. Lösungen für die ökonomischen Probleme der deutschen Einheit oder die Schritte in die Europäische Währungsunion wurden wesentlich im Finanzministerium erarbeitet. Es ist insofern nicht abwegig, heute wieder von einem Vorrang der Finanz- vor der Wirtschaftspolitik zu sprechen.

Parallel dazu hatte sich auch das Wirkungsfeld des Bundesministeriums für Arbeit und Sozialordnung kontinuierlich erweitert. Es steht dabei in einem kontinuierlichen

Dialog mit den nicht-staatlichen Trägern der Sozialpolitik, also Gewerkschaften, Arbeitgeberverbänden und Wohlfahrtsorganisationen. Mit der 2002 getroffenen Entscheidung, aus dem Wirtschaftsministerium und Teilen des Arbeitsministeriums ein neues Ministerium für Wirtschaft und Arbeit zu schaffen, sollte die Einheit von Wirtschafts- und Sozialpolitik neu verankert und gerade auf dem Arbeitsmarkt wirkungsvoll zum Einsatz gebracht werden. Mit der Regierungsbildung Ende 2005 wurde dann die alte Dreiteilung der Ministerien wieder hergestellt. Es bleibt abzuwarten, ob und inwieweit sich in dieser neuen Konstellation wirtschaftspolitische Interessen gegenüber den Interessen der Finanz- und Sozialpolitik durchsetzen lassen.

Die Dominanz von Finanzpolitik und Sozialpolitik in der praktischen Wirtschaftspolitik in Deutschland bringt auch Probleme für die theoretische Wirtschaftspolitik mit sich. Das originäre Ziel der Finanzpolitik bleibt die Sicherung der finanziellen Handlungsfähigkeit des Staates; die Ziele der Sozialpolitik werden durch vielfältige Gruppeninteressen bestimmt, die sich auf unterschiedliche Weise politische Unterstützung sichern können. Beides wird häufig nicht genügend berücksichtigt, wenn eine bessere Beratung der praktischen Wirtschaftspolitik durch die Wirtschaftswissenschaften gewünscht und gefordert wird. Die wissenschaftlichen Vorschläge sind dann für die praktische Umsetzung oft ungeeignet und bleiben letztlich wirkungslos.

SCHLÜSSELBEGRIFFE

- Theoretische Wirtschaftspolitik 16
  Praktische Wirtschaftspolitik 16

- Positive Aussagen 17
  Prognostische Aussagen 17
  Präskriptive Aussagen 17
  Kritischer Rationalismus 18, 19

- Mikroökonomik 19
  Makroökonomik 19

Institutionenökonomik 20
Wohlfahrtsökonomik 20
Neue Politische Ökonomik 20

- Ordnungspolitik 21
  Prozesspolitik 22

- Quantitative Wirtschaftspolitik 23
  Qualitative Wirtschaftspolitik 23

- Finanzpolitik 24
  Sozialpolitik 24

Aufgaben

www.pearson-studium.de: Hier finden Sie die Lösungen zu den Übungsaufgaben dieses Kapitels, ein Glossar mit Erläuterungen zu den Schlüsselbegriffen sowie Links zu wirtschaftspolitisch relevanten Websites.

1. Wirtschaftspolitik und Sozialpolitik

Wie bewerten Sie die folgende Aussage: „Wirtschaftspolitik ist immer auch Sozialpolitik"?

2. Wirtschaftspolitik und Finanzpolitik

1971/1972 wurden das Bundeswirtschafts- und das Bundesfinanzministerium fast ein Jahr lang gemeinsam vom „Superminister" *Karl Schiller* geleitet. Welche Vorteile und welche Nachteile sind von einer solchen institutionellen Lösung zu erwarten? Welche Gründe sprachen vermutlich dagegen, dass diese Lösung dauerhaft praktiziert wurde.

3. Systematik der Wirtschaftspolitik

Gibt es wirtschaftspolitische Maßnahmen, die sowohl prozesspolitischer als auch ordnungspolitischer Natur sind?

4. Empirische Grundlagen der Wirtschaftspolitik

Die deutsche Wiedervereinigung von 1990, deren ökonomischer Kern die Umwandlung einer sozialistischen Planwirtschaft in eine kapitalistische Marktwirtschaft darstellt, erscheint im Rückblick als ein gigantisches wirtschaftspolitisches Experiment. Wie beurteilen Sie die These, dass die damaligen Entscheidungen auf der Basis unzureichend überprüfter ökonomischer Theorien getroffen werden mussten. Welchen Nutzen können die deutschen Erfahrungen haben, wenn es möglicherweise in der Zukunft zu einer Wiedervereinigung der beiden Teile Koreas kommen wird.

Literaturhinweise

Gesamtdarstellungen der theoretischen Wirtschaftspolitik, ihrer Beziehung zur Wirtschaftstheorie und zur praktischen Wirtschaftspolitik sowie ihrer Systematik bieten die „Klassiker" von *Giersch* (1961; 1977), *Woll* (1992), *Peters* (2000) und *Streit* (2005). Weitere Lehrbücher der allgemeinen Wirtschaftspolitik mit jeweils unterschiedlichen Schwerpunkten sind *Ahrns/Feser* (1997), *Donges/Freytag* (2004), *Weimann* (2004), *Breyer/Kolmar* (2005), *Welfens* (2005) und *Grüner* (2006). Über einzelne Teilbereiche der Wirtschaftspolitik informieren die Beiträge in *Vahlens Kompendium der Wirtschaftstheorie und Wirtschaftspolitik* (*Bender u.a.* 2003) und in *Springers Handbuch der Volkswirtschaftslehre* (*von Hagen u.a.* 1997). In englischer Sprache liegt das umfassende Lehrbuch von *Acocella* (1998) vor.

Eine Einführung in die Finanzpolitik findet sich bei *Blankart* (2003); über die Sozialpolitik informieren *Lampert/Althammer* (2004). Einen knappen Überblick über die Geschichte der praktischen Wirtschaftspolitik in Deutschland gibt *Ambrosius* (2001). Die Geschichte des Wirtschaftsministeriums und seines Verhältnisses zu Finanz- und Sozialministerium beschreibt *Schatz* (2002).

Grundprobleme wirtschafts- politischer Beratung

2

ÜBERBLICK

Lernziele

■ Eine wissenschaftliche fundierte Politikberatung, die ökonomische Theorien für die Lösung wirtschaftspolitischer Probleme verwendet, muss sich der besonderen Probleme und Grenzen bewusst sein, die sich aus dieser Beratungssituation ergeben.

■ Wie der Werturteilsstreit zeigt, entstehen solche Probleme unter anderem durch die Frage, in welcher Weise Werturteile des wissenschaftlichen Beraters in die wirtschaftspolitischen Empfehlungen einfließen.

■ Nach dem Idealbild rationaler Wirtschaftspolitik ermitteln Ökonomen, mit welchem Einsatz wirtschaftspolitischer Instrumente sich vorgegebene Veränderungen wirtschaftspolitischer Ziele erreichen lassen.

■ Als Folge der *Lucas*-Kritik sind die immanenten Grenzen rationaler Wirtschaftspolitik deutlich geworden. Als neues Leitbild zeichnet sich das Konzept einer effizienten Wirtschaftspolitik ab, die trotz vielfältiger Hemmnisse dem Wirtschaftsgeschehen noch wirkungsvolle Impulse zu geben vermag.

■ Die Geschichte des deutschen Sachverständigenrats verdeutlicht den Wandel im öffentlichen Anspruch und im Selbstverständnis institutionalisierter wirtschaftspolitischer Beratung.

■ Der Vergleich des Sachverständigenrates mit dem *Council of Economic Advisors* in den USA zeigt, welche Vor- und Nachteile eine enge Zusammenarbeit der wirtschaftspolitischen Berater und der aktiven Politiker mit sich bringt.

2.1 Theoretische Wirtschaftspolitik als Grundlage wissenschaftlicher Beratung

Theoretische Wirtschaftspolitik wirkt auf die praktische Wirtschaftspolitik in der Regel über einen Akt wissenschaftlicher Beratung ein. Zwischen den Empfehlungen der theoretischen Wirtschaftspolitik zur Lösung ökonomischer Probleme und den in der wirtschaftspolitischen Praxis ergriffenen Maßnahmen bestehen aber häufig deutliche Diskrepanzen. Spannungen zwischen theoretischer Analyse und praktischer Anwendung sind auch vielen anderen wissenschaftlichen Disziplinen nicht fremd. Sie lassen sich im Bereich der Wirtschaftspolitik hauptsächlich auf die folgenden vier Faktoren zurückführen:

■ Wie in anderen Sozialwissenschaften konkurrieren auch in der theoretischen Volkswirtschaftslehre häufig *verschiedene Lehrmeinungen* um die angemessene Analyse ökonomischer Phänomene. Aus unterschiedlichen Theorien können sich unter Umständen aber divergierende wirtschaftspolitische Empfehlungen ableiten lassen. Die empirische Überprüfung der Theorien führt nur bedingt zu einer Lösung dieses Problems, da bei der Auswahl und Interpretation der verwendeten Daten ein Spielraum existiert, der die (vorläufige) Verifizierung konkurrierender Hypothesen zulassen kann.

■ Vor Schwierigkeiten sieht sich die wirtschaftspolitische Praxis in den Fällen gestellt, in denen sie *neuartige Probleme* lösen muss und dabei auf keine gesicherten wirtschaftstheoretischen Grundlagen zurückgreifen kann. Theoretische Plausibilitätsüberlegungen und historische Analogieschlüsse bieten sich in solchen Situationen als Ausweg an. Damit steigt aber auch das Risiko von wirtschaftspolitischen Fehlentscheidungen.

■ Als Teilgebiet der allgemeinen Politik unterliegt die praktische Wirtschaftspolitik häufig den verschiedensten Einflussnahmen und Zwängen, die in der theoretischen Wirtschaftspolitik nicht selten unterschätzt und daher bei der Formulierung wirtschaftspolitischer Empfehlungen zu wenig beachtet werden. So können sich zum einen die Zielsetzungen der wirtschaftspolitischen Praxis im Zeitablauf wandeln, indem *neue Ziele* definiert werden und die Bedeutung bisheriger Ziele dadurch eine Relativierung erfährt. Zum anderen kann die Verfolgung eines wirtschaftspolitischen Ziels dadurch beeinträchtigt werden, dass es in Konflikt mit anderen ökonomischen oder politischen Zielsetzungen gerät.

■ Ein zentrales Problem bei der Umsetzung von Empfehlungen der theoretischen Wirtschaftspolitik in praktische Entscheidungen beruht schließlich darauf, dass die Träger der Wirtschaftspolitik häufig ganz *andere Interessen* verfolgen als die sie beratenden Ökonomen. Die Sorge um die Wiederwahl, die Rücksicht auf bestimmte Wählergruppen oder Sicherung bestehender Einflussbereiche lassen dann unter Umständen andere wirtschaftspolitische Strategien sinnvoller erscheinen als diejenigen, die auf Grundlage der ökonomischen Theorie entwickelt wurden. Durch die Ansätze der Neuen Politischen Ökonomik ist es der Wirtschaftstheorie zwar gelungen, das oftmals widersprüchliche Verhalten von Politikern und Bürokraten im Bereich der Wirtschaftspolitik transparenter zu machen. Allerdings konnten dadurch die Realisierungschancen solider wirtschaftspolitischer Empfehlungen noch nicht entscheidend verbessert werden.

2.2   Werturteile und Konzepte wissenschaftlicher Beratung

In den Sozialwissenschaften wird seit langem diskutiert, ob wissenschaftliche Theorien prinzipiell wertfrei sind oder ob sie auch als *normative Aussagen* verwendbar sind, mit deren Hilfe ganz bestimmte Politikziele gerechtfertigt werden können. Bereits der klassische *Werturteilsstreit* entzündete sich 1909 an der Frage, ob die Notwendigkeit verteilungspolitischer Maßnahmen zugunsten benachteiligter Gruppen wissenschaftlich begründbar sei. Die lange Diskussion, die dieser Streit auslöste, hat verdeutlicht, dass Werturteile auf ganz unterschiedlichen Ebenen in den Wissenschaftsprozess einfließen. Drei unterschiedliche Dimensionen sind dabei in den Wirtschaftswissenschaften zu unterscheiden:

■ Unbestritten zählen Wertungen zum *Objektbereich* der Wirtschaftstheorie, sofern individuelle und kollektive Präferenzen und deren Auswirkungen im Wirtschaftsleben Gegenstand einer wissenschaftlichen Analyse sind.

■ Unvermeidbar sind Bewertungen auch im *Subjektbereich* jedes einzelnen Wissen-
schaftlers, wenn die Auswahl spezifischer Forschungsgebiete, Forschungsmethoden
und Prüfverfahren zu klären ist. Durch Offenlegung der gewonnenen Forschungs-
ergebnisse und einen intensiven wissenschaftlichen Wettbewerb, der an keine Län-

Max Weber und der Werturteilsstreit

Max Weber (1864–1920), geboren in Erfurt, studierte Jura, Nationalökonomie, Philosophie und Geschichte in Heidelberg, Göttingen und Berlin, wo er 1889 über ein
juristisches Thema promovierte. Er war Professor für Nationalökonomie zunächst
in Freiburg i. Br., seit 1897 in Heidelberg, Mitbegründer der Deutschen Gesellschaft
für Soziologie und stand 1909 auf der Wiener Tagung des Vereins für Sozialpolitik
im Zentrum des Werturteilsstreits, einer intensiven Debatte über die „Wertfreiheit"
moderner Wirtschafts- und Gesellschaftswissenschaften. Zu seinen Hauptwerken
zählen: *Die Objektivität sozialwissenschaftlicher und sozialpolitischer Erkenntnis*
(1904); *Die protestantische Ethik und der Geist des Kapitalismus* (1905); *Politik
als Beruf* (1919).

In seinen religionssoziologischen Arbeiten begründete Weber die Entwicklung des
Kapitalismus maßgeblich mit der asketischen Arbeitsethik des calvinistisch-protes-
tantischen Bürgertums in Europa und Nordamerika. Mit der Ausbreitung des „Geistes
des Kapitalismus" geht seiner Meinung nach eine Rationalisierung der menschlichen
„Lebenswelt" einher, die neben dem ökonomischen Handeln auch die Wissenschaft
umfasst. Folge dieser Rationalisierung ist die Forderung Webers, im wissenschaftlichen Arbeiten strikt zu trennen zwischen normativen Urteilen und solchen, die auf
einer „rein logisch erschlossenen oder rein empirischen Tatsachenfeststellung" beruhen. Im „Werturteilsstreit" lehnte er die Vorstellung ab, dass sich normative Aussagen und politische Handlungsempfehlungen wissenschaftlich begründen lassen.
Vielmehr plädierte er für eine strikte Trennung zwischen rationaler wissenschaftlicher Erkenntnis (die allgemeine Gültigkeit besitzt) und den auf normativen Urteilen begründeten ethischen und politischen Entscheidungen. Die Wissenschaft ist in
der Lage, die Eignung verschiedener Mittel zur Erreichung von hypothetischen Zielen zu untersuchen; die Formulierung der Ziele muss allerdings durch die Politik,
die Ethik oder die Philosophie erfolgen. Dies bedeutet jedoch nicht, dass ein Wissenschaftler keine ethischen oder politischen Empfehlungen geben darf – *Weber* selbst
hat eine Vielzahl politischer Aufsätze geschrieben und war Mitglied der Deutschen
Demokratischen Partei. Notwendig ist es lediglich, die Sphäre der Werturteile von
derjenigen der logischen oder empirischen Erkenntnisse zu trennen und normative Aussagen strikt als solche zu kennzeichnen. Das im Rahmen des „Werturteilsstreits" behandelte Problem beschäftigte die Sozialwissenschaften immer wieder
und fand einen weiteren Höhepunkt im so genannten Methoden- oder Positivismus-
streit in den 60er Jahren des 20. Jahrhunderts. Dabei wurde die These Webers durch
das Argument in Frage gestellt, dass die Forderung nach der Werturteilsfreiheit der
Wissenschaft selbst ein Werturteil darstellt, das sich gemäß der Systematik Webers
wissenschaftlich nicht begründen lässt.

dergrenzen gebunden ist, lassen sich die Verzerrungswirkungen individuell unterschiedlicher Forscherpräferenzen aber begrenzen.

■ Der eigentliche Kern des Werturteilsstreits liegt damit im *Inhalts- oder Tatsachenbereich* wissenschaftlicher Forschung und betrifft die Frage, ob die Gültigkeit bestimmter normativer Ziele durch Forschung beweisbar ist. Dies wird von der überwiegenden Mehrheit der Ökonomen heute verneint, allerdings stellt diese Auffassung natürlich selbst ein (nicht beweisbares) Werturteil dar. Nach diesem Verständnis ist also weder ein Normwert für die Angebotsmenge eines Gutes noch ein bestimmtes Inflationsziel wissenschaftlich begründbar. Vielmehr handelt es sich dabei um Zielvorgaben der Politik an den wissenschaftlichen Berater, der auf der Basis ökonomischer Theorien geeignete Maßnahme konzipiert, mit denen die Ziele erreicht werden können.

Eng mit der Werturteilsproblematik verbunden ist die Diskussion um Modellkonzepte wissenschaftlicher Beratung. Diese Diskussion wurde durch *Jürgen Habermas* (1964) ausgelöst und differenziert Beratungskonzepte nach dem Ausmaß, in dem die wissenschaftlichen Berater Einfluss auf die Zielvorgaben der Politik nehmen können. Die folgenden drei Fälle sind denkbar:

■ Im *technokratischen Beratungsmodell* übertragen die Politiker die Bewertung gesellschaftlicher Zustände und die Konzeption angemessener Instrumente auf die wissenschaftlichen Berater. Man kann dahinter ein anachronistisches, den Funktionsmechanismen moderner Demokratien nicht mehr angemessenes Vertrauen in die Kompetenz wissenschaftlicher Berater sehen. Man kann aber auch vermuten, dass technokratische Beratungsverhältnisse besonders in den Situationen auftreten, in denen die Politik auf drängende gesellschaftliche Probleme keine Antwort findet oder nicht bereit ist, für angemessene Antworten auch die Verantwortung zu übernehmen. Es sind dies typischerweise die Situationen, in denen Wissenschaftler nicht nur als Berater besonders starke Stellungen erlangen, sondern mitunter sogar selbst eine erfolgreiche Rolle als Politiker spielen können, die sich auf ihre besondere fachliche Kompetenz stützt. Das klassische Werturteilsproblem wird dadurch gelöst, dass der Wissenschaftler selbst zum Politiker wird.

■ Auf eine wesentlich stärker dienende Funktion zurückgenommen ist die Rolle der Berater im *dezisionistischen Beratungsmodell*. Dabei werden konkrete Zielvorgaben von der Politik formuliert, während die Berater Mittel zum Erreichen der gesetzten Ziele konzipieren.

■ Im *pragmatistischen Beratungsmodell* hat sich schließlich der Berater vollständig den Bedürfnissen der Politik untergeordnet. Wissenschaftlicher Sachverstand soll zwar Fehlentscheidungen der Politik verhindern, allerdings steht die Auswahl der Mittel immer unter dem Vorbehalt der politischen Realisierbarkeit.

2.3 Möglichkeiten und Grenzen rationaler Wirtschaftspolitik

Ökonomen plädieren für einen rationalen Umgang mit vorhandenen Ressourcen. Es ist daher für Ökonomen besonders nahe liegend, auch die Rationalität wirtschaftspolitischer Empfehlungen zu fordern. Rationale Wirtschaftspolitik bedeutet, dass gegebene Ziele unter Berücksichtigung aller verfügbaren Informationen mit dem bestmöglichen Einsatz der vorhandenen Mittel verfolgt werden. Der Optimierungsgedanke, der dem Konzept einer *rationalen Wirtschaftspolitik* zugrunde liegt, und seine Implikationen lassen sich besonders gut im Zusammenhang mit Fragen der quantitativen Wirtschaftspolitik erläutern. Die Kritik, die das Konzept der rationalen Wirtschaftspolitik hervorgerufen hat, zog weit reichende Konsequenzen für das heutige Selbstverständnis der Theorie der Wirtschaftspolitik nach sich.

Rationale Wirtschaftspolitik basiert typischerweise auf einem ökonomischen Erklärungsmodell, das mehrere wirtschaftspolitische Ziele, Instrumente und Strukturparameter verknüpft und in Form eines Systems linearer Gleichungen formuliert wird. Es kann sich dabei um die Beschreibung eines Marktes durch eine lineare Angebots- und eine lineare Nachfragefunktion handeln, die zusammen den Preis und die Menge im Marktgleichgewicht erklären. Es kann sich aber auch um ein makroökonomisches Modell handeln, das Preisniveau, Beschäftigungsniveau und Zahlungsbilanzsaldo simultan erklärt. Die Annahme linearer Beziehungen wird häufig dadurch gerechtfertigt, dass dies die geeignete Grundlage für eine ökonometrische Schätzung der unterstellten Modellzusammenhänge bietet. In Matrixschreibweise kann man das lineare Erklärungsmodell formulieren als:

$$\mathbf{y} = \mathbf{A}\,\mathbf{x} + \mathbf{B}\,\mathbf{z} \tag{2.1}$$

Dabei bezeichnet $\mathbf{y}$ den Vektor der m wirtschaftspolitischen Ziele $(y_1,....,y_m)$, $\mathbf{x}$ den Vektor der n wirtschaftspolitischen Instrumente $(x_1,....,x_n)$ und $\mathbf{z}$ den Vektor der l Strukturparameter $(z_1,....,z_l)$ des Erklärungsmodells. Die Elemente a_{ij} der Matrix $\mathbf{A}$ messen den Effekt einer Änderung der Instrumentvariablen auf die Zielvariable $(a_{ij} = dy_i/dx_j)$. $\mathbf{A}$ hat die Dimension (m, n). Die Elemente der Matrix $\mathbf{B}$ mit der Dimension (m, l) messen den Einfluss von Veränderungen der Strukturparameter auf die abhängigen Variablen des Modells.

Um das ökonomische Erklärungsmodell in ein wirtschaftspolitisches Entscheidungsmodell zu überführen, wird unterstellt, dass die Elemente der Matrizen $\mathbf{A}$ und $\mathbf{B}$ sowie der Vektor $\mathbf{z}$ der Strukturvariablen konstant bleiben. Für vorgegebene wirtschaftspolitische Zielwerte, die in einem Vektor $\mathbf{y}^*$: $(y_1^*,..., y_m^*)$ zusammengefasst sind, ergeben sich die optimalen Werte $\mathbf{x}^*$: $(x_1^*,..., x_n^*)$ für den Einsatz der wirtschaftspolitischen Instrumentvariablen als Lösung des linearen Gleichungssystems:

$$\mathbf{x}^* = \mathbf{A}^{-1}(\mathbf{y}^* - \mathbf{B}\,\mathbf{z}) \tag{2.2}$$

Dabei ist $\mathbf{A}^{-1}$ die Inverse der Koeffizientenmatrix $\mathbf{A}$. Aus den formalen Regeln für die Lösung linearer Gleichungssysteme lassen sich die folgenden Aussagen über die Möglichkeiten rationaler Wirtschaftspolitik ableiten:

■ Eine eindeutige Lösung des Gleichungssystems existiert nur dann, wenn die Matrix **A** auch tatsächlich invertierbar ist. Das ist der Fall, wenn ihre Zeilen und Spalten linear unabhängig sind. Dies bedeutet aber, dass die Zahl der unabhängigen Variablen x genau der Zahl der abhängigen Variablen y entspricht, also $m = n$ ist. Daraus folgt die Regel von *Tinbergen*: Eine eindeutige Handlungsanweisung für rationale Wirtschaftspolitik folgt aus dem ökonomischen Modell nur dann, wenn die Zahl der wirtschaftspolitischen Instrumente der Zahl der wirtschaftspolitischen Ziele entspricht.

■ Ist die Zahl der wirtschaftspolitischen Ziele größer als die Zahl der Instrumente, ist also $m > n$, gibt es wegen Widersprüchen keine Lösung des Modells. Es bestehen dann negative wirtschaftspolitische Freiheitsgrade.

■ Ist die Zahl der Ziele dagegen kleiner als die Zahl der Instrumente, gilt also $m < n$, hat die Wirtschaftspolitik positive Freiheitsgrade. Das Modell hat beliebig viele Lösungen, da mindestens ein wirtschaftspolitisches Instrument nicht zum Erreichen der vorgegebenen Ziele benötigt wird.

Das Konzept rationaler Wirtschaftspolitik kann in letzter Konsequenz zu der Erwartung führen, quantitative Ziele könnten durch den optimalen Einsatz quantitativer wirtschaftspolitischer Instrumente immer punktgenau erreicht werden. Angesichts der Unsicherheit, unter der alle Modellaussagen der Wirtschaft gemacht werden, ist diese Erwartung nicht gerechtfertigt. Aber selbst dann, wenn man für alle Variablen zufallsbedingte Schwankungen unterstellt, lassen sich immanente Probleme der rationalen Wirtschaftspolitik nicht vermeiden. Dies ist der Kern der Kritik, die von *Robert Lucas* (1976) geäußert wurde. Lucas bezweifelte, dass die Strukturparameter des Erklärungsmodells, die in dem Vektor **z** zusammengefasst sind, tatsächlich als konstant und invariant gegenüber dem Einsatz wirtschaftspolitischer Instrumente angenommen werden können. Verändern sich die Strukturparameter aber als Reaktion auf bestimmte wirtschaftspolitische Eingriffe $\mathbf{x}^*$, so können die angestrebten Zielwerte $\mathbf{y}^*$ unter Umständen weit verfehlt werden.

Für den Fall von zwei wirtschaftspolitischen Zielen lässt sich die *Lucas*-Kritik anhand der *Abbildung 2.1* erläutern. Die Geraden F_1 und F_2 bezeichnen funktionale Zusammenhänge zwischen den Zielen y_1 und y_2 unter Berücksichtigung gegebener Strukturparameter, von denen die Steigung der Geraden abhängt, und von wirtschaftspolitischen Instrumenten, die einen Einfluss auf die Lage der Geraden besitzen. Funktionale Zusammenhänge dieser Art finden sich z. B. in der Mikroökonomie im Zusammenhang mit der Bestimmung von Gleichgewichtspreis und Gleichgewichtsmenge für ein Gut. In der Makroökonomie dienen sie zur Beschreibung der Beziehung zwischen Preisniveau und Sozialprodukt oder zwischen Inflationsrate und Beschäftigungsstand. Im Schnittpunkt der beiden Geraden werden die Ausgangswerte der Zielvariablen, y_1° und y_2°, bestimmt. Rationale Wirtschaftspolitik würde versuchen, durch den Einsatz der wirtschaftspolitischen Instrumente die beiden Geraden so zu verschieben, dass in ihrem neuen Gleichgewicht die angestrebten Werte der beiden Zielvariablen, y_1^* und y_2^*, erreicht werden. Um zwei Ziele zu erreichen, werden nach der Regel von *Tinbergen* mindestens zwei wirtschaftspolitische Instrumente benötigt, so dass sich beide Geraden verschieben. Die erhoffte Wirkung des Instrumenteneinsatzes auf die Zielgrößen stellt sich allerdings nicht ein, wenn sich als Folge der wirtschaftspolitischen Intervention auch die Strukturparameter und damit die Steigungswinkel beider Geraden verändern. Die neuen Gleichgewichtswerte, $\bar{y}_1$ und $\bar{y}_2$, liegen deutlich entfernt von den angestrebten Zielen.

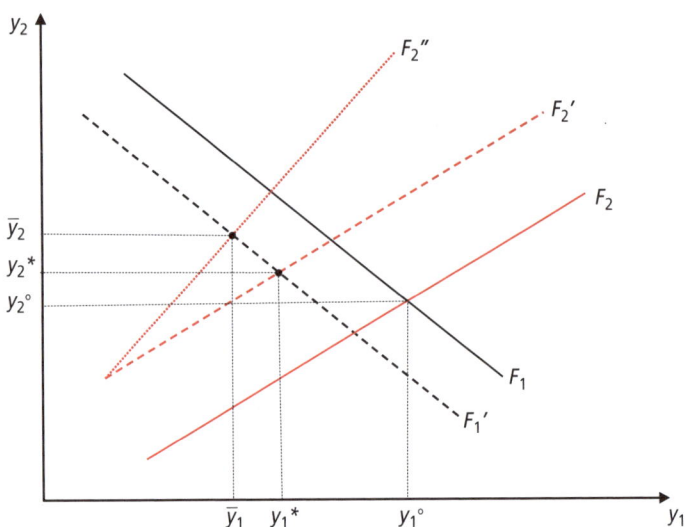

Abbildung 2.1: Rationale Wirtschaftspolitik und Lucas-Kritik bei zwei Zielen der Wirtschaftspolitik

Der Schnittpunkt der Kurven F_1 und F_2 legt die Ausgangssituation mit den Werten $y_1°$ und $y_2°$ fest. Die vorgegebenen Zielwerte y_1* und y_2* sind nur erreichbar, wenn beide Kurven durch den Einsatz unabhängiger Instrumente auf F_1' und F_2' verschoben werden können. Kommt es als Folge des Instrumenteneinsatzes zu einer unerwarteten Veränderung der Strukturparameter, so ändert sich z. B. die Lage von F_2' auf F_2'', und die angestrebten Zielwerte werden verfehlt.

Charles Goodhart und ein Fundamentalgesetz der praktischen Geldpolitik

Charles Goodhart (geb. 1936 in London), studierte Wirtschaftswissenschafen in Cambridge und Harvard und lehrt seit 1985 Finanztheorie und Geldpolitik an der *London School of Economics*. Von 1997 bis 2000 war er Mitglied im *Monetary Policy Committee* der Bank of England. Zu seinen Hauptwerken zählen: *The Evolution of Central Banks* (1988); *Monetary Theory and Practice* (1984). Berühmt geworden ist das nach ihm benannte Fundamentalgesetz der Geldpolitik, *Goodhart's Law*: „Any observed statistical regularity will tend to collapse once pressure is placed up it for control purposes."

Goodhart ist in seinen geldhistorischen Analysen immer wieder auf Beispiele dafür gestoßen, dass Zentralbanken Schwierigkeiten hatten, geldtheoretische Erkenntnisse in der praktischen Geldpolitik umzusetzen. Er fand heraus, dass man zwar bestimmte, auch empirisch gut gesicherte Zusammenhänge zwischen monetären Größen feststellen konnte, dass die Stabilität solcher Beziehungen aber häufig nachließ, wenn sie als Grundlage für Eingriffe der Zentralbank in den Geldmarkt herangezogen wurden. Die Ursache der Instabilität waren Anpassungsreaktionen der anderen Marktteilnehmer auf die Eingriffe der Zentralbank, zum Beispiel die Entwicklung neuer Finanzinstrumente, mit deren Hilfe man die Regulierungseingriffe der Geldpolitik umgehen konnte. *Goodhart's Law* ist eine besonders prägnante Konkretisierung der Lucas-Kritik im makroökonomischen Bereich.

2.4 Von der rationalen zur effizienten Wirtschaftspolitik

Die *Lucas*-Kritik am Konzept rationaler Wirtschaftspolitik hat nicht nur der theoretischen Wirtschaftspolitik, sondern auch der wirtschaftspolitischen Beratung wichtige neue Impulse gegeben. Sie laufen im Kern darauf hinaus, sowohl die wirtschaftspolitischen Ziele als auch die verfügbaren wirtschaftspolitischen Mittel hinsichtlich ihrer Relevanz und Steuerungsmöglichkeit zu hinterfragen. Als neues Leitbild zeichnet sich das Konzept einer *effizienten Wirtschaftspolitik* ab, die selbst in Anbetracht einer Vielzahl von möglichen Hemmnissen noch wirksame Impulse zu geben vermag. Folgende Entwicklungen schlagen sich in diesem neuen Leitbild nieder:

■ In der gesamten Wirtschaftstheorie hat eine bewusste *Mikrofundierung* aller Verhaltenshypothesen stattgefunden. Insbesondere gilt diese für den Bereich der makroökonomischen Modellbildung, der Institutionenökonomik und der ökonomischen Theorie der Politik. Diese Mikrofundierung macht deutlich, in welcher Weise die individuellen Akteure auf den Märkten und in den Institutionen auf die Anreize reagieren, die von wirtschaftspolitischen Eingriffen ausgehen.

■ Die Rolle der *Erwartungen* einzelner Wirtschaftssubjekte bezüglich wirtschaftspolitischer Eingriffe werden explizit berücksichtigt. Dabei ist das Konzept der rationalen Erwartungsbildung entwickelt worden, wonach die Erwartungen zu einem gegebenen Zeitpunkt unter Berücksichtigung aller relevanten Informationen über die Struktur und die Variablen des Modells gebildet werden.

■ Die Interaktionen zwischen privaten Individuen und wirtschaftspolitischen Akteuren werden unter Berücksichtigung der jeweiligen Erwartungen zunehmend als *spieltheoretische Probleme* angesehen. Angesichts unterschiedlich verteilter Spielstrategien und strategischer Drohpotentiale verbieten sich allgemeine Aussagen über die optimale Wahl wirtschaftspolitischer Instrumente. Stattdessen müssen die unterschiedliche Ausgangssituation der beteiligten Akteuren und ihre unterschiedlichen Präferenzen genau analysiert werden.

■ Angesichts der immanenten Probleme mit der rationalen (quantitativen) Wirtschaftspolitik hat eine Renaissance von *qualitativer Wirtschaftspolitik* und *Ordnungspolitik* eingesetzt. Optimiert werden nicht mehr die Wirkungen von Instrumenten der Prozesspolitik, sondern die Strukturen, in denen die ökonomischen Aktivitäten ablaufen. Ziel ist nicht die Feinsteuerung ökonomischer Systeme, sondern ihre langfristig stabile Entwicklung.

Eine möglichst umfassende mikroökonomische Fundierung aller Modellaussagen, die Berücksichtigung von Erwartungen und strategischen Interdependenzen bei allen wirtschaftspolitischen Akteuren sowie ein konsequentes Abwägen zwischen prozesspolitischen und ordnungspolitischen Eingriffen (mit leichten Präferenzen für die Ordnungspolitik) sind Kennzeichen der modernen Theorie der Wirtschaftspolitik geworden. Sie finden ihren deutlichen Niederschlag in den wirtschaftspolitischen Anwendungen der ökonomischen Theorie, die in den folgenden Abschnitten dargestellt werden.

2.5 Beispiel: Der Sachverständigenrat zur Begutachtung der gesamtwirtschaftlichen Entwicklung als Beratungsgremium für die praktische Wirtschaftspolitik in Deutschland

In Deutschland gibt es, wie der Überblick in *Abbildung 2.2* zeigt, ein umfangreiches und sehr differenziertes wirtschaftspolitisches Beratungswesen. Die staatliche Wirtschaftspolitik wird von Einzelpersonen, Parlamentsausschüssen und Kommissionen, privaten Arbeitskreisen (wie dem Kronberger Kreis) und besonderen wirtschaftspolitischen Forschungsinstituten in Berlin (DIW), Mannheim (ZEW), Kiel (IfW), Essen (RWI), München (IFO) und Halle (IWH) beraten. Eine Sonderstellung im Beratungswesen nehmen die wissenschaftlichen Beiräte verschiedener Bundesministerien ein, in denen unabhängige Wissenschaftler kontinuierlich die praktische Wirtschaftspolitik begutachten. In unregelmäßigen Zeitabständen veröffentlichen diese Beiräte Gutachten zu Themen eigener Wahl, bei denen die Gutachter auf mögliche Probleme und Fehlentwicklungen hinweisen und Lösungsstrategien vorschlagen.

In einem eigenen Gesetz wurde 1963 die Tätigkeit des *Sachverständigenrates zur Begutachtung der gesamtwirtschaftlichen Entwicklung* (SVR) geregelt. Er besteht aus fünf Mitgliedern, den sog. fünf „Wirtschaftsweisen". Der Rat hat seinen Sitz beim Statistischen Bundesamt in Wiesbaden. Seit 1990 gibt es am gleichen Sitz auch einen Rat von Sachverständigen für Umweltfragen.

Als erstes offizielles wirtschaftspolitisches Beratergremium war schon 1948 der Wissenschaftliche Beirat bei der Verwaltung des Vereinigten Wirtschaftsgebietes (später Wissenschaftlicher Beirat beim Bundesministerium für Wirtschaft) gegründet worden.

Art der Beratung	Kontinuierliche unabhängige Beratung auf gesetzlicher Grundlage	Kontinuierliche unverbindliche Beratung zu Themen eigener Wahl	Kontinuierliche Beratung mit Auftrag	Unverbindliche Beratung mit oder ohne Einzelauftrag
Beispiele	Sachverständigenrat zur Begutachtung der gesamtwirtschaftlichen Entwicklung	Wissenschaftliche Beiräte von Bundesministerien: Wirtschaft und Arbeit Finanzen	Wirtschaftswissenschaftliche Forschungsinstitute: DIW Berlin IfW Kiel RWI Essen IFO München IWH Halle ZEW Mannheim	Arbeitskreise Ausschüsse Kommissionen
	Rat von Sachverständigen für Umweltfragen	u. a.	u. a.	Einzelpersonen

Abbildung 2.2: Formen wirtschaftswissenschaftlicher Politikberatung in Deutschland

Die besondere Rolle des Sachverständigenrates zur Begutachtung der gesamtwirtschaftlichen Entwicklung ergibt sich aus der gesetzlichen Grundlage, die den Beratungsauftrag und die Stellung der Berater gegenüber der Politik genau festlegt.

Bereits in seinem ersten Gutachten äußerte er sich zu einer weit reichenden ordnungspolitischen Frage. Es ging darum, ob die Währungsreform, die im Juni 1948 in Westdeutschland stattfand, mit einer umfassenden Wirtschaftsreform verbunden werden sollte. Schon in den 50er Jahren mahnte dieser Beirat dann eine kontinuierliche Beratung der Regierungsarbeit bei prozesspolitischen Entscheidungen an.

Bei der Einrichtung des SVR, der 1964 seine Tätigkeit aufnahm, stand die Idee im Vordergrund, auf der Basis quantitativer ökonomischer Modelle sei es besser möglich, eine Erklärung für wirtschaftliche Probleme und eine Prognose zukünftiger Entwicklungen zu geben. Dem Idealbild rationaler Wirtschaftspolitik folgend, sollte der Rat nach gesetzlich fixierten Vorgaben wissenschaftlichen Sachverstand kontinuierlich in die praktische Wirtschaftspolitik einfließen lassen. Durch Information der breiten Öffentlichkeit sollte der politische Druck von Interessenverbänden zurückgedrängt und die demokratische Kontrolle der staatlichen Wirtschaftspolitik verbessert werden.

Das Gesetz sieht vor, dass der Rat in jedem Jahr bis zum 15. November ein *Jahresgutachten* vorlegt. Darin soll er die jeweilige gesamtwirtschaftliche Lage und deren absehbare Entwicklung darstellen. Er soll weiterhin untersuchen, wie im Rahmen der marktwirtschaftlichen Ordnung und unter Berücksichtigung der Bildung und Verteilung von Einkommen und Vermögen gleichzeitig ein Bündel wirtschaftspolitischer Ziele, nämlich die Stabilität des Preisniveaus, ein hoher Beschäftigungsstand und außenwirtschaftliches Gleichgewicht bei stetigem und angemessenem Wirtschaftswachstum, gewährleistet werden können. Auffällig ist, dass das Gesetz dem Rat verbietet, explizite Empfehlungen für geeignete wirtschaftspolitische Maßnahmen zu geben. Vielmehr soll durch alternative Szenarien ein Spektrum möglicher Handlungsweisen der Politik analysiert werden. Das Beratungsmodell ist somit deutlich dezisionistisch. Die Bundesregierung muss zu den Jahresgutachten des SVR innerhalb von acht Wochen in ihrem *Jahreswirtschaftsbericht* Stellung nehmen. Die Gutachten sind allerdings nicht exklusiv für die Bundesregierung bestimmt, sondern wenden sich an alle wirtschaftspolitisch Interessierten und Tätigen sowie an die breite Öffentlichkeit. Neben den Jahresgutachten kann der SVR bei Bedarf jederzeit Sondergutachten erstellen.

Die Mitglieder des Rats werden vom Bundespräsidenten auf Vorschlag der Bundesregierung und nach Anhörung der anderen Ratsmitglieder für die Dauer von fünf Jahren bestellt; die Wiederbestellung ist möglich. Von den Mitgliedern werden besondere wirtschaftswissenschaftliche Kenntnisse und volkswirtschaftliche Erfahrungen erwartet. In der Regel sind die Ratsmitglieder Hochschullehrer der Wirtschaftswissenschaften, darunter viele, die gleichzeitig Mitglied im Wissenschaftlichen Beirat des Bundeswirtschaftsministeriums, Präsidenten von großen Forschungsinstituten oder auch Mitglieder in privaten Arbeitskreisen zur wirtschaftspolitischen Beratung sind. Die Mitglieder des Rats sind in ihrer Tätigkeit unabhängig von Weisungen; jedes Mitglied kann *Minderheitsvoten* zur Mehrheitsmeinung des Rates formulieren und publizieren.

Die lange Geschichte der Beratungstätigkeit des SVR hat auf verschiedene Probleme im wissenschaftlichen Beratungsprozess aufmerksam gemacht, die für die Möglichkeiten und Grenzen theoretischer Wirtschaftspolitik typisch sind. Da die gesamte Wirtschaft Adressat der Beratungsleistung des SVR ist, hat sich in der Beratungspraxis ein stillschweigendes Einverständnis darüber herausgebildet, dass ein Mitglied im Einverständnis mit der Arbeitgeberschaft und ein anderes in Absprache mit den Gewerkschaften nominiert wird, während die anderen Mitglieder ausschließlich von der Bundesregierung vorgeschlagen werden. Trotz ganz unterschiedlicher subjektiver Werturteile, die damit in den Beratungsprozess einfließen, ist der Grundkonsens über die vom SVR verfolgte Beratungslinie bemerkenswert stabil geblieben. Zwar werden zu einigen Punkten, insbesondere im Zusammenhang mit lohnpolitischen Fragen, immer wieder Minderheitsvoten abgegeben. Angesichts der Fülle der Themengebiete, die in den Gutachten einvernehmlich behandelt werden konnten, sind die wirtschaftstheoretischen Kontroversen aber gering geblieben.

Erhebliche Probleme bereitete dem Rat die große Zahl der vorgegebenen wirtschaftspolitischen Ziele und das Verbot eindeutiger Empfehlungen. Beides kann in der Entstehungsgeschichte des Rats als bewusster Schutz der Politik vor zu eindeutigen Handlungszwängen verstanden werden. Der Rat konnte damit selbst die Präzisierung und Kombination der Ziele bestimmen und dabei bestimmte Prioritäten setzen. Während die praktische Politik zunächst Aussagen des SVR zum binnenwirtschaftlichen Stabilitätsziel erwartete, sorgte sich der Rat zunächst um das Ziel des außenwirtschaftlichen Gleichgewichts. In den 70er Jahren wies er dann auf die Verfehlung des Stabilitätsziels hin, während die Politik vor allem Beschäftigungs- und Wachstumsziele verfolgte. Seit den 80er Jahren stellt der Rat das Erreichen mittelfristiger Wachstums- und Beschäftigungsziele angesichts eines massiven Strukturwandels in der deutschen Wirtschaft in den Vordergrund. Damit ist er deutlich von den quantitativen, prozesspolitisch orientierten Vorstellungen der Anfangszeit abgerückt und hat sich deutlich ordnungspolitischen, qualitativen Fragen der Wirtschaftspolitik zugewandt. Durch die deutsche Einheit und die Transformation der ostdeutschen Wirtschaft sind auch die Probleme einer grundlegenden Wirtschaftsreform Gegenstand der Beratungstätigkeit des SVR geworden. Ende der 90er Jahre hat sich der Rat intensiv mit sozialpolitischen Reformen beschäftigt.

Der SVR hat zahlreiche innovative Konzepte im Bereich der Wechselkurspolitik, der Fiskalpolitik, der Geldpolitik oder auch der Wettbewerbspolitik entwickelt, deren Einfluss auf die praktische Wirtschaftspolitik nachweisbar ist. Dennoch wird auch im Zusammenhang mit dem SVR immer wieder der nachhaltige Erfolg wissenschaftlicher Beratungstätigkeit angezweifelt. Als ein erfolgreiches Gegenmodell wird auf den *Council of Economic Advisers* (CEA) in den USA verwiesen, der 1946 gegründet wurde und daher bereits in der Entstehungsphase des SVR als Referenzmodell diente. Der CEA veröffentlicht zwar ebenfalls Jahresberichte, primär ist er allerdings ein internes Beratungsgremium der jeweiligen Administration. Die drei Mitglieder werden alleine durch den Präsidenten berufen und beraten ihn kontinuierlich bei allen wirtschaftspolitischen Entscheidungen. Während die Ziele des Beratungsprozesses unklarer bleiben als in Deutschland, sind die Adressaten eindeutig festgelegt. Die Wertbasis der Beratenen ist derjenigen der Berater angenähert, das Beratungsmodell ist deutlich pragmatisch. Die Mitglieder des CEA, die ihre Tätigkeit hauptberuflich ausüben, entstammen dem Wissenschafts- und Forschungsmilieu und kehren dorthin in der Regel auch wieder zurück. Ihre Einbindung in den wissenschaftlichen Wettbewerb und ihre Reputation sollen verhindern, dass die Beratungsergebnisse zu stark von den Bedürfnissen der Politik bestimmt werden.

SCHLÜSSELBEGRIFFE

- Normative Aussagen 31
  Werturteilsstreit 31, 32

- Technokratisches Beratungsmodell 33
  Dezisionistisches Beratungsmodell 33
  Pragmatistisches Beratungsmodell 33

- Rationale Wirtschaftspolitik 34
  Tinbergen-Regel 35
  Lucas-Kritik 35
  Effiziente Wirtschaftspolitik 37

- Sachverständigenrat zur Begutach-
  tung der gesamtwirtschaftlichen
  Entwicklung (SVR) 38
  Council of Economic Advisors
  (CEA) 40

Aufgaben

www.pearson-studium.de: Hier finden Sie die Lösungen zu den Übungsaufgaben dieses Kapitels, ein Glossar mit Erläuterungen zu den Schlüsselbegriffen sowie Links zu
wirtschaftspolitisch relevanten Websites.

1. Der Kobra-Effekt

Ein klassisches Beispiel für das Versagen einer gut gemeinten politischen Intervention schildert *Siebert* (2002, 11):

> *„Zu Zeiten der englischen Kolonialverwaltung soll es in Indien einmal zu viele
> Kobras gegeben haben. Um der Plage Herr zu werden, setzte der Gouverneur
> eine Prämie pro abgelieferten Kobra-Kopf aus. Die Inder sollten also Kobras
> fangen. Wie reagierten sie? Sie züchteten Kobras, um die Prämie zu kassieren."*

Inwiefern ist dies ein Beispiel für die Richtigkeit der *Lucas*-Kritik?

2. Werturteile und wirtschaftspolitische Beratung

Finden Sie heraus, welche der aktuellen Mitglieder des Sachverständigenrates Mitglieder einer politischen Partei angehören. Diskutieren Sie, inwieweit darin Werturteile zum Ausdruck kommen und in welcher Weise dadurch die Beratungstätigkeit beeinflusst werden könnte.

3. Unterschiede zwischen Beratungskonzepten

Erläutern Sie, in welchem Verhältnis positive und normative Aussagen bei den unterschiedlichen Beratungskonzepten nach *Habermas* stehen.

4. Wirtschaftswissenschaftliche Forschungsinstitute

Stellen Sie anhand der Internet-Auftritte fest, wie sich die sechs führenden Wirtschaftswissenschaftlichen Forschungsinstitute in Deutschland in ihrem Arbeits-
schwerpunkten und in ihren wissenschaftlichen Leitbildern voneinander unterscheiden. Wie beurteilen sie es vor dem Hintergrund dieser Unterschiede, dass die sechs
Institute zweimal jährlich im Auftrag des Bundeswirtschaftsministeriums ein Gemein-
schaftsgutachten zur Beurteilung der wirtschaftlichen Lage Deutschlands erstellen.

Literaturhinweise

Die unterschiedlichen Dimensionen des Werturteilsstreits werden von *Kromphardt* (1983) und *Berthold/Külp* (1992) ausführlich analysiert. *Kleinwefers/Jans* (1983) behandeln detailliert das Konzept der rationalen Wirtschaftspolitik. Mit der *Lucas*-Kritik setzen sich *Belke/Vollmer* (1995) und *Acocella* (1998) auseinander. *Siebert* (2002) beschreibt eindrucksvoll, welche Irrwege die praktische Wirtschaftspolitik mitunter einschlägt, weil sie die *Lucas*-Kritik nicht beachtet.

Die Arbeit wirtschaftspolitischer Beratungsgremien in Deutschland und den USA analysiert *Cassel* (2001). Anlässlich seines 40-jährigen Bestehens gab der Sachverständigenrat zur Begutachtung der gesamtwirtschaftlichen Entwicklung (2003) einen Sammelband heraus, der die Geschichte des Gremiums und seine Wirkungen aus unterschiedlichen Perspektiven beleuchtet. Auf seiner Homepage (www.sachverstaendigenrat-wirtschaft.de) macht der Sachverständigenrat seine aktuellen Gutachten verfügbar.

TEIL II

Eingriffe in einzelne Märkte: Anwendungen der Mikroökonomik

Preispolitik

3

ÜBERBLICK

Lernziele

■ Auf einem perfekt funktionierenden Markt werden in einem stabilen Marktgleichgewicht Angebots- und Nachfragepläne durch den Marktpreis so koordiniert, dass sich ein gesellschaftlich optimales Ergebnis einstellt.

■ Wichtige Voraussetzungen für einen perfekt funktionierenden Markt sind die Homogenität aller gehandelten Güter, die vollständige Information aller Marktteilnehmer, die Übereinstimmung privater und gesellschaftlicher Nutzen und Kosten sowie das Fehlen von Marktmacht bei Anbietern und Nachfragern.

■ Abweichungen vom Idealbild eines perfekt funktionierenden Markts begründen Marktfehler, die aus Sicht der Gesellschaft zu einem suboptimalen Marktergebnis führen. Das Vorliegen solcher Marktfehler kann als Legitimation für wirtschaftspolitische Eingriffe in einzelne Märkte dienen.

■ Die einfachste Möglichkeit, um bei einer möglichen Instabilität des Marktgleichgewichts in das Marktgeschehen einzugreifen, besteht in der staatlichen Festsetzung des Marktpreises. Dabei kann zwischen Festpreisen, Höchstpreisen und Mindestpreisen unterschieden werden.

■ Staatliche Preispolitik hat häufig ungewollte Folgewirkungen auf die privaten Angebots- und Nachfrageentscheidungen, die weitere staatliche Eingriffe in das Marktgeschehen erforderlich machen.

■ Die Analyse der Agrarpreispolitik in der Europäischen Union zeigt, dass die staatliche Festlegung von Mindestpreisen für Agrarprodukte deutlich oberhalb vergleichbarer Weltmarktpreise zu einer Überproduktion von Agrargütern innerhalb der Union, zu Handelskonflikten mit Drittländern und zu hohen finanziellen Folgekosten für den EU-Haushalt geführt hat.

3.1 Perfekt funktionierende Märkte

Im Mittelpunkt der mikroökonomischen Theorie steht die Analyse der Preisbildung auf einzelne Märkten. Ein Markt ist gekennzeichnet durch das Zusammentreffen von *Anbietern* und *Nachfragern* zum Tausch von Gütern. Die Marktpreis reguliert dabei die Menge der getauschten Güter und die Höhe der Gewinne der Tauschpartner. Die Mikroökonomik zeigt, dass Märkte, wenn sie perfekt funktionieren, ein für alle Marktteilnehmer zusammen optimales Ergebnis erbringen. Allerdings weicht die tatsächliche Funktionsweise von Märkten häufig vom Idealbild der Mikroökonomik ab. Es können *Marktfehler* existieren, die das effiziente Zusammenwirken von Anbietern und Nachfragern stören oder sogar verhindern, dass ein Markttausch zustande kommt. Die Existenz von Marktfehlern liefert eine Rechtfertigung für wirtschaftspolitische Eingriffe zur Verbesserung der Marktallokation. Das Ziel solcher Eingriffe ist es, das tatsächliche Marktgleichgewicht dem Marktgleichgewicht auf einem perfekt funktionierenden Markt anzunähern.

3.1.1 Marktangebot

In der mikroökonomischen Theorie entstehen Märkte durch das Zusammentreffen von Angebot und Nachfrage. Die mikroökonomische *Angebotsfunktion* für ein Gut lässt sich darstellen als:

$$q = S\,(p, p_1,\ldots, p_n, w_1,\ldots,w_m, F, E_S) \tag{3.1}$$

Dabei erscheint die Angebotsmenge eines Gutes q als abhängige Variable, die in der Funktionsbeziehung S zu den unabhängigen Variablen der Angebotsentscheidung steht: dem am Gütermarkt für eine Einheit des Gutes erzielbaren Preis p, den Preisen anderer Güter $p_1, \ldots, p_n$, den Preisen der bei der Herstellung des Gutes benötigten Produktionsfaktoren $w_1, \ldots, w_m$, dem Stand der Produktionstechnik F und den Erwartungen E_S der Anbieter über die zukünftige Entwicklung der Angebotsdeterminanten.

Hypothesen über die Auswirkungen von Änderungen der unabhängigen Variablen auf die Angebotsmenge lassen sich aus der Annahme ableiten, dass das Verhalten der Anbieter vom Ziel der *Gewinnmaximierung* bestimmt ist. Jeder Anbieter des betreffenden Gutes wird folglich bestrebt sein, einen möglichst hohen Überschuss der Verkaufserlöse R über die bei der Produktion entstehenden Kosten C zu erzielen. Die Verkaufserlöse errechnen sich als Produkt der produzierten und verkauften Menge q mit dem gegebenen Marktpreis p, dessen Höhe ein einzelner Anbieter annahmegemäß nicht beeinflussen kann. Die Produktionskosten hängen ab von den eingesetzten Mengen an Produktionsfaktoren und den gegebenen Faktorpreisen $w_1, \ldots, w_m$. Da die benötigten Faktoreinsatzmengen bei einer gegebenen Produktionstechnik F unmittelbar von der jeweiligen Produktionsmenge q abhängen, lässt sich der Gewinn aus Produktion und Verkauf des Gutes n auch schreiben als:

$$G = R - C = p \cdot q - C\,(w_1,\ldots,w_m, F, E_S, q) \tag{3.2}$$

Aus der Maximierung der Gewinnfunktion (3.2) lässt sich ableiten, dass die von einem einzelnen Anbieter produzierte Menge des Gutes umso höher ist, je höher der

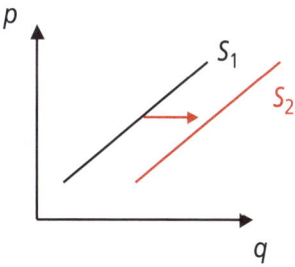

Abbildung 3.1: Marktangebotskurve

Der Normalverlauf der Angebotskurve impliziert, dass ein steigender Marktpreis zu einem höheren Marktangebot führt. Eine Veränderung der übrigen Determinanten des Marktangebots führt zu einer Verschiebung der Angebotskurve; eine Senkung der Faktorpreise oder eine Verbesserung der Produktionstechnik senkt beispielsweise die Grenzkosten der Produktion und führt zu einer Verschiebung der Angebotskurve nach rechts.

Preis p liegt.* Sofern sich alle Anbieter des Gutes gewinnmaximierend verhalten, folgt daraus auch ein positiver Zusammenhang zwischen dem Gesamtangebot q und dem Preis p. Graphisch lässt sich der Zusammenhang zwischen Preis und Angebotsmenge q in einem Preis-Mengen-Diagramm darstellen (vgl. *Abbildung 3.1*). Die übrigen, als konstant angenommenen Determinanten der Angebotsentscheidung sind dabei in einem Lageparameter x zusammengefasst. Die Funktion (3.1) reduziert sich damit auf den Ausdruck:

$$q = S(p, x) \quad mit \ \frac{\partial q}{\partial p} > 0 \tag{3.3}$$

Zur Vereinfachung wird in *Abbildung 3.1* ein linearer Zusammenhang zwischen dem Preis und der Angebotsmenge des Gutes unterstellt. Aufgrund der aus dem Gewinnmaximierungskalkül abgeleiteten Zusammenhänge weist die Angebotskurve S_1 einen steigenden Verlauf auf.

Aus der Maximierung der Gewinnfunktion (3.2) lässt sich auch der Einfluss der Faktorpreise und des technischen Wissens auf die Höhe der Angebotsmenge ableiten, denn sowohl die Preise der Produktionsfaktoren als auch der Stand der Technik sind entscheidende Determinanten der Produktionskosten C. Sinkende Preise für Produktionsfaktoren senken die Produktionskosten ebenso wie ein verbesserter Stand der Technik, der eine effizientere Ausnutzung der Produktionsfaktoren erlaubt. Technische Innovationen ermöglichen es, die gleiche Produktionsmenge mit einem geringeren mengenmäßigen Einsatz an Produktionsfaktoren herzustellen. In der graphischen Darstellung kommt eine Senkung der Faktorpreise oder eine Verbesserung der verwendeten Produktionstechnik in einer Änderung des Lageparameters x der mikroökonomischen Angebotsfunktion zum Ausdruck. Dies bewirkt eine Rechtsverschiebung der Angebotskurve in *Abbildung 3.1* auf $S_2(p,x_2)$.

---

* Formal führt die Maximierung von (3.2) zu folgenden Ergebnissen:

$$\max G = p \cdot q - C(w_1, \dots, w_m, F, E_S, q)$$

$$\frac{\partial G}{\partial q} = p - \frac{\partial C}{\partial q} = 0 \rightarrow p = \frac{\partial C}{\partial q}$$

$$\frac{\partial^2 G}{\partial q^2} = -\frac{\partial^2 C}{\partial q^2} < 0 \rightarrow \frac{\partial^2 C}{\partial q^2} > 0$$

Gewinnmaximal ist nach der Maximumsbedingung 1. Ordnung eine Ausdehnung der Produktionsmenge q bis zu dem Punkt, an dem der Preis p genau dem Ausdruck $\partial C/\partial q$ entspricht. Dieser stellt die zusätzlichen Kosten einer weiteren Produktionsausdehnung, die Grenzkosten der Produktion dieses Gutes, dar. Wie aus der Maximumsbedingung 2. Ordnung hervorgeht, muss das Gewinnmaximum außerdem im Bereich ansteigender Grenzkosten liegen.

Anhand der beiden Maximumsbedingungen lassen sich nun die Auswirkungen von Änderungen der unabhängigen Variablen auf die gewinnmaximale Angebotsmenge untersuchen. Bei einem Anstieg des Preises p wird ein neues Gewinnmaximum nur bei höheren Grenzkosten, d. h. bei einer höheren Produktionsmenge q, erreicht. Eine Senkung der Faktorpreise oder eine Verbesserung der Produktionstechnik verringert das Niveau der Grenzkosten. Bei gegebenem Preis p ist für ein neues Gewinnmaximum daher wiederum eine Ausdehnung der Produktion erforderlich. Die Erwartung, dass der Marktpreis in Zukunft ansteigen wird, führt in der Gegenwart zur Senkung der Produktion und des Angebots.

Differenzierter ist der Einfluss von Änderungen der Preise anderer Güter auf die Angebotsmenge q zu beurteilen. Betrachtet sei zunächst der Fall, dass mit der gleichen Produktionstechnik und den gleichen Produktionsfaktoren zwei verschiedene Güter hergestellt werden können, deren Preise zunächst gleich hoch sind. Ein Anstieg des Preises des einen Gutes würde unter diesen Bedingungen dazu führen, dass aufgrund des Gewinnmaximierungskalküls lediglich dieses Gut produziert wird, während die Angebotsmenge des anderen Gutes bis auf null zurückgeht. Eine Rechtsverschiebung der Angebotsfunktion in *Abbildung 3.1* von S_1 auf S_2 könnte insofern auch durch Preissenkungen bei anderen Gütern verursacht sein, die eine Änderung des Lageparameters x bewirken. Häufig existiert jedoch für einen Anbieter die Wahlmöglichkeit zwischen der Produktion verschiedener Güter, die mit unterschiedlicher Produktionstechnik und unterschiedlichen Produktionsfaktoren hergestellt werden und deren Marktpreise sich unterscheiden. In diesem Fall besteht bei einer Preissenkung für ein Gut zwar ebenfalls die Tendenz zu einer Verringerung des Angebots dieses Gutes und einer Zunahme der Angebotsmenge anderer Güter. Einem solchen Prozess können aber Kosten der Produktionsumstellung oder produktionstechnische Besonderheiten entgegenstehen. Von besonderer Bedeutung ist in diesem Zusammenhang der Fall einer *Kuppelproduktion*, bei der aufgrund produktionstechnischer Gegebenheiten immer mehrere Produkte gleichzeitig und in einem bestimmten mengenmäßigen Verhältnis hergestellt werden. Die Senkung des Preises für ein Gut, das in einer Kuppelproduktion hergestellt wird, lässt die Angebotsmenge dieses Gutes sinken. Die Produktionsmenge der Kuppelprodukte steigt dabei aber nicht an, sondern sinkt ebenfalls ab, sofern nicht durch nachgelagerte Produktionsstufen eine Veränderung in der Zusammensetzung des Produktionsprogramms erreicht werden kann.

3.1.2 Marktnachfrage

In Analogie zur Produktions- und Angebotstheorie analysiert die mikroökonomische Nachfragetheorie die wesentlichen Determinanten der von den Konsumenten nachgefragten Menge eines Gutes. Darauf aufbauend untersucht sie die Auswirkungen von Änderungen der Nachfragedeterminanten auf die Nachfrageentscheidungen. In einfacher Form lässt sich die mikroökonomische *Nachfragefunktion* für ein Gut darstellen als:

$$q = D\,(p,\ p_1,\ldots,p_n,\ Y_v,\ E_D) \tag{3.4}$$

Die nachgefragte Menge q steht danach in einer Funktionalbeziehung D zu den unabhängigen Determinanten der Nachfrageentscheidung: dem am Gütermarkt für das Gut zu zahlenden Preis p, den Preisen anderer, an den Gütermärkten nachgefragter Güter $p_1,\ldots,p_n$, dem verfügbaren Einkommen der Konsumenten Y_v sowie ihren Erwartungen E_D.

Analog zur Gewinnmaximierungshypothese in der Angebotstheorie unterstellt die mikroökonomische Nachfragetheorie *Nutzenmaximierung* bei den Konsumenten. Die Präferenzen, die ein Konsument für die Nachfrage nach einzelnen Gütern besitzt, werden in Form einer Nutzenfunktion U dargestellt, die einzelnen Güterbündeln q einen bestimmten Indexwert zuordnet. Es wird angenommen, dass jedes Gut q_i dem Nachfrager einen bestimmten Nutzen stiftet, der Nutzenzuwachs bei zunehmendem Konsum eines Gutes aber sinkt. Der Grenznutzen jedes Gutes q_i muss somit positiv und abnehmend sein. Unter diesen Annahmen lässt sich die Nutzenfunktion schreiben als:

$$U(\mathbf{q}) \text{ mit } \mathbf{q} = (q_1, \dots, q_{n+1}), \quad \frac{\partial^2 U}{\partial q_i} > 0, \quad \frac{\partial^2 U}{\partial q_i^2} < 0, \quad i = 1, \dots, n+1 \qquad (3.5)$$

Beim Güterkauf ist jeder Konsument durch die Höhe seines verfügbaren Einkommens beschränkt. Da jedes Gut einen Nutzen stiftet, wird er sein gesamtes Einkommen für den Konsum von Gütern verwenden, wobei die Gesamtausgaben durch die gegebenen Güterpreise und die nachgefragten Gütermengen bestimmt sind. Für eine gegebene Einkommenshöhe ergibt sich damit folgende Budgetrestriktion des Konsumenten:

$$Y_v = \sum_{i=1}^{n+1} p_i \cdot q_i \qquad (3.6)$$

Aus der Maximierung der Nutzenfunktion (3.5) unter Berücksichtigung der Budgetrestriktion (3.6) lassen sich Hypothesen über die Reaktion der Nachfrage eines repräsentativen Konsumenten bei Einkommens- und Preisänderungen ableiten.*

Eine Erhöhung des Einkommens Y_v vergrößert das für den Güterkauf verfügbare Ausgabenvolumen. Bei Konstanz der Präferenzen und der Güterpreise wird daher im Normalfall von allen Gütern eine größere Menge nachgefragt. Die Erhöhung des Preises p_i führt in der Regel dazu, dass die Nachfrage nach Gut i zugunsten der Nachfrage nach anderen Gütern zurückgeht. Umgekehrt wird die Nachfrage nach Gut i, sofern es in Hinblick auf den Nutzen der Konsumenten in Substitutionsbeziehungen zu anderen Gütern steht, immer dann ansteigen, wenn sich die Preise der anderen Güter erhöhen. Eine Ausnahme bilden jedoch so genannte Komplementärgüter, die immer nur in Verbindung mit einem anderen Gut Nutzen stiften und daher auch nur gemeinsam mit die-

---

* Formal erhält man die Lösung des Maximierungsproblems durch die Optimierung einer *Lagrange*-Funktion:

$$L(\mathbf{q}, \lambda) = U(\mathbf{q}) + \lambda \cdot \left(Y_v - \sum_{i=1}^{n+1} p_i \cdot q_i \right)$$

$$\frac{\partial L}{\partial \lambda} = Y_v - \sum_{i=1}^{n+1} p_i \cdot q_i = 0 \quad \rightarrow Y_v - \sum_{i=1}^{n+1} p_i \cdot q_i = 0$$

$$\frac{\partial L}{\partial q_i} = \frac{\partial U}{\partial q_i} - \lambda \cdot p_i = 0, \quad i = 1, \dots, n \rightarrow \frac{\partial U/\partial q_i}{\partial U/\partial q_j} = \frac{p_i}{p_j}$$

Die erste Optimalitätsbedingung besagt, dass im Nutzenmaximum das gesamte Einkommen für den Güterkauf Verwendung findet. Aus der zweiten Optimalitätsbedingung lässt sich ableiten, dass im Nutzenmaximum das Verhältnis der Grenznutzen zweier Güter i und j genau ihrem Preisverhältnis entsprechen muss.

Anhand der beiden Optimalitätsbedingungen lassen sich nun die Auswirkungen von Änderungen der unabhängigen Variablen auf die nutzenmaximierenden Nachfragemengen untersuchen. Eine Zunahme des verfügbaren Einkommens erhöht das Volumen der gesamten Konsumausgaben. In der Regel steigt damit die Nachfrage nach allen Gütern an. Unter bestimmten Voraussetzungen hinsichtlich der Entwicklung des Grenznutzens kann bei manchen Gütern aber auch die Nachfrage als Folge einer Einkommenserhöhung sinken. Man bezeichnet solche Güter als inferior. Die Preiserhöhung für ein Gut führt in der Regel dazu, dass die Nachfrage nach dem Gut sinkt, so dass sein Grenznutzen ansteigt. Eine Preisänderung verändert aber immer auch die Kaufkraft des verfügbaren Einkommens. Daher kann es bei inferioren Gütern zu einem Anstieg der Nachfrage als Folge einer Preiserhöhung kommen, wenn der Einkommenseffekt der Preisänderung den Substitutionseffekt überwiegt.

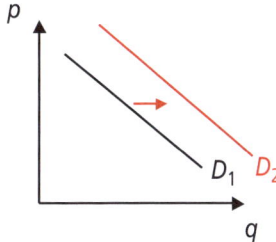

Abbildung 3.2: Marktnachfragekurve

Im Normalfall verläuft die Nachfragekurve fallend. Folglich steigt die nachgefragte Menge, wenn der Marktpreis sinkt. Eine Veränderung der übrigen Determinanten der Nachfrage führt zu einer Verschiebung der Nachfragekurve. So führt beispielsweise die Erwartung eines zukünftigen Preisanstiegs zu einer erhöhten Marktnachfrage bei gegebenem (gegenwärtigem) Preis und somit zu einer Verschiebung der Nachfragekurve nach rechts.

sem Gut nachgefragt werden. Die Nachfrage nach einem Gut verringert sich somit, wenn der Preis für ein Komplementärgut ansteigt und dann von diesem Gut eine geringere Menge nachgefragt wird. Komplementäre Nachfragebeziehungen zwischen Gütern können durch technische, verkaufsorganisatorische oder gesellschaftliche Faktoren bedingt sein.

Der Zusammenhang zwischen der Nachfrage nach einem Gut und ihren Determinanten lässt sich wiederum in einem Preis-Mengen-Diagramm darstellen (vgl. *Abbildung 3.2*). Der in (3.4) angegebene Funktionalzusammenhang reduziert sich dabei auf eine Abhängigkeit der nachgefragten Menge q des Gutes vom Preis p, während die übrigen Determinanten in einem Lageparameter y zusammengefasst werden. Man erhält somit:

$$q = D(p, y) \quad \text{mit } \frac{\partial q}{\partial p} < 0 \tag{3.7}$$

wobei zur Vereinfachung wieder ein linearer Zusammenhang zwischen Preis und nachgefragter Menge unterstellt wird.

Im Normalfall weist die Nachfragefunktion einen fallenden Verlauf auf. Eine Zunahme des Preises führt somit zu einem Rückgang der nachgefragten Menge. Variationen der übrigen Determinanten der Nachfrage schlagen sich in einer Änderung des Lageparameters y und einer Verschiebung der Nachfragefunktion nieder. Eine Rechtsverschiebung von D_1 auf D_2 könnte verursacht sein durch eine Zunahme des verfügbaren Einkommens Y_v, eine Preiserhöhung bei Substitutionsgütern oder eine Preissenkung für ein Komplementärgut. Auch die Erwartung zukünftig steigender Preise dürfte zu einem Zuwachs der Nachfrage zum gegenwärtigen Zeitpunkt führen.

3.1.3 Marktpreisbildung bei vollständiger Konkurrenz

Durch das Zusammentreffen von Angebot und Nachfrage auf einem Markt ergibt sich ein Marktpreis, zu dem angebotene und nachgefragte Menge getauscht werden. Die Höhe des Preises und der getauschten Menge sind abhängig von der Marktform. Wirtschaftspolitischer Referenzfall ist vielfach die Marktform der vollständigen Konkurrenz. Sie basiert auf der Annahme des *vollkommenen Marktes*, nach der:

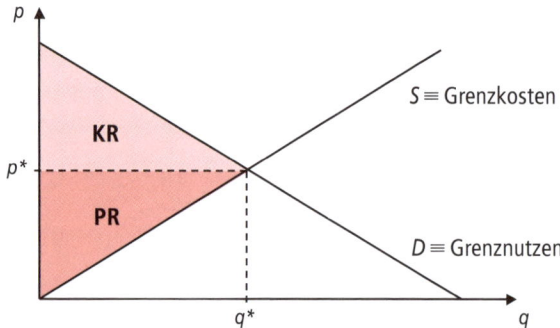

Abbildung 3.3: Wohlfahrtsanalyse des Marktgleichgewichts

Am Schnittpunkt von Marktangebots- und Marktnachfragekurve liegt das Marktgleichgewicht. Die Angebotskurve repräsentiert die Grenzkosten der Güterproduktion; die Nachfragekurve ist Ausdruck der Grenznutzen bzw. der Zahlungsbereitschaft der Nachfrage. Die Fläche zwischen Nachfragekurve und Marktpreis p* bezeichnet man als Konsumentenrente; die Fläche zwischen Marktpreis und Angebotskurve stellt die Produzentenrente dar. Beim Marktpreis p* ist die Summe aus Konsumenten- und Produzentenrente, ein Maß der gesellschaftlichen Wohlfahrt, größer als bei allen anderen denkbaren Preisen.

■ die gehandelten Güter völlig homogen sind,

■ alle Marktteilnehmer über das Marktgeschehen vollständig informiert sind,

■ in der Produktion keine Unteilbarkeiten bestehen und

■ die individuellen Nutzen und Kosten mit den gesellschaftlichen Nutzen und Kosten übereinstimmen.

Zusätzlich zur Annahme des vollkommenen Marktes ist eine Voraussetzung für die Marktform der vollständigen Konkurrenz, dass auf dem Markt:

■ eine große Zahl von Anbietern und Nachfrager zusammentrifft, so dass keiner von ihnen besondere Marktmacht in dem Sinne besitzt, dass er die Markpreise gezielt beeinflussen kann.

Die besondere Bedeutung des Marktgleichgewichts bei vollständiger Konkurrenz zeigt sich in *Abbildung 3.3*. Da in der Angebotskurve die Grenzkosten der Unternehmen und in der Nachfragekurve die Grenznutzen der Haushalte zum Ausdruck kommen, lassen sich im Konkurrenzgleichgewicht die Konsumenten- und die Produzentenrenten kalkulieren. Dabei handelt es sich um die Flächen zwischen Marktpreis und Grenzkosten beziehungsweise Grenznutzen. Die *Konsumentenrente* misst den Nutzengewinn, der dadurch entsteht, dass Nachfrager das Gut zu einem Preis erhalten, der unter ihrer eigenen Zahlungsbereitschaft liegt. Die *Produzentenrente* ergibt sich, weil manche Anbieter das Gut zu einem Preis verkaufen können, der über ihren Grenzkosten liegt. Im Gleichgewicht der vollständigen Konkurrenz beim Preis p^* und der Menge q^* ist die Summe aus Produzenten- und Konsumentenrente maximal, das heißt bei keinem anderen Preis kann eine höhere gesellschaftliche Wohlfahrt erzielt werden.

Für den praktischen Umgang mit dem Konkurrenzgleichgewicht stellen sich allerdings zwei Fragen:

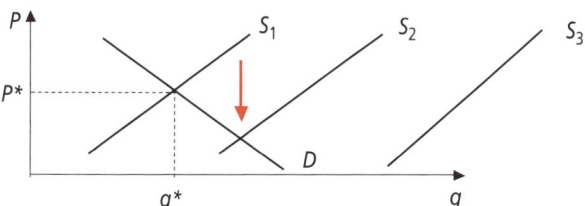

Abbildung 3.4: Existenz und Stabilität des Marktgleichgewichts

Das Marktgleichgewicht existiert, wenn es einen eindeutigen Schnittpunkt zwischen Angebots- und Nachfragefunktion bei positiver Menge gibt. Dies ist bei Nachfragekurve D und Angebotskurve S_3 nicht der Fall. Stabilität des Marktgleichgewichts liegt dann vor, wenn es bei Störungen des Marktgleichgewichts Kräfte gibt, die Preis und Menge wieder auf ein Gleichgewicht zusteuern lassen. Ist das Gleichgewicht am Schnittpunkt von D und S_1 stabil und verschiebt sich die Angebotskurve von S_1 auf S_2, so wird sich ein neues Marktgleichgewicht am Schnittpunkt von D und S_2 herausbilden.

- *Existenz des Konkurrenzgleichgewichts:* Ist ein Marktgleichgewicht bei vollständiger Konkurrenz theoretisch überhaupt möglich, das heißt gibt es überhaupt einen Schnittpunkt zwischen Angebots- und Nachfragekurve bei einem positiven Preis?

- *Stabilität des Konkurrenzgleichgewichts:* Kann das Marktgleichgewicht bei vollständiger Konkurrenz, sofern es existiert, tatsächlich auch erreicht werden?

Beides wird in *Abbildung 3.4* noch einmal verdeutlicht. Das Marktgleichgewicht ist durch p^* und q^* dort bestimmt, wo sich S_1 und D schneiden. Würde sich das Angebot nun auf S_3 verschieben, gäbe es keinen Schnittpunkt mit der Nachfrage bei einem positiven Preis mehr. Würde sich das Angebot dagegen nur auf S_2 verschieben, gäbe es weiterhin ein Gleichgewicht, allerdings ist zu klären, wie sich der Weg vom alten zum neuen Gleichgewicht vollzieht.

Üblicherweise geht die Mikroökonomik davon aus, dass ein Ungleichgewicht von Angebot und Nachfrage auf Konkurrenzmärkten zu sofortigen Anpassungen der Marktpreise führt. Ein Angebotsüberhang lässt den Marktpreis sinken, ein Nachfrageüberhang führt zu einem steigenden Marktpreis. Bei normalem Verlauf der beiden Kurven führt dieser Prozess zu einer raschen Annäherung an den Gleichgewichtspreis. Vorbild für diese Anpassungsreaktionen sind die Mechanismen auf *Börsen- und Auktionsmärkten*, bei denen Makler die Preisgebote so lange verändern, bis ein Gleichgewicht von Angebot und Nachfrage gefunden ist. Sofern alle Marktteilnehmer über das Marktgeschehen vollständig informiert sind, kann man unterstellen, dass dieser Anpassungsprozess auch ohne Einschaltung eines Maklers abläuft.

Das Marktgleichgewicht bei vollständiger Konkurrenz dient als Referenzmodell, um wirtschaftspolitische Eingriffe auf einzelnen Märkten unter allokativen Gesichtspunkten zu rechtfertigen. Gibt es nämlich Märkte, auf denen sich ein Marktgleichgewicht bei vollständiger Konkurrenz nicht bildet, bietet sich die Gelegenheit zu wirtschaftspolitischen Eingriffen, mit deren Hilfe das Konkurrenzgleichgewicht erreicht werden kann. Man spricht in diesen Fällen auch von *Marktfehlern* oder von *Marktversagen*.

Solche Marktfehler treten dann auf, wenn:

- das Marktgleichgewicht instabil ist,
- das Marktgleichgewicht gar nicht existiert,

- kein vollkommener Markt vorliegt oder
- Marktmacht einzelner Anbieter oder Nachfrager existiert.

Wie im Folgenden noch gezeigt wird, gibt es unterschiedliche wirtschaftspolitische Strategien im Umgang mit Marktfehlern. Einerseits dienen Marktfehler zur Rechfertigung zahlreicher staatlicher Interventionen in die freie Preisbildung der Märkte. Andererseits können die Selbstheilungskräfte des Marktes auch Prozesse in Gang setzen, die im Ergebnis eine Korrektur der Marktfehler ohne direktes staatliches Eingreifen ermöglichen.

Adam Smith und die unsichtbare Hand

Adam Smith (1723–1790), studierte Philosophie an den Universitäten in Glasgow und Oxford. 1750 erhielt er zunächst eine Professur für Logik an der Universität Glasgow und zwei Jahre später dort den Lehrstuhl für Moralphilosophie. In dieser Zeit entwickelte sich eine enge Freundschaft mit dem schottischen Philosophen *David Hume*, der *Smiths* Denken entscheidend beeinflusste. 1763 legte Smith seine Professur nieder und begab sich auf eine längere Bildungsreise nach Frankreich und in die Schweiz. Nach seiner Rückkehr wurde er 1778 zum Zollkommissar von Schottland ernannt und sanierte innerhalb kurzer Zeit mit Hilfe einer rigorosen Bekämpfung des Schmuggelwesens die schottischen Staatsfinanzen. Seine Hauptwerke sind: *The Theory of Moral Sentiments* (Edinburgh, 1759); *An Inquiry into the Nature and the Causes of the Wealth of Nations* (Edinburgh, 1776).

    Adam Smith gilt als der Begründer der wissenschaftlichen Volkswirtschaftslehre, der in seinem Hauptwerk *Vom Wohlstand der Nationen* erstmalig die ökonomische Analyse gegenüber der Politikwissenschaft und der Philosophie abzugrenzen vermochte. Das Buch hatte einen überwältigenden Erfolg und wurde binnen kurzer Zeit in viele europäische Sprachen übersetzt. *Smith* sah, im Unterschied zu vielen seiner Zeitgenossen, nicht den landwirtschaftlich genutzten Boden oder den Geldvorrat in einem Land als Ursache des nationalen Wohlstandsniveaus an, sondern die verfügbare Arbeitskraft und das Ausmaß der Arbeitsteilung. Die treibende Kraft der wirtschaftlichen Entwicklung ist für ihn der eigennützig agierende Mensch, der seinen materiellen Wohlstand und damit sein persönliches Glück zu maximieren versucht. Auf funktionsfähigen Märkten, auf denen keinerlei Marktmacht herrscht, sorgt der Wettbewerb dafür, dass das individuelle Streben nach Wohlstand letztlich auch zu einem Anstieg des nationalen Wohlstands führt. Die Maximierung des gesellschaftlichen Glücks wird somit durch das egoistische Verhalten der Einzelnen gewährleistet, deren Eigennutz wie von einer „unsichtbaren Hand" geleitet zum Wohl der gesamten Gesellschaft beiträgt. Der Erhalt dieser Dynamik kann nach *Smith* vor allem dadurch sichergestellt werden, dass der Staat das Entstehen von Monopolen verhindert, auf Eingriffe in die Märkte weitgehend verzichtet und sich auf die Landesverteidigung, den Aufbau einer funktionierenden Rechtsordnung und die Bereitstellung eines allgemeinen Bildungssystems beschränkt.

3.2 Formen von Marktversagen

3.2.1 Fehlende Stabilität des Marktgleichgewichts: Inverse Verläufe von Angebot und Nachfrage und verzögerte Anpassungsprozesse

Zur *Instabilität des Marktgleichgewichts* kommt es, wenn Angebots- und/oder Nachfragekurve einen inversen Verlauf haben und die üblichen Anpassungsprozesse der Marktpreise an Angebots- oder Nachfrageüberschüsse unterstellt werden. Tritt bei einem bestimmten Preis ein Angebotsüberhang auf, würde man davon ausgehen, dass der Marktpreis sinkt. Im Falle eines Nachfrageüberhangs würde man einen Anstieg des Marktpreises erwarten. Verläuft nun die Angebotskurve fallend im Preis und die Nachfragekurve steigend im Preis, würden die beschriebenen Anpassungsprozesse nicht zum Marktgleichgewicht hin, sondern immer weiter von ihm weg führen. Anhand der *Abbildung 3.5* lässt sich leicht nachvollziehen, dass es für diese Art von Instabilität ausreichen kann, wenn nur eine der Kurven invers verläuft. Wären sowohl Angebots- als auch Nachfragekurve positiv vom Marktpreis abhängig, würde sich ein instabiles Marktgleichgewicht einstellen, wenn die Nachfrage preiselastischer reagiert als das Angebot.

Klassische Beispiele für *inverses Nachfrageverhalten* bilden die *Giffen*-Güter. Es handelt sich dabei um typische Grundnahrungsmittel wie Kartoffeln, Getreide oder Brot mit negativer Einkommensabhängigkeit der Nachfrage. Bei ihnen dominiert der (negative) Einkommenseffekt einer Preissenkung aufgrund ihres hohen Anteils an den Gesamtausgaben den (positiven) Substitutionseffekt. Ein Beispiel für *inverses Angebotsverhalten* kann die Arbeitsangebotskurve geben. Die mikroökonomische Theorie nimmt an, dass das individuelle Arbeitsangebot sich als Residuum der Entscheidung über die optimale Höhe der Freizeit ergibt. Wenn Freizeit ein normales Gut ist und der positive Einkommenseffekt einer Reallohnerhöhung auf die Freizeitnachfrage den negativen Substitutionseffekt zwischen Arbeitszeit und Freizeit dominiert, führt der Reallohnanstieg zu einem Rückgang des Arbeitsangebots. Sowohl die Märkte für landwirtschaftliche Produkte und Grundnahrungsmittel als auch der Arbeitsmarkt könnten insofern anfällig für Marktversagen aufgrund einer Instabilität des Marktgleichgewichts sein.

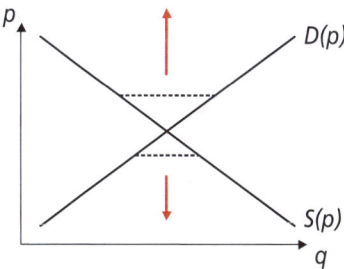

Abbildung 3.5: Inverser Verlauf von Angebots- und Nachfragekurve

Verläuft die Angebotskurve fallend und die Nachfragekurve steigend, so kann zwar ein Gleichgewichtspreis existieren, allerdings ist das Marktgleichgewicht nicht stabil. Bei einer Störung des Gleichgewichts gibt es damit keine Kräfte, die wieder zum Gleichgewicht zurückführen.

Instabilität des Marktgleichgewichts kann sich aber auch bei normalem Verlauf der Angebots- und Nachfragekurven einstellen, und zwar dann, wenn die *Anpassungsprozesse mit Verzögerungen* ablaufen. Einen gewichtigen Einfluss auf die Geschwindigkeit, mit der Ungleichgewichtssituationen auf Gütermärkten beseitigt werden, besitzt die Flexibilität, mit der die Anbieter auf Marktpreisänderungen durch Anpassung von Produktions- und Angebotsmenge reagieren. Eine im Vergleich zur Nachfrage geringere Preisreagibilität des Angebots kann lang anhaltende Fluktuationen von Preisen und Mengen um das Marktgleichgewicht entstehen lassen. Diesen Fall beschreibt das so genannte *Cobweb*-Theorem (Spinnweb-Theorem). Betrachtet wird dabei der Markt für ein nicht lagerfähiges Gut, dessen in einer Periode anfallende Produktion somit noch in der gleichen Periode abgesetzt werden muss. Gleichzeitig wird eine verzögerte Anpassung der Anbieter an Marktpreisänderungen unterstellt. Während die Nachfrager ihre Konsumentscheidungen am Marktpreis der laufenden Periode ausrichten, planen die Anbieter ihre Produktion in jeder Periode auf der Grundlage des Preises in der Vorperiode. Schließlich sei angenommen, dass die Angebotskurve steiler verläuft als die Nachfragekurve, so dass bei einer Preiserhöhung die Nachfrage stärker abnimmt als das Angebot zunimmt. Unter diesen Bedingungen setzt bei Störungen des Marktgleichgewichts ein Anpassungsprozess ein, der erst nach langen Fluktuationen wieder zu einem neuen Marktgleichgewicht zurückführt (vgl. *Abbildung 3.6*).

In der Ausgangssituation liegt ein Marktgleichgewicht am Schnittpunkt von S und D_1 beim Preis p^* vor. Kommt es zu einer Verschiebung der Nachfragefunktion von D_1 auf D_2, etwa als Folge eines Einkommensanstiegs, so können die Anbieter in dieser Periode die Menge q^* zum höheren Preis p_1 verkaufen. Für die folgende Periode planen sie daraufhin entsprechend ihrer Angebotsfunktion eine größere Produktionsmenge q_1. Diese lässt sich dann allerdings nur noch zu einem Preis von p_2 absetzen. Die Anbieter nehmen diese Entwicklung zum Anlass, ihre Produktionsplanung für die Folgeperiode auf die Menge q_2 zu reduzieren. Auf diese Weise stellt sich erst nach einem län-

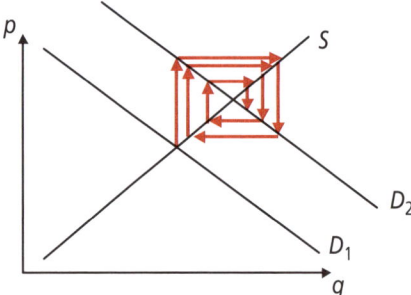

Abbildung 3.6: Anpassungsprozess an das Marktgleichgewicht nach dem Cobweb-Theorem

Ausgangspunkt ist das Marktgleichgewicht am Schnittpunkt von S und D₁. Durch eine Verschiebung der Nachfragekurve nach D₂ wird das Marktgleichgewicht gestört. Aufgrund der gestiegenen Nachfrage können die Anbieter einen höheren Marktpreis erzielen. Sie richten ihre Angebotsplanung für die folgende Periode an diesem gestiegenen Preis aus. In der folgenden Periode ist für diese Angebotsmenge nicht genügend Nachfrage vorhanden. Da die Güter nicht gelagert werden können, müssen sie zu einem niedrigeren Preis verkauft werden, der dann wiederum Grundlage für die Angebotsplanung der Vorperiode wird. Nach weiteren Preis- und Mengenveränderungen wird sich schließlich ein neues Marktgleichgewicht am Schnittpunkt von S und D₂ einstellen.

Arthur Hanau und die Schweinezyklen

Arthur Hanau (1902–1985) gilt als Begründer der modernen landwirtschaftlichen Marktforschung in Deutschland. Bis 1933 war der Agrarökonom als Privatdozent an der Landwirtschaftlichen Hochschule Berlin tätig. Nach 1948 leitete er das Institut für landwirtschaftliche Marktforschung in Braunschweig; 1955 erhielt er einen Ruf auf den Lehrstuhl für landwirtschaftliche Marktlehre an der Universität Göttingen. Sein bekanntestes Werk ist: *Die Prognose der Schweinepreise* (Berlin 1927).

Bei seinen Studien zur langfristigen Entwicklung der Märkte für Schweinefleisch fand *Hanau* heraus, dass in Phasen ohne bedeutsame staatliche Interventionen eine charakteristische Wellenbewegung der Preise und der gehandelten Mengen feststellbar war. Auf eineinhalb bis zwei Jahre hoher Schweinepreise und niedrigen Schweineangebots folgten mit großer Regelmäßigkeit eineinhalb bis zwei Jahre mit niedrigen Schweinepreisen und hohem Schweineangebot. Als Ursachen für diesen drei- bis vierjährigen „Schweinezyklus" sah er die Gewinnerwartungen der Produzenten von Ferkeln und Schlachtschweinen an, die wiederum ganz wesentlich vom aktuellen Schweinepreis bestimmt wurden. Aufgrund der eineinhalb bis zweijährigen Mastperiode wirkten sich aber Entscheidungen zur Vergrößerung des Angebots erst mit erheblicher Verzögerung auf die Marktversorgung aus. Außerdem verwies er auf eine relative geringe Preiselastizität bei der Nachfrage nach Lebensmitteln, die dazu führte, dass die Preise aller Agrarprodukte ganz wesentlich durch die Angebotsseite bestimmt wurden.

geren Anpassungsprozess das neue Marktgleichgewicht ein, das am Schnittpunkt von S mit der neuen Nachfragekurve D_2 liegt.

Ein anderes Ergebnis stellt sich ein, wenn die Angebotskurve betragsmäßig die gleiche Steigung aufweist wie die Nachfragekurve. Unter den Bedingungen des *Cobweb*-Theorems (fehlende Lagerfähigkeit des Produkts und verzögerte Anpassung der Angebotsmenge an Preisänderungen) würden in diesem Fall bei einer Störung des Marktgleichgewichts Preise und Mengen um das neue Marktgleichgewicht fluktuieren, ohne dass dieses jemals erreicht wird. Übersteigt die Steigung der Nachfragefunktion dagegen diejenige der Angebotsfunktion, so folgt aus dem *Cobweb*-Theorem ein Prozess, bei dem sich nach einer Störung des Marktgleichgewichts Preise und Mengen immer weiter vom Gleichgewichtszustand entfernen. Das Marktgleichgewicht ist in diesem Falle instabil.

Zyklische Preisschwankungen, die mit Hilfe des *Cobweb*-Theorems erklärt werden können, finden sich häufig auf den Märkten für landwirtschaftliche Produkte, sofern diese keinen staatlichen Preiskontrollen unterliegen. Das klassische Beispiel sind die so genannten *Schweinezyklen*. Ein besonders anschauliches Beispiel bieten auch die zyklischen Preis- und Mengenentwicklungen auf dem deutschen Hopfenmarkt zwischen 1950 und 1970, die von *Jarchow* (1980) beschrieben wurden.

3.2.2 Fehlende Existenz des Marktgleichgewichts: Asymmetrische Informationen auf Angebots- und Nachfrageseite

Sind die gehandelten Güter inhomogen hinsichtlich ihrer Qualitätseigenschaften, spielt die Verteilung der Information über diese Eigenschaften eine zentrale Rolle für die Existenz des Marktes. *Asymmetrische Verteilung der Informationen* über die Qualitätseigenschaften kann dazu führen, dass Tauschtransaktionen unterbleiben, obwohl sie bei vollständiger Information für Anbieter und Nachfrager in gleicher Weise attraktiv wären. Betroffen von dieser Form des Marktversagens sind die Märkte für Erfahrungs- und Glaubensgüter, deren tatsächliche Qualitätseigenschaften erst nach dem Tauschakt und im Zuge des Konsums zum Vorschein kommen. Je nach Markt können die Informationsvorteile auf der Seite der Anbieter oder auf der Seite der Nachfrager liegen. Vom zeitlichen Verlauf her lassen sich zwei unterschiedliche Arten von Informationsasymmetrien unterscheiden:

■ Informationsasymmetrie vor Vertragsabschluss führt zur adversen Auslese (*adverse selection*).

■ Informationsasymmetrie nach Vertragsabschluss führt zu moralischem Risiko (*moral hazard*).

In beiden Fällen wird sich diejenige Marktseite, die über die geringeren Informationen verfügt, der vorhandenen Qualitätsrisiken vor Vertragsabschluss bewusst sein und ihre Handlungen entsprechend anpassen. Im Extremfall kann dies dazu führen, dass Angebot und Nachfrage durch keinen (positiven) Preis zur Übereinstimmung gebracht werden können und somit ein Marktgleichgewicht nicht existiert.

Das klassische Beispiel für *Informationsmängel auf der Nachfrageseite* sind *Second Hand-Märkte*. Dort sind typischerweise die Verkäufer, die das Gut ja bereits genutzt haben, besser über dessen Eigenschaften informiert als die Nachfrager. In dieser Situation können die Nachfrager den Güterpreis als Qualitätsindikator interpretieren. Ein hoher Preis wäre ein Zeichen für eine im Durchschnitt gute Produktqualität, ein niedriger

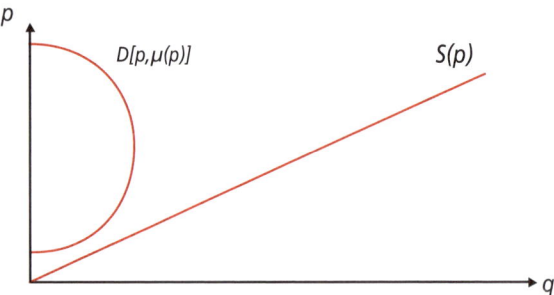

Abbildung 3.7: Marktversagen bei Informationsmängeln auf der Nachfrageseite

Wegen Unsicherheit der Nachfrager über die Qualität dient der Marktpreis als Qualitätsmerkmal. Ein hoher Preis signalisiert eine gute Qualität, ein niedriger Preis eine schlechte Qualität. Daneben gibt es einen direkten (negativen) Zusammenhang zwischen Marktpreis und Marktnachfrage. Dominiert der Qualitätseffekt, kann sich ein Verlauf der Nachfragekurve ergeben, der die Existenz eines Marktgleichgewichts verhindert.

Preis aber ein Signal für schlechte Qualität. Es lässt sich unter dieser Annahme eine Nachfragefunktion formulieren, in die neben dem Preis des Gutes p auch die Produktqualität $\mu(p)$ eingeht, die wiederum positiv vom Preis abhängt:

$$q = D\,[p, \mu(p)] \tag{3.8}$$

George Akerlof und der Markt für Nieten

George Arthur Akerlof (geb. 1940), studierte Ökonomie in Yale und promovierte am MIT in Boston. Seit 1966 lehrt er an der *University of California* in Berkeley, unterbrochen von Aufenthalten am Indian Statistical Institute in New Delhi und an der *London School of Economics.* 2001 erhielt er zusammen mit *Michael Spence* und *Joseph Stiglitz* den Nobelpreis für Wirtschaftswissenschaften für seine Arbeiten über die Auswirkungen asymmetrischer Informationen. Seine Hauptwerke sind: „The Market for Lemons: Quality Uncertainty and the Market Mechanism" (*Quarterly Journal of Economics*, 1970); „The Fair Wage-Effort Hypothesis and Unemployment" (zusammen mit *Janet Yellen, Quarterly Journal of Economics,* 1990).

In seinem später mit dem Nobelpreis ausgezeichneten Artikel über den „Market for Lemons" entwickelte Akerlof das Modell eines Marktes für Gebrauchtwagen. Auf diesem Markt kennt der Verkäufer die Qualität des eigenen Autos genau, während es für die potenziellen Käufer unmöglich ist, die Qualität eines einzelnen Gebrauchtwagens zu bestimmen. Sie kennen bestenfalls die durchschnittliche Qualität der Gebrauchtwagen eines Typs und Jahrgangs. Wenn nun am Markt für Gebrauchtwagen ein Preis erzielt wird, der die durchschnittliche Qualität auf dem Markt reflektiert, werden Anbieter mit Wagen geringerer Qualität verstärkt auf den Markt strömen, während Anbieter von qualitativ hochwertigen Wagen sich eher aus dem Markt zurückziehen. Da sich auch die potenziellen Nachfrager dieser Zusammenhänge bewusst sind, werden sie befürchten, beim herrschenden Preis eher Nieten (*lemons*) als Wagen guter Qualität zu erwerben. Um ein Marktgleichgewicht zu erreichen, müsste der Preis der Gebrauchtwagen dann fallen. Aber auch bei einem geringeren Preis würde sich der gleiche Mechanismus wiederholen, der zu einer Reduktion der qualitativ hochwertigen Wagen führt. Da dies auch für alle anderen Preise gilt, werden Anbieter hochwertiger Gebrauchwagen generell keinen Anreiz sehen, ihre Wagen auf einem Gebrauchtwagenmarkt zu tauschen; auf diesem Markt werden grundsätzlich nur Wagen mit geringerer Qualität angeboten, und dafür ist die Nachfrage selbst bei einem geringen Preis nicht besonders groß. Unter diesen Umständen muss dann bezweifelt werden, ob ein Gebrauchtwagenmarkt überhaupt funktionieren kann. Ähnliche Marktfehler diagnostiziert *Akerlof* auch auf dem Arbeitsmarkt. Um zu vermeiden, dass zu den Marktlöhnen, die sich an der Durchschnittsqualität der Arbeitskräfte orientieren, die gut qualifizierten Arbeitskräfte sich nur mäßig an ihren Arbeitsplätzen engagieren, werden Unternehmen bewusst höhere Löhne zahlen. Durch solche *Effizienzlöhne* werden die Arbeitskräfte motiviert, ihre volle Arbeitseffizienz im Produktionsprozess einzusetzen.

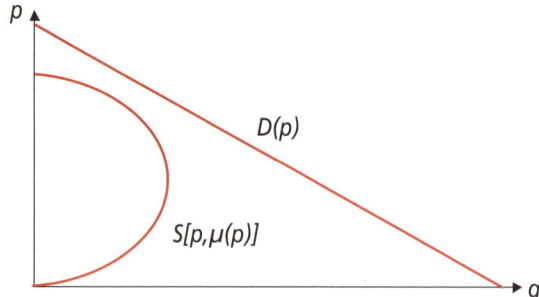

Abbildung 3.8: Marktversagen bei Informationsmängeln auf der Angebotsseite

Wegen Qualitätsunsicherheit der Anbieter dient der Marktpreis als Qualitätsindikator. Ein hoher Preis signalisiert schlechte Qualität, ein niedriger Marktpreis deutet auf gute Qualität hin. Daneben gibt es den direkten (positiven) Zusammenhang zwischen Marktpreis und Marktangebot. Dominiert der Qualitätseffekt, kann die Angebotskurve bei steigendem Preis einen Verlauf bekommen, der die Existenz eines Marktgleichgewichts verhindert.

Wenn die Angebotsfunktion normal, das heißt steigend im Preis p verläuft, kann diese besondere Nachfragefunktion (3.8) einen Verlauf haben, wie ihn *Abbildung 3.7* zeigt. Bei sinkendem Preis würde zwar die direkt preisabhängige Nachfrage zunehmen. Weil bei sinkendem Preis aus Sicht der Nachfrage aber auch die erwartete Qualität der angebotenen Güter sinkt, reduziert sich die Nachfrage. Sofern der Qualitätseffekt dominiert, kann der Nachfragerückgang so stark sein, dass es keinen Schnittpunkt von Angebots- und Nachfragekurve gibt. Mit diesem Ansatz lässt sich erklären, warum es mit ziemlichen Schwierigkeiten verbunden sein kann, Märkte für gebrauchte Güter zu schaffen.

In vergleichbarer Weise lässt sich Marktversagen durch *Informationsmängel auf der Angebotsseite* begründen. Beispiele dafür finden sich etwa in zahlreichen Segmenten des *Arbeitsmarkts*, in denen die Arbeitgeber nur über die Höhe des Reallohns Informationen über die durchschnittliche Qualität der Arbeitsleistungen erhalten, und vor allem auf *Kredit- und Versicherungsmärkten*, auf denen typische Vertrauens- und Glaubensgüter gehandelt werden. Auch dort kann der Marktpreis als Indikator für die Durchschnittsqualität der gehandelten Kredit- oder Versicherungsverträge $\mu(p)$ interpretiert werden, diesmal allerdings mit einem umgekehrten Vorzeichen. Die Anbieter werden davon ausgehen, dass bei steigendem Preis die durchschnittliche Qualität sinkt, weil tendenziell nur noch Nachfrager mit hohen Risiken bereit sein werden, zu höheren Preisen Verträge abzuschließen. Wenn die Nachfragekurve einen normalen Verlauf aufweist und in die Angebotsfunktion neben dem Preis auch die Qualität als Determinante auftaucht, ist eine Konstellation wie in *Abbildung 3.8* denkbar. Bei steigendem Preis geht das Angebot aufgrund des Qualitätseffekts so stark zurück, dass es zu keinem Schnittpunkt von Angebots- und Nachfragekurve kommt.

3.2.3 Marktunvollkommenheiten: Positive und negative externe Effekte

Auf einem vollkommenen Markt sind nicht nur alle Güter homogen, sondern in und mit den individuellen Nutzen, Gewinnen und Kosten, auf denen die Angebots- und Nachfragefunktionen basieren, werden alle relevanten Nutzen, Gewinne und Kosten auch tatsächlich erfasst. Dies ist jedoch auf realen Märkten nicht immer der Fall. Kommt es aber auf einem Markt zum Auseinanderfallen der individuellen Nutzen und Kosten und der gesellschaftlichen Nutzen und Kosten, so gelten für das Ergebnis des Markt-tausches nicht die optimistischen Wohlfahrtsaussagen, die in *Abbildung 3.3* hergeleitet wurden. Ursache für ein solches Auseinanderfallen ist die Existenz bestimmter *positiver* oder *negativer Externalitäten*.

Generell spricht man von Externalitäten, wenn die Nutzen-, Gewinn- oder Kosten-funktion eines Individuums A mindestens eine Variable enthält, die nicht vollständig durch A kontrolliert wird, sondern auch von den Aktivitäten eines anderen Individu-ums B abhängt. Unterscheiden lassen sich die folgenden Arten von Externalitäten:

- *Technologische Externalitäten:* Dabei besteht ein direkter (physischer) Zusammen-hang zwischen den individuellen Nutzen-, Gewinn- oder Kostenfunktionen, der nicht durch Veränderungen der Marktpreise erfasst oder ausgeglichen wird. Sie begrün-den ein eindeutiges Marktversagen.

- *Netzwerk-Externalitäten:* Sie entstehen in der Aufbauphase eines Netzes, wenn der Nutzen des Netzes für alle vorhandenen Nutzer dadurch steigt, dass ein weiterer Nutzer dem Netz beitritt. Der individuelle Nutzen stimmt aufgrund der Netzwerk-effekte also nicht mit dem kollektiven Nutzen für alle Netzwerkteilnehmer über-ein. Dieser Effekt verschwindet allerdings, wenn das Netzwerk seine technisch op-timale Ausbaustufe erreicht hat.

- *Pekuniäre Externalitäten:* Sie entstehen als direkte Folge von Marktbeziehungen, wenn sich aufgrund individueller Angebots- und Nachfrageentscheidungen die Markt-preise für alle Marktteilnehmer verändern. Sie verursachen kein allokatives Markt-versagen, können allerdings verteilungspolitisch bedeutsame Effekte auslösen.

- *Psychologische Externalitäten:* Das Nutzenniveau eines Individuums wird durch den Nutzen eines anderen Individuums positiv oder negativ beeinflusst, ohne dass es eine direkte physische Verbindung oder eine Marktbeziehung zwischen beiden gibt. Man kann an Phänomene wie Stolz oder Neid denken, die möglicherweise bei der Herleitung einer gesellschaftlichen Wohlfahrtsfunktion und den daraus resul-tierenden Präferenzen für eine Umverteilung von Gütern und Einkommen bedeut-sam sind (vgl. hierzu Abschnitt 13.2).

Für die Wirtschaftspolitik relevant sind die technologischen und die Netzwerk-Exter-nalitäten. *Negative (technologische) externe Effekte* finden sich zum Beispiel überall dort, wo individuelle Produktions- oder Konsumentscheidungen Schäden für die na-türliche Umwelt mit sich bringen, die sich nicht in den Marktpreisen niederschlagen. Ihre allokativen Konsequenzen lassen sich in *Abbildung 3.9* analysieren. Wenn die ge-sellschaftlichen Grenzkosten der Produktion höher sind als die privaten Grenzkosten, führt das Marktgleichgewicht zu einem Marktangebot, das größer ist, als es gesellschaft-lich eigentlich sinnvoll wäre, und das zu einem Preis getauscht wird, der niedriger ist als in einem gesellschaftlichen Optimalzustand.

Auch durch private Konsumentscheidungen, etwa durch die Nachfrage nach um-weltschädigenden Verpackungen, können negative externe Effekte entstehen, die zu ei-ner übergroßen Marktversorgung mit dem betreffenden Gut führen und damit eine über-mäßige Umweltbelastung verursachen. *Positive Externalitäten* entstehen zum Beispiel

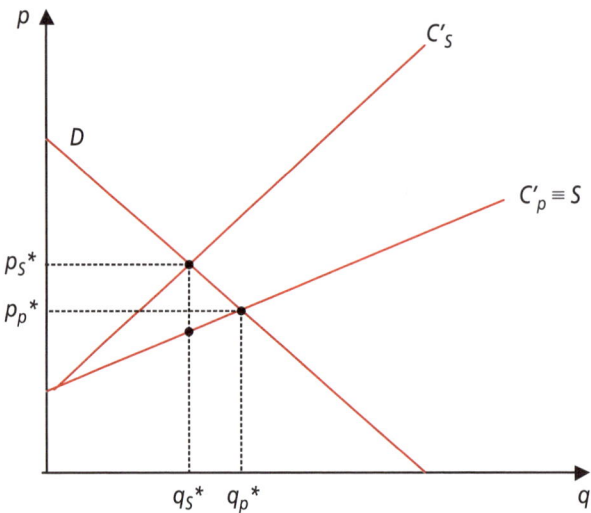

Abbildung 3.9: Marktversagen durch negative externe Effekte auf der Angebotsseite

Wenn die privaten Grenzkosten C'_p und damit das Marktangebot S unter den gesellschaftlichen Grenzkosten C'_S liegen, wird im Marktgleichgewicht gegenüber dem gesellschaftlichen Optimum eine zu große Menge zu einem zu niedrigen Marktpreis getauscht.

durch Erfindungen von neuen Gütern und Produktionsverfahren, die nicht nur vom Erfinder, sondern auch von allen anderen Marktteilnehmern genutzt werden können. Den individuellen Kosten der Erfindung würden in diesem Fall gesellschaftliche Nutzen gegenüberstehen, die weit über den individuellen Nutzen liegen. Sofern sich die hohen gesellschaftlichen Nutzen aber nicht in einem entsprechenden Marktpreis der Erfindung niederschlagen, kommt es bei positiven externen Effekte typischerweise zu einer unzureichenden Marktversorgung.

3.2.4 Marktmacht: Natürliche Monopole

Die Wohlfahrtseigenschaften des Konkurrenzgleichgewichts kommen auch dann nicht zum Tragen, wenn einzelne Anbieter oder Nachfrager durch Marktmacht den Marktpreis in ihrem Sinne beeinflussen können. Marktmacht kann durch fehlende oder falsche staatliche Wettbewerbspolitik entstehen. Dieser Fall wird in Kapitel 5 noch ausführlich diskutiert. Marktmacht einzelner Marktteilnehmer kann aber auch technologische Ursachen haben, wie im Folgenden gezeigt wird. Es handelt sich dabei um den Fall des *natürlichen Monopols*, das durch *Unteilbarkeiten in der Produktionstechnologie* entsteht, die sich in einem stetig sinkenden Verlauf der Durchschnitts- und Grenzkosten niederschlagen. *Abbildung 3.10* zeigt solche Kostenverläufe. Sie entstehen, wenn die Produktion mit hohen *Fixkosten* erfolgt. Unter diesen Bedingungen werden diejenigen Anbieter, die eine größere Stückzahl herstellen, geringere Durchschnitts- und Grenzkosten haben als Anbieter mit kleinen Produktionsmengen. Große Anbieter haben damit immer die Möglichkeit, kleine Anbieter aus dem Markt zu drängen und damit eine Monopolstellung zu erreichen.

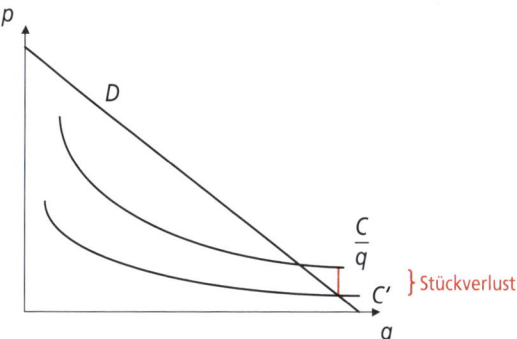

Abbildung 3.10: Marktversagen bei einem natürlichen Monopol

Liegen aufgrund von Unteilbarkeiten in der Produktion stetig sinkende Durchschnittskosten vor, so kann ein großes Unternehmen immer billiger anbieten als ein kleines. Das Großunternehmen kann diesen Vorteil nutzen, um Konkurrenten aus dem Markt zu drängen und dann Monopolgewinne zu realisieren. Eine Preisbildung am Schnittpunkt von Grenzkosten und Nachfrage würde dagegen zu Verlusten führen.

Neben der Monopolstellung an sich, die einen Einfluss auf die Gestaltung der Marktpreise erlaubt, macht die Abbildung auf zwei *weitere Marktfehler* aufmerksam. Interpretiert man die Grenzkostenkurve als Angebotskurve, die nun fallend im Preis verläuft, so ist die Stabilität eines möglichen Marktgleichgewichts nicht gegeben, denn bei möglichen Angebots- oder Nachfrageüberschüssen führen die üblichen Preisanpassungsstrategien nicht zum Gleichgewicht hin, sondern von ihm weg. Gleichzeitig hat das hypothetische Marktgleichgewicht am Schnittpunkt von Nachfragekurve und Grenzkostenkurve einen entscheidenden Nachteil unter Wohlfahrtsaspekten. Da die Durchschnittskosten über den Grenzkosten liegen, würde in einem solchen Marktgleichgewicht ein permanenter Stückverlust eintreten, der für kein Unternehmen tragbar wäre. Natürliche Monopole werden daher immer dazu neigen, die Preisanpassungsmechanismen des Marktes auszuschalten und einen Preis durchzusetzen, der zumindest die Durchschnittskosten der Produktion deckt.

3.3 Instrumente der Preispolitik

3.3.1. Staatliche Festpreise

Soll trotz bestehender Marktfehler an der Koordination von Angebot und Nachfrage festgehalten werden, besteht eine sehr einfache wirtschaftspolitische Strategie darin, den Marktpreis staatlich festzusetzen. Die *staatliche Preisfixierung* hätte die folgenden Wirkungen auf die oben genannten Marktfehler:

- Würden staatliche Festpreise genau in Höhe des Gleichgewichtspreises fixiert, gäbe es kein Stabilitätsproblem im Falle inverser Angebots- und Nachfrageverläufe oder im Falle verzögerter Anpassungsreaktionen.

- Im Falle externe Effekte könnte der staatliche Festpreis genau auf dem Niveau fixiert werden, auf dem die gesellschaftlichen Nutzen und Kosten übereinstimmen.

■ Im Falle fehlender Existenz des Marktgleichgewichts aufgrund asymmetrischer Informationen könnte der staatliche Festpreis immerhin so festgelegt werden, dass der Abstand zwischen Angebots- und Nachfragekurve und damit das Ausmaß von Angebots- oder Nachfrageüberhängen minimiert wird.

■ Lediglich im Fall des natürlichen Monopols dient der hypothetische Gleichgewichtspreis nicht als unmittelbarer Bezugspunkt für einen staatlichen Festpreis, da dieser zu einem permanenten Defizit der Anbieter führen würde. Aber durch einen staatlich garantierten Preis in Höhe der Durchschnittskosten könnte das Auftreten solcher Defizite verhindert werden (vgl. hierzu Abschnitt 4.2.4).

Die Einführung staatlicher Festpreise setzt voraus, dass staatliche Institutionen über eine hinreichend *genaue Kenntnis* des Verlaufs von Angebots- und Nachfragefunktionen verfügen. Davon ist jedoch nicht auszugehen. Änderungen der privaten Angebots- und Nachfrageentscheidungen, die zu Verschiebungen der Angebots- und Nachfragekurven führen, ziehen in der Regel keine entsprechend flexible Anpassung des staatlich festgelegten Preises nach sich. Damit ist aber höchst zweifelhaft, ob ein staatlicher Festpreis tatsächlich als Substitut für den Marktpreis dienen kann. An die Stelle völlig fixierter Preise tritt daher fast immer eine flexiblere Variante der Preispolitik, die zwar eine obere oder untere Grenze der Preisänderung definiert, bis zu dieser Grenze aber eine freie Preisbildung auf der Grundlage der Marktkräfte erlaubt. Die besonderen Probleme, die sich aus solchen *Höchst-* und *Mindestpreisstrategien* ergeben, werden unten näher erläutert.

Ein weiteres Problem staatlicher Preiseingriffe besteht häufig in ihrer *Dauer*. Staatliche Festpreise, die zu einem bestimmten Zeitpunkt durch das Vorliegen von Marktfehlern gerechtfertigt werden konnten, bestehen häufig dann noch fort, wenn das Marktversagen gar nicht mehr vorliegt. Dies betrifft vor allem die Preisvorschriften zur Stabilisierung der Märkte. Bei einer Ausweitung der Zahl der Anbieter und Nachfrager durch internationale Integration der Märkte und durch Innovationen zur Verbesserung der Lagerfähigkeit der Güter entstehen im Lauf der Zeit immer bessere Bedingungen für die Stabilität des Marktgleichgewichtes. Die Fixierung von staatlichen Festpreisen verliert dann ihre Rechtfertigung, wird sie dennoch aufrechterhalten, verursacht sie eigene wirtschaftspolitische Probleme.

3.3.2 Staatliche Höchstpreise

Staatliche Preiseingriffe, bei denen eine Obergrenze des am Markt realisierbaren Preises festgelegt wird, bezeichnet man als *Höchstpreispolitik*. Ihre Zielsetzung besteht entweder in der Korrektur möglicher Marktfehler oder in dem sozialpolitisch motivierten Wunsch, den Konsumenten das betreffende Gut zu einem möglichst niedrigen Preis zur Verfügung zu stellen, weil es zur Deckung lebensnotwendiger Bedürfnisse erforderlich ist. Häufig werden auch beide Motive vermischt. So kann auf dem *Wohnungsmarkt* die Einführung staatlicher Obergrenzen für Mieten einerseits mit dem sozialpolitischen Interesse an günstigem Wohnraum für breite Schichten der Bevölkerung begründet werden. Anderseits lässt sie sich rechtfertigen mit der Gefahr starker Mietschwankungen nach dem Schema des *Cobweb*-Theorems, sofern Veränderungen der Nachfrage auf ein kurzfristig nur begrenzt veränderbares Angebot an Mietwohnungen treffen.

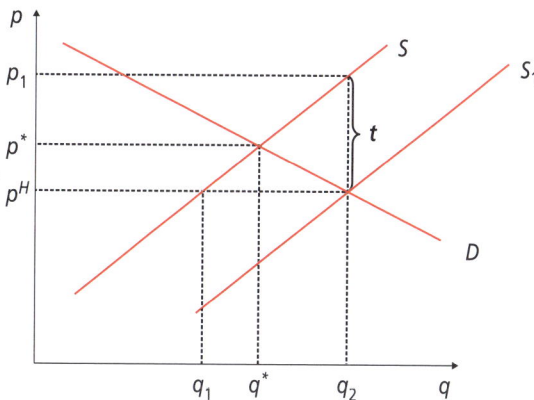

Abbildung 3.11: Konsequenzen der Festlegung eines Höchstpreises

Liegt der staatlich festgesetzte Höchstpreis p^H unter dem Preis p^* im Marktgleichgewicht, so ergibt sich ein Nachfrageüberhang. Er könnte gedeckt werden durch eine gezielte Subventionierung des Angebots, so dass sich die Angebotskurve von S auf S_1 verschiebt.

Die Einführung eines Höchstpreises, der über dem sich bei freier Preisbildung einstellenden Marktpreis liegt, ist unproblematisch, da auf Dauer der Preis p^* realisiert wird, zu dem sich Angebot und Nachfrage ausgleichen. Liegt wie in *Abbildung 3.11* der Höchstpreis p^H dagegen unterhalb von p^*, so ist bei gegebenen Angebots- und Nachfragekurven S und D mit dem Entstehen eines *Nachfrageüberhangs* in Höhe der Menge $q_2 - q_1$ zu rechnen. Die Konsumenten werden nämlich bei dem niedrigen Preis ihre Nachfrage nach dem betreffenden Gut auf q_2 erhöhen, während die Anbieter ihre Produktion auf die Menge q_1 reduzieren.

Ist eine Änderung des Höchstpreises nicht möglich, so bieten sich verschiedene Strategien als Reaktion auf die entstehenden Versorgungsengpässe an. Häufige Folge von Höchstpreisvorschriften ist die *Rationierung* des Angebots q_1, bei der die Gesamtproduktion von staatlichen Stellen erfasst und durch Ausgabe von *Bezugsscheinen* auf die Nachfrager aufgeteilt wird. Den Ausgleich von Angebot und Nachfrage durch individuellen Tausch am Gütermarkt ersetzen dabei administrative Regelungen, die nach oft willkürlich gewählten Kriterien das billige, aber knappe Gut den einzelnen Konsumenten zuteilen.

Eine andere Möglichkeit zum Abbau des Nachfrageüberhangs, die jedoch mit zusätzlichen Kosten für den Staat verbunden ist, besteht in der *Subventionierung des Angebots*. Durch Zahlung einer Subvention in Höhe von t für jede Einheit des produzierten Gutes n an alle Anbieter ließe sich eine Verschiebung der Angebotskurve nach rechts von S nach S_1 erzielen. Den Konsumenten steht damit zum Preis p^H tatsächlich eine Angebotsmenge in Höhe von q_2 zur Verfügung, die Anbieter können diese Menge für einen Preis von $p_1 = p^H + t$ verkaufen und somit einen Gesamterlös von $q_2 \cdot p_1$ erzielen. Die staatlichen Subventionsausgaben belaufen sich auf einen Gesamtbetrag von $q_2 \cdot t$.

Unterbleiben ergänzende staatliche Maßnahmen zur Beseitigung des Nachfrageüberhangs, so führt eine staatliche Höchstpreispolitik vielfach zum Entstehen *schwarzer Märkte* für das betreffende Gut. Auf ihnen können die Konsumenten ihre Nachfrage unter Umgehung der staatlichen Preisvorschriften durch Zahlung eines höheren Preises als p^H befriedigen. Auch die staatliche Rationierung des Angebots kann häufig das Entstehen schwarzer Märkte nicht verhindern. Da die Anbieter das von der Höchstpreisvorschrift betroffene Gut dort zu einem höheren Preis verkaufen können, ist es für sie sogar profitabel, die den staatlichen Stellen gemeldete Produktionsmenge zu reduzieren. Die Versorgungslücke am offiziellen Markt nimmt damit weiter zu.

3.3.3   Staatliche Mindestpreise

Staatliche *Mindestpreispolitik* zielt darauf ab, eine Untergrenze für den Marktpreis eines Gutes zu fixieren. Ihr Ziel ist es, den Anbietern über hohe garantierte Absatzpreise möglichst hohe Erlöse und Einkommen zu sichern. Besondere Bedeutung gewinnt die Mindestpreispolitik auf dem *Arbeitsmarkt*, wenn durch staatlich festgelegte Mindestlöhne mögliche Marktfehler korrigiert beziehungsweise besondere sozialpolitische Zielsetzungen verfolgt werden sollen. Wegen der besonderen Bedeutung des Arbeitsmarkts im Wirtschaftskreislauf werden die möglichen Konsequenzen von Mindestlöhnen im Abschnitt 8.2 noch einmal ausführlich diskutiert.

Liegt der Mindestpreis unterhalb des Gleichgewichtspreises, so tritt keine Beeinträchtigung für den Ausgleich von Angebot und Nachfrage bei p^* auf. Liegt er wie in *Abbildung 3.12* dagegen über p^*, etwa bei p^M, so ist bei Konstanz von D und S mit dem Entstehen eines *Angebotsüberschusses* in Höhe der Menge $q_4 - q_3$ zu rechnen. Die Produzenten werden auf den hohen Preis mit einer Ausdehnung des Angebots bis q_4 reagieren, während die Konsumenten zu diesem Preis lediglich die Menge q_3 nachzufragen wünschen. Ohne ergänzende wirtschaftspolitische Eingriffe des Staates wird in dieser Situation das Ziel einer Erlös- und Einkommenssteigerung der Produzenten vermutlich verfehlt. Die Verkaufserlöse der Anbieter, die sich im Marktgleichgewicht auf $q^* \cdot p^M$

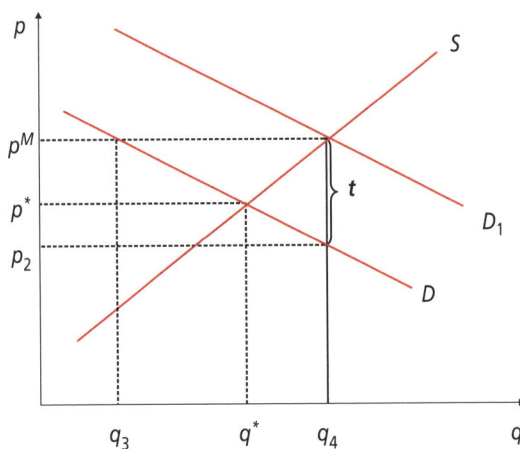

Abbildung 3.12: Konsequenzen der Festlegung eines Mindestpreises

Liegt der staatlich festgesetzte Mindestpreis p^M über dem Preis p^* im Marktgleichgewicht, kommt es zu einem Angebotsüberhang. Dieser kann durch eine gezielte Subventionierung der Nachfrage, die zu einer Verschiebung der Nachfragekurve von D auf D_1 führt, gedeckt werden.

belaufen, verändern sich aufgrund der Mindestpreispolitik auf den Betrag $q_3 \cdot p^M$. Zusätzlich fallen aber bei den Produzenten auch Kosten für die Lagerung oder Vernichtung der überschüssigen Produktion an.

Die Überschussproduktion beim Preis p^M ließe sich verhindern durch staatliche Maßnahmen, die das Angebot nicht über die absetzbare Menge hinaus anwachsen lassen. Die beim Preis p^M nachgefragte Menge q_3 müsste zu diesem Zweck in Produktionsquoten (Kontingente) unterteilt werden, die für die einzelnen Anbieter die Obergrenze der Produktion festlegen. Ebenso wie die Rationierung der Nachfrage ist die *Kontingentierung* des Angebots aber mit zahlreichen Problemen verbunden. Zum einen ergeben sich administrative Schwierigkeiten bei der Erfassung der absetzbaren Menge, bei der Festsetzung der Produktionskontingente für die einzelnen Anbieter und bei einer wirkungsvollen Kontrolle der tatsächlichen Angebotsmenge. Die Angebotskontingentierung tendiert zudem dazu, den Wettbewerb zwischen den Anbietern auszuschalten. Da Kontingentierungsmaßnahmen oft die Effizienzunterschiede in der Produktion nicht berücksichtigen und damit keinen Anreiz zur Kostensenkung bieten, können sie auch die Durchsetzung technischer Innovationen beeinträchtigen.

Mindestpreisregelungen finden ihre Ergänzung daher häufig nicht in Maßnahmen der Angebotskontingentierung, sondern in der Einführung staatlicher *Abnahmegarantien*. Der Angebotsüberschuss wird dabei von staatlichen Stellen zum Mindestpreis p^M aufgekauft und eingelagert oder gegebenenfalls auch vernichtet. Die Kosten der staatlichen Interventionen belaufen sich auf den Betrag $(q_4 - q_3) \cdot p^M$.

Eine Alternative zum staatlichen Aufkauf der Überschussproduktion stellt die staatliche *Subventionierung der Nachfrager* dar. Zahlt der Staat den Konsumenten pro Einheit des gekauften Gutes eine Preissubvention in Höhe von t, so verschiebt sich die Marktnachfragekurve D um den Subventionsbetrag t nach rechts auf D_1. Die Nachfrager können nun die Menge q_4 zum Preis p^M erwerben. Da sie staatliche Subventionen im Gesamtumfang von $q_4 \cdot (p^M - p_2) = q_4 \cdot t$ erhalten, entstehen ihnen jedoch lediglich Ausgaben in Höhe von $q_4 \cdot p_2$. Die Markterlöse der Produzenten belaufen sich auf $q_4 \cdot p^M$.

Sowohl bei Interventionskäufen als auch bei der Subventionierung der Konsumenten entstehen dem Staat Folgekosten aus der Festlegung eines Mindestpreises über dem gleichgewichtigen Marktpreis. Die Wahl der tatsächlich durchgeführten Maßnahmen zur Beseitigung des Angebotsüberhangs ist letztlich eine politische Entscheidung. Überlegungen aus dem Bereich der *ökonomischen Theorie der Interessenverbände* (vgl. Abschnitt 16.3) lassen allerdings vermuten, dass in der Regel die direkte staatliche Beeinflussung der Produzenteneinkommen durch Abnahmegarantien oder Angebotssubventionierung einer Subventionierung der Konsumenten vorgezogen wird. In jedem Fall können die Kosten, die dem Staatshaushalt als Folge der Mindestpreispolitik entstehen, bei Zunahme der Angebotsüberschüsse einen so erheblichen Umfang annehmen, dass ein Überdenken der preispolitischen Zielsetzungen notwendig wird.

3.4   Beispiel: Die Agrarpreispolitik der Europäischen Union

Die *Märkte für landwirtschaftliche Erzeugnisse* sind in vielen Ländern das Ziel staatlicher Preispolitik. In zahlreichen *Entwicklungsländern* gibt es Höchstpreisvorschriften für Grundnahrungsmittel, die für eine billige Lebensmittelversorgung breiter Schichten der Bevölkerung sorgen sollen. Wegen eines Rückgangs des landwirtschaftlichen Angebots führen sie häufig zu Versorgungsengpässen und staatlicher Rationierung von Agrarprodukten. In *Industrieländern* gibt es dagegen Mindestpreisvorschriften für landwirtschaftliche Produkte, die einen Rückgang der Einkommen landwirtschaftlicher Erzeuger im Vergleich zu den Einkommen der im Industriesektor Beschäftigten verhindern sollen. Die Agrarpreispolitik der Europäischen Union (EU), von der auch die bundesdeutschen Anbieter und Nachfrager von Agrarprodukten betroffen sind, bietet ein anschauliches Beispiel für die Ausgestaltung und die Auswirkungen dieser Maßnahmen.

Bereits bei der Gründung der *Europäischen Wirtschaftsgemeinschaft* (EWG) im Jahre 1958 hatten die sechs Gründungsstaaten (Frankreich, Italien, Belgien, Luxemburg, die Niederlande und Deutschland) neben der Abschaffung der Zölle im innergemeinschaftlichen Handel mit Industriegütern ausdrücklich auch die Einführung einer gemeinschaftlichen Agrarpolitik vorgesehen. Artikel 39 des EWG-Vertrags nennt als Ziele der gemeinsamen Agrarpolitik:

- die Steigerung der Produktivität der Landwirtschaft,

- die Gewährleistung einer angemessenen Lebenshaltung der in der Landwirtschaft tätigen Personen,

- die Stabilisierung der Märkte,

- die Sicherstellung der Versorgung.

Die einkommenspolitische Zielsetzung der europäischen Agrarpolitik tritt in diesem Katalog ebenso hervor wie das Bestreben, die auf vielen Agrarmärkten zu beobachtenden zyklischen Preisschwankungen durch wirtschaftspolitische Maßnahmen zu dämpfen.

Auf der Landwirtschaftskonferenz von Stresa wurden im Juli 1958 die Grundlinien der *Gemeinsamen Agrarpolitik* festgelegt. Die Empfehlungen der Konferenz sahen unter anderem vor, innerhalb der EWG einheitliche Agrarpreise in allen Mitgliedsländern durchzusetzen. Um die Produktion und das Einkommen der Landwirte zu sichern, sollten die EWG-Agrarpreise zugleich über vergleichbaren Weltmarktpreisen festgesetzt werden. Zum Ausgleich der Preisdifferenz gegenüber billigen Importen von Agrarprodukten aus Drittländern sah man die Einführung entsprechend höherer Importzölle vor. Bis zum Ende der 60er Jahre wurden daraufhin durch die Einführung so genannter *Marktordnungen* die meisten landwirtschaftlichen Produkte in den gemeinschaftlichen EWG-Agrarmarkt einbezogen. Ende 1976 erfassten 23 gemeinsame Agrarordnungen bereits über 90 Prozent der Agrarerzeugnisse in den Mitgliedstaaten der Gemeinschaft. Für über 70 Prozent der in Marktordnungen erfassten Agrarprodukte existierte dabei eine Marktorganisation mit staatlicher Preisstützung.

Das Kernstück der EU-Marktordnungen mit Preisstützung bildet die jährliche Festlegung von *Richtpreisen* für die einzelnen landwirtschaftlichen Produkte durch den Rat der EU-Agrarminister. Aus den Richtpreisen wird ein *Schwellenpreis* für die Agrarimporte aus Drittländern abgeleitet, indem man von den Richtpreisen die Transportkosten zwischen einzelnen EU-Regionen und Rotterdam, dem Haupteinfuhrhafen der Gemeinschaft, abzieht. Aus der Differenz zwischen den Weltmarktpreisen für Agrarprodukte und den EU-Schwellenpreisen errechnet sich dann die so genannte *Abschöpfung.* Als variabler Zollsatz für Agrarimporte in die Länder der Gemeinschaft soll sie sicherstellen, dass Weltmarktprodukte auf den EU-Märkten nicht unter dem Richtpreis angeboten werden können.

Zusätzlich zu Richtpreisen, Schwellenpreisen und Abschöpfungsbeträgen legt der Agrarministerrat aber auch jährlich so genannte *Interventionspreise* oder *Garantiepreise* fest. Als typische Mindestpreisvorschriften legen sie die Untergrenze der Agrarpreise fest, die auf den Märkten der Gemeinschaft erzielt werden können. Der Unterschied zwischen Richtpreis und niedrigerem Interventionspreis differiert dabei nach der Produktart. Er liegt zwischen 5 Prozent bei Zucker und 50 Prozent bei vielen Obst- und Gemüsearten. Ist das landwirtschaftliche Angebot zu den Richtpreisen nicht absetzbar, so sehen die Marktordnungen für einige Produkte, etwa für Zucker, Milch, Rindfleisch oder Getreide, *obligatorische Interventionen* staatlicher Stellen vor, bei denen Angebotsüberschüsse mit Mitteln des Gemeinschaftshaushalts aufgekauft werden. Bei anderen Produkten, zum Beispiel bei Schweinefleisch, Tafelwein oder Obst und Gemüse, sind lediglich *fakultative Interventionen* vorgesehen, die fallweise von den staatlichen Aufkaufstellen durchgeführt werden.

Die Ergebnisse der Europäischen Agrarpreispolitik bestätigten die Hypothesen, die sich aus der Diskussion von Mindestpreisvorschriften ableiten lassen, auf plastische Weise. Die Garantie einheitlicher, stabiler und über den Weltmarktpreisen liegender Agrarpreise stabilisierte zwar einerseits die Preisentwicklung auf den Agrarmärkten der Gemeinschaft, trug andererseits aber auch zum Entstehen beträchtlicher *Angebotsüberschüsse* bei. Betrug der Selbstversorgungsgrad der EG-Länder Anfang der 70er Jahre etwa bei Butter erst 95 Prozent und bei Fleisch 98 Prozent, so stieg er bis Ende der 80er Jahre bei den meisten Agrarprodukten auf deutlich über 100 Prozent an (vgl. Tabelle 3.1).

Auf den Märkten für Güter, bei denen lediglich eine fakultative Interventionsverpflichtung besteht, also beispielsweise bei Obst- und Gemüsearten, waren die Produzenten immer wieder zur Vernichtung der Überschussproduktion gezwungen. Auf dem Zuckermarkt besteht schon seit 1968 ein System der *Angebotskontingentierung,* bei dem jedem Erzeugerland bestimmte Produktionsquoten zugewiesen werden. Bis 1981 wurde den landwirtschaftlichen Erzeugern die Abnahme der Kontingentsmengen zum festgelegten Interventionspreis garantiert; seit 1981 müssen bei einem Aufkauf durch die staatlichen Interventionsstellen für einen Teil der Kontingentsmenge Preisabschläge in Kauf genommen werden. Da die festgelegten Quoten in keiner Weise an der tatsächlichen Zuckernachfrage orientiert waren, konnten sie ein Anwachsen der Überproduktion aber nicht verhindern. Auf dem Milchmarkt, auf dem der Selbstversorgungsgrad der Gemeinschaft schon seit langem weit über 100 Prozent lag, ist 1984 anstelle einer Preissenkung ebenfalls eine Angebotskontingentierung beschlossen worden. Seit 1988 gelten auch auf dem Getreidemarkt Kontingente, bei deren Überschreiten sich die staatlich garantierten Preise verringern.

Selbstversorgungsgrad der EU für ausgewählte landwirtschaftliche Erzeugnisse Jahresdurchschnittswerte in %	1974–1975 (EU-9)	1987–1988 (EU-12)	1999–2000 (EU-15)
Getreide (ohne Reis)	95	111	116
Zucker	87	127	128
Wein	95	107	109
Magermilchpulver	153	110	247
Fleisch (insgesamt)	98	107	107
Ausgaben des EAGFL* Abteilung „Garantie", in Mrd. ECU / €	4,5 (1975)	29,0 (1989)	40,5 (2000)
Anteil am EU-Gesamthaushalt in %	69	60	45

* Europäischer Ausrichtungs- und Garantiefonds für die Landwirtschaft

Quelle: Statistisches Amt der EU

Tabelle 3.1: Landwirtschaftliche Selbstversorgung in der EU 1974–2000

Dokumentiert sind die Verhältnisse zwischen landwirtschaftlicher Produktion in der EU und Verbrauch landwirtschaftlicher Güter in der EU. Werte über 100 Prozent signalisieren eine Überproduktion.

Eine Subventionierung der Absatzpreise, die zur Verringerung der landwirtschaftlichen Überschussproduktion in den Ländern der Gemeinschaft beitragen soll, erfolgt schließlich im Rahmen einer besonderen Politik der *Exportförderung*. Als Spiegelbild zu den Abschöpfungen gewährt die EU so genannte Exporterstattungen für die Ausfuhr landwirtschaftlicher Erzeugnisse. Die Subventionsbeträge belaufen sich auf die Differenz zwischen Interventionspreis und Weltmarktpreis für das betreffende Produkt. Sie sollen es den landwirtschaftlichen Erzeugern ermöglichen, in Drittländern zu niedrigeren Preisen als innerhalb der EU anzubieten, ohne auf einen Stückerlös in Höhe des Garantiepreises verzichten zu müssen. Neben den Kosten für Binnenmarktinterventionen machen die Exporterstattungen inzwischen den Hauptteil des EU-Agrarhaushalts aus, der sich wiederum zum dominierenden Einzelposten des *Gesamtbudgets der Gemeinschaft* entwickelt hat. Allein die Ausgaben des landwirtschaftlichen Garantiefonds beanspruchten, wie *Tabelle 3.1* zeigt, Ende der 80er Jahre noch immer 60 Prozent des EU-Gesamthaushalts.

Die wachsenden finanziellen Belastungen des EU-Budgets und massiver internationaler Druck haben inzwischen den Anstoß zu einer grundlegenden *Reform der EU-Agrarpolitik* gegeben, die in Abschnitt 16.5 näher analysiert wird. Sie begann 1992 mit einer Reduktion der Marktstützungspreise für Getreide und Rindfleisch um 30 Prozent kombiniert mit der Einführung direkter Einkommensbeihilfen an die Landwirte. 1995 wurde eine Kürzung der Exporterstattungen bis 2000 um 36 Prozent beschlossen. Im Jahre 2000 kam es dann zu weiteren Absenkungen der wichtigsten Marktstützungspreise, um diese den Weltmarktpreisen anzunähern, bei gleichzeitiger Ausweitung der direkten

Einkommensbeihilfen. Die Getreidepreise konnten inzwischen so weit dem Weltmarkt-preisniveau angeglichen werden, dass Getreideausfuhren in Drittländer ohne jegliche Exporterstattungen stattfinden. Die finanziellen Folgen der Agrarreform für das EU-Bud-get sind unklar. Die Ausgaben für die Landwirtschaft sind – natürlich auch als Folge der EU-Erweiterungen – absolut deutlich angestiegen; ihr relativer Anteil am EU-Bud-get ist allerdings signifikant zurückgegangen.

SCHLÜSSELBEGRIFFE

■ Angebotsfunktion 47
  Nachfragefunktion 49
  Vollkommener Markt 51
  Vollständige Konkurrenz 51
  Marktgleichgewicht 53
  Konsumentenrente 52
  Produzentenrente 52

■ Marktversagen 54
  Giffen-Güter 55
  Cobweb-Theorem 56
  Asymmetrische Informationen 58
  Externe Effekte 60
  Natürliches Monopol 62

■ Höchstpreise 64
  Mindestpreise 66
  Rationierung 65
  Kontingentierung 67

■ Europäische Agrarmarktordnung
  68
  Richtpreise 68
  Schwellenpreise 69
  Garantiepreise 69
  Abschöpfung 69
  Exporterstattung 70

Aufgaben

www.pearson-studium.de: Hier finden Sie die Lösungen zu den Übungsaufgaben die-ses Kapitels, ein Glossar mit Erläuterungen zu den Schlüsselbegriffen sowie Links zu wirtschaftspolitisch relevanten Websites.

1. Marktfehler auf Agrarmärkten
Diskutieren Sie die These, dass auf Agrarmärkten staatliche Preiseingriffe deshalb sehr häufig anzutreffen sind, weil dort alle denkbaren Marktfehler auftreten können.

2. Preispolitik am Arbeitsmarkt
Stellen Sie ein mikroökonomisches Modell eines perfekt funktionierenden Arbeits-markts auf, in dem Arbeitsangebot und Arbeitsnachfrage vom Reallohn abhängen. Gehen Sie davon aus, dass das Preisniveau gegeben und konstant ist, so dass Verän-derungen des Reallohns alleine durch Veränderungen der nominellen Löhne entste-hen. Erläutern Sie nun die Konsequenzen eines staatlichen Mindestlohns, der über dem Gleichgewichtslohn liegt. Inwiefern haben Leistungen der sozialen Sicherungs-systeme, also beispielsweise Arbeitslosengeld oder Sozialhilfe, ähnliche Auswir-kungen wie staatliche Mindestlöhne?

3. Preispolitik am Wohnungsmarkt

Betrachten Sie ein mikroökonomisches Modell des Marktes für Mietwohnungen. Warum werden Angebot und Nachfrage in unterschiedlicher Weise auf Preisänderungen reagieren? Unter welchen Bedingungen könnte es zu „Schweinezyklen" auf dem Wohnungsmarkt kommen? Welche kurz- und langfristigen Konsequenzen sind zu erwarten, wenn staatliche Höchstmieten eingeführt werden, die unter den Gleichgewichtsmieten liegen?

4. Devisenmarkt und Wechselkurs

Betrachten Sie ein mikroökonomisches Modell des Devisenmarkts, bei dem Angebot und Nachfrage der Auslandswährung vom Preis der Auslandswährung, das heißt dem Wechselkurs, abhängen. Erläutern Sie, wieso eine staatliche Festsetzung des Wechselkurses zu Über- oder Unterbewertungen der Auslandswährung führen kann und worin sich dies äußert.

Literaturhinweise

Das Referenzmodell des perfekt funktionierenden Marktes und die möglichen Marktfehler, die ein wirtschaftspolitisches Eingreifen legitimieren, werden ausführlich von *Fritsch u. a.* (2005) behandelt. Die Instrumente staatlicher Preispolitik und ihre Folgewirkungen beschreibt *Kleps* (1996).

Die Probleme staatlicher Preiseingriffe in Agrarmärkte unter besonderer Berücksichtigung der Europäischen Agrarpolitik analysiert *Koester* (2005). Die Folgen staatlicher Preiseingriffe auf dem Wohnungsmarkt beschreibt *Eekhoff* (2002).

Regulierung und Deregulierung

4

ÜBERBLICK

Lernziele

■ Die Verhinderung oder Korrektur von Marktfehlern durch staatliche Regulierungen ist eine wichtige Aufgabe der Wirtschaftspolitik. Allerdings sollte man auch die Selbstregulierungsmechanismen des Marktes nicht unterschätzen. Als Reaktion auf Marktfehler kann es auch ohne direktes staatliches Eingreifen zu endogenen Veränderungen in der Struktur und im Verhalten der Marktteilnehmer kommen.

■ Die extremsten Formen staatlicher Marktregulierung stellen staatliche Begrenzungen der gehandelten Mengen, die Verstaatlichung des Angebots und die Bereitstellung besonderer öffentlicher Güter durch den Staat dar. Wegen ihrer hohen Kosten und der massiven Beeinträchtigung privater Aktivitäten werden sie nur bei besonders ausgeprägten Marktfehlern Anwendung finden.

■ Für eine möglichst effiziente Internalisierung externer Effekte konkurrieren die *Pigou*-Lösung und die *Coase*-Lösung. Während Pigou für die Einführung von Steuern und Subventionen zur Korrektur externer Effekte plädiert, vertraut Coase darauf, dass vergleichbare und möglicherweise sogar bessere Ergebnisse durch private Verhandlungen zwischen den Marktteilnehmern erzielt werden können.

■ Unteilbarkeiten in der Produktion können Ursache für natürliche Monopole sein, die oft einer besonderen staatlichen Preisregulierung unterliegen. Auf perfekt bestreitbaren Märkten sind solche Regulierungen allerdings unnötig und können daher abgebaut werden.

■ Die Problematik asymmetrischer Informationen, die auf Unsicherheit über die Qualität der gehandelten Güter basiert, lässt sich durch neue Methoden des Signaling und Screening verringern oder zumindest deutlich begrenzen.

■ Wie die Erfahrungen mit der Postreform in Deutschland zeigen, haben sich gerade im Telekommunikationssektor die Gründe für umfassende staatliche Regulierungen deutlich verringert, so dass dort eine Politik der Deregulierung eingeleitet werden konnte. Ein Kernbereich staatlicher Regulierung musste allerdings erhalten bleiben, um den Marktzugang für neue Wettbewerber zu ermöglichen.

4.1   Marktversagen, Regulierung und Deregulierung

Neben der Preispolitik sind eine Vielzahl wirtschaftspolitischer Instrumente entwickelt worden, mit denen mögliche Marktfehler verhindert oder korrigiert werden können. Viele Instrumente staatlicher *Marktregulierung* sind in der wirtschaftspolitischen Praxis auch zur Anwendung gekommen. Damit ergab sich allerdings ein *ordnungspolitisches Problem*. Die Lehre der Marktfehler ermöglicht es dem Staat, auf fast jedem Markt regulierend einzugreifen. Wie die Analyse der staatlichen Preispolitik gezeigt hat, besteht damit die Gefahr zusätzlicher staatlicher Interventionen. Eine Marktwirtschaft, in der auf fast allen Märken staatliche Eingriffe in die Preisbildung und zusätzliche staatliche Interventionen stattfinden, verliert aber ihren besonderen Charakter, der sich ja auf den Vorrang privater Transaktionen vor staatlicher Regulierung gründet. Aus ordnungspolitischer Sicht erscheint es daher sinnvoll, die staatliche Eingriffe auf wenige Märkte mit besonders gravierenden Marktfehlern zu begrenzen.

Diese allgemeine ordnungspolitische Überlegung wird durch eine andere Einsicht unterstützt. Viele der oben genannten Marktfehler können von den Mechanismen des Marktes auch ohne direktes staatliches Eingreifen bewältigt und verarbeitet werden. Diese Einsicht ergibt sich dann, wenn man Märkte als *soziale Institutionen* begreift, deren Organisation sich im Zeitablauf verändert. Dabei können gerade Marktfehler den Anreiz zu einer effizienteren Marktreorganisation durch die privaten Marktteilnehmer schaffen. Gibt es solche Veränderungsprozesse, so bilden sie eine wichtige Alternative zur staatlichen Regulierungspolitik und schaffen die Grundlage für eine gezielte Strategie der Deregulierung. Als *Deregulierung* wird die Rücknahme staatlicher Eingriffe auf einzelnen Märkten bezeichnet, die letztlich auf den Erfolg marktwirtschaftlicher Koordination von Angebot und Nachfrage vertraut.

4.2 Instrumente der Regulierungspolitik

4.2.1 Staatliches Ordnungsrecht und staatliches Angebot

Während die Preispolitik keine direkten Eingriffe in die Entscheidungsfreiheit der privaten Anbieter und Nachfrager vornimmt, gibt es extreme Formen der Marktregulierung, die eine unmittelbare Lenkung zumindest einer Marktseite zum Ziel haben. Hierzu zählt vor allem der Einsatz des staatlichen Ordnungsrechts zur Erzwingung oder Verhinderung privater Nachfrage bei solchen Gütern, bei denen Marktmängel aufgrund von Informationsasymmetrien diagnostiziert werden, und an denen gleichzeitig ein hohes gesamtwirtschaftliches Interesse besteht. So besteht ein *staatlicher Nachfragezwang* bei der elementaren Schulbildung oder bei bestimmten Versicherungsleistungen (Brandschutz, Autofahrerhaftpflicht) und ein *staatliches Nachfrageverbot* bei Drogen. Auf Märkten mit hohen externen Effekten können direkt wirksame staatliche Investitions-, Produktions- oder Nutzungsauflagen eingeführt werden, die gegen die Über- oder Unterversorgung mit den betroffenen Gütern schützen sollen. Alle Arten direkter staatlicher Eingriffe in die privaten Entscheidungen erfordern einen hohen Kontroll- und Überwachungsaufwand, der nur bei gesellschaftlich sensiblen Gütern ökonomisch gerechtfertigt ist.

Zur Durchsetzung umfassender staatlicher Auflagen für die Tätigkeit privater Unternehmen kann letztlich die *Verstaatlichung* solcher Unternehmen ins Auge gefasst werden. Auf diese Weise wurden in der Vergangenheit zahlreiche natürliche Monopole in Netzwerkindustrien wie Eisenbahn, Post oder Energieversorgung verstaatlicht. Auf Märkten, deren Existenz aufgrund von Marktversagen fraglich ist, kann die gezielte *Gründung staatlicher Unternehmen* einen Beitrag zur langfristigen Marktentwicklung liefern. Beispiele dafür liefern staatliche Banken und Versicherungsunternehmen. Aufgrund der schlechten ordnungspolitischen Erfahrungen mit übergroßen staatlichen Unternehmen in den sozialistischen Staaten (vgl. Abschnitt 10.4) und wegen einer zunehmend kritischeren Sicht der angeblichen Marktversagenstatbestände nimmt die Tätigkeit staatlicher Unternehmen in Marktwirtschaften heute eher ab. Neue Verstaatlichungen oder Neugründungen staatlicher Unternehmen sind selten, bestehende Staatsunternehmen werden privatisiert und dereguliert.

4.2.2 Bereitstellung öffentlicher Güter

Von der Verstaatlichung des Angebots zu unterscheiden ist das staatliche *Angebot öffentlicher Güter*, das auch durch den Ankauf privater Güter durch den Staat gedeckt werden kann. Entscheidend ist, dass der Staat reine öffentliche Güter dem Kollektiv der Staatsbürger kostenlos zur Verfügung stellt, für die Finanzierung des staatlichen Angebots dann allerdings ein kollektive Zwangsabgabe in Form einer *Steuer* erhebt. Der Grund für ein Angebot öffentlicher Güter ergibt sich beim Vorliegen hoher positiver technologischer Externalitäten auf der Nachfrageseite, wenn der Ausschluss einzelner Nachfrager von der Nutzung des betreffenden Gutes gar nicht oder nur zu übermäßig hohen Kosten möglich ist.

Ein gutes Beispiel dafür bietet die *Landesverteidigung*. Investitionen zum Aufbau einer Landesverteidigung, die ein einzelner Bürger tätigt, erhöhen auch die Sicherheit aller anderen Bürger, ohne dass diese sich an den Kosten beteiligen müssten. Für den individuellen Anbieter schlägt sich der zusätzliche Nutzen der Investitionen dann auch nicht in einer Reaktion der Marktpreise nieder, so dass es tendenziell zu einer Unterversorgung mit dem Gut Landesverteidigung kommt. Um dies zu verhindern, ist es sinnvoll, dass solche Investitionen durch den Staat getätigt werden, der sie als öffentliches Gut allen seinen Bürgern zur Nutzung zur Verfügung stellt und dafür eine allgemeine Steuer erhebt.

Eine *Regel für das optimale Angebot* an öffentlichen Gütern ist von *Paul Samuelson* (1954) entwickelt worden. Sie besagt, dass das Optimum dann erreicht ist, wenn die Grenzkosten C' der Bereitstellung eines Gutes der Summe aller individuellen Grenznutzen der n Nutzer des Gutes entsprechen:

$$C' = \sum_{i=1}^{n} u_i{}'$$

(4.1)

Man sieht an dieser Formel deutlich den Unterschied zur optimalen Versorgung mit einem privaten Gut, die dann erreicht ist, wenn die Grenzkosten der Produktion dem Grenznutzen jedes einzelnen Nutzers entsprechen. In der Aufsummierung der individuellen Nutzen in (4.1) kommen die positiven externen Effekte zwischen den individuellen Nutzenfunktionen zum Ausdruck.

4.2.3 Steuern und Subventionen zur Korrektur externer Effekte

Arthur Pigou (1920) hat vorgeschlagen, dass die Korrektur externer Effekte durch *spezielle staatliche Steuern* oder *Subventionen* erfolgen solle. Die Steuer- oder Subventionsbeträge sollten dabei so bemessen sein, dass sie im Marktgleichgewicht den Unterschied zwischen den privaten und den gesellschaftlichen Grenznutzen oder Grenzkosten genau ausgleichen. *Abbildung 4.1* zeigt die Wirkung einer *Pigou*-Steuer zur Kompensation eines negativen externen Effekts auf der Angebotsseite.

Ansatzpunkte für Steuern oder Subventionen können prinzipiell alle Determinanten von Angebots- oder Nachfrageentscheidungen sein. Die Anpassung an die veränderten Marktpreise bleibt den Marktteilnehmern selbst überlassen. Sie kann *Innovationen* begünstigen, mit deren Hilfe die Über- oder Unternutzung knapper Ressourcen vermieden werden kann.

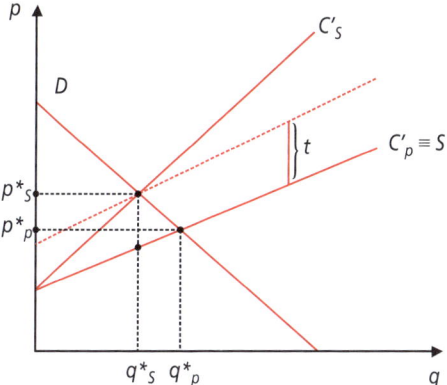

Abbildung 4.1: Wirkung einer Pigou-Steuer

Das Marktgleichgewicht liegt zunächst am Schnittpunkt der Nachfragekurve D mit der Angebotskurve S, die sich auf Grundlage der privaten Grenzkosten ergibt. Wegen negativer externer Effekte liegen diese unterhalb der sozialen Grenzkosten C'_S. Die Einführung einer Steuer soll nun die privaten Grenzkosten erhöhen. Im Idealfall wird diese Steuer so gewählt, dass das neue Marktgleichgewicht im Schnittpunkt der Nachfragekurve mit der Kurve der sozialen Grenzkosten liegt. Die Steuer hat dann die externen Effekte völlig internalisiert.

Arthur Pigou und die externen Effekte

Arthur Cecil Pigou (1877–1959) studierte Geschichte und Ökonomie in Cambridge, wo er 1908 auf den Lehrstuhl für Politische Ökonomie als Nachfolger von *Alfred Marshall* berufen wurde. Als seine Hauptwerke gelten: *The Economics of Welfare* (London 1920); *The Theory of Unemployment* (London, 1933).

Pigou leistete sowohl zur mikroökonomischen als auch zur makroökonomischen Theorie wegweisende Beiträge, die als „*Pigou*-Lösung" beziehungsweise als „*Pigou*-Effekt" bekannt wurden. In der Mikroökonomik zählte er zur den Wegbereitern der Wohlfahrtsökonomik, in der die Beziehung zwischen Marktergebnissen und dem gesellschaftlichen Nutzen untersucht wird. Da das Marktergebnis nur auf einem perfekt funktionierenden Markt ein Maximum an gesellschaftlichem Nutzen stiftet, sollten Marktfehler nach Möglichkeit korrigiert werden. Im Fall der externen Effekte, die sich durch das Auseinanderfallen privater und sozialer Grenzkosten beziehungsweise Grenznutzen ergeben, plädiert die von *Pigou* vertretene Lösung für den Einsatz spezieller Steuern oder Subventionen durch den Staat. Mit ihrer Hilfe sollte eine möglichst präzise Internalisierung von externen Effekten möglich werden. Im Bereich der Makroökonomik markierten *Pigous* Arbeiten über die Ursachen der Arbeitslosigkeit und die Möglichkeiten zu ihrer Bekämpfung die klassische Gegenposition zum Werk von *Keynes. Pigou* versuchte zu zeigen, dass auch unter Berücksichtigung von Kreislaufzusammenhängen Lohnsenkungen, also eine Verringerung des am Arbeitsmarkt relevanten Preises, letztlich zu einer Senkung der Arbeitslosigkeit führen werden. Ein wichtiger Mechanismus dabei ist die Annahme, dass sinkende Löhne und Preise die reale Kaufkraft des Geldes erhöhen und damit eine höhere Güternachfrage auslösen. Dieser nach *Pigou* benannte Effekt erhöht dann schließlich die Nachfrage nach Arbeit.

Allerdings setzt die *Pigou*-Lösung ein erhebliches Wissen der regulierenden Institution über die genauen Verläufe der Angebots- und Nachfragefunktionen voraus. Wo dies nicht der Fall ist, entstehen erhebliche Bewertungsspielräume mit dem Risiko, dass sich durch neue Steuern und Subventionen unnötige Verzerrungen in der Marktallokation ergeben. Schließlich ist auch der *administrative Aufwand* bei der Einführung neuer Steuern und Subventionen zu berücksichtigen.

4.2.4   Instrumente der Preisregulierung natürlicher Monopole

Bei der staatlichen Regulierung natürlicher Monopole stellt sich die Frage, auf welche Weise die Kostenvorteile der sinkenden Durchschnittskosten für die Konsumenten nutzbar gemacht werden können, ohne dass beim Anbieter dauerhafte Defizite entstehen. Die typischen Regulierungsinstrumente setzen bei der Preisgestaltung an. Dabei versuchen sie, die Gestaltung der Abgabepreise an bestimmte unternehmens- oder branchenbezogene Indikatoren zu knüpfen. Besondere Bedeutung haben in der Regulierungspraxis die folgenden drei Arten der Preisregulierung gewonnen:

- Die kostenorientierte Preisregulierung (*cost plus-regulation*)

- Die renditeorientierte Preisregulierung (*rate of return-regulation*)

- Die Preisobergrenzen-Regulierung (*price cap-regulation*)

Die einfachste Form der Preisregulierung gewährt den Monopolunternehmen einen Abgabepreis, der durch einen *Aufschlag auf die Produktionskosten* (Durchschnitts- oder Grenzkosten) errechnet wird. Eine Kontrolle der Preisgestaltung setzt dann allerdings gute Informationen der staatlichen Instanzen über die tatsächlichen Kostenstrukturen des natürlichen Monopols voraus. Der private Anbieter hat in dieser Situation eher einen Anreiz, seine Kosten höher auszuweisen, als sie eigentlich sind, beziehungsweise sogar gezielt zusätzliche Kosten zu produzieren, um durch den regulierten Preis dem Gewinnmaximum des Monopols nahe zu kommen. Durch den fehlenden Zwang zu kostensenkenden Innovationen führt diese Form der Preisregulierung somit häufig zu zusätzlichen allokativen Verzerrungen, die weitere staatliche Eingriffe, zum Beispiel in Form von direkten Produktionsvorgaben, notwendig machen.

Bei der renditeorientierten Regulierung sollen die bewilligten Preise den Monopolunternehmen eine angemessene Verzinsung des eingesetzten Kapitals gewährleisten. Notwendig für die Berechnung der angemessenen Kapitalrendite sind verlässliche Informationen über die Höhe des eingesetzten Kapitals. Durch die *Garantie einer Mindestrendite* kommt es bei dieser Form der Regulierung häufig zu einer Verzerrung im Einsatz der Produktionsfaktoren. Es wird relativ zu viel Kapital und relativ zu wenig Arbeit eingesetzt, das heißt die Produktion wird kapitalintensiver durchgeführt, als es eigentlich erforderlich wäre. Man bezeichnet dieses Phänomen auch als den *Averch-Johnson*-Effekt.

Wegen der Schwierigkeiten mit Preisregulierungen, die auf Informationen aus dem einzelnen Unternehmen basieren, versucht die Preisobergrenzen-Regulierung bewusst, sich an *allgemeinen Entwicklungstrends der Branche* oder sogar der Gesamtwirtschaft zu orientieren. Die bewilligte Preisentwicklung für ein natürliches Monopol berücksichtigt die allgemeine Inflationsrate und die Produktivitätsentwicklung der Unternehmen vergleichbarer Branchen im In- und Ausland. Diese Form der Regulierung gibt einen besonders starken Anreiz zur Entwicklung kostensparender Innovationen. Gewinne, die sich dann einstellen, wenn die individuelle Produktivität schneller wächst als die der Vergleichsunternehmen, verbleiben dem regulierten Unternehmen. Allenfalls besteht die Gefahr, dass die regulierten Unternehmen versuchen, Kostenersparnisse durch Verschlechterung der Produktqualität zu erreichen. Für diesen Fall ist eine staatliche Qualitätskontrolle der produzierten Güter und Dienstleistungen erforderlich.

4.3 Instrumente der Deregulierungspolitik

Die Theorie des Marktversagens bietet Ansatzpunkte für regulierende Eingriffe auf fast allen Märkten, andererseits ist das Wissen der staatlichen Instanzen über die Determinanten von Angebot und Nachfrage in der Regel nicht groß genug, um durch Regulierung ein funktionierendes Marktgleichgewicht substituieren zu können. Daher unterliegt die Regulierungspolitik immer der Gefahr, zu weit reichende Eingriffe in das Marktgeschehen vorzunehmen, die zudem auch noch kostspielige Folgeinterventionen nach sich ziehen. Die Kritik an den *Folgen übermäßiger Regulierung* hat dazu geführt, dass inzwischen auch intensiv über die Möglichkeit der Deregulierung staatlich kontrollierter Märkte diskutiert wird. Dabei stellt sich die Frage, ob und wie private Märkte mit möglichem Marktversagen so umgehen können, dass die Effizienz der Marktallokation auch ohne direktes staatliches Eingreifen erhalten bleibt.

Drei grundlegende Einsichten prägen die Deregulierungstheorie und -politik:

- Auf privaten Märkten wird nicht nur über Preise und Mengen, sondern natürlich auch über Qualitäten, Lieferfristen und Vertragsdauern verhandelt. Erweitert man das traditionelle mikroökonomische Marktmodell um diese Faktoren, zeigen sich Möglichkeiten zur *endogenen Bewältigung* potenzieller Marktfehler, sofern alle Marktteilnehmer davon einen Nutzen haben.

- Außer den tatsächlichen Marktteilnehmern ist immer auch das Verhalten *potenzieller Marktteilnehmer* zu berücksichtigen. Gibt es hohe potenzielle Konkurrenz, kann auch ein einzelner Anbieter keine Marktmacht ausüben.

- Der Staat kann die Effizienz der Marktallokation dadurch stärken, dass er die *rechtlichen Rahmenbedingungen* des Markttauschs, zum Beispiel die Haftungsrechte bei Qualitätsmängeln, klar definiert und durchsetzt.

4.3.1 Korrektur von Marktfehlern durch private Verträge

Die einfachste Möglichkeit zur Überwindung der Anpassungsprobleme, die das *Cobweb*-Theorem beschreibt, besteht in der Überwindung der jeweils nur für eine Periode gültigen Verträge zwischen Anbietern und Nachfragern. Der *Abschluss längerfristiger Verträge* würde das Risiko anhaltender Preis- und Mengenschwankungen verringern und wäre daher für beide Marktseiten vorteilhaft. Tatsächlich kann man feststellen, dass auf dem deutschen Hopfenmarkt bereits vor der Einführung von Festpreisen im Rahmen der EU-Agrarmarktordnung eine Preisstabilisierung stattfand, die auf den Abschluss langfristiger Lieferverträge zwischen Hopfenbauern und Bierbrauereien zurückzuführen war (*Jarchow* 1980).

Am Arbeitsmarkt können Verhandlungen zwischen Gewerkschaften und Arbeitgebern als ein Instrument angesehen werden, mit dem mögliche Existenz- und Stabilitätsprobleme auch ohne staatliches Eingreifen korrigiert werden. Das Ergebnis solcher Verhandlungen sind *Tarifvereinbarungen*, die typischerweise Arbeitsentgelte über einen längeren Zeitraum festschreiben. Solche Tarifvereinbarungen erfüllen allokationspolitisch den gleichen Zweck wie staatliche Mindestlöhne. Sie verhindern, dass bei hoher Unsicherheit über die Qualität der Arbeit gar kein Marktpreis zustande kommt beziehungsweise wegen eines möglichen inversen Verlaufs der Arbeitsangebotsfunktion keine stabile Anpassung an den Marktpreis stattfindet.

Die Probleme asymmetrischer Informationsverteilung können durch vertragliche Abmachungen zwischen den Marktteilnehmern überwunden werden, die über die reine Preisvereinbarung hinausgehen. Die Glaubwürdigkeit der besser informierten Marktseite lässt sich durch die gezielte *Bereitstellung zusätzlicher Informationen* über die Qualitätseigenschaften des gehandelten Gutes erhöhen. Möglichkeiten für dieses so genannte *Signaling* bieten die Abgabe von Garantieversprechen, die Akzeptanz eines Selbstbehalts in einem Versicherungsvertrag oder das Eingehen auf Tarife mit Schadensfreiheitsrabatten. Damit sollen sowohl adverse Auswahl als auch moralisches Risiko begrenzt oder ganz verhindert werden.

Ein weitere Möglichkeit zum Umgang mit asymmetrisch verteilten Informationen stellt das *Screening* dar, das auf dem gezielten *Einholen zusätzlicher Informationen* über die relevanten Qualitätseigenschaft beruht. Die zunächst weniger informierte Marktseite kann sich entweder selbst besser informieren oder spezialisierte Dritte als Gutachter einschalten. Dadurch erhöhen sich zwar die Kosten des Markttausches, allerdings verbessern sich im Gegenzug die Chancen für die Existenz eines Marktgleichgewichts.

Der Staat kann die Anstrengungen der privaten Marktteilnehmer zur Konkretisierung der Vertragsbedingungen durch ein entsprechend *flexibles Vertragsrecht* unterstützen. Er kann aber auch selbst zusätzliche Informationen über Qualitätseigenschaften von Gütern bereitstellen. Diese Aufgaben übernehmen spezielle staatliche Institutionen, zum Beispiel bei besonders sensiblen Produkten wie Medikamenten staatlich finanzierte Prüfstellen, oder die Stiftung Warentest oder staatlich bestellte Gutachter, etwa bei der Schätzung des Wertes von Gebrauchtwagen.

4.3.2   Förderung der Bestreitbarkeit von Märkten

Bei der wirtschaftspolitischen Behandlung natürlicher Monopole ist durch die Theorie der bestreitbaren Märkte (*contestable markets*) eine neue Sichtweise entwickelt worden, auf deren Grundlage Deregulierungen auf zahlreichen Märkten eingeleitet wurden. Von zentraler Bedeutung für die Theorie der Bestreitbarkeit ist die Unterscheidung zwischen fixen Kosten und versunkenen Kosten (*sunk costs*). *Fixe Kosten* sind dann *nicht irreversibel versunken*, wenn es die Möglichkeit gibt, sie durch Weiterverwendung der betreffenden Vermögensgegenstände auf Sekundärmärkten zumindest zum Teil wieder zurückzugewinnen. Sind die fixen Kosten, die zum Entstehen abnehmender Durchschnittskosten und damit eines möglichen natürlichen Monopols führen aber nicht versunken, gibt es auch keine unüberwindlichen Hindernisse für das Auftreten neuer Konkurrenten. Im Extremfall würde die Existenz eines positiven Gewinns auf diesem Markt dazu führen, dass *potenzielle Wettbewerber* mit den dafür notwendigen Fixkosten in den Markt eintreten und an den Gewinnen partizipieren. Sofern keine Gewinne

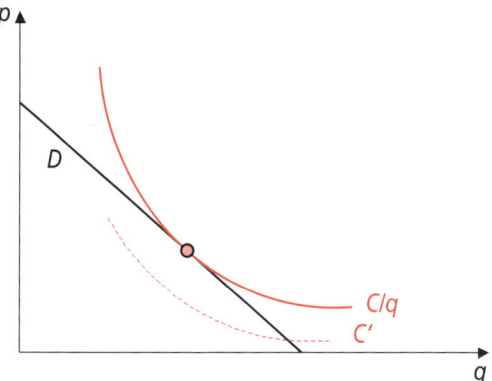

Abbildung 4.2: Marktgleichgewicht auf einem vollständig bestreitbaren Markt

Auf einem vollständig bestreitbaren Markt wird sich das Marktangebot zu jedem Zeitpunkt durch den Markteintritt neuer Wettbewerber erhöhen, solange noch ein Gewinn zu erzielen ist. Bei sinkenden Grenz- und Durchschnittskosten muss das Marktgleichgewicht somit dort liegen, wo die Durchschnittskostenkurve aller Marktteilnehmer die Nachfragekurve gerade tangiert. Ein natürliches Monopol kann sich unter diesen Bedingungen nicht einstellen.

mehr abzuschöpfen sind, würden sie wieder aus dem Markt austreten und die unteilbaren Investitionen weiterverwerten, so dass keine dauerhaften Verluste auftreten.

Bei fehlenden *sunk costs* ist damit die Marktstruktur letztlich endogen. Die aggregierte Durchschnittskostenkurve aller Anbieter wird sich so lange nach rechts verschieben, bis in einem langfristigen Gleichgewicht kein Gewinn mehr erzielt werden kann. Dieses Gleichgewicht liegt, wie man in *Abbildung 4.2* sieht, zwar nicht mehr am Schnittpunkt von Grenzkostenkurve und Nachfragekurve, vermeidet aber gleichermaßen das Entstehen von Monopolgewinnen oder die Notwendigkeit zur Abdeckung von Defiziten.

Auf bestreitbaren Märkten wäre gar keine staatliche Regulierung eines natürlichen Monopols notwendig, wenn es nur eine ausreichend hohe potenzielle Konkurrenz gibt. Wichtig für die Diagnose der Bestreitbarkeit ist ein Blick auf die Natur der fixen Kosten in dem betroffenen Industriezweig. *Typische versunkene Kosten* sind die Fixkosten für den Aufbau eines Eisenbahnschienennetzes oder eines kabelgebundenen Telefonnetzes. Nicht versunken sind dagegen die Kosten für eine Luftflotte, wenn Flugzeuge auf Sekundärmärkten verkauft oder vermietet werden können. Aus diesem Grund war gerade der Luftverkehr der Bereich, in dem die Deregulierung besonders schnell und umfassend durchgesetzt wurde. Dagegen bleiben Schienen- und Kabelnetze typischerweise auch weiterhin einer intensiven staatlichen Regulierung unterworfen.

Eine Disziplinierung von Marktmacht durch Konkurrenz erfolgt auch dann, wenn der Staat zeitlich befristete natürliche Monopole versteigert und nach der *Versteigerung* auf eine Preisregulierung verzichtet. Erfolgt die Versteigerung in einem wettbewerblichen Verfahren, werden alle Konkurrenten gemäß ihren zukünftig erwarteten Gewinnen bieten. In den Versteigerungserlösen werden sich also die zukünftigen Monopolgewinne niederschlagen. Aus diesen Erlösen könnte der Staat nun die Nachfrager kompensieren und damit die negativen Konsequenzen einer Monopolpreisbildung ausgleichen.

4.3.3 Haftungsrechte, Verhandlungen und private Transferzahlungen

Marktversagen aufgrund technologischer Externalitäten ließe sich gänzlich vermeiden, wenn es klare Haftungsregeln bei der Beeinflussung der Aktivitäten Dritter durch die eigenen Handlungen gäbe. Ein umfassendes und jederzeit durchsetzbares *Haftungsrecht* würde zum Beispiel die negativen externen Effekte der Umweltnutzung beseitigen, möglicherweise würde es sogar Ansätze zur frühzeitigen Verhinderung von Umweltschäden setzen. Bei der Ausgestaltung des Haftungsrechts lassen sich zwei unterschiedliche Prinzipien unterscheiden:

- Das *Prinzip der Gefährdungshaftung* schafft eine generelle Ersatzpflicht für alle verursachten Schäden und damit größere Anreize für den Verursacher, den Schaden frühzeitig zu vermeiden.

- Das *Prinzip der Verschuldenshaftung* sieht eine Ersatzpflicht nur bei vorsätzlicher oder fahrlässiger Schädigung vor und schafft damit deutlich geringere Anreize zur Schadenvermeidung.

Wenn die Durchsetzung umfassender Haftungsansprüche gegenüber den Schädigern nicht gelingt, bedeutet dies allerdings noch nicht, dass eine private Überwindung des Externalitätenproblems unmöglich ist. Wie *Ronald Coase* (1960) gezeigt hat, ist eine effiziente Internalisierung externer Effekte durch rein *private Verhandlungen* unabhängig von der Verteilung der Haftungsrechte. Voraussetzung ist lediglich, dass die Rechte eindeutig auf Schädiger und Geschädigte verteilt sind und dass die Durchsetzung dieser Rechte mit keinerlei Kosten verbunden ist.

Die *Coase*-Lösung zur Überwindung der Externalitäten-Problematik durch private Verhandlungen stellt das Gegenmodell zur *Pigou*-Lösung durch staatliche Steuer- oder Subventionspolitik dar. Ihre Logik lässt sich anhand der *Abbildung 4.3* nachvollziehen, in der die Grenzschäden in Abhängigkeit von Ausmaß der Schädigung und die Grenzkosten der Schadensvermeidung in Abhängigkeit vom Ausmaß der Schadensvermeidung abgetragen sind. Die Fläche unter der Grenzschadenskurve misst den Gesamtschaden; die Fläche unter der Grenzkostenkurve die Gesamtkosten der Schadensvermeidung. Das gesellschaftliche Optimum liegt am Schnittpunkt der beiden Kurven im Punkt *C*.

Wenn *keine Schadenshaftung* besteht, würde das Ausmaß der Schädigung zunächst maximal werden und damit bei Punkt *A* liegen. In dieser Situation hätte nun der Geschädigte einen Anreiz, dem Schädiger einen Transfer in Höhe von *AF* zu zahlen, um damit die Schädigung im Umfang *AE = FC* auf das gesellschaftliche Optimum zu reduzieren. Die Einigung auf eine solche Ausgleichszahlung wäre für beide Parteien vorteilhaft. Dem Schädiger würde der Transferbetrag im Umfang des Rechtecks *EAFC* zufließen, während ihm Kosten in Höhe des Dreiecks *EAC* für die Schadensvermeidung entstehen. Der Nettoeffekt wäre also eindeutig positiv. Für den Geschädigten würde der Zahlung des Transfers in Höhe von *EAFC* eine Verminderung des Schadens im Umfang des Vierecks *EABC* gegenüberstehen. Auch für ihn wäre damit der Nettoeffekt positiv.

Wenn dagegen eine *Haftung des Schädigers* existiert, würde sich zunächst ein Gleichgewicht ganz ohne Schädigung bei Punkt *O* einstellen. Der Schädiger hätte nun einen Anreiz, dem Geschädigten durch eine Ausgleichszahlung das Recht der Schädigung bis zum Punkt *C* abzukaufen. Der Schaden würde dem Dreieck *OEC* entsprechen, der Trans-

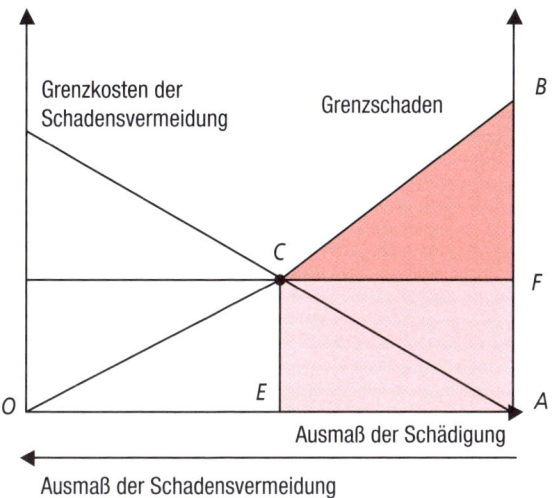

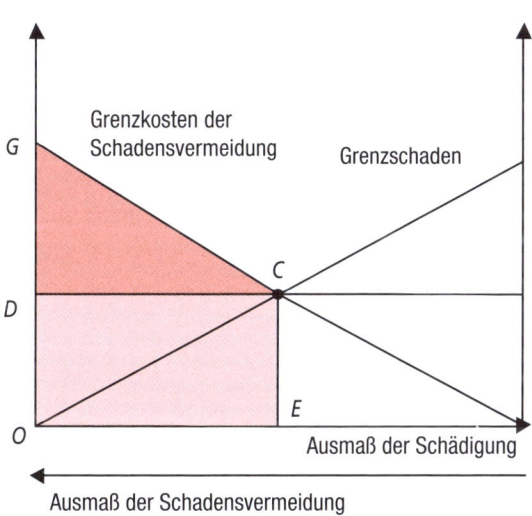

Abbildung 4.3: Coase-Lösungen zur Internalisierung externer Effekte

*Im oberen Teil der Abbildung gibt es keine Haftung des Schädigers, insofern hat die Schädigung in der Ausgangssitua-
tion ihren maximalen Wert A und der Grenzschaden sein Maximum bei B erreicht. Eine Ausgleichzahlung des Geschädigten an den Schädiger im Umfang von CEAF würde nun zu einer Verringerung der Schädigung bis E führen. Die
Ausgleichzahlung wäre dabei kleiner als der Wert der Schadensminderung, der sich nach der gesamten Fläche CEAB
unter der Grenzschadenkurve bemisst. Umgekehrt wäre die Ausgleichzahlung für den Schädiger höher als seine Gesamtkosten der Schadensvermeidung CEA.*

*Im unteren Teil der Abbildung muss der Schädiger für alle Schäden haften. Daher wird er zunächst keine Schäden ver-
ursachen und die Grenzkosten der Schadensvermeidung liegen bei ihrem maximalen Wert G. Eine Ausgleichzahlung
an die Geschädigten im Umfang OECD erlaubt nun die Ausweitung der Schäden bis E. Für die Geschädigten ist diese Zahlung größer als der eintretende Schaden, der sich als Fläche OEC unter der Grenzschadenkurve berechnet. Für
den Schädiger kommt die Ausgleichzahlung wiederum billiger als die vollständige Vermeidung der Schäden, die sich
als Fläche OECG ergibt.*

ferbetrag dem Rechteck *OECD*, der Nettoeffekt wäre demnach deutlich positiv. Für den Schädiger würde sich eine Ersparnis an Kosten zur Schadensvermeidung ergeben, die dem Viereck *QECG* entspricht. Unter Berücksichtigung der Ausgleichszahlung in Höhe von *OECD* wäre auch hier der Gesamteffekt positiv.

Eine Konkretisierung der Coase-Lösung erfolgt durch die *Zuteilung von handelbaren Schädigungsrechten* (Zertifikaten) an potenzielle Schädiger und Geschädigte. Durch den Handel solcher Zertifikate bildet sich ein Marktpreis für Schädigungsrechte heraus. Durch die Art und Weise, wie die anfängliche Verteilung der Schädigungsrechte erfolgt, können Verteilungsaspekte berücksichtigt werden. Die Preisentwicklung der Zertifikate an den entsprechenden Märkten gibt wichtige Informationen für die Förderung und Lenkung von Investitionen und Innovationen zur Schadensvermeidung. Auf der Grundlage dieser Überlegungen wurden in den USA 1990 mit dem *Clean Air Act* erstmals *handelbare Umweltzertifikate* eingeführt.

4.4   Beispiel: Regulierung und Deregulierung der Telekommunikation in Deutschland

In Deutschland bestand bis 1989 ein stark regulierter Markt für Telekommunikationsdienstleistungen. Als Gründe für die Regulierung wurden unterschiedliche Arten von möglichen Marktfehlern genannt:

- *Netzwerkexternalitäten:* In der Aufbauphase eines Telekommunikationsnetzes, also beispielsweise des klassischen Telefonnetzes, ist der kollektive Grenznutzen eines weiteren Teilnehmers größer als der individuelle Grenznutzen. Ein privater und wettbewerblicher Betrieb eines solchen Netzes wäre nicht in der Lage, die positiven Externalitäten eines großen Netzes hinreichend in der Preisgestaltung zu berücksichtigen.

- *Unteilbarkeiten und natürliche Monopole:* Der Aufbau eines kabelgebundenen Telekommunikationsnetzes erfordert hohe Fixkosten, die weitgehend den Charakter von versunkenen Kosten haben. Damit sind die klassischen Voraussetzungen für das Entstehen eines natürlichen Monopols gegeben. Um zu verhindern, dass echte Monopolpreise durchgesetzt werden, muss eine staatliche Regulierung erfolgen.

- *Asymmetrische Information:* Angesichts der besonderen technischen Qualitätseigenschaften der verwendeten Geräte sah man die Gefahr, dass die Nachfrager auf einem wettbewerblichen Markt keine ausreichende Nachfrage für Produkte guter Qualität entwickeln würden und somit ohne staatliche Regulierung kein Markt für solche Produkte existieren könnte.

Die Diagnose dieser Marktfehler diente als Rechtfertigung für das *Netzmonopol* des *Staatsunternehmens* Deutsche Bundespost. Die Bundespost besaß gleichzeitig ein *Abnahmemonopol* gegenüber den Herstellern von Endgeräten, so dass die Endnutzer die Endgeräte, für die bestimmte Qualitätsstandards vorgegeben waren, exklusiv von der Bundespost beziehen mussten. Für das Telefonnetz der Bundespost bestanden bundeseinheitliche Tarife. Es existierte ein *Kontrahierungszwang*, so dass kein potenzieller Nutzer von der Nutzung des Netzes ausgeschlossen werden konnte. Zur Deckung möglicher Defizite aus dem regulierten Netzbetrieb besaß die Bundespost Möglichkeiten zur *internen Subventionierung* aus anderen Bereichen ihres Betriebes.

Während der 80er Jahre geriet die traditionelle Regulierungspraxis allerdings unter Druck. Dafür gab es mehrere Gründe. Zum einen erhöhten sich durch technologische Neuentwicklungen wie die kabellose Telefonie oder durch die immer weitere Öffnung nationaler Märkte die *Substitutionskonkurrenz* und die *internationale Konkurrenz* auf dem deutschen Telekommunikationsmarkt. Damit nahm die Bestreitbarkeit des natürlichen Monopols durch potenzielle Konkurrenten zu, so dass sich die Gefahr einer unbeschränkten Monopolpreisbildung ohne staatliche Regulierung deutlich verringerte. Für den Endgerätemarkt setzen sich immer bessere Verfahren des Screening und Signaling durch, so dass die Gefahr asymmetrischer Informationsverteilung schwand. Schließlich wuchs das Vertrauen in die Möglichkeiten, durch private Verhandlungen die Externalitätenproblematik zu überwinden. Zusätzlich unterstützten auch *finanz-politische Überlegungen* eine Deregulierung des deutschen Telekommunikationsmark-tes. Weitere Defizite des regulierten Monopols und Investitionen für den weiteren Ausbau des Netzes wären alleine aus dem Staatshaushalt zu decken gewesen. Dagegen bot eine Deregulierung die Möglichkeit zur Privatisierung der Bundespost und damit Verkaufserlöse zur Finanzierung des Bundeshaushalts. Gleiches erhoffte man sich aus der Versteigerung von temporären Monopolrechten beim Aufbau neuer Netze.

Die Deregulierung des Telekomsektors erfolgte in Deutschland in drei Stufen, den Postreformen I, II und III. Die *Postreform I*, die 1989 stattfand, bestand in der juristi-schen Aufspaltung der Deutschen Bundespost in die drei selbstständigen Unternehmen Postdienst, Postbank und Deutsche Telekom, in der Aufhebung des staatlichen Monopols auf dem Markt für Endgeräte und in der wettbewerblichen Ausschreibung einer ersten Mobilfunklizenz. Mit der *Postreform II* wurden 1994 die drei neuen Unternehmen in die Rechtsform der AG überführt und damit formal privatisiert. Gleichzeitig begann die ma-terielle Privatisierung durch den Verkauf von Aktien der Deutschen Telekom. Der Bund verpflichtete sich zur umfassenden Liberalisierung des Telekomsektors durch einen weit-gehenden Abbau hoheitlicher Monopolrechte. Der institutionelle Rahmen für die Neuord-nung des Sektors wurde 1996 mit der *Postreform III* geschaffen. In ihrem Zentrum stand die Verabschiedung des neuen *Telekommunikationsgesetzes* (TKG), mit dem das Ausmaß noch bestehender Regulierungsinstrumente beschrieben wurde. Die Anwendung dieser Regulierungsmaßnahmen liegt in der Hand der 1998 neu geschaffenen *Regulierungsbe-hörde für Telekommunikation und Post* (RegTP). Sie bekam in der Folgezeit die Aufgabe übertragen, die verbleibenden Regulierungen in weiteren deregulierten Sektoren der deutschen Wirtschaft anzuwenden und durchzusetzen. 2005 wurde sie daher in *Bundes-netzagentur für Elektrizität, Gas, Telekommunikation, Post und Eisenbahnen* umbenannt.

Die *Instrumente des TKG* ergänzen die allgemeinen Normen des deutschen Wett-bewerbsrechts um sektorspezifische Eingriffsmöglichkeiten mit dem Ziel, auf den bisher besonders stark regulierten Märkten Wettbewerb möglichst rasch herzustellen und nach-haltig zu sichern. Nach dem Ende des Monopols der Deutschen Telekom im Sprach-telefondienst können neue Anbieter jederzeit bei der Bundesnetzagentur eine Lizenz für den Bau und Betrieb eines neuen Telefonnetzes beantragen. Die Vergabe neuer Lizen-zen erfolgt nach Zuverlässigkeit, Kompetenz und Leistungsfähigkeit der Lizenznehmer. Bei nur begrenzt verfügbaren Lizenzen, insbesondere für nicht-leitungsgebundene Diens-te, kommt ein Ausschreibungs- und Versteigerungsverfahren zur Anwendung. Dies war der Fall bei der Versteigerung der UMTS-Lizenzen im Jahre 2000.

Die noch bestehenden Regulierungsmöglichkeiten betreffen vor allem den Schutz neuer Anbieter vor der Marktmacht des etablierten alten Monopolisten, der als privatwirtschaftliches Unternehmen natürlich die Maximierung des eigenen Gewinns verfolgt. Unterschieden werden drei Arten von Regulierung:

- ■ *Technische Regulierung:* Die Regulierungsbehörde überwacht, dass alle Marktteilnehmer die freie Wahl unter den vorhandenen Netzbetreibern haben, indem sie für einen diskriminierungsfreien Zugang zu Telefonnummern, die Nummernportabilität bei Wechsel des Netzbetreibers und einheitliche Abrechungssysteme (durch preselection oder call-by-call) sorgt.

- ■ *Universaldienst-Regulierung:* Die Regulierungsbehörde sorgt für die Sicherung eines breiten Mindestangebotes an Telefondienstleistungen. Notfalls kann sie marktbeherrschende Unternehmen zu solchen Universaldiensten verpflichten. Eventuell entstehende Defizite werden aus einem Fonds gedeckt, der sich aus einer allgemeinen *Universaldienstabgabe* aller Netznutzer speist. Diese Abgabe dient wie eine Steuer der Sicherstellung der universellen Nutzbarkeit der Telekommunikation, die damit quasi den Charakter eines öffentlichen Gutes erhält.

- ■ *Marktregulierung im Bereich mit hohen sunk costs:* Dort, wo der Kern des natürliche Monopols weiterhin bestehen bliebt, nämlich bei den stationären kabelgebundenen Netzen, überwacht die Regulierungsbehörde, dass auch Wettbewerbern der Deutschen Telekom ein *diskriminierungsfreier Netzzugang* zu kostenorientierten (das heißt nicht monopolistisch überhöhten) Preisen gewährt wird. Der direkte Eingriff in die Preisgestaltung des Netzmonopolisten wird mit Hilfe der so genannten *Essential Facilities*-Doktrin gerechtfertigt. Sie besagt, dass die Regulierung dort ansetzten soll, wo der Marktzugang für Wettbewerber durch den Monopolisten am ehesten verhindert werden könnte. Ohne einen diskriminierungsfreien Zugang in das stationäre Netz ist ein funktionsfähiger Wettbewerb zwischen dem alten Monopolunternehmen und den neuen Wettbewerbern aber nicht möglich.

Die Erfahrungen mit der regulierten Marktöffnung auf dem deutschen Telekommunikationsmarkt sind grundsätzlich positiv. Die Zahl der Anbieter hat sich erhöht, auch wenn der Marktanteil der Deutschen Telekom noch immer dominierend ist. Durch intensiven Wettbewerb auf dem Markt für Ferngespräche sind dort die Preise deutlich gesunken. Weniger stark war die Preissenkung auf dem Markt für Ortsgespräche, den die Deutsche Telekom aufgrund ihres kabelgebundenen Netzes weiter dominiert. Durch den hohen tatsächlichen und potenziellen Wettbewerb sah sich die Deutsche Telekom selbst zu höherer Kosteneffizienz, Innovationen und Preissenkungen gezwungen. Lediglich die institutionelle Gestaltung der Deregulierungspolitik gab Anlass zu Kritik. Mit der Regulierungsbehörde beziehungsweise der Bundesnetzagentur ist eine neue Behörde entstanden, die in *Konkurrenz zur allgemeinen Wettbewerbspolitik* des Bundeskartellamts agiert. Gerechtfertigt wird diese sektoral differenzierte Wettbewerbspolitik durch die Übermacht des alten Monopolisten. Erst wenn diese besondere Marktmacht durch den Aufbau neuer großer Wettbewerber so weit reduziert werden kann, dass die besonderen Regulierungsinstrumente überflüssig werden und nur noch die allgemeinen Wettbewerbsregeln anzuwenden sind, wäre die Bundesnetzagentur aufzulösen. Kritiker betonen demgegenüber, dass immer mehr Sektoren, erst jüngst die Energiewirtschaft und die Eisenbahnen, der Aufsicht der neuen Behörde unterstellt werden. Damit verliert die allgemeine Wettbewerbspolitik an Bedeutung.

Minimaltarife im Festnetz für ein nationales Ferngespräch

Standardtarife ohne Rabatte
Preise in Pfennige pro Minute, werktags, Call-by-Call

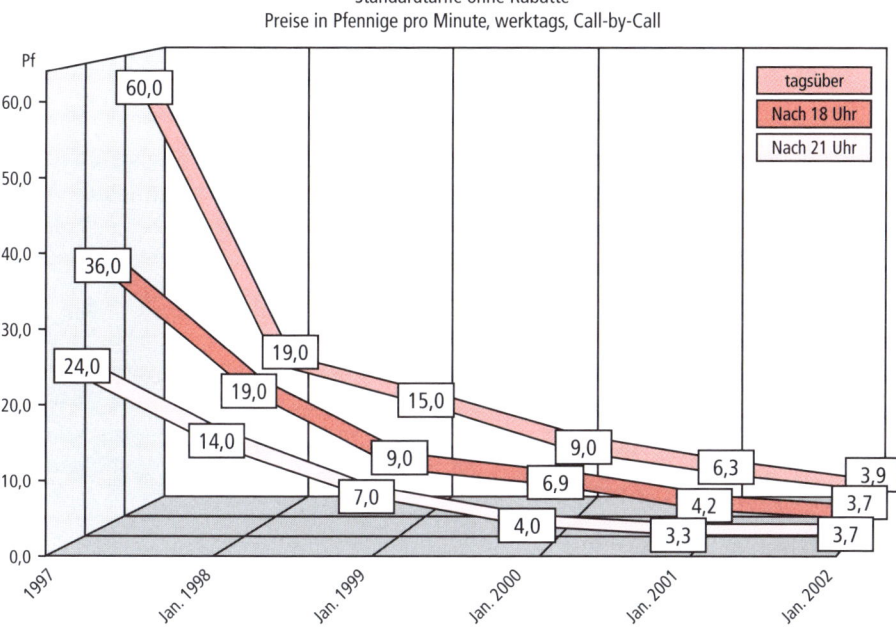

(Stand: 11. Januar 2002,
Quelle: RegTP)

Abbildung 4.4: Entwicklung der Preise für Ferngespräche in Deutschland 1999–2002

In den ersten Jahren nach der Deregulierung des deutschen Telekommunikationsmarkts kam es als Folge intensiven Wettbewerbs zu dramatischen Preissenkungen für Ferngespräche.

SCHLÜSSELBEGRIFFE

■ Regulierung 74
 Ordnungsrecht 75
 Screening 80
 Signaling 80

■ Kostenorientierte Preis-
 regulierung 78
 Renditeorientierte Preis-
 regulierung 78
 Preisobergrenzen-Regulierung 78
 Bestreitbare Märkte 80
 Versunkene Kosten 80

■ Verstaatlichung 75
 Öffentliche Güter 76
 Regel von *Samuelson* 76

■ *Pigou*-Lösung 78, 82
 Coase-Lösung 82
 Zertifikatelösung 84
 Gefährdungshaftung 82
 Verschuldenshaftung 82

■ *Essential Facilities*-Doktrin 86
 Bundesnetzagentur 85

Aufgaben

www.pearson-studium.de: Hier finden Sie die Lösungen zu den Übungsaufgaben dieses Kapitels, ein Glossar mit Erläuterungen zu den Schlüsselbegriffen sowie Links zu wirtschaftspolitisch relevanten Websites.

1. Umwelt-Zertifikate versus Öko-Steuern
Erläutern Sie, warum Umwelt-Zertifikate prinzipiell besser geeignet sein könnten als Steuern auf Energieträger, um negative externe Effekte der Schadstoffemission zu internalisieren. Warum sind Öko-Steuern aber möglicherweise in der Praxis leichter durchsetzbar?

2. Micro-Finance
Lange Zeit war man der Meinung, leistungsfähige Kreditmärkte könnten in Entwicklungsländern aufgrund gravierender Marktfehler nicht existieren. Inzwischen gibt es viele ausgesprochen positive Erfahrungen mit Formen von Micro-Finance. Dabei schließen Kreditinstitute Kreditverträge mit kleinen, überschaubaren Gruppen von Kreditnehmern ab, die gegenseitig für die Einhaltung der Vertragsbedingungen haften. Inwiefern können auf diese Weise Marktfehler behoben werden?

3. Deregulierung des Gassektors
Bevor die großen Erdgasversorgungsunternehmen der Regulierung durch die Bundesnetzagentur unterstellt wurden, wurde der Netzzugang in diesem Sektor durch so genannte „Verbändevereinbarungen" zwischen den Verbänden der Netzbetreiber und den Verbänden der industriellen und privaten Netznutzer geregelt. Diskutieren Sie, warum ein solches Verfahren der privat ausgehandelten Deregulierung nicht zu mehr Wettbewerb am Gasmarkt und geringeren Gaspreisen führte.

4. Deregulierung des Eisenbahnsektors
Bei der Deregulierung des Eisenbahnverkehrs in Deutschland ist umstritten, ob die Deutsche Bahn AG auch nach ihrer materiellen Privatisierung Eigentümer des Schienennetzes bleiben soll oder ob das Schienennetz zukünftig von einem eigenständigen öffentlichen Unternehmen betrieben werden soll. Diskutieren Sie Vor- und Nachteile dieser beiden Optionen aus Sicht der Deutschen Bahn AG, der Konkurrenzunternehmen und der Gesellschaft.

Literaturhinweise

Einen breiten Überblick über die Instrumente der Marktregulierung zur Korrektur von Marktfehlern sowie über die Möglichkeiten zur Deregulierung geben die Lehrbücher von *Borrmann/Finsinger* (1999) und *Knieps* (2001).

Beispiele für die Regulierung und Deregulierung wichtiger Netzsektoren analysiert der von *Knieps/Brunekreeft* (2000) herausgegebene Sammelband. Über die Erfahrungen mit der Deregulierung des deutschen Telekommunikationssektors informieren die Beiträge in *Immenga u. a.* (2001).

Über den Stand der Regulierung der Netzsektoren in Deutschland informiert die Bundesnetzagentur (www.bundesnetzagentur.de).

Wettbewerbspolitik

5

ÜBERBLICK

Lernziele

- Nur wenn auf Seiten der Anbieter und der Nachfrager Wettbewerb herrscht, wenn also kein Anbieter oder Nachfrager dauerhaft Einfluss auf den Marktpreis nehmen kann, kommen die besonderen gesellschaftlichen Wohlfahrtseffekte des Markttauschs zum Tragen.

- Die statische Wettbewerbstheorie weist nach, dass ein Angebotsmonopol gegenüber der Situation der vollständigen Konkurrenz zu einem höheren Marktpreis, einer geringeren Marktversorgung, einem Monopolgewinn des Anbieters und einem gesellschaftlichen Wohlfahrtsverlust führt.

- In der dynamischen Wettbewerbstheorie dienen temporäre Monopole der Förderung von Innovationen, während in der evolutorischen Wettbewerbstheorie der Wettbewerb als Entdeckungsverfahren auf der Suche nach noch ungenutzten Marktchancen fungiert.

- Das wettbewerbspolitische Leitbild des funktionsfähigen Wettbewerbs leitet aus der Beurteilung von Marktergebnissen und Marktverhalten die notwendigen Eingriffe zur Veränderung der Marktstruktur ab.

- Das Leitbild der Wettbewerbsfreiheit warnt dagegen vor regulierenden Eingriffen in die Marktstruktur und plädiert stattdessen für den Vorrang ordnungspolitischer Maßnahmen, mit denen die Funktionsfähigkeit des Preissystems gesichert werden kann.

- Die wichtigsten Instrumente der Wettbewerbspolitik sind das Kartellverbot, die Ahnung des Missbrauchs einer marktbeherrschenden Stellung und die Kontrolle von Unternehmenszusammenschlüssen. Sie werden flankiert durch allgemeine wettbewerbspolitische Spielregeln sowie durch Maßnahmen zur Förderung der Markttransparenz und zum Schutz neuer Produkte vor zu rascher Nachahmung.

- Die deutsche Wettbewerbspolitik basiert auf dem Gesetz gegen Wettbewerbsbeschränkungen (GWB), das inzwischen deutlich vom Leitbild des funktionsfähigen Wettbewerbs geprägt ist. Zusammen mit der Öffnung der Inlandsmärkte gegenüber ausländischen Konkurrenten hat es maßgeblich dazu beigetragen, eine hohe Wettbewerbsintensität in Deutschland zu sichern.

5.1   Wettbewerbstheorie

Bereits die Klassiker der Nationalökonomie, insbesondere *Adam Smith* (1776), betonten die wohlstandssteigernden Effekte einer auf Konkurrenz beruhenden Organisation der Wirtschaft. Bei der Weiterentwicklung der Wettbewerbstheorie stand die mikroökonomische Fundierung dieser Hypothese im Vordergrund. Die Argumentation wurde zunächst im Rahmen eines statischen Modells geführt, das von einer gegebenen

Ausstattung an Produktionsfaktoren, gegebenen Präferenzen der Nachfrager und einem konstanten Niveau des technischen Wissens ausgeht. Die statische Wettbewerbstheorie konzentrierte sich darauf, unter diesen Annahmen die Auswirkungen unterschiedlicher vorgegebener Marktstrukturen auf das Marktergebnis, das heißt auf das in einer Volkswirtschaft verfügbare Niveau der Güterversorgung, zu analysieren. Die dynamische Wettbewerbstheorie berücksichtigt dagegen auch Rückwirkungen der Marktergebnisse auf die Marktstruktur.

5.1.1 Statische Wettbewerbstheorie

Ausgangspunkt der *statischen Wettbewerbstheorie* ist die Charakterisierung der Bedingungen, die an den untersuchten Märkten in *qualitativer* und *quantitativer Hinsicht* herrschen. Zu den qualitativen Merkmalen zählen insbesondere der Grad der Marktvollkommenheit, das Ausmaß der Markttransparenz, die Möglichkeit des Marktzutritts und die Reaktionsgeschwindigkeit der Marktteilnehmer bei einer Änderung der Marktdaten. Die quantitative Charakterisierung von Märkten geht von der Zahl der an einem Markt auftretenden Anbieter und Nachfrager aus. In der einfachsten Form unterscheidet sie dabei zwischen einem, wenigen und vielen Marktteilnehmern auf Angebots- und Nachfrageseite und gelangt damit zu der in *Abbildung 5.1* wiedergegebenen Typologie. Als Extremfälle treten das *bilaterale Monopol* mit einem Nachfrager und einem Anbieter sowie das *Polypol* hervor, bei dem sich viele Anbieter und viele Nachfrager gegenüberstehen.

Von besonderer Bedeutung für die wirtschaftspolitischen Schlussfolgerungen der statischen Wettbewerbstheorie ist der Vergleich zwischen den Marktergebnissen, die sich im Falle des Polypols und des Angebotsmonopols auf einem perfekt funktionierenden Markt einstellen. Im *Monopolfall* steht aufgrund der Verhinderung des Marktzutritts für Konkurrenten ein Anbieter vielen Nachfragern gegenüber. Deren Nachfrageverhalten kommt auf einem vollkommenen Markt in einer dem Monopolisten bekannten *Preis-Absatz-Funktion* zum Ausdruck:

$$p = p(q) \ \text{ mit } \ \frac{\partial p}{\partial q} < 0 \tag{5.1}$$

Nachfrage Anbieter	einer	wenige	viele
einer	Bilaterales Monopol	Beschränktes Monopol	Monopol
wenige	Beschränktes Monopol	Bilaterales Oligopol	Oligopol
viele	Monopson	Oligopson	Polypol

Abbildung 5.1: Typologie von Marktformen nach quantitativen Merkmalen

Anhand der Angaben über die Anzahl der Anbieter und Nachfrager lassen sich unterschiedliche Marktformen unterscheiden. Am bekanntesten sind das Monopol, das Oligopol, das Polypol sowie das Monopson (oder Nachfragermonopol).

Zur Vereinfachung wird ein linear fallender Verlauf unterstellt. Die Preis-Absatz-Funktion ermöglicht eine Aussage darüber, zu welchem Preis p eine bestimmte Menge q am Markt abgesetzt werden kann. Ziel des Monopolisten ist nach den Annahmen der mikroökonomischen Angebotstheorie die Maximierung des Gewinns G, der sich als Differenz zwischen den Verkaufserlösen R und den Produktionskosten C ergibt. Sowohl die Kosten als auch die Erlöse, das Produkt aus Verkaufspreis und abgesetzter Menge, sind dabei von der Produktions- und Absatzmenge q abhängig. Es gilt folglich:

$$G = R(q) - C(q) = p(q) \cdot q - C(q) \tag{5.2}$$

Aus der Maximierung von (5.2) lässt sich ableiten, dass das Gewinnmaximum eines Monopolisten bei der Produktionsmenge erreicht ist, bei der die zusätzlichen Kosten einer weiteren Produktionsausdehnung, die Grenzkosten $C'(q) = \partial C/\partial q$, genau den bei einer Absatzausdehnung zusätzlich erzielbaren Erlösen, dem Grenzerlös $R'(q) = \partial R/\partial p$, entsprechen:

$$G' = 0 \longrightarrow R'(q) = C'(q) \tag{5.3}$$

Bei konstanten Grenzkosten und einer linear fallenden Grenzerlösfunktion erhält man, wie *Abbildung 5.2* verdeutlicht, graphisch das Gewinnmaximum des Monopolisten am Schnittpunkt M von Grenzkosten- und Grenzerlöskurve. Zu ihm korrespondiert der Punkt N, der so genannte *Cournot*-Punkt auf der Preis-Absatz-Funktion, der die gewinnmaximale Menge q_M und den gewinnmaximalen Preis p_M festlegt. Fallen die Grenzkosten der Produktion mit den durchschnittlichen Produktionskosten C/q zusammen, so erzielt der Monopolist beim Verkauf der Menge p_M einen Erlös in Höhe von $q_M \cdot p_M$, der dem Inhalt des Rechtecks $O q_M N p_M$ entspricht. Gleichzeitig entstehen Gesamtkosten der Produktion in Höhe von $(C/q_M) \cdot q_M = C$ die durch den Inhalt des Rechtecks $O q_M M p_K$ dargestellt werden. Damit fällt ein Monopolgewinn in Höhe von $q_M \cdot (p_M - p_K)$ an, der sich am Inhalt des Rechtecks $p_M p_K M N$ messen lässt.

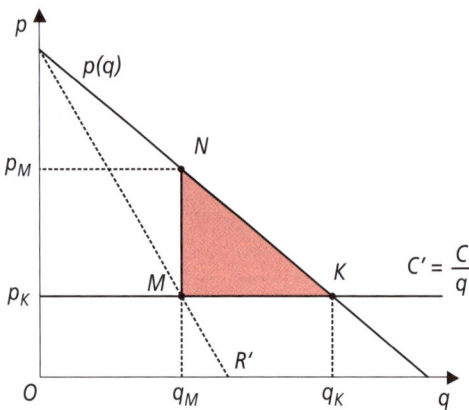

Abbildung 5.2: Vergleich von Monopol und Polypol

Das Marktgleichgewicht bei vollständiger Konkurrenz liegt am Punkt K, an dem die Angebotskurve C' die Nachfragekurve p(q) schneidet. Dagegen ergibt sich die Monopollösung am Schnittpunkt von Grenzkostenkurve C' und Grenzerlöskurve R' am Punkt M. Über den Cournot-Punkt N auf der Nachfragekurve ergibt sich der zugehörige Monopolpreis. Das Rechteck $p_M p_K$ MN misst den Monopolgewinn, das Dreieck NMK den durch das Monopol verursachten Wohlfahrtsverlust.

Im Vergleich zum Monopol stehen im *Polypol*, das auf einem vollkommenen Markt auch als Marktform der vollständigen Konkurrenz bezeichnet wird, vielen Nachfragern viele Anbieter gegenüber. Ein einzelner Anbieter kann daher durch die Variation seiner Absatzmenge keinen Einfluss auf die Höhe des Marktpreises nehmen. Für ihn ist die Höhe des Marktpreises ein Datum, an das er sich durch gewinnmaximale Wahl der Produktionsmenge anpasst. Wie in Abschnitt 3.1 gezeigt wurde, ist das Gewinnmaximum eines unter vollständiger Konkurrenz produzierenden Anbieters erreicht, wenn die Grenzkosten der Produktion mit dem vorgegebenen Marktpreis übereinstimmen. Liegen die Grenzkosten dabei über den Durchschnittskosten der Produktion, so entsteht ein Gewinn. Bei vollständiger Markttransparenz, unbeschränktem Marktzutritt und unendlich schneller Reaktionsgeschwindigkeit besteht damit für andere Anbieter, die mit der gleichen Produktionstechnik und mit den gleichen Kosten produzieren, ein Anreiz, in den Markt einzutreten. Das zusätzliche Angebot lässt den Marktpreis sinken, bis für alle Anbieter die Grenzkosten mit den durchschnittlichen Kosten der Produktion übereinstimmen. In dieser Situation besteht kein Gewinnanreiz für das Auftreten neuer Konkurrenten mehr.

Die Grenzkostenkurve C' lässt sich auch interpretieren als Summe der bei einer Vielzahl von Anbietern auftretenden Grenzkosten, die unter den Bedingungen der vollständigen Konkurrenz jeweils mit den Durchschnittskosten der Produktion C/q übereinstimmen. Unter dieser Annahme erhält man die auf dem Konkurrenzmarkt angebotene Menge q_K am Schnittpunkt K von Grenzkosten- und Preis-Absatz-Funktion beim Preis p_K. Im Vergleich zum Angebotsmonopol ist die unter vollständiger Konkurrenz am Markt abgesetzte Menge größer und der Marktpreis liegt niedriger. Der Inhalt des Dreiecks NMK in *Abbildung 5.2* stellt den Verlust an Konsumentenrente und damit den gesellschaftlichen *Wohlfahrtsverlust* durch das Monopol dar. Im Umfang des *Monopolgewinns*, der dem Inhalt des Rechtecks $p_M p_K MN$ entspricht, wird Konsumentenrente an den Monopolisten umverteilt. Die gesellschaftlich optimale Ausnutzung der gegebenen Ressourcen, die maximale Marktversorgung und die Verhinderung von Monopolgewinnen zeichnen somit in den statischen Ansätzen der Wettbewerbstheorie die Marktform der vollständigen Konkurrenz gegenüber der Marktform des Monopols aus.

5.1.2 Dynamische Wettbewerbstheorie

Allerdings ist das Idealbild der vollständigen Konkurrenz nur bedingt geeignet, um Wettbewerbsprozesse in der ökonomischen Realität zu beschreiben und zu bewerten. Die mikroökonomische Produktions- und Nachfragetheorie hat sich daher bemüht, die Annahmen und Ergebnisse des statischen Preisbildungsmodells zu modifizieren. Berücksichtigung fanden zum Beispiel Unteilbarkeiten in der Produktion und die daraus resultierenden betriebsgrößenabhängigen Kostenverläufe, Produktdifferenzierungen, die zur Inhomogenität der gehandelten Güter führen, oder Marktzutrittsbeschränkungen für potenzielle Anbieter.

Von verschiedener Seite wird die Verwendung statischer mikroökonomischer Modellansätze zur Analyse von Wettbewerbsphänomenen grundsätzlich in Frage gestellt. So betont die auf den Arbeiten von *Joseph A. Schumpeter* (1911; 1942) aufbauende *dynamische Theorie des Wettbewerbs* mit Nachdruck, dass im Zuge des Wettbewerbsprozesses die Marktbedingungen ständigen Änderungen unterliegen. Der permanente Kampf der Unternehmen um Marktanteile zwingt nach dieser Theorie immer wieder zur Einführung neuer Produkte und Produktionsverfahren. Als Folge eines solchen dynamischen

Joseph Schumpeter und die dynamischen Unternehmer

Joseph Alois Schumpeter (1883–1950) entstammte einer Familie mährischer Textilindustrieller. Nach dem Studium der Rechts- und Wirtschaftswissenschaften in Wien erhielt er 1911 eine Professor für Volkswirtschaftslehre an der Universität Graz. 1919 war er für kurze Zeit österreichischer Finanzminister. Später leitete er vorübergehend eine Wiener Privatbank. 1925 wurde er an die Universität Bonn berufen. 1932 wechselte er nach Harvard, wo er bis zu seinem Tode lehrte. Er unterstützte dort insbesondere den Ausbau der quantitativen Konjunkturforschung und wurde einer der Mitbegründer der Econometric Society. Seine Hauptwerke sind: *Theorie der wirtschaftlichen Entwicklung. Eine Untersuchung über Unternehmergewinn, Kapital, Kredit, Zins und den Konjunkturzyklus* (Berlin 1911); *Business Cylces. A Theoretical, Historical and Statistical Analysis of the Capitalist Process, Vol. I + II* (New York 1939); *Capitalism, Socialism and Democracy* (London 1942), *History of Economic Analysis* (New York 1954).

Schumpeter gilt als einer der einflussreichsten Ökonomen des 20. Jahrhunderts. Grund dafür ist das besondere Interesse, das er in seinen Arbeiten an der mittel- und langfristigen Dynamik marktwirtschaftlicher Systeme zeigte, also an der Konjunktur und Wachstumsanalyse. Triebkräfte dieser Dynamik sind *Innovationen*, mit deren Hilfe „dynamische Unternehmer" immer wieder neue Marktungleichgewichte herbeiführen. Solche Innovationen können beispielsweise in der Entwicklung neuer Güter oder der Durchsetzung neuer Produktionsverfahren bestehen, wodurch sich entweder die Marktnachfrage oder das Marktangebot verändert. Als Folge der Marktungleichgewichte entstehen für die dynamischen Unternehmer temporäre Monopolgewinne; die Anpassung an ein neues Marktgleichgewicht erfolgt durch das Auftreten von Innovatoren und die Diffusion der Innovation bei allen Mitwettbewerbern, bis schließlich keine Monopolgewinne mehr erzielbar sind. Durch eine Differenzierung zwischen *Basisinnovationen* und weniger tief greifenden Erfindungen versuchte *Schumpeter*, das Entstehen langer Wellen der wirtschaftlichen Entwicklung gegenüber dem Auftreten kurzfristiger Konjunkturschwankungen abzugrenzen. Eine wichtige Rolle für den Verlauf der Konjunktur spielt die Verfügbarkeit von *Bankkrediten*, die es den dynamischen Unternehmern ermöglichen, Investitionen für Innovationen zu tätigen. Im Spätwerk *Schumpeters* tritt an die Stelle der dynamischen Unternehmer die gezielte Suche nach Innovationen in den Forschungsabteilungen von Großunternehmen. Weil große Unternehmen mehr Mittel für Forschung bereitstellen können, sah *Schumpeter* gerade als Folge kontinuierlicher Innovationstätigkeit eine Tendenz zur Anbieterkonzentration und damit möglicherweise zur Entstehung von dauerhaften Monopolen. In seiner Theorie der Demokratie warnte er vor der erheblichen politischen Macht solcher Großunternehmen.

Wettbewerbs treten hohe Gewinne bei den *Pionierunternehmen* auf, die qualitative und technologische Innovationen durchführen. Diese Gewinne sind jedoch kein Indiz für eine Monopolstellung im Sinne der statischen Wettbewerbstheorie, sondern das notwendige Entgelt für das Risiko, das mit der Einführung neuer Produkte und Produktionsverfahren verbunden ist. Sofern der Marktzutritt nicht beschränkt ist, unterliegen solche Leistungsgewinne nach der Theorie des dynamischen Wettbewerbs allerdings auch der permanenten Erosion durch *Nachahmer*. Da Wettbewerb in dieser Sichtweise als eine dynamische Folge von nie abgeschlossenen Vorstoß- und Verfolgungsphasen verstanden wird, kann es einen Gleichgewichtszustand im Sinne der statischen Theorie nicht geben.

5.1.3 Evolutorische Wettbewerbstheorie

In ähnlicher Weise charakterisierte *Friedrich August von Hayek* (1968) den Wettbewerb vor allem als *Suchprozess* und *Entdeckungsverfahren*, bei dem die einzelnen Marktteilnehmer nur einen unvollständigen Überblick über die Präferenzen und Reaktionen

---

Friedrich August von Hayek und der Liberalismus

Friedrich August von Hayek (1899–1992), geboren in Wien, studierte Rechtswissenschaften, Volkswirtschaftslehre und Psychologie in Wien und promovierte in Rechtswissenschaften und Politischen Wissenschaften. Seit 1927 leitete er zusammen mit *Ludwig von Mises* das Österreichische Institut für Konjunkturforschung. 1931 erhielt er einen Ruf an die *London School of Economics*. 1950 wechselte er an die *University of Chicago*. 1962 nahm er eine Professur an der Universität Freiburg i. Br. an; seit 1969 lehrte er auch an der Universität Salzburg. Gemeinsam mit *Gunnar Myrdal* erhielt er 1974 den Nobelpreis für Wirtschaftswissenschaften. Als seine Hauptwerke gelten: *Prices and Production* (London 1935); *The Road to Serfdom* (London, 1944), deutsch: *Der Weg zur Knechtschaft; The Constitution of Liberty* (London, 1960), deutsch: *Die Verfassung der Freiheit; Der Wettbewerb als Entdeckungsverfahren* (Freiburg, 1968).

Von Hayek ist einer der wichtigsten Vertreter des modernen *Liberalismus*. Sein Lebensweg brachte es mit sich, dass er auf drei regionale Varianten der liberalen Ökonomie einen wichtigen Einfluss hatte: auf die Österreichische Schule, auf die Chicago School und auf die Freiburger Schule. Als Mitgründer der *Mont Pélerin Society* half er 1947 dabei, ein weltweites Netzwerk liberaler Ökonomen zu schaffen. *Von Hayeks* Werk ist stark von der Auseinandersetzung mit dem Sozialismus und der Planwirtschaft geprägt. Planwirtschaftliche Systeme unterliegen nach *von Hayek* einer „Anmaßung von Wissen". Da sie niemals den vollständigen Überblick über alle relevanten Marktdaten gewinnen können, wie er in den Marktpreisen enthalten ist, führen Ansätze staatlicher Planung zwangsläufig zur Fehlleitung von Gütern und Verschwendung von Ressourcen, die wiederum weitere staatliche Eingriffe nach sich ziehen. Letztlich ist damit der Weg in eine staatliche Despotie vorgezeichnet, welche die *individuellen Freiheitsrechte* unterdrückt. Staatliche garantierte Freiheitsrechte sichern dagegen das Funktionieren von Märkten, auf denen die Preise als umfassende Kommunikationsnetzwerke agieren. Sie steuern den evolutionären Prozess, der in einem *Such- und Entdeckungsverfahren* immer wieder neue Marktstrukturen entstehen lässt. Diese sind als „spontane Ordnungen" das Ergebnis menschlicher Aktionen, aber nicht menschlicher Pläne. Staatliche Eingriffe zur Beeinflussung der Marktstruktur lehnt *von Hayek* naturgemäß ab.

der anderen Marktpartner besitzen. Das Bestreben, neue Marktchancen zu erkunden und zu nutzen, und die Risiken einer Verdrängung durch Konkurrenten veranlassen die Unternehmen immer wieder dazu, neue Produktionsverfahren zu verwenden und neue Produkte anzubieten. In diesem evolutorischen Prozess weisen ständige Änderungen des Preissystems auf neue, ungenutzte Marktchancen hin. Die Wettbewerbsaktivitäten gehen mit Lernprozessen auf Anbieter- und Nachfragerseite einher, die das zukünftige Verhalten prägen. Auch diese *Theorie des evolutorischen Wettbewerbs* lässt sich nur schwer in das Schema der statischen mikroökonomischen Wettbewerbsmodelle integrieren.

5.2   Leitbilder der Wettbewerbspolitik

Zur Formulierung und Durchführung wettbewerbspolitischer Maßnahmen bedarf es der Klarheit über das angestrebte Ziel. Der Begriff Wettbewerb selbst bietet keine geeignete Zielformulierung. Die theoretische Wettbewerbspolitik hat daher verschiedene Leitbilder entwickelt, die eine *Operationalisierung der wettbewerbspolitischen Zielsetzungen* und eine *Festlegung der zieladäquaten Instrumente* ermöglichen sollen. Da diese Leitbilder auf unterschiedlichen Wettbewerbstheorien aufbauen, weisen sie in ihren Aussagen allerdings erhebliche Unterschiede auf.

5.2.1   Vollständige Konkurrenz

Aus der statischen neoklassischen Preistheorie lässt sich unmittelbar das wettbewerbspolitische Leitbild der *vollständigen Konkurrenz* ableiten. Es ist durch eine große Zahl von Marktteilnehmern auf der Angebots- und Nachfrageseite, weitgehende Markttransparenz für alle Wettbewerber und die Freiheit des Marktzutritts gekennzeichnet. Aufgabe der Wettbewerbspolitik wäre es demnach, durch geeignete Maßnahmen auf eine möglichst große Annäherung der tatsächlichen Marktverhältnisse an den Zustand der vollständigen Konkurrenz hinzuarbeiten, selbst wenn dieser niemals in Reinform erreicht werden kann. Das Leitbild der vollständigen Konkurrenz vernachlässigt damit die Erkenntnisse der Theorie des dynamischen Wettbewerbs, dass für die Durchsetzung qualitativer und technischer Neuerungen kurzfristige Monopolstellungen für Innovatoren unabdingbar sind. Ebenso lässt es außer Acht, dass in Großunternehmen Größenvorteile der Produktion genutzt werden können, denen eine weniger effiziente Nutzung von Produktionsfaktoren in kleineren Produktionseinheiten gegenübersteht.

5.2.2   Funktionsfähiger Wettbewerb

Die Unzufriedenheit mit der Ausrichtung der Wettbewerbspolitik am Konzept der vollständigen Konkurrenz, dessen theoretische Annahmen krass von der ökonomischen Realität abweichen, führte zur Herausbildung eines neuen wettbewerbspolitischen Leitbilds, für das sich im Anschluss an *John M. Clark* (1940) der Begriff des funktionsfähigen Wettbewerbs (*workable competition*) eingebürgert hat. Das Konzept des *funktionsfähigen Wettbewerbs* greift die Weiterentwicklungen in der neoklassischen Preistheorie und Erkenntnisse aus der Theorie des dynamischen Wettbewerbs auf. Es versucht, Kriterien dafür zu entwickeln, inwieweit auch Marktverhältnisse, die vom Idealbild der vollständigen Konkurrenz abweichen, wettbewerbspolitisch als zufriedenstellend angesehen werden können. Die Beurteilung realer Marktverhältnisse und Wettbewerbssituationen erfolgt dabei üblicherweise anhand des Struktur-Verhaltens-Ergebnis-Ansatzes (*structure-conduct-performance-approach*), der eine strikte Kausalbeziehung zwischen Marktverhalten und Marktergebnis postuliert.

- *Kriterien der Marktstruktur* erfassen dabei diejenigen Größen, die von den einzelnen Unternehmen kurzfristig nicht entscheidend beeinflusst werden können. Hierzu zählen insbesondere die Anzahl, die Größe und die Marktanteile der Marktteilnehmer, der Grad der Markttransparenz oder das Ausmaß bestehender Marktzutrittsbeschränkungen.

- Die *Kriterien des Marktverhaltens* erfassen die strategischen Variablen der am Wettbewerb beteiligten Unternehmen, also etwa Instrumente der Preis-, Produkt- und Mengenpolitik oder die Innovationsaktivität, wobei für die Wahl und die Dosierung dieser Instrumente eine wesentliche Beeinflussung durch die Marktstruktur unterstellt wird.

- Das *Marktergebnis* als Resultat des Marktverhaltens lässt sich schließlich durch Angaben über Preise, Kosten, Gewinne, Innovationstempo oder Marktversorgung messen.

Anhand der Kriterien für Marktstruktur und Marktergebnis sollen nach dem wettbewerbspolitischen Leitbild des funktionsfähigen Wettbewerbs empirische Tests im Einzelfall darüber entscheiden, inwieweit etwa die Unternehmensgewinne auf einem Markt als unangemessen hoch, die Marktversorgung als unzureichend oder das Innovationstempo als zu gering erscheint. Sofern aufgrund solcher Tests wesentliche Funktionen des Wettbewerbs als nicht erfüllt gelten, werden wettbewerbspolitische Markteingriffe als notwendig erachtet.

Eine Schwäche des Struktur-Verhaltens-Ergebnis-Ansatzes ist zweifellos die Vielzahl der Beurteilungskriterien und die fehlende Eindeutigkeit der durch die Wettbewerbs-

Abbildung 5.3: Kennzeichen des Struktur-Verhaltens-Ergebnis-Ansatzes

In der einfachsten Form impliziert der Ansatz einen direkten Einfluss der Marktstruktur auf das Marktverhalten, das sich wiederum unmittelbar auf das Marktergebnis auswirkt. Veränderungen des Marktergebnisses lassen sich folglich nur durch Eingriffe in die Marktstruktur erzielen.

politik anzustrebenden Marktverhältnisse. Angesichts der Dynamik aller Wettbewerbsprozesse lässt sich diese wohl auch nur schwer in Form einer einzigen verbindlichen Referenzsituation festlegen. Einen Versuch zur Konkretisierung des wettbewerbspolitischen Leitbilds unternahm *Erhard Kantzenbach* (1966) mit dem Konzept der *optimalen Wettbewerbsintensität*. Er sah als anzustrebendes Marktergebnis vor allem die Lenkung der Produktionsfaktoren in ihre produktivste Verwendung, eine rasche Durchsetzung von Produkt- und Verfahrensinnovationen und eine flexible Anpassung der Produktion an Änderungen der Marktdaten an. Als angemessene Marktstruktur zum Erreichen optimaler Wettbewerbsintensität und damit als Referenzsituation wettbewerbspolitischer Maßnahmen werden aus diesem Konzept „weite Oligopole" mit „mäßiger" Produktdifferenzierung und „mäßiger" Markttransparenz abgeleitet. Diese Formulierungen lassen allerdings einen breiten Spielraum für Interpretationen.

Die *grundsätzliche Kritik* am Leitbild des funktionsfähigen Wettbewerbs richtet sich einerseits gegen die unterstellte, strikt einseitige Kausalbeziehung zwischen Marktstruktur, Marktverhalten und Marktergebnis. So kann der Einsatz preispolitischer Instrumente, die eine Verdrängung von Konkurrenten zum Ziel haben, eine Prägung der Marktstruktur durch das Marktverhalten bedeuten. Die Abstimmung der Preispolitik von Konkurrenten angesichts hoher Gewinne eines Marktteilnehmers führt dagegen zu Rückwirkungen vom Marktergebnis auf das Marktverhalten. Zum anderen wird die Befürchtung geäußert, die fehlende Eindeutigkeit der Beurteilungskriterien für funktionsfähigen Wettbewerb könne zu einer Vielzahl wettbewerbspolitischer Eingriffe in den Marktprozess führen, die in ihrer Summe den dynamischen Wettbewerb entscheidend lähmen.

5.2.3   Wettbewerbsfreiheit

Als Gegenposition zum Konzept des funktionsfähigen Wettbewerbs, die vor allem eine übermäßige staatliche Einflussnahme auf den Wettbewerbsprozess vermeiden will, ist daher das wettbewerbspolitische *Leitbild der Wettbewerbsfreiheit* entwickelt worden. *Erich Hoppmann* (1968) sieht im Anschluss an die Theorie des evolutorischen Wettbewerbs wirtschaftliche Handlungsfreiheit, optimale Marktversorgung und die Dynamik des Wettbewerbs maßgeblich durch den Abbau aller Marktzutrittsbeschränkungen gewährleistet. Aufgabe der Wettbewerbspolitik ist neben der Festlegung allgemeiner Spielregeln für wettbewerbliches Verhalten daher die Beseitigung aller künstlichen Wettbewerbshemmnisse. Im Falle natürlicher Wettbewerbsbeschränkungen, die sich beispielsweise durch Kostenvorteile großindustrieller Produktion ergeben, wird eine staatliche Missbrauchsaufsicht gefordert, die wettbewerbsbeschränkende Praktiken zu verhindern hat.

Noch wesentlich stärker schränken neuerdings Vertreter der *Chicago School of Antitrust Analysis* den Bereich wettbewerbspolitischer Eingriffe zugunsten einer möglichst großen Wettbewerbsfreiheit ein. Kostenvorteile von Großunternehmen werden nicht mehr als potenzielle Marktzutrittsbeschränkungen für das Auftreten kleinerer Nachahmer interpretiert. Sie gelten vielmehr als Anzeichen für eine größere Effizienz der großbetrieblichen Produktion bei der Ausnutzung der vorhandenen Produktionsfaktoren. Ebenso erscheint die Beziehung zwischen großem Marktanteil und hohem Gewinn eines Unternehmens nicht mehr als Indiz für die Ausnutzung von vorhandenen Produktionsfaktoren. Ebenso erscheint die Beziehung zwischen großem Marktanteil und hohem Gewinn eines Unternehmens nicht mehr als Indiz für die Ausnutzung von

Marktmacht, sondern als Indikator für eine überlegene unternehmerische Leistung. Von Kritikern werden erhebliche Zweifel daran geäußert, ob eine so weit gefasste und unkontrollierte Wettbewerbsfreiheit längerfristig nicht gerade die Ausschaltung des Wettbewerbs durch Unternehmensabsprachen fördert und den Marktzutritt neuer Wettbewerber behindert.

5.3 Instrumente der Wettbewerbspolitik

Die wettbewerbspolitischen Instrumente, die zur Durchsetzung und Aufrechterhaltung von Wettbewerb Verwendung finden, lassen sich in sechs Gruppen aufteilen. Mit der *Schaffung wettbewerbspolitischer Spielregeln* wird der Rahmen abgesteckt, innerhalb dessen sich Wettbewerbsprozesse in einer Volkswirtschaft vollziehen. Zu dieser ersten Gruppe wettbewerbspolitischer Maßnahmen zählen etwa gesetzliche Vorschriften zur Verhinderung unlauteren und sittenwidrigen Verhaltens der Marktteilnehmer. Die zweite Gruppe bilden die *Instrumente zum Abbau nicht-willkürlicher Wettbewerbsbeschränkungen*. Sie umfassen Maßnahmen zur Erhöhung der Markttransparenz oder zur Förderung kleinerer und mittlerer Unternehmen. Sie versuchen damit Wettbewerbsverzerrungen auszugleichen, die nicht auf die bewusste Diskriminierung einzelner Marktteilnehmer durch andere Personen oder Institutionen zurückzuführen sind. Die dritte Gruppe von Maßnahmen, *wettbewerbspolitische Instrumente in Form willkürlicher Wettbewerbsbeschränkungen* des Staates, schaffen dagegen erst die Voraussetzungen für das Ausschalten oder die Behinderung von Konkurrenten. Aus Sicht der dynamischen Wettbewerbstheorie bietet sich insbesondere der gesetzliche Schutz neuer Produkte und Produktionsverfahren vor einer zu raschen Nachahmung durch Konkurrenten als ein Gebiet an, in dem eine Beschränkung des Wettbewerbs im Einklang mit den übergeordneten Zielen der Wettbewerbspolitik steht.

Kernpunkt jeder wettbewerbspolitischen Strategie sind zweifellos die drei Gruppen von Instrumenten, die den Abbau willkürlicher Beschränkungen des Wettbewerbs zum Ziel haben. Die *Instrumente der Kartellpolitik* suchen Absprachen von zwei oder mehr Unternehmen zu verhindern, bei denen durch Abstimmung eines oder mehrerer unternehmerischer Aktionsparameter eine Ausschaltung des Wettbewerbs erfolgt. Sie reichen vom generellen Kartellverbot bis zum Abbau von Marktzutrittsbeschränkungen, der das Auftreten neuer Konkurrenten erleichtern und damit die Durchführung von Kartellabsprachen erschweren soll.

Instrumente der Missbrauchsaufsicht haben zum Ziel, den Missbrauch einer marktbeherrschenden Stellung durch ein Unternehmen oder, sofern Kartellabsprachen zulässig sind, auch durch eine Gruppe von Unternehmen zu verhindern. Neben der Festlegung von Kriterien für den Tatbestand der Marktbeherrschung zählen hierzu insbesondere das Verbot der Preisdiskriminierung und des Lieferboykotts gegenüber einzelnen Abnehmern.

Mit den *Instrumenten der Zusammenschlusskontrolle* (Fusionskontrolle) soll schließlich verhindert werden, dass aus Unternehmenszusammenschlüssen durch Fusion, Kontrollverträge oder Kapitalbeteiligungen willkürliche Beschränkungen des Wettbewerbs entstehen. Neben indirekten Maßnahmen zur Verhinderung von Unternehmenszusammenschlüssen können wiederum Kriterien der Marktbeherrschung und Missbrauchstatbestände herangezogen werden.

5.4 Beispiel: Instrumente der Wettbewerbspolitik in Deutschland

In der praktischen Wettbewerbspolitik der Bundesrepublik Deutschland finden sich Beispiele für die Anwendung wettbewerbspolitischer Instrumente, die aus allen der sechs angesprochenen Bereiche stammen. Das bereits zu Beginn des 20. Jahrhunderts erlassene *Gesetz gegen unlauteren Wettbewerb* (UWG) legt Spielregeln für das wettbewerbliche Verhalten der Marktteilnehmer fest. In seiner heutigen Form soll es insbesondere sittenwidriges Verhalten der am Wettbewerb Beteiligten, Täuschung und Irreführung anderer Marktteilnehmer und vergleichende Werbung verhindern, die kritisierend auf Mitbewerber Bezug nimmt. Das inzwischen abgeschaffte *Rabattgesetz* sollte die Markttransparenz erhöhen, indem es die Höhe zulässiger Rabatte auf maximal 3 Prozent des Verkaufspreises festsetzte und damit dem Endverbraucher einen besseren Preisvergleich ermöglichte.

Das *Markenzeichengesetz* und das *Patentgesetz* zielen auf die Förderung von Produkt- und Verfahrensinnovationen ab, indem sie die Voraussetzungen für das Entstehen von Marktzutrittsbeschränkungen schaffen. Durch den Schutz von Markenzeichen vor Nachahmung und Missbrauch wird die qualitative Produktdifferenzierung begünstigt. Die Einräumung eines Verwertungsmonopols bei gewerblich nutzbaren Erfindungen für maximal 20 Jahre schützt die Innovationen eines Pionierunternehmers vor einer unverzüglichen Nachahmung durch Konkurrenten.

Kernstück der Wettbewerbspolitik in der Bundesrepublik Deutschland sind die Regelungen des *Gesetzes gegen Wettbewerbsbeschränkungen* (GWB), das nach einer fast zehnjährigen Vorbereitungszeit am 1. Januar 1958 in Kraft trat und inzwischen mehrmals novelliert wurde. Verschiedene Entwürfe, die der Verabschiedung des Gesetzes vorausgingen, waren stark durch das wettbewerbspolitische Leitbild der vollständigen Konkurrenz geprägt. Die Formulierung des Gesetzes trägt diesem Konzept allerdings nur noch in Ansätzen Rechnung. Bei der praktischen Anwendung setzte sich eine verstärkte Orientierung am Leitbild des funktionsfähigen Wettbewerbs durch. Sie beeinflusste auch maßgeblich die 2. Novellierung des GWB im Jahre 1973, mit der neue Regelungen für die Missbrauchsaufsicht bei marktbeherrschenden Unternehmen und die Fusionskontrolle geschaffen wurden.

§ 1 GWB spricht ein prinzipielles *Kartellverbot* aus: „Verträge, die Unternehmen oder Vereinigungen von Unternehmen zu einem gemeinsamen Zweck schließen, und Beschlüsse von Vereinigungen von Unternehmen sind unwirksam, soweit sie geeignet sind, die Erzeugung oder die Marktverhältnisse für den Verkehr mit Waren oder Gewerblichen Leistungen durch Beschränkung des Wettbewerbs zu beeinflussen." Da neben expliziten Kartellabsprachen auch das aufeinander abgestimmte Verhalten von Unternehmen zu einer dem Kartell vergleichbaren Wettbewerbsbeschränkung führen kann, ist das Kartellverbot in der 2. Novelle des GWB durch die Vorschrift des § 25 Absatz 1 ergänzt worden: „Ein aufeinander abgestimmtes Verhalten von Unternehmen oder Vereinigungen von Unternehmen … ist verboten."

Gegenüber den ursprünglichen Entwürfen waren die kartellpolitischen Regelungen des Gesetzes gegen Wettbewerbsbeschränkung im Zuge des Gesetzgebungsverfahrens allerdings in mehrfacher Hinsicht entschärft worden. So wurde das generelle Kartellverbot durchbrochen durch die in den §§ 2–8 GWB aufgeführten *Ausnahmetatbestän-*

de. Sie ließen die Bildung von Konditionenkartellen, Rabattkartellen, Strukturkrisen-kartellen, Rationalisierungskartellen, Export- und Importkartellen zu. Erst durch die Anpassungen des GWB an das Europäische Wettbewerbsrecht, die durch die 6. und 7. Novelle in den Jahren 1998 und 2005 erfolgten, sind die Ausnahmeregelungen und Freistellungstatbestände deutlich verringert worden. Gleichzeitig ist das bisherige An-melde- und Genehmigungssystem für Kartelle ersetzt worden durch ein *Legalausnah-mesystem*. Wettbewerbsbeschränkende Vereinbarungen gelten nunmehr automatisch als vom Kartellverbot freigestellt, wenn sie die Voraussetzungen freigestellter Vereinba-rungen gemäß § 2 GWB erfüllen. § 48 GWD sieht die Errichtung des *Bundeskartellamts* als oberster Kartellbehörde vor.

Wettbewerbspolitische Regelungen für die *Missbrauchsaufsicht* gegenüber markt-beherrschenden Unternehmen finden sich in § 22 GWB. Als marktbeherrschend im Sinne des GWB gilt danach ein Unternehmen, das gar keinem oder keinem wesentli-chen Wettbewerb ausgesetzt ist oder das im Verhältnis zu seinen Mitbewerbern eine überragende Marktstellung besitzt. Für deren Beurteilung sind außer dem Marktanteil auch die Finanzkraft, der Zugang zu Beschaffungs- und Absatzmärkten, Verflechtungen mit anderen Unternehmen und bestehende Marktzutrittsbeschränkungen zu berück-sichtigen. Eine *Marktbeherrschung* wird vermutet, wenn nur ein Unternehmen einen Marktanteil von mindestens einem Drittel besitzt (Monopolvermutung). Im Falle meh-rerer Unternehmen besteht die Vermutung der Marktbeherrschung, wenn drei oder weniger Unternehmen zusammen einen Marktanteil von 50 Prozent oder mehr bezie-hungsweise fünf oder weniger Unternehmen einen Marktanteil von zwei Dritteln oder mehr aufweisen. Nicht unerheblich für die Wettbewerbspolitik ist bei der Beurteilung solcher Marktanteile die Festlegung des relevanten Marktes, also die Frage, wie vielen tatsächlichen und potenziellen Wettbewerbern sich ein Anbieter oder Nachfrager ge-genübersieht. Die Abgrenzung des *relevanten Marktes* kann entweder nach den tech-nischen Eigenschaften der angebotenen Güter oder nach der Enge der Substitutions-beziehungen aus Sicht der Nachfrager erfolgen.

Bei einer den Wettbewerb schädigenden Ausnutzung der marktbeherrschenden Stel-lung kann das Bundeskartellamt das missbräuchliche Verhalten untersagen und ent-sprechende Verträge für unwirksam erklären. Der Missbrauchstatbestand selbst ist bei der 4. Novellierung des GWB im Jahre 1980 durch die Aufnahme eines Beispielkata-logs präzisiert worden. Ein Missbrauch liegt nach § 22 Absatz 4 GWB insbesondere dann vor, wenn marktbeherrschende Unternehmen die Wettbewerbsmöglichkeiten an-derer Unternehmen ohne sachlich gerechtfertigten Grund beeinträchtigen (*Behinde-rungsmissbrauch*) oder wenn sie auf einem Markt Entgelte fordern, die sich bei wirksa-mem Wettbewerb mit hoher Wahrscheinlichkeit nicht ergeben würden beziehungsweise die ungünstiger sind als die von ihnen auf vergleichbaren Märkten von gleichartigen Abnehmern geforderten Entgelte (*Ausbeutungsmissbrauch*). Die Regelungen zur Miss-brauchsaufsicht werden ergänzt durch das Verbot der *Preisdiskriminierung* durch markt-beherrschende Unternehmen in § 26 Absatz 2 GWB, das insbesondere Preiszugeständ-nisse als Folge von Nachfragemacht verhindern soll. § 18 GWB gibt der Kartellbehörde die Befugnis, Ausschließlichkeits- und Koppelungsverträge zwischen Unternehmen für nichtig zu erklären, sofern sie die Wettbewerbsfreiheit und den Marktzutritt für neue Unternehmen erheblich einschränken.

In der ursprünglichen Fassung des GWB blieben Regelungen über eine wettbewerbs-politische Kontrolle von Unternehmenszusammenschlüssen unberücksichtigt. Da somit die Möglichkeit zur Umgehung des Kartellverbots durch Fusion und Kapitalbeteiligungen bestand, die von den Unternehmen auch genutzt wurde, führte die 2. Novelle des GWB im Jahre 1973 Instrumente der *Zusammenschlusskontrolle* ein.

Ist zu erwarten, dass durch den Zusammenschluss eine marktbeherrschende Stellung entsteht oder verstärkt wird, so kann das Bundeskartellamt nach § 24 Absatz 2 GWB den Zusammenschluss untersagen, „es sei denn, die beteiligten Unternehmen weisen nach, dass durch den Zusammenschluss auch Verbesserungen der Wettbewerbsbedingungen entstehen und dass diese Verbesserungen die Nachteile der Marktbeherrschung überwiegen" (§ 24 Absatz 1 GWB). Die Befugnis der Kartellbehörde zur Verhinderung von Unternehmenszusammenschlüssen wird gleichfalls dadurch eingeschränkt, dass nach § 24 Absatz 3 GWB dem Bundesminister für Wirtschaft das Recht zur Genehmigung von Zusammenschlüssen zusteht, „wenn im Einzelfall die Wettbewerbsbeschränkung von gesamtwirtschaftlichen Vorteilen des Zusammenschlusses aufgewogen wird oder der Zusammenschluss durch ein überragendes Interesse der Allgemeinheit gerechtfertigt ist".

Eine *Entflechtung* von bereits genehmigten Unternehmenszusammenschlüssen oder von Großunternehmen, die sich wettbewerbsschädigend verhalten, sieht das Gesetz gegen Wettbewerbsbeschränkungen nicht vor. Allerdings verfügt § 24b GWB die Einsetzung einer aus fünf unabhängigen Wissenschaftlern bestehenden *Monopolkommission*, die regelmäßig über den Stand der Unternehmenskonzentration in der Bundesrepublik berichten und auf notwendige Gesetzesänderungen hinweisen soll. Die Monopolkommission hat in ihren Gutachten immer wieder auf die wettbewerbspolitische Problematik zunehmender Anbieterkonzentration aufmerksam gemacht. Sie hat verschiedentlich auch angeregt, Regelungen über eine nachträgliche Entflechtung von Unternehmenszusammenschlüssen in das GWB aufzunehmen.

Im internationalen Vergleich gilt die deutsche Wettbewerbsgesetzgebung als ausgesprochen wirkungsvoll. Sie wird allerdings nicht nur durch die inländische Wettbewerbspolitik, sondern auch durch die Öffnung der deutschen Märkte gegenüber der ausländischen Konkurrenz geprägt. Durch die rasche *Liberalisierung* des deutschen Außenhandels und die umfassende *Integration* der deutschen Wirtschaft in den europäischen Binnenmarkt stößt die nationale Wettbewerbspolitik inzwischen an klare Grenzen. An ihre Stelle treten Institutionen zur Regelung des Welthandels, wie die *Welthandelsorganisation* (World Trade Organization, WTO) oder die Europäische Wettbewerbspolitik.

Aufgaben

www.pearson-studium.de: Hier finden Sie die Lösungen zu den Übungsaufgaben dieses Kapitels, ein Glossar mit Erläuterungen zu den Schlüsselbegriffen sowie Links zu wirtschaftspolitisch relevanten Websites.

1. Modifikation des Struktur-Verhaltens-Ergebnis-Ansatzes

Die Annahme einer strikten Kausalität zwischen Marktstruktur, Marktverhalten und Marktergebnis wird immer wieder kritisiert. Diskutieren Sie, welche Rückwirkungen und Interdependenzen zwischen Struktur, Verhalten und Ergebnis möglich und realistisch sind. Welche Konsequenzen für die Wettbewerbspolitik ergeben sich aus einem modifizierten Struktur-Verhaltens-Ergebnis-Ansatz?

2. Patentgesetz

Diskutieren Sie die wettbewerbspolitischen Vor- und Nachteile eines Patentgesetzes aus Sicht unterschiedlicher Leitbilder der Wettbewerbspolitik.

3. Ministererlaubnis

Das deutsche GWB sieht vor, dass Fusionen, die durch das Bundeskartellamt untersagt wurden, dennoch durch den Bundeswirtschaftsminister genehmigt werden können, wenn es übergeordnete Interessen des Gemeinwohls gibt. Einige besonders spektakuläre Fusionen sind auf diese Weise in Deutschland erfolgt, häufig mit Verweis auf die (angeblich positiven) Beschäftigungseffekte bei den beteiligen Großunternehmen. Wie beurteilen Sie dieses Verfahren im Lichte unterschiedlicher wettbewerbspolitischer Leitbilder und angesichts möglicher Unterschiede zwischen ökonomischer und politischer Rationalität?

4. Zerschlagung marktbeherrschender Unternehmen

Das deutsche GWB sieht, im Unterschied zum US-amerikanischen Wettbewerbsrecht, bisher keine Zerschlagung marktbeherrschender Unternehmen vor. Diskutieren Sie die Vor- und Nachteile dieses wettbewerbsrechtlichen Instruments.

Literaturhinweise

Über die theoretischen Grundlagen der Wettbewerbspolitik informieren *Herdzina* (1999) und *Kerber* (2003). Einen umfassenden Überblick über die Wandlungen des Wettbewerbsrechts in Deutschland, mehreren anderen europäischen Ländern, in der EU und in den USA gibt *Schmidt* (2005). Die Entstehungsgeschichte des GWB schildern *Kartte/Holtschneider* (1981).

Zusammenfassende Darstellungen von Wettbewerbstheorie, Wettbewerbsrecht und Wettbewerbspolitik bieten die von *Cox u. a.* (1981) und *Neumann/Weigand* (2006) herausgegebenen Handbücher.

Über aktuelle Fragen der Wettbewerbspolitik und den Stand der Unternehmenskonzentration in Deutschland informieren regelmäßig das Bundeskartellamt (www.bundeskartellamt.de) und die Monopolkommission (www.monopolkommission.de).

TEIL III

Eingriffe in den Wirtschaftskreislauf: Anwendungen der Makroökonomik

Inflationsbekämpfung durch Geldpolitik

6

ÜBERBLICK

Lernziele

■ Im Wirtschaftskreislauf fließen gleichzeitig Güter- und Geldströme. Fehlentwicklung auf der Geldseite können erhebliche Rückwirkungen auf die realwirtschaftliche Entwicklung haben und schaffen damit einen wirtschaftspolitischen Handlungsbedarf.

■ Durch Inflation sinkt die reale Kaufkraft des Geldes. Darunter leidet die Effizienz der Tauschprozesse auf allen Märkten. Nach der Quantitätstheorie liegt die Ursache der Inflation in einer übermäßigen Expansion der Geldmenge.

■ Zur geldpolitischen Strategie zählt nicht nur die Entscheidung über das anzustrebende Endziel und die zur Verfügung stehenden geldpolitischen Instrumente. Angesichts der vielfältigen Transmissionsprozesse ist vor allem über ein operatives Ziel und ein Zwischenziel der Geldpolitik zu entscheiden. Bei den operativen Zielen konkurrieren die Geldbasis und der Geldmarktzins; bei den Zwischenzielen gilt das *Inflation Targeting* als eine denkbare Alternative zur Geldmengensteuerung.

■ Die wichtigsten geldpolitischen Instrumente fallen in drei Gruppen: die Mindestreservepolitik, die Offenmarktpolitik und die *Standing Facilities.*

■ Mit ihrer Zwei-Säulen-Strategie versucht die Europäische Zentralbank, Elemente des *Inflation Targeting* und der Geldmengensteuerung zu verbinden. Operatives Ziel der EZB ist mit dem EONIA ein Geldmarktzins, dessen Höhe vor allem durch Offenmarktgeschäfte beeinflusst wird.

6.1 Geld, Wirtschaftskreislauf und Stabilisierungspolitik

Im Zentrum der makroökonomischen Theorie steht das Konzept des *Wirtschaftskreislaufs*, durch den die unzähligen Märkte für einzelne ökonomische Güter miteinander verbunden sind. Dabei fließen nicht nur *Güterströme* zwischen den einzelnen Märkten und Marktteilnehmern, sondern ihnen stehen *Geld- und Finanzströme* gegenüber. Über den Wirtschaftskreislauf entstehen nicht nur Beziehungen zwischen den Märkten, sondern die Kreislaufbeziehungen können selbst Ursache für ökonomische Fehlentwicklungen sein, die wirtschaftspolitisches Handeln erforderlich machen. Die wichtigste Ursache für Kreislaufstörungen sind Fehlentwicklungen auf den Geld- und Finanzmärkten, die aufgrund der Kreislaufzusammenhänge unmittelbare Rückwirkungen auf die Gütermärkte (einschließlich der Arbeitsmärkte) haben. Über die staatliche Kontrolle der Geldversorgung, über die staatliche Regulierung der Finanzmärkte und über fiskalpolitischen Aktionen im Bereich der staatlichen Ausgaben-, Einnahmen- und Verschuldungspolitik sind die Zentralbanken und öffentlichen Haushalte die wichtigsten Träger der makroökonomischen Stabilisierungspolitik. Besonders deutlich werden die Kreislaufbeziehungen bei grenzüberschreitenden Transaktionen, die in der

Zahlungsbilanz erfasst werden. Einerseits werden ökonomische Güter importiert und exportiert, andererseits stehen den Güterströmen Finanzströme in Form von Devisen- und Kapitalflüssen gegenüber. Störungen des internationalen Finanzsystems können aufgrund dieser Verflechtung erhebliche Auswirkungen auf die internationalen Warenströme besitzen. Auch die Außenwirtschaft steht damit im Blickpunkt der Stabilisierungspolitik.

Der einfachste Wirtschaftskreislauf verbindet zwei Märkte durch reine Güterströme. Man spricht dann auch von *Naturaltausch*. Das Angebot auf dem einen Markt entspricht der Nachfrage auf dem anderen Markt und vice versa. In einem Kreislaufgleichgewicht muss die überschüssige Nachfrage auf einem Markt dem überschüssigen Angebot auf dem anderen Markt entsprechen. Die Abwicklung des Tauschs in einem Wirtschaftskreislauf kann nun aber durch die Verwendung von *Geld* erheblich gesteigert werden. Die Verwendung von Geld verspricht gegenüber dem reinen Naturaltausch deutliche Effizienzgewinne. Geld dient:

- als *Recheneinheit*, in der die Preise auf allen Gütern ausgedrückt und damit auch relativ einfach verglichen werden können,

- als *Tauschmittel*, das die Abwicklung aller Tauschprozesse gegenüber dem reinen Naturaltausch erheblich erleichtert und schließlich

- als *Wertaufbewahrungsmittel*, mit dem sich die Effizienz des intertemporalen Tauschs erhöht.

In einer *Geldwirtschaft* stehen den Güterströmen Geldströme in der jeweils anderen Richtung gegenüber. Das Ausmaß der Kreislauftransaktionen und damit das Ausmaß der tatsächlich realisierten Tauschgelegenheiten im Verhältnis zu den insgesamt vorhandenen Tauschmöglichkeiten wird somit nicht mehr nur bestimmt durch die relativen Güterpreise, sondern auch durch die Preisbildung auf Geld- und Finanzmärkten und die daraus resultierende Verfügbarkeit von finanziellen Mitteln für den Gütertausch.

Für die Analyse des Wirtschaftskreislaufs ist daher die genauere Analyse der Geld- und Finanzmärkte, der dort stattfindenden Preisbildung und möglicher Marktfehler von besonderer Bedeutung. Die relevanten Preise sind

- das *allgemeine Preisniveau*, ein Preisindex, mit dessen Hilfe sich der Realwert des Geldes in Gütereinheiten bestimmen lässt und dessen Veränderungsrate die *Inflationsrate* misst,

- der *Nominalzins* als Preis für die Überlassung finanzieller Mittel, aus dem sich unter Berücksichtigung der erwarteten Veränderung des Preisniveaus der *Realzins* als Preis für den Verzicht auf den Konsum realer Güter in der Gegenwart ermitteln lässt, und schließlich

- der *nominelle Wechselkurs* als Preis zweier nationaler Währungen, aus dem sich unter Berücksichtigung der nationalen Preisniveaus ein *realer Wechselkurs* als Tauschverhältnis zwischen den in zwei Ländern produzierten Gütern ableitet.

Auf Geld- und Finanzmärkten können alle Arten von *Marktfehlern* diagnostiziert werden. Das Problem *asymmetrischer Information* auf Kreditmärkten, das aus ungleicher Informationsverteilung über das Kreditrisiko entsteht und die Existenz des Marktgleichgewichts beeinträchtigen kann, wurde im Abschnitt 3.2 bereits erwähnt. Auch bei Bargeld kann es in hohem Maße ungleiche Informationen über die Qualität des verwendeten Geldmediums geben. Der Geldanbieter kennt sie grundsätzlich besser als der Geldnachfrager; er könnte sie sogar bewusst manipulieren, um den Geldnachfrager zu täuschen. Um den Problemen der adversen Selektion auszuweichen, sind daher gerade von den Geldanbietern umfangreiche Arten von Signaling entwickelt worden, die sich auf die Qualität des Bargelds beziehen. Dazu zählen die staatlichen Prägestempel für Münzen oder der Fälschungsschutz für staatliche emittierte Banknoten.

Instabilität entsteht an allen Finanzmärkten durch ihre hohe Abhängigkeit von Erwartungen über zukünftige Entwicklungen. Ein gutes Beispiel dafür sind die Devisenmärkte. Schon kleine Veränderungen bei erwarteten Determinanten von Devisenangebot und Devisennachfrage können erhebliche Schwankungen des gegenwärtigen Wechselkurses auslösen. Die Rückkehr zu einem gleichgewichtigen Wechselkurs kann sich unter Umständen über einen längeren Zeitraum hinziehen.

Positive Externalitäten verbinden alle Märkte für Finanzmittel in dem Sinne, dass wachsende Umsätze auf einem Markt in der Regel auch das Wachstum der anderen Märkte positiv beeinflussen. Andererseits können im Falle von Finanzkrisen Externalitäten auch in die entgegengesetzte Richtung wirken, wenn die Erwartung sinkender Preise auf einem Markt auch die Preisbildung auf anderen Märkten negativ beeinflusst. Die hohe Interdependenz der Märkte ist einer der wichtigsten Gründe für staatliche Regulierungen und Interventionen zur Marktstabilisierung.

In den meisten Ländern wird heute Geld von einer staatlichen Zentralbank angeboten. Dies ist unter anderem begründbar durch *Unteilbarkeiten* in der Bereitstellung von Geld. Die Zentralbanken besitzen damit ein natürliches Monopol, das aber durch ausländische Konkurrenz in Form von ausländischem Geld bestritten werden kann. Man beobachtet in der Tat solche Fälle von *Währungssubstitution*, wenn Notenbanken ihre Monopolmacht missbräuchlich ausnutzen. Inländische Konsumenten und Produzenten verwenden dann ausländisches Geld auch bei inländischen Transaktionen.

Der Missbrauch des staatlichen Monopols der Geldschaffung besteht in der übermäßigen Emission von Geld. Sie führt zu *Inflation* und beeinträchtigt dadurch die Grundstruktur der Kreislaufzusammenhänge. Sinkt der Realwert des Geldes, kann es zunächst zur Substitution der inflationären gegen eine wertstabile Währung kommen. Steht kein wertstabiles Geld zur Verfügung, wird bei steigenden Inflationsraten ab einem bestimmten Punkt die Verwendung von Geld beim Tausch nicht mehr effizient sein. Es droht dann der Rückfall in den reinen Naturaltausch beziehungsweise die Auswahl eines neuen allgemeinen Tauschmittels unter den verfügbaren realen Gütern. In bestimmten historischen Konstellationen kann es auf diese Weise zur Herausbildung von *Warengeld* kommen, zum Beispiel in Form der Zigarettenwährung.

6.2   Quantitätstheorie des Geldes

Inflationsbekämpfung setzt eine Theorie über die Ursachen des Preisniveauanstiegs voraus. Als einer der ersten sah *Jean Bodin*, der eine Erklärung für die in Europa während des 16. Jahrhunderts auftretenden Preiserhöhungen suchte, die Ursache der Inflation in einer Zunahme der umlaufenden Geldmenge. Diese bestand zur damaligen Zeit im Wesentlichen aus Edelmetallmünzen, deren Umlauf sich aufgrund von neuen Silberfunden in Mitteleuropa und Gold- und Silberimporten aus den südamerikanischen Kolonien drastisch erhöhte. Aus dem unterstellten Zusammenhang zwischen dem Volumen der umlaufenden Geldmenge und der Höhe des Preisniveaus leitete sich die wirtschaftspolitische Schlussfolgerung der klassischen Quantitätstheorie ab, das Entstehen von Inflation könne nur durch eine strikte Begrenzung des Geldmengenanstiegs verhindert werden.

Eine formalisierte Darstellung dieser Überlegungen erfolgte erst zu Beginn des 20. Jahrhunderts. Als wesentlich dafür erwiesen sich die bereits früher entwickelten Konzepte der *Umlaufgeschwindigkeit des Geldes* beziehungsweise des *Kassenhaltungskoeffizienten*. Die Umlaufgeschwindigkeit ging ein in die so genannte *Verkehrsgleichung*:

$$M \cdot v = P \cdot H \quad \text{mit } v = \frac{P \cdot H}{M} \tag{6.1}$$

Dabei stellt M die Geldmenge, H das reale Transaktionsvolumen (Handelsvolumen) und P das Preisniveau dar. Der Ausdruck v misst die Umlaufgeschwindigkeit des Geldes. Der Kehrwert der Umlaufgeschwindigkeit

$$k = \frac{M}{P \cdot H} \tag{6.2}$$

wird als Kassenhaltungskoeffizient bezeichnet.

Als rein tautologische Beziehung besagt die Verkehrsgleichung zunächst nur, dass die Summe aller Umsätze in einer Volkswirtschaft ($P \cdot H$) in einer Periode wertmäßig mit den zur Abwicklung dieser Umsätze durchgeführten Geldtransaktionen übereinstimmen muss. Letztere berechnen sich als Produkt der vorhandenen Geldmenge M mit dem durchschnittlichen Umschlag dieser Geldmenge im Tauschprozess. Je mehr Umsätze bei gegebener Geldmenge getätigt werden, desto häufiger muss das Geld den Besitzer wechseln, und desto höher ist folglich seine Umlaufgeschwindigkeit.

Die klassische Quantitätstheorie unterstellt weiterhin, dass die Höhe des realen Transaktionsvolumens alleine im güterwirtschaftlichen Bereich bestimmt wird und dass Geld lediglich als Recheneinheit und Tauschmittel, nicht aber als Wertaufbewahrungsmittel Verwendung findet. Bei gegebener Struktur der Tauschprozesse und festgelegten Zahlungssitten in einer Volkswirtschaft lässt sich auch die Umlaufgeschwindigkeit des Geldes als konstant annehmen. Sieht man schließlich die Geldmenge als die exogene und das Preisniveau als endogene Variable an, so wird aus der tautologischen Verkehrsgleichung eine empirisch widerlegbare Hypothese. Sie besagt, dass bei gegebenem Handelsvolumen und konstanter Umlaufgeschwindigkeit eine Erhöhung der Geldmenge zu einer Erhöhung des Preisniveaus führt.

In der Weiterentwicklung der Quantitätstheorie trat an die Stelle des realen Transaktionsvolumens H das reale Volkseinkommen Y. Während das Handelsvolumen sich als Summe aller Umsätze berechnet, stellt das Volkseinkommen die Summe aller Wertschöpfungen in einer Volkswirtschaft dar und fällt damit geringer aus als das Transaktionsvolumen. Da aber auch hinsichtlich des Sozialprodukts und des Volkseinkommens unterstellt wird, dass es im güterwirtschaftlichen Bereich ohne Einfluss von monetären Faktoren entsteht, bleibt die Kernaussage der klassischen Quantitätstheorie unverändert. Die Verkehrsgleichung erfährt lediglich folgende Umformung:

$$M \cdot v_E = P \cdot Y \quad \text{mit } v_E = \frac{PY}{M} \tag{6.3}$$

Milton Friedman und der Monetarismus

Milton Friedman (geb. 1912 in Brooklyn/New York) studierte Mathematik und Wirtschaftswissenschaften an der Rutgers University und an der University of Chicago, wo er 1933 den Master of Arts erwarb. Nach Tätigkeiten für verschiedene Bundesbehörden in Washington, D.C., promovierte er 1946 an der Columbia University in New York. Von 1946 bis 1976 war er Inhaber einer Professur an der University of Chicago. Er avancierte in dieser Zeit zu einem der Hauptvertreter der liberalen *Chicago-Schule* and des Monetarismus, einige seiner Schüler wurden als *Chicago Boys* bezeichnet. 1976 erhielt *Friedman* den Nobelpreis für Wirtschaftswissenschaften für seine Leistungen auf dem Gebiet der Konsumanalyse, Geldgeschichte und Geldtheorie. Seit 1977 arbeitet er an der Hoover Institution der Stanford University. In den 80er Jahren gestaltete er mit seiner Frau Rose zusammen eine populäre Fernsehserie mit dem Titel *Free to Choose*, die einem breiten Publikum die Vorteile einer liberalen Wirtschafts- und Gesellschaftsordnung zu vermitteln versuchte. Friedmans Hauptwerke sind: *A Theory of the Consumption Function* (Chicago, 1957); *A Monetary History of the United States* (zusammen mit *Anna Schwartz*, Princeton, N.J., 1963), *The Optimum Quantity of Money and other Essays* (London, 1969).

    Friedmans Arbeiten setzten sich sowohl theoretisch als auch wirtschaftspolitisch sehr kritisch mit den Arbeiten von *Keynes* und den stabilitätspolitischen Empfehlungen der Keynesianer auseinander. In seiner Konsumtheorie sieht der als entscheidende Determinante der Konsumnachfrage nicht das laufende, sondern das *permanente Einkommen*, das von den kurzfristigen Einkommensentwicklungen abstrahiert und daher sehr viel geringere konjunkturelle Schwankungen aufweist. *Friedman* übertrug diese Idee auf die Theorie der Geldnachfrage, die seiner Meinung ebenfalls viel stabiler war als von den Keynesianern behauptet. Angesicht einer stabilen Geldnachfrage entwickelte Friedman die Neo-Quantitätstheorie und plädierte für eine strikte Politik der Preisniveaustabilisierung mittels Steuerung der Geldmenge. Um die Zentralbank auf eine konstante jährliche Wachstumsrate der Geldmenge zu verpflichten, plädierte er einerseits für eine Regelbindung der Geldpolitik und andererseits dafür, externe Einflussfaktoren auf die Geldpolitik wie die Finanzierung von öffentlichen Haushaltsdefiziten oder Deviseninterventionen zur Verteidigung fester Wechselkurs abzuschaffen. Er wurde damit zu einem der großen Fürsprecher für den weltweiten Übergang zu *flexiblen Wechselkursen*, der 1973 dann tatsächlich stattfand. In der Analyse des Arbeitsmarkts entwickelte Friedman das Konzept der natürlichen Arbeitslosigkeit. Darunter versteht er die Arbeitslosigkeit, die langfristig nicht durch konjunkturelle Stabilisierungspolitik, sondern nur durch strukturelle Reformen verringert werden kann. *Friedmans* Forderung nach einer drastischen Verringerung des Staatseinflusses auf die Wirtschaft hatte großen Einfluss auf die Wirtschaftsreformen, die *Margret Thatcher* seit 1979 in Großbritannien betrieb.

An die Stelle der Umlaufgeschwindigkeit tritt nun die so genannte Einkommenskreislaufgeschwindigkeit des Geldes v_E. Sie gibt an, wie oft in einer Periode die vorhandene Geldmenge M im Durchschnitt als Nominaleinkommen $(P \cdot Y)$ umgeschlagen wird.

In der Zeit nach dem II. Weltkrieg erfuhr die klassische Quantitätstheorie eine bedeutsame Neuformulierung, die insbesondere auf den geldtheoretischen Arbeiten von *Milton Friedman* (1956) aufbaute. Die daraus abgeleiteten wirtschaftspolitischen Folgerungen sind als *Monetarismus* bekannt geworden. Ein entscheidender Unterschied der Neo-Quantitätstheorie zu den klassischen quantitätstheoretischen Vorstellungen liegt in einer genaueren theoretischen Fundierung der Umlaufgeschwindigkeit beziehungsweise Einkommenskreislaufgeschwindigkeit des Geldes. Dabei findet auch die Funktion des Geldes als Wertaufbewahrungsmittel Berücksichtigung.

Friedman unterstellt, dass die Wirtschaftssubjekte ihre Entscheidung über die geplante Kassenhaltung nicht an ihren laufenden Einkommen orientieren, sondern an ihrem permanenten Einkommen. Dieses lässt sich durch die Abzinsung des Vermögens, das ein Wirtschaftssubjekt über sein gesamtes Leben hin aufbaut, mit einem konstanten Zinssatz errechnen, wobei das Vermögen nicht nur Geld, sondern auch Wertpapiere, reale Güter und sogar das Humankapital umfasst. Bei der Entscheidung darüber, welcher Teil des permanenten Einkommens als Kasse gehalten werden soll, werden die Wirtschaftssubjekte auch die Opportunitätskosten der Kassenhaltung berücksichtigen, insbesondere die bei einer Wertpapieranlage erzielbaren Zinserträge. Die Umlaufgeschwindigkeit des Geldes ist somit in der Neo-Quantitätstheorie keine Konstante mehr, sondern eine Funktion verschiedener Variablen, zu denen etwa das Vermögen V und verschiedene Zinssätze r zählen. Formal kommt dieser Zusammenhang in der folgenden Quantitätsgleichung zum Ausdruck:

$$M \cdot v^* = P \cdot Y \quad \text{mit } v^* = v^*(V, r) \tag{6.4}$$

Allerdings sieht die Neo-Quantitätstheorie den funktionalen Zusammenhang zwischen der Umlaufgeschwindigkeit und ihren Determinanten als äußerst stabil an. Eine Änderung von v^* erscheint somit nur bei einer Änderung der wenigen exogenen Variablen möglich. Durch die unterstellte Abhängigkeit vom Vermögen beziehungsweise permanenten Einkommen wirken sich nach der Neo-Quantitätstheorie jährliche Schwankungen der Wirtschaftsaktivität nur geringfügig auf die Umlaufgeschwindigkeit aus. Zugleich suchte *Friedman* in umfangreichen empirischen Untersuchungen nachzuweisen, dass auch Änderungen der Zinssätze nur zu schwachen Reaktionen der Umlaufgeschwindigkeit führen. Insofern lässt sich auch aus der neu formulierten Quantitätstheorie die Empfehlung ableiten, dass zur Verhinderung von Inflation das Geldmengenwachstum möglichst wirksam gebremst werden muss.

Eine wichtige Modifikation erfährt diese Regel für den Fall einer wachsenden Wirtschaft. Formuliert man sie unter Verwendung von Wachstumsraten der einzelnen Größen, so folgt aus der Quantitätsgleichung (6.4) die so genannte *Potenzialformel*:

$$\Delta M / M + \Delta v^* / v^* = \Delta P / P + \Delta Y / Y \tag{6.5}$$

Betrachtet sei zunächst der Fall einer konstanten Umlaufgeschwindigkeit $(\Delta v^* / v^* = 0)$. Die Potenzialformel (6.5) besagt dann, dass in einer wachsenden Wirtschaft das Preisniveau stabil bleiben kann, also $\Delta P / P = 0$ wird, sofern die Geldmenge genauso stark wächst wie das reale Volkseinkommen ($\Delta M / M = \Delta Y / Y$). Ist dagegen $\Delta M / M > \Delta Y / Y$, so wird bei konstanter Umlaufgeschwindigkeit das Preisniveau ansteigen. Die wirtschaftspolitische Empfehlung des Monetarismus zur Verhinderung von Inflation bei Wirtschaftswachstum schreibt daher vor, dass die Geldmenge mit einer Rate auszudehnen ist, die in etwa der Wachstumsrate des realen Volkseinkommens entspricht. Würde sich im Zuge des Wirtschaftswachstums die Umlaufgeschwindigkeit erhöhen (oder der Kassenhaltungskoeffizient sinken), so müsste zur Verhinderung von Inflation die Geldmenge allerdings weniger stark ansteigen als das reale Volkseinkommen.

6.3   Geldpolitische Strategie und Zwischenziele der Geldpolitik

Zwischen dem *geldpolitischen Endziel* der Preisniveaustabilität und den *geldpolitischen Instrumenten* der Zentralbank besteht ein sehr komplexer Zusammenhang. Die Instrumente der Geldpolitik wirken über die Geld- und Kapitalmärkte auf das Verhalten der Wirtschaftssubjekte, deren ökonomische Entscheidungen sich letztlich auch in Veränderungen des Preisniveaus niederschlagen. Angesichts der komplizierten und teilweise höchst intransparenten *Transmissionszusammenhänge* bedienen sich Zentralbanken häufig einer mehrstufigen Strategie, wie sie in *Abbildung 6.1* dargestellt wird. Durch den Einsatz ihrer Instrumente beeinflussen sie aktiv ein operatives Ziel (*Operating Target*) am Geldmarkt. Über das *operative Ziel* versuchen sie, ein *geldpolitisches Zwischenziel* zu steuern, das einerseits in einem engen (theoretischen und empirischen) Zusammenhang mit dem Endziel der Inflationsbekämpfung steht, andererseits aber auch gute Indikatoreigenschaften über die Wirksamkeit des geldpolitischen Kurses besitzt. Zwischenziele dienen häufig als Frühindikatoren für geldpolitischen Handlungsbedarf oder als Wirkungsindikatoren für die Effizienz geldpolitischer Entscheidungen.

Nach quantitätstheoretischen Vorstellungen besteht ein enger Zusammenhang zwischen Inflationshöhe und Wachstum der Geldmenge, so dass die *Geldmenge* ein ideales Zwischenziel der Geldpolitik darstellt. In einer modernen Volkswirtschaft beruht die Geldversorgung nicht mehr auf der Ausgabe von Edelmetallmünzen, sondern im Wesentlichen auf Kreditschöpfung innerhalb eines mehrstufigen Bankensystems. Neben Münzen und Banknoten erfüllen verschiedene Arten von Bankguthaben die Funktionen von Geld. Damit lassen sich verschiedene Geldmengenkonzepte unterscheiden. Sie können in *Abbildung 6.2* aus einer vereinfachten Darstellung der Notenbankbilanz und der aggregierten Bilanzen von Geschäftsbanken und privaten Wirtschaftssubjekten abgeleitet werden.

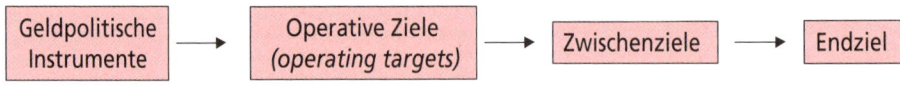

Abbildung 6.1 Elemente einer geldpolitischen Strategie

Angesichts komplexer geldpolitischer Transmissionsmechanismen ist der Zusammenhang zwischen den geldpolitischen Instrumenten und dem geldpolitischen Endziel der Preisniveaustabilität relativ komplex. Im Rahmen einer geldpolitischen Strategie sind daher zunächst sinnvolle Zwischenziele der Geldpolitik sowie realistische operative Ziele festzulegen.

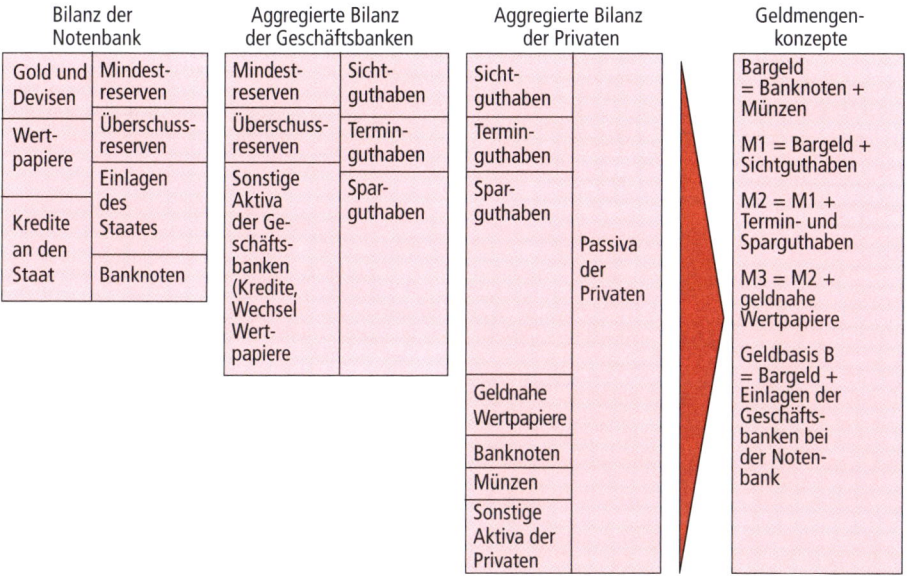

Abbildung 6.2: Geldmengenkonzepte

In einem zweistufigen Bankensystem entsteht Geld einerseits durch Geldschöpfung der Notenbank, andererseits durch Kreditschöpfung der Geschäftsbanken, die zu zusätzlichen Guthaben auf ihren Bilanzen führt. Die unterschiedlichen Geldmengenkonzepte umfassen Geld der Notenbank (insbesondere die Noten) und Geld der Geschäftsbanken (Bankguthaben). Die Berücksichtigung geldnaher Wertpapiere in der Definition von M3 macht aber auch deutlich, dass die Geldfunktionen von anderen Finanztiteln erfüllt werden können.

Die von der Zentralbank emittierten Banknoten bilden zusammen mit den umlaufenden Münzen, die oft von besonderen staatlichen Stellen ausgegeben werden, das *Bargeld*, das aber nur einen kleinen Teil der volkswirtschaftlichen Geldmenge ausmacht. Das Bargeld wird mit den von den Geschäftsbanken geschaffenen täglich fälligen Einlagen zur Geldmenge *M1* zusammengefasst. Die Summe von *M1* und den ebenfalls von den Geschäftsbanken geschaffenen Termin- und Sparguthaben mit einer vereinbarten Kündigungsfrist von bis zu 3 Monaten beziehungsweise einer vereinbarten Laufzeit bis 2 Jahren bezeichnet man als Geldmenge *M2*. *M2* erweitert um Repogeschäfte, Schuldverschreibungen der Geschäftsbanken mit einer Laufzeit bis zu 2 Jahren sowie Anteile an Geldmarktfonds und Geldmarktpapiere bilden schließlich zusammen die Geldmenge *M3*. Sie stellt das umfassendste volkswirtschaftliche Geldmengenaggregat dar. Die Unterscheidung zwischen den drei Geldmengenkonzepten reflektiert Unterschiede im Liquiditätsgrad ihrer einzelnen Bestandteile. Vollkommen liquide Einlagen der Privaten bei Kreditinstituten und damit vollständige Substitute zu Bargeld sind lediglich die täglich fälligen Sichtguthaben, dagegen stellen Termin- und Sparguthaben oder Anteile an Geldmarktfonds Geldformen mit deutlich geringerer Liquidität dar.

Während die bisher dargestellten Geldmengenkonzepte an der Aktivseite der aggregierten Bilanz der privaten Wirtschaftssubjekte ansetzen, orientiert sich das Konzept der *Geldbasis* an der Passivseite der Notenbankbilanz. Die monetäre Basis oder Geldbasis einer Volkswirtschaft wird als die Summe des Bargeldumlaufs, also der Banknoten und Münzen und der Sichteinlagen der Kreditinstitute bei der Notenbank bezeichnet, die sich wiederum aus Mindestreserven und Überschussreserven der Geschäftsbanken zusammensetzen. Die Einlagen der Kreditinstitute bei der Zentralbank stehen dabei in enger Verbindung zu den von ihnen geschaffenen oder noch zu schaffenden Guthaben ihrer Kunden.

Die Entscheidung, an welchem Geldmengenkonzept eine Zentralbank ihre geldpolitischen Maßnahmen orientieren soll, wird von verschiedenen Faktoren beeinflusst. Aus goldpolitischer Sicht wünschenswert erscheint die Steuerung eines möglichst umfassend definierten Geldmengenaggregats wie beispielsweise *M3*. Allerdings sind bei einem weit gefassten Geldmengenkonzept, dessen Höhe und Zusammensetzung durch die Interaktionen von Geschäftsbanken und Privaten endogen festgelegt wird, die direkten Steuerungsmöglichkeiten der Notenbank geringer als etwa beim Konzept der Geldbasis. Für die Praxis der Geldmengensteuerung empfiehlt sich daher die Suche nach einem Geldmengenkonzept, das einerseits möglichst gut durch das geldpolitische Instrumentarium der Notenbank kontrolliert werden kann, andererseits aber auch möglichst gut geeignet ist, das geldpolitische Ziel der Inflationsbekämpfung und

Robert Lucas und die rationalen Erwartungen

Robert Emerson Lucas, Jr. (geb. 1937 in Yakima, Washington) studierte Geschichte und Wirtschaftswissenschaften an der University of Chicago, wo er 1964 promovierte. Er lehrte bis 1975 an der Carnegie Mellon University in Pittsburgh, bevor er einen Ruf zurück nach Chicago annahm. 1995 erhielt er den Nobelpreis für Wirtschaftswissenschaften für seine Arbeiten im Bereich der Makroökonomik. Hauptwerke: „Expectations and the Neutrality of Money" (*Journal of Economic Theory*, 1972); „Econometric Policy Evaluation: A Critique" (*Carnegie-Rochester Conference Series on Public Policy*, 1976); „On the Mechanics of Economic Development" (*American Economic Review*, 1988).

Die von *Robert Lucas* und anderen betriebene Neuformulierung der makroökonomischen Theorie basiert auf einer strikten mikroökonomischen Fundierung. Die Kreislaufströme werden damit als Ergebnis der Handlungen rational agierender Individuen aufgefasst. Die Individuen handeln auch bei der Verarbeitung von Informationen rational und machen sich ihr Wissen über die ökonomischen Zusammenhänge zunutze. Damit verlor aber die keynesianisch geprägte Stabilisierungspolitik ihre traditionelle Handlungsmacht, die darauf beruhte, dass sich die Erwartungen erst langsam an neue Politikparameter anpassten. Die *Lucas*-Kritik engte die Möglichkeiten wirtschaftspolitischer Steuerung weiter ein, weil sie bezweifelte, dass empirisch für die Vergangenheit hergeleitete Zusammenhänge, wie etwa die *Phillips*-Kurve, als stabile Grundlage für eine staatliche Konjunktursteuerung herangezogen werden können. Angesicht der Machtlosigkeit der Nachfragepolitik zur Steuerung der gesamtwirtschaftlichen Entwicklung wandte sich *Lucas* konsequent der Angebotspolitik und der Wachstumsförderung zu und wurde zu einem der Begründer der *Neuen Wachstumstheorie*. Bei der Suche nach den Mechanismen der wirtschaftlichen Entwicklung plädierte er dafür, die Humankapitalbildung wegen ihrer hohen positiven Externalitäten besonders zu fördern.

-vermeidung zu erreichen. Aufgrund unterschiedlicher Ausgestaltung der geldpolitischen Instrumentarien und der Finanzbeziehungen zwischen Notenbank, Geschäftsbanken und Privaten kann es nicht erstaunen, dass Notenbanken immer wieder unterschiedliche Geldmengenaggregate als Zwischenziele gewählt haben.

Wie oben gezeigt, basiert der quantitätstheoretische Ansatz allerdings auf der Annahme einer stabilen Geldnachfrage beziehungsweise auf einer guten Prognose für die Entwicklung der Umlaufgeschwindigkeit des Geldes. Bei Unsicherheit über die Stabilität der Geldnachfrage macht es dagegen wenig Sinn, dass die Zentralbank die Geldmenge als Zwischenziel der Geldpolitik verfolgt. Als Alternative ist für diese Situation das Konzept des *Inflation Targeting* entwickelt worden. Dabei richtet die Zentralbank ihre Geldpolitik unmittelbar am Erreichen eines quantifizierten Inflationsziels aus. Als Zwischenziel kann die Beeinflussung der *Inflationserwartungen* der privaten Wirtschaftssubjekte dienen, von denen die letztlich realisierte Inflationsrate abhängt. Anhand von Indikatoren, in denen sich die Inflationserwartung niederschlägt, kann die Zentralbank Auskunft über die zukünftigen Inflationsentwicklungen und über die Wirksamkeit geldpolitischer Maßnahmen erhalten.

6.4   Operative Ziele und Instrumente der Geldpolitik

Der *Geldmarkt im engeren Sinn* ist das Operationsfeld der Geldpolitik. Dort handeln die Zentralbank und die Geschäftsbanken oder die Geschäftsbanken untereinander mit Zentralbankgeld. Auf dem *Geldmarkt im weiteren Sinne* handeln dagegen die Geschäftsbanken untereinander mit Giralgeld. Aufgrund der bilanztechnischen und ökonomischen Zusammenhänge zwischen den beiden Segmenten des Geldmarkts wirken sich Veränderungen am Markt für Zentralbankgeld auch auf den Markt für Bankengeld aus. Dies gilt insbesondere für die Zinssätze, die sich auf beiden Teilmärkten bilden. Indem die Zentralbank den Zins für Zentralbankgeld beeinflusst, kann sie Einfluss auf den Zins für Bankengeld und damit auf das Ausmaß der Giralgeldschöpfung im Geschäftsbankensektor nehmen.

In einem einfachen Modell des Geldmarktes im engeren Sinn, wie es in *Abbildung 6.3* dargestellt ist, kann man sich ein Angebot und eine Nachfrage des Zentralbankgeldes beziehungsweise der Geldbasis B vorstellen, die beide vom Geldmarktzins r_G abhängen. Das Angebot B^S stammt von der Zentralbank, während die Nachfrage B^D von den Geschäftsbanken kommt. Da die Zentralbank nur auf das Angebot an Zentralbankgeld Einfluss nehmen kann, kann sie am Geldmarkt auch nur entweder den Zins oder die Geldbasis steuern. Beides sind denkbare operative Ziele (*Operating Targets*) der Zentralbank. Als Teil ihrer geldpolitischen Strategie muss die Zentralbank über die Wahl ihres operativen Ziels entscheiden.

Für eine Steuerung der Geldbasis durch die Zentralbank würde der relativ enge Zusammenhang zwischen Geldbasis und Geldmenge sprechen, wie er durch die mechanistische Theorie des Geldschöpfungsmultiplikators nahe gelegt wird. Eine strikte *Geldbasissteuerung* müsste auf geldpolitischen Instrumenten basieren, mit denen das Angebot an Zentralbankgeld relativ zinsunelastisch bereitgestellt werden könnte, also zum Beispiel durch strikte Mindestreserveregelungen. Der Nachteil der strikten Geldbasissteuerung liegt ohne Zweifel in der relativ starken *Volatilität der Zinssätze* am Geldmarkt, die durch Schwankungen in der Nachfrage nach Zentralbankgeld ausgelöst wird.

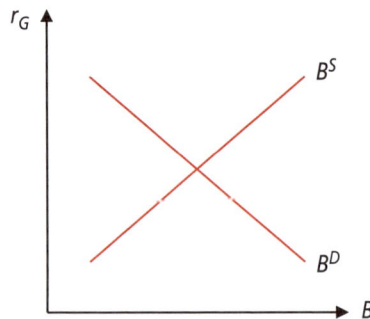

Abbildung 6.3: Operative Ziele auf dem Geldmarkt im engeren Sinn

Angebot und Nachfrage der Geldbasis B hängen vom Geldmarktzins r_G ab. Sowohl die Geldbasis als auch der Geld-marktzins könnten damit als operatives Ziel dienen, auf dessen Höhe die Geldpolitik unmittelbaren Einfluss nimmt. Bei Unsicherheit über die Lage der Angebots- und Nachfragekurven ist damit dann aber die jeweils andere Größe stärkeren Fluktuationen ausgesetzt.

Die Zinsvolatilität zieht wiederum eine hohe Unsicherheit für die Kalkulationen der Geschäftsbanken nach sich. Aus diesem Grund ziehen Zentralbanken es in der Regel vor, den Geldmarktzins als operatives Ziel zu steuern und dabei eine gewisse Variabilität der Geldmenge in Kauf zu nehmen.

Die *Geldmarktzinssteuerung* ist prinzipiell nicht auf eine hohe Stabilität der Nachfrage nach Zentralbankgeld angewiesen. Soll ein Punktziel für den Geldmarktzins erreicht oder gehalten werden, muss die Zentralbank lediglich Instrumente bereitstellen, die Zentralbankgeld zu diesem Zins unendlich elastisch verfügbar machen. Soll dagegen, um der Variabilität von Geldangebot und Geldnachfrage in gewissem Umfang Rechnung zu tragen, ein *Zinsband* gesteuert werden, bedarf es differenzierter geldpolitischer Instrumente. Sie müssen einerseits für die Bereitstellung von Spitzenliquidität zum höchstmöglichen Zinssatz sorgen und zum anderen Anlagemöglichkeiten für überschüssige Liquidität der Geschäftsbanken zum niedrigsten Zinssatz bereitstellen.

Die geldpolitischen Instrumente, mit denen Zentralbanken ihre operativen Ziele erreichen, verteilen sich auf drei Gruppen:

- ■ *Mindestreserveregelungen*: Zwangsweise Verpflichtungen der Geschäftsbanken zum Halten bestimmter Einlagen bei der Zentralbank.

- ■ *Standing Facilities*: Geschäfte, die von Geschäftsbanken jederzeit auf eigene Initiative mit der Zentralbank getätigt werden können.

- ■ *Offenmarktgeschäfte*: Geschäfte, die von der Zentralbank initiiert werden.

Die Vorschrift zum Halten einer *Mindestreserve*, die sich durch die Multiplikation der reservepflichtigen Bilanzpositionen der Geschäftsbanken mit einem Reservesatz ergibt, schafft stetige Guthaben der Kreditinstitute bei der Zentralbank. Verzerrungen, die sich aus dem Zwangscharakter der Mindestreserve ergeben, lassen sich durch eine marktgerechte Verzinsung der Guthaben korrigieren. Die Mindestreserve bindet die Geschäftsbanken an die Zentralbankpolitik. Muss die Mindestreservepflicht nicht täglich, sondern nur im Monatsdurchschnitt erfüllt werden, wirkt sie in der Regel auch stabilisierend auf die Höhe des Geldmarktzinses, da sie die Entwicklung eines Interbankenmarkts für Zentralbankgeld begünstigt.

Die *Standing Facilities* legen Ober- und Untergrenze des Zinsbandes am Geldmarkt fest. Die *Spitzenrefinanzierungsfazilität* dient zur Überbrückung kurzfristiger Liquiditätsengpässe der Geschäftsbanken „über Nacht" zu einem relativ hohen Zinssatz. Die *Einlagefazilität* ermöglicht es dagegen den Geschäftsbanken, überschüssige Liquidität zu einem relativ niedrigen Zinssatz bei der Zentralbank anzulegen. Wesentlich ist bei beiden Fazilitäten der prinzipiell unbegrenzte Umfang der Inanspruchnahme, der allerdings durch die Zinskonditionen ökonomisch gelenkt wird, sowie das Initiativrecht der Geschäftsbanken bei der Inanspruchnahme.

Innerhalb des Zinsbandes, das durch die *Standing Facilities* definiert wird, steuert die Zentralbank durch Instrumente der *Offenmarktpolitik* den Geldmarktzins. Die zentralen Refinanzierungsinstrumente dienen der regelmäßigen Bereitstellung von Zentralbankgeld für die Geschäftsbanken zu einem marktgängigen Zinssatz. In der Regel werden sie als befristete Transaktionen durchgeführt, bei denen die Zentralbank gemäß einer Rückkaufsvereinbarung Vermögenswerte kauft oder verkauft oder befristete Pfandkredite gewährt beziehungsweise Einlagen entgegennimmt. Die Frist der Geschäfte liegt zwischen einer Woche und mehreren Monaten.

Offenmarktgeschäfte werden häufig in der Form von offenen Ausschreibungen als so genannte *Tender* durchgeführt. Denkbar sind prinzipiell aber auch direkte Geschäfte zwischen der Zentralbank und einzelnen Geschäftsbanken. Beim Tenderverfahren unterscheidet man zwischen Zins- und Mengentender. Beim *Mengentender* setzt die Zentralbank den Zinssatz fest, zu dem sie den Geschäftsbanken Liquidität anbietet. Ist das Bieteraufkommen größer als der angestrebte Zuteilungsbetrag, erfolgt eine Repartierung des Gesamtbetrags, indem die Gebote anteilig bedient werden. Beim *Zinstender* müssen die Geschäftsbanken dagegen eigene Zinsgebote für die bereitgestellte Liquidität vorlegen. Die endgültige Zuteilung kann dann entweder zu einem einheitlichen Zinssatz (*holländisches Verfahren*) oder nach den individuell gebotenen Zinssätzen (*amerikanisches Verfahren*) erfolgen. Naturgemäß bietet der Zinstender mehr Raum für die Variabilität der Zinssätze.

Außerhalb der unmittelbaren Einflussnahme auf die operativen Ziele der Geldpolitik stehen zwei weitere denkbare geldpolitische Instrumente:

- *Devisenmarktinterventionen:* Ankauf und Verkauf von Devisen.

- *Transaktionen mit öffentlichen Haushalten:* Kreditgewährung an den Staat und Entgegennahme von Einlagen öffentlicher Haushalte.

Zentralbanken verwalten in der Regel die offiziellen *Devisenreserven*. Devisenmarkttransaktionen dienen der Stabilisierung von Wechselkursen oder folgen aus speziellen Zielen der Zahlungsbilanzpolitik. Der Ankauf von Devisen durch die Zentralbank führt zur Entstehung von Zentralbankgeld und damit tendenziell zum Anwachsen der Geldmenge, während der Verkauf von Devisen tendenziell die Geldmenge verringert. In einem internationalen System fester Wechselkurse, in dem die Zentralbank den vereinbarten Wechselkurs unter allen Umständen verteidigen muss, verliert sie ihre geldpolitische Autonomie, da die Ausweitung der Geldmenge letztlich durch außenwirtschaftliche Faktoren bestimmt wird.

Problematisch für die geldpolitische Autonomie einer Zentralbank sind auch Verpflichtungen gegenüber öffentlichen Haushalten. Zentralbanken sind in der Regel *Haus-*

banken öffentlicher Haushalte für die Abwicklung des Zahlungsverkehrs. Die Stilllegung öffentlicher Haushaltsüberschüsse auf Konten der Zentralbank könnte im Prinzip ein interessantes konjunkturpolitisches Instrument zur Dämpfung der gesamtwirtschaftlichen Nachfrage sein. Allerdings weisen die meisten öffentlichen Haushalte heute keine Überschüsse auf, sondern vielmehr Defizite. Gäbe es nun allerdings eine Verpflichtung der Zentralbank zur unbegrenzten Deckung staatlicher Haushaltsdefizite, würden im Gegenzug unbegrenzt hohe Einlagen an Zentralbankgeld entstehen, die wiederum Grundlage für Geldschöpfung und damit letztlich ein Inflationspotenzial darstellten.

Außenwirtschaftliche und haushaltspolitische Zwänge können somit für die erfolgreiche Inflationsbekämpfung durch Geldpolitik Hemmnisse darstellen. Aus diesem Grund versuchen moderne Notenbankverfassungen die Geldschöpfung von den Devisenmärkten und der staatlichen Finanzlage möglichst zu trennen. Die Verpflichtung der Zentralbank zur Finanzierung staatlicher Haushaltsdefizite wird entweder strikt begrenzt oder ganz untersagt. Die Pflicht zur dauerhaften Verteidigung eines festen Wechselkurses durch Devisenmarktinterventionen wird in der Regel nur dann festgelegt, wenn auf diese Weise eine Unterstützung für die Politik der Inflationsbekämpfung erwartet werden kann. Dies ist der Fall bei den so genannten *Currency Boards*, bei denen die inländische Geldschöpfung explizit nur auf der Grundlage von Zuflüssen wertstabiler Auslandswährungen stattfindet. Damit sollen Inflationserwartungen im Inland besonders nachhaltig gedämpft werden.

6.5 Beispiel: Die Geldpolitik im Euro-Raum

Seit dem 1.1.1999 haben mehr als zehn Mitgliedsländer der EU den Euro verbindlich als gemeinsame Währung eingeführt. Für die geldpolitische Steuerung der neuen Währung verantwortlich ist das Europäische System der Zentralbanken, das aus den nationalen Notenbanken und der Europäischen Zentralbank (EZB) besteht. Seit dem 1.1.2002 ist der Euro auch als Bargeld an die Stelle der alten nationalen Währungen getreten.

Endziel der Geldpolitik im Euro-Raum ist uneingeschränkt die Preisniveaustabilität. Sie wird gemessen anhand des Anstiegs eines speziellen Preisindex, des *Harmonisierten Verbraucherpreisindex* (HVPI). Bei der Wahl des geldpolitischen Zwischenziels konnte sich die EZB bislang noch nicht klar für ein bestimmtes der theoretisch diskutierten Konzepte entscheiden. Aufgrund der noch großen Unsicherheiten über die Stabilität der Geldnachfrage im Euro-Raum, über den genauen Ablauf der geldpolitischen Transmissionsmechanismen auf den europäischen Geld- und Kreditmärkten und der daher auch schlecht prognostizierbaren Wirkungsverzögerungen hat sie sich für eine besondere *Zwei-Säulen-Strategie* entschieden. Die erste Säule besteht in einem Referenzwert für das Wachstum des Geldmengenaggregats *M3*, während unter der zweiten Säule die Beurteilung eines breiten Bündels möglicher Inflationsindikatoren durch die EZB verstanden wird. Die Zwei-Säulen-Strategie lässt sich daher als eine Kombination von Geldmengensteuerung und *Inflation Targeting* interpretieren. Allerdings gibt es immer wieder Ansätze, den Nutzen der Zwei-Säulen-Strategie zu überprüfen und gegebenenfalls zu einem eindeutigen Zwischenziel überzugehen.

Bei der Ableitung des Referenzwerts für das Wachstum von *M3* orientiert sich die EZB an der quantitätstheoretischen Potenzialformel. Der Zielwert für das Wachstum von *M3*, der bei 4,5 Prozent pro Jahr liegt, ergibt sich aus der Annahme einer maximalen Inflation von 2 Prozent, einem durchschnittlichen Wachstum des realen Sozialprodukts im Euro-Raum von etwa 2 Prozent und einem trendmäßigen Absinken der Umlaufgeschwindigkeit von etwa 0,5 Prozent pro Jahr. Die EZB sieht den Zielwert als einen *Referenzwert* an, dessen Über- oder Unterschreiten keine unmittelbaren Auswirkungen auf den geldpolitischen Kurs hat. Vielmehr müssen zuerst die Ursachen für das Abweichen vom Zielwert der ersten Säule und die Entwicklung der zweiten Säule analysiert werden, bevor konkrete geldpolitische Maßnahmen eingeleitet werden. Zu den Indikatoren, die im Rahmen der zweiten Säule intensiv untersucht werden, gehören bevorzugt solche Größen, die gute Vorlaufeigenschaften hinsichtlich der zukünftigen Preisniveauentwicklung aufweisen. Hierzu zählen zum Beispiel die Kapazitätsauslastung, die Lohnstückkosten oder die Zinsstruktur, unter Umständen aber auch der Wechselkurs oder die Preise importierter Rohstoffe.

Operatives Ziel der EZB-Politik ist nicht die Geldbasis, sondern der *Tagesgeldsatz* am Geldmarkt im engeren Sinn. Dabei handelt es sich konkret um den durchschnittlichen Tagesgeldsatz im Interbankenhandel des Euro-Gebiets (*Euro Overnight Index Average*, EONIA). Beeinflusst wird der EONIA durch die unterschiedlichen geldpolitischen Instrumente der EZB. Für Einlagen und Schuldverschreibungen der Geschäftsbanken mit einer Laufzeit beziehungsweise Kündigungsfrist bis zu 2 Jahren erhebt die EZB zur Zeit einen *Mindestreservesatz* von 2 Prozent, der für jede Geschäftsbank zu einem Mindestreservesoll führt, das im Monatsdurchschnitt zu erfüllen ist. Die Guthaben des Reservesolls werden zu einem Zins verzinst, der sich am Hauptrefinanzierungssatz orientiert. Weiterhin existieren eine Spitzenrefinanzierungs- und eine Einlagefazilität, die die obere und untere Grenze des Zinsbandes am Euro-Geldmarkt festlegen. Dazwischen liegt, wie *Abbildung 6.4* zeigt, der *Hauptrefinanzierungssatz*, der durch Offenmarkt-

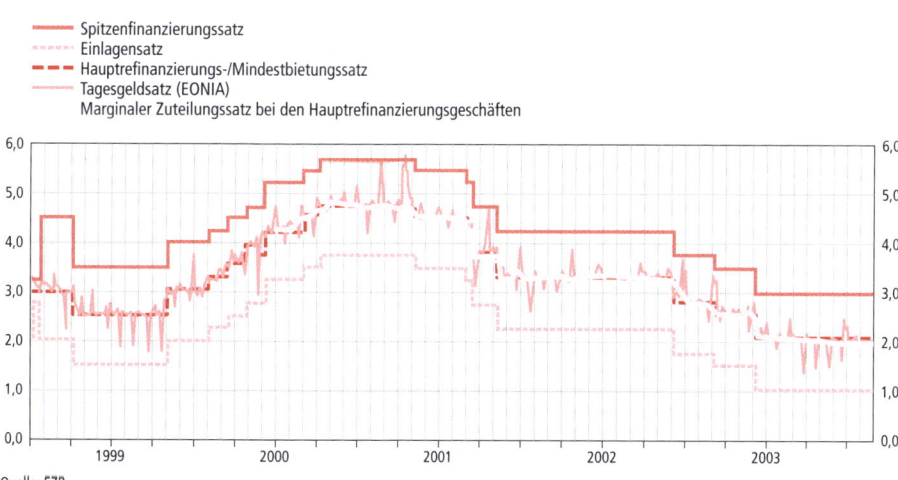

(in % p. a., Tageswerte)

— Spitzenfinanzierungssatz
····· Einlagensatz
■ ■ ■ Hauptrefinanzierungs-/Mindestbietungssatz
— Tagesgeldsatz (EONIA)
Marginaler Zuteilungssatz bei den Hauptrefinanzierungsgeschäften

Quelle: EZB.
Anmerkung: Der Hauptrefinanzierungssatz ist der Satz, der bis zum 28.Juni 2000 für Mengentender angewandt wurde. Seither entspricht dieser Zinssatz dem bei Zinstendern angewandten Mindestbietungssatz.

Abbildung 6.4: EZB-Zinssätze und Tagesgeldsatz

Einlagensatz und Spitzenrefinanzierungssatz legen ein Zinsband fest. Innerhalb der so bestimmten Grenzen beeinflusst die EZB über ihren Hauptrefinanzierungssatz die Entwicklung des Zinses für Tagesgeld.

tendergeschäfte determiniert wird. Als Hauptrefinanzierungsinstrumente existieren die im wöchentlichen Rhythmus angebotenen Kredite mit einer Laufzeit von einer Woche (*Haupttender*). Daneben gibt es die im monatlichen Rhythmus angebotenen längerfristigen Refinanzierungsgeschäfte mit dreimonatiger Laufzeit (*Basistender*).

SCHLÜSSELBEGRIFFE

- ■ Wirtschaftskreislauf 108
  - Geld 109
  - Preisniveau 109

- ■ Klassische Quantitätstheorie 111
  - Umlaufgeschwindigkeit des Geldes 111
  - Kassenhaltungskoeffizient 111
  - Neo-Quantitätstheorie 113
  - Monetarismus 112, 114
  - Potenzialformel 113

- ■ Geldmenge 110, 114
  - Inflation Targeting 117

- ■ Geldmarkt 117
  - Operating Target 114
  - Geldbasis 115, 117
  - Geldmarktzins 117

- ■ Geldpolitik 114
  - Standing Facilities 118
  - Offenmarktpolitik 118
  - Mindestreservepolitik 118

- ■ Europäische Zentralbank (EZB) 120
  - Zwei-Säulen-Strategie 120
  - EONIA 121

Aufgaben

www.pearson-studium.de: Hier finden Sie die Lösungen zu den Übungsaufgaben dieses Kapitels, ein Glossar mit Erläuterungen zu den Schlüsselbegriffen sowie Links zu wirtschaftspolitisch relevanten Websites.

1. Geldmengensteuerung versus *Inflation Targeting*

Diskutieren Sie, welche geldpolitischen Instrumente am besten geeignet sind, die beiden unterschiedlichen geldpolitischen Zwischenziele zu erreichen.

2. Haushaltsdefizite und Geldschöpfung

Erläutern Sie in einem Modell der mehrstufigen Geldschöpfung, wieso eine ungebremste Finanzierung staatlicher Haushaltsdefizite bei der Notenbank längerfristig unweigerlich zu Inflation führen wird.

3. Elektronische Geldbörsen und Geldpolitik

Welche Probleme können sich aus der zunehmenden Verwendung elektronischer Zahlungsmittel, insbesondere in Form elektronischer Geldbörsen, für die Geldpolitik ergeben?

4. Geldpolitische Probleme der Währungsumstellung in Ostdeutschland

Bei der Vorbereitung zur Einführung der D-Mark in Ostdeutschland im Juli 1990 wurde unterstellt, dass die Umlaufgeschwindigkeit des Geldes in Ost- und Westdeutschland in etwa gleich sei. Vermutlich lag sie in Ostdeutschland aber niedriger als in Westdeutschland. Worauf ist dies zurückzuführen?

Literaturhinweise

Die theoretischen Grundlagen der Geldpolitik unter besonderer Berücksichtigung der Quantitätstheorie beschreibt *Issing* (2003), die unterschiedlichen Strategien und die verschiedenen Instrumente der Geldpolitik analysieren *Bofinger* (2001) und *Görgens u. a.* (2004). Über die geldpolitische Strategie der Europäischen Zentralbank informieren *Issing u. a.* (2001). Weitere Informationen bietet die Homepage der Europäischen Zentralbank (www.ecb.int).

Wachstumspolitik durch Investitionsförderung

7

ÜBERBLICK

Lernziele

■ Investitionen sind der Teil der gesamtwirtschaftlichen Nachfrage, der besonders im Blick der Wirtschaftspolitik steht. Dies liegt zum einen an ihrer besonders hohen Reagibilität auf konjunkturelle Schwankungen. Zum anderen erhöhen Investitionen den volkswirtschaftlichen Kapitalstock und beeinflussen damit das langfristige Wirtschaftswachstum.

■ Nach den Vorstellungen der Klassiker stellt der Realzins am Kapitalmarkt ein Gleichgewicht zwischen Ersparnissen und Investitionen her. Nach der keynesianischen Theorie ist dieser Prozess sehr viel komplexer. Während die Ersparnis vom Einkommen abhängt, orientieren sich die Investitionen am Zins, der von realwirtschaftlichen und monetären Entwicklungen beeinflusst wird.

■ Unter Rentabilitätsaspekten hängt die private Investitionsnachfrage von den Gewinnerwartungen der Investitionsobjekte im Vergleich zu den Finanzierungskosten ab. Steigende Marktzinsen erhöhen die Finanzierungskosten und verringern daher das Investitionsvolumen.

■ Nach der Akzeleratorhypothese veranlasst die Erwartung zusätzlicher Nachfrage die Unternehmen zur Ausweitung ihrer Produktionskapazitäten durch Investitionen. Konjunkturschwankungen ziehen daher überproportionale Schwankungen der Investitionsnachfrage nach sich.

■ Investitionen werden schließlich durch positive Externalitäten anderer Investitionen beeinflusst. Dies führt zur Bildung sektoraler und regionaler Cluster.

■ Staatliche Investitionsförderung setzt an den unterschiedlichen Determinanten des Investitionsverhaltens an. Sie beeinflusst entweder die Gewinnerwartungen, die Refinanzierungskosten, die Nachfrageerwartungen oder unterstützt die Clusterbildung.

■ In Deutschland existiert ein umfangreiches und differenziertes System der Investitionsförderung, das insbesondere eine Angleichung der regionalen Entwicklungsunterschiede herbeiführen soll. Wie die wirtschaftlichen Probleme Ostdeutschlands zeigen, ist die Wirksamkeit dieses Instrumentariums jedoch begrenzt.

7.1   Ersparnis, Investition und Wirtschaftswachstum

Die in einer Volkswirtschaft in einer Periode geschaffenen Güter und Dienstleistungen fließen verschiedenen Verwendungen zu. Staatsverbrauch, privater Konsum und Tauschbeziehungen mit dem Ausland konkurrieren dabei mit privaten und staatlichen Investitionen, wobei Letztere vor allem in einer Verbesserung der volkswirtschaftlichen Infrastruktur bestehen. Private Investitionen sind diejenigen Güter, die im privaten Unternehmenssektor verbleiben. Der Anteil der privaten Investitionen am Sozialprodukt liegt zwar zumeist deutlich unter dem des privaten Konsums. Dennoch kommt gerade ihnen aus gesamtwirtschaftlicher Perspektive eine Schlüsselposition zu, die sie zu einem vorrangigen Ziel wirtschaftspolitischer Steuerung macht. Zum einen stellen die privaten Investitionen einen besonders konjunkturreagiblen Bestandteil der gesamtwirtschaftlichen Nachfrage dar, durch dessen gezielte Beeinflussung sich wiederum die konjunkturellen Schwankungen des Sozialprodukts dämpfen lassen. Zum anderen erhöhen Nettoinvestitionen, das heißt Bruttoinvestitionen bereinigt um Abschreibungen, den volkswirtschaftlichen Kapitalstock und schaffen somit die Voraussetzungen für zukünftige Produktions- und Beschäftigungsmöglichkeiten. Damit wird die Investitionsförderung zu einem zentralen Element der Wachstumspolitik, das nicht nur auf gesamtwirtschaftlicher Ebene, sondern auch sektoral oder regional differenziert als wichtiges Mittel der Strukturpolitik Verwendung findet.

In einer *geschlossenen Volkswirtschaft* müssen ex post die Nettoinvestitionen, also die Bildung neuen Kapitals, der gesamtwirtschaftlichen Ersparnis, also dem Verzicht auf Gegenwartskonsum, entsprechen. In einer *offenen Volkswirtschaft* kann die inländische Ersparnis dazu genutzt werden, neben dem Aufbau des inländischen Kapitalstocks über Leistungsbilanzsalden Vermögenspositionen im Ausland auf- oder abzubauen. Allerdings sind dauerhafte Leistungsbilanzungleichgewichte großen Stils die Ausnahme. In den meisten Ländern ist die gesamtwirtschaftliche Investitionsquote relativ eng mit der gesamtwirtschaftlichen Sparquote korreliert. Dieser Zusammenhang wird auch als *Feldstein-Horioka-Paradoxon* bezeichnet. Zur Erklärung dieses Phänomens sind verschiedene Ansätze herangezogen worden. Neben einer möglichen Unvollkommenheit internationaler Kapitalmärkte verdient vor allem die relativ große Komplementarität zwischen der *Realkapital-* und der *Humankapitalbildung* in einem Land Beachtung. Dahinter steht die Überlegung, dass die Vergrößerung des inländischen Realkapitals alleine wenig produktive Wirkungen entfaltet, wenn nicht parallel auch die Qualifikation der beschäftigten Arbeitskräfte durch Investitionen in das Humankapital erhöht wird. Investitionen in das Humankapital speisen sich aber weitgehend aus der inländischen Ersparnis und nicht aus dem Konsumverzicht im Ausland. Damit begrenzt letztlich aber die inländische Ersparnis auch das Ausmaß der inländischen Realkapitalbildung.

Die Gleichheit von Sparen und Investieren auf gesamtwirtschaftlicher Ebene wäre dann besonders einfach zu erklären, wenn beide Aggregatgrößen durch einen Marktpreis, den *Realzins*, zur Übereinstimmung gebracht würden. In einem Modell des gesamtwirtschaftlichen Kapitalmarkts wäre die Ersparnisbildung positiv vom Zins abhängig, die privaten Investitionen dagegen negativ. Der Zins müsste sich dann genau auf der Höhe einpendeln, auf der Sparen und Investieren übereinstimmen. Dieses Idealmodell bildet allerdings die komplexen Zusammenhänge auf den Kapitalmärkten moderner Industriegesellschaften nur unzureichend ab. Angesichts der Existenz von Geld als Vermögensanlage muss nicht jede Ersparnis direkt zum Aufbau von Realkapital verwendet werden, außerdem wird die Zinsbildung auch durch die Entwicklungen am Geldmarkt beeinflusst. Weiterhin ist zu berücksichtigen, dass die Ersparnisbildung auch auf Veränderungen der Einkommen positiv reagiert. Auf diesem Zusammenhang baute die Hypothese von *Keynes* auf, wonach eine Erhöhung der Investitionen durch die Zunahme von Produktion und Einkommen letztlich die notwendige Ersparnis selbst schaffen kann.

Da in einer Marktwirtschaft die direkte Lenkung der privaten Investitionen durch Investitionsgebote, -verbote oder -lizenzen auf erhebliche ordnungspolitische Vorbehalte

Jean-Baptiste Say und das Gesetz der Absatzwege

Jean-Baptiste Say (1767–1832), geb. in Lyon als Sohn eines Textilhändlers, sammelte erste berufliche Erfahrungen 1785 in England, wo er mit den Arbeiten von *Adam Smith* vertraut wurde. Nach seiner Rückkehr nach Frankreich war er in der Zeit der Revolution und der Herrschaft Napoleons sowohl publizistisch als auch politisch tätig. Nach 1806 baute er eine Baumwollfabrik mit mehreren hundert Mitarbeitern auf, die er jedoch wieder verkaufte, um als Börsenspekulant zu agieren. Nach 1815 wurde er Mitglied der Akademie der Wissenschaften in Paris. Hauptwerk: *Traité d'Economie Politique ou Simple Exposé de la Manière dont se Forment, se Distribuent et se Consomment les Richesses* (Paris, 1803).

   Say war einer der wichtigsten Verbreiter der wirtschaftsliberalen Lehren von *Adam Smith* auf dem Kontinent. Wie vor ihm *Smith* und nach ihm *Ricardo* plädierte er für freien internationalen Handel als Mittel zur Steigerung des nationalen Wohlstands. Das von Say in seinem *Traité* hergeleitete *Gesetz der Absatzwege* rundete das Denken der ökonomischen Klassik makroökonomisch ab. *Say* leitete her, dass jedes neue Angebot an Gütern, weil es in der Produktion auch neue Einkommen entstehen ließ, letztlich auch für eine ausreichende Nachfrage nach diesen Gütern sorgen würde, wenn auf allen Märkten die Preisbildung ein Marktgleichgewicht herbeiführt. Die These, dass es wegen eines Ausfalls gesamtwirtschaftlicher Nachfrage zu einer konjunkturellen Krise geben könne, lehnte Say damit ab. Seine Argumentation basierte aber auf dem Modell einer nur sehr rudimentär entwickelten Geldwirtschaft. Daher sah er auch den Zins als einen rein realwirtschaftlich bestimmten Preis an, der in jeder Periode für ein Gleichgewicht zwischen gesamtwirtschaftlichen Investitionen und gesamtwirtschaftlicher Ersparnis sorgt. Für die Überwindung des *Say'schen* Theorems in den Arbeiten von *Keynes* war es deshalb notwendig, eine sehr viel differenziertere Theorie des Funktionierens der Geldwirtschaft und eine neue Theorie des Zinses zu entwickeln.

stößt, setzen die Maßnahmen zur Beeinflussung des Investitionsverhaltens in der Regel indirekt an den unabhängigen Variablen der privaten Investitionsentscheidung an.

7.2   Determinanten des Investitionsverhaltens

7.2.1   Rentabilitätsaspekte

Als zentrale Determinanten der Investitionsnachfrage privater Unternehmen lassen sich die Rentabilitätsaspekte ansehen, die bei Investitionsentscheidungen zu berücksichtigen sind. Ebenso wie ein einzelner, rational handelnder Investor nur dann ein Investitionsprojekt realisiert, wenn er es als rentabel ansieht, wird auch die Gesamtheit der Unternehmen eine Erhöhung des volkswirtschaftlichen Kapitalstocks unter Rentabilitätsgesichtspunkten durchführen. Als Maßstab für die Rentabilität einer einzelnen Investition lässt sich dabei ihr *interner Zinsfuß* verwenden. Er bezeichnet denjenigen Zinssatz, mit dem man die während der Lebensdauer des Investitionsobjekts erwarteten Gewinne R_t ($t = 0, ..., T$), das heißt die Differenz zwischen den jährlich anfallenden Erlösen und den jährlichen Kosten, diskontieren muss, damit ihr Kapitalwert im Anschaffungszeitpunkt $t = 0$ genau den Anschaffungskosten des Objekts entspricht. Liegt der interne Zinsfuß über dem Marktzins r, zu dem Geld geliehen oder verliehen werden kann, so ist das Investitionsprojekt rentabel. Der Investor könnte in diesem Fall einen Kredit zur Investitionsfinanzierung aufnehmen, dessen Verzinsung durch die Erträge aus der Investition mehr als gedeckt ist. Genauso würde sich auch eine Finanzierung aus eigenen Mitteln des Investors lohnen, denn deren Anlage zum Zinssatz r am Kapitalmarkt verspricht geringere Erträge.

Berücksichtigt man nun, dass in einer Volkswirtschaft eine Vielzahl von Investitionsprojekten mit unterschiedlich hohen internen Verzinsungen realisierbar ist, so wird das Volumen der tatsächlich getätigten Investitionen offenbar entscheidend von der Höhe des Marktzinses r determiniert. Je niedriger r ist, desto mehr Investitionsobjekte besitzen einen internen Zinsfuß, der über r liegt und die Durchführung der Investition somit rentabel erscheinen lässt. Für eine gegebene interne Verzinsung i, die sich als Durchschnitt der internen Verzinsung aller denkbaren Investitionsalternativen ergibt, besteht somit ein inverser Zusammenhang zwischen dem Marktzins r und der Investitionsnachfrage. Er lässt sich formal durch die *Investitionsfunktion*

$$I = I(r, i) \quad \text{mit} \quad \frac{\partial I}{\partial r} < 0 \tag{7.1}$$

darstellen. Graphisch kommt dieser Zusammenhang in *Abbildung 7.1* zum Ausdruck, wo zur Vereinfachung ein linearer Verlauf der Investitionsfunktion unterstellt wird.

Da die Höhe des internen Zinsfußes wiederum von den Gewinnen abhängt, die bei der Realisierung des Investitionsvorhabens zu erwarten sind, wirken sich Änderungen in den Gewinnerwartungen ebenfalls auf die Investitionsnachfrage aus. Zunehmende

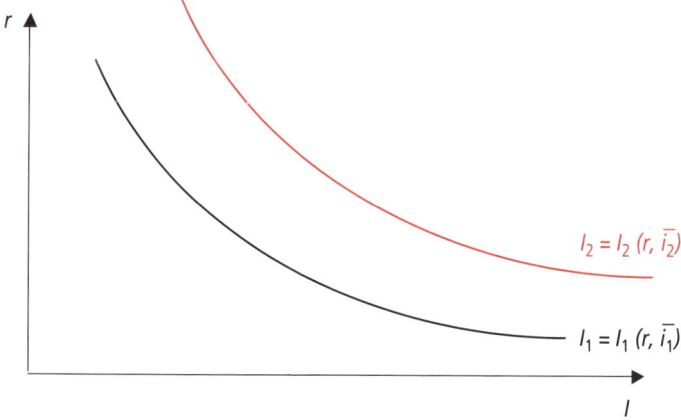

Abbildung 7.1: Investitionsfunktionen

Die gesamtwirtschaftliche Investitionsnachfrage hänge negativ ab vom Marktzins r. Bei steigendem Zins gehen die Investitionen zurück. Gleichzeitig wird die Investitionsnachfrage positiv beeinflusst von der Rentabilität der Investitionen, die durch den internen Zinsfuß i gemessen werden kann. Ein Anstieg der internen Verzinsung verschiebt bei gegebenem Marktzins die Investitionsfunktion nach oben.

Gewinnerwartungen, die beispielsweise durch eine erwartete Senkung der laufenden Investitionskosten verursacht sein können, würden den internen Zinsfuß von i_1 auf i_2 ansteigen lassen. Bei gegebenem Marktzins r resultiert daraus ein Anstieg der Investitionsnachfrage, der graphisch in einer Rechtsverschiebung der Investitionsfunktion von I_1 auf I_2 deutlich wird.

7.2.2 Nachfrageaspekte

Eine andere Determinante der privaten Investitionsentscheidungen wird von der *Akzeleratortheorie* in den Vordergrund gestellt. Ausgangspunkt ist dabei die Annahme, dass zwischen dem volkswirtschaftlichen Kapitalstock K und dem damit erzeugten Sozialprodukt Y aufgrund technischer Gegebenheiten ein konstantes Verhältnis

$$\alpha = \frac{K}{Y} \tag{7.2}$$

besteht. Wird nun ein Zuwachs der gesamtwirtschaftlichen Nachfrage und damit des Sozialprodukts um ΔY erwartet und ist die vorhandene Produktionskapazität voll ausgelastet, so muss der Kapitalstock erhöht werden. Andernfalls kann die gestiegene Nachfrage nicht ausreichend befriedigt werden. Da die Erhöhung des Kapitalstocks Investitionen erfordert, induziert der Nachfrageanstieg bei Konstanz von α Investitionen im Umfang von

$$I = \Delta K = \alpha \cdot \Delta Y \tag{7.3}$$

α wird in diesem Zusammenhang auch als der *Akzelerator* bezeichnet. Er verknüpft das Niveau der Investitionen mit der erwarteten Veränderung der Nachfrage. Eine Beschleunigung (Akzeleration) des Nachfragezuwachses führt damit zu einem Anstieg des Investitionsvolumens.

Ist der bestehende Kapitalstock dagegen noch nicht voll ausgelastet, so ist bei einem Nachfrageanstieg ein geringeres Investitionsvolumen erforderlich. Voraussetzungen für die volle Wirksamkeit des Akzeleratorprinzips sind somit die volle Auslastung der Produktionskapazitäten und die Existenz einer starren Kapazitätsgrenze, die keine flexible Anpassung des vorhandenen Kapitalstocks an Nachfrageänderungen zulässt. Zugleich muss die Nachfrageänderung von den Unternehmen als nachhaltig und dauerhaft angesehen werden, bevor sie Investitionen tätigen. Schließlich setzt die Akzeleratortheorie implizit die Existenz ausreichender Finanzierungsmöglichkeiten für die Realisierung neuer Investitionen voraus und unterstellt damit, dass deren interne Verzinsung den Marktzins übersteigt.

Die Akzeleratortheorie stellt nicht nur die Veränderung der gesamtwirtschaftlichen Nachfrage als Ansatzpunkt wirtschaftspolitischer Maßnahmen zur Investitionsförderung heraus. Sie bietet auch eine Erklärung für die besondere *Konjunkturempfindlichkeit* der privaten Investitionsnachfrage. Da nach dem Akzeleratorprinzip das Niveau der Investition und die Veränderung der gesamtwirtschaftlichen Nachfrage miteinander verknüpft sind, führt eine Verringerung des Nachfragezuwachses im Konjunkturabschwung bereits zu einem absoluten Rückgang der Investitionen. Andererseits erhöht die Beschleunigung des Nachfragezuwachses im Konjunkturaufschwung das absolute Niveau der Investitionsnachfrage.

7.2.3 Positive sektorale und regionale Externalitäten

Die strategische Rolle von Investitionen für wirtschaftliches Wachstum wird noch dadurch unterstrichen, dass von einzelnen Investitionsvorhaben häufig *positive externe Effekte* auf andere Investitionsprojekte ausgehen. Solche Externalitäten können pekuniärer oder technologischer Art sein; sie können die Rentabilitätsaspekte oder die Nachfrageeffekte von Investitionen betreffen. Sie können innerhalb einer Branche oder innerhalb einer geographischen Einheit wirksam werden. Im Falle positiver technologischer Externalitäten droht, wie in Kapitel 3 beschrieben, ein *Marktversagen*, da sich die gesellschaftlichen Auswirkungen nicht ausreichend in den Marktpreisen niederschlagen. Staatliche Maßnahmen zur Investitionsförderung werden daher häufig mit dem Argument gerechtfertigt, dass die durch den Markt gesetzten Investitionsanreize zu geringeren als den gesellschaftlich optimalen Investitionen führen würden.

Positive sektorale Externalitäten entstehen innerhalb von Branchen, in denen die einzelnen Unternehmen untereinander sehr eng technologisch verflochten sind. Die Vergrößerung der Produktionskapazitäten in einem der Branchenunternehmen kann dann Produktionsengpässe beseitigen, die sich auch positiv auf das Produktionswachstum in allen anderen Unternehmen der Branche auswirken. Investitionen in einem Unternehmen sind zudem häufig mit der Umsetzung von technologischen Innovationen verbunden. Innerhalb einer Branche kann das Lernen im Umgang mit neuen Technologien dann relativ schnell auch auf andere Unternehmen übertragen werden.

Zur Nutzung der positiven externen Effekte von Investitionen und den mit ihnen verbundenen Innovationen schließen sich Unternehmen verwandter Branchen häufig zu *regionalen Clustern* zusammen. Die räumliche Nähe bietet zusätzlich noch die Möglichkeit einer besseren Nutzung komplementärer Produktionsfaktoren, also beispielsweise den Zugriff auf einen gemeinsamen Pool von spezialisierten Arbeitskräften. Durch den Aufbau einer entsprechenden *regionalen Infrastruktur*, die Verkehrswege und Bildungseinrichtungen einschließt, kann staatliche Förderung Einfluss auf die Herausbildung solcher Cluster nehmen und damit die private Investitionsbereitschaft fördern. Allerdings sollte, wie bei der Diskussion über die sinnvollste Strategie zur Korrektur von Marktfehlern, auch im Fall der regionalen Industriecluster nicht übersehen werden, dass es starke Anreize für eine private Internalisierung der möglichen externen Effekte geben kann. Sofern die privaten Eigentums- und Verfügungsrechte ausreichend klar ausgestaltet sind, werden die Unternehmen eigene Maßnahmen ergreifen, um von den positiven Externalitäten der Investitionen in anderen Unternehmen möglichst viel zu profitieren. Möglichkeiten, um den Innovationstransfer innerhalb einer Branche zu erhöhen, stellen beispielsweise gemeinschaftlich betriebene *Forschungszentren* dar. Funktionieren solche Zentren gut, wirken sie sich positiv auf das Investitionsverhalten in allen beteiligten Unternehmen aus.

7.3 Instrumente der Investitionsförderung

Auf der Grundlage der Investitionstheorie können wirtschaftspolitische Maßnahmen zur Investitionsförderung ansetzen am Marktzins r, an den aus Investitionen erwarteten Gewinnen beziehungsweise dem internen Zinssatz i sowie an der Veränderung der Nachfrage Y. Dabei ist zu unterscheiden, ob im Rahmen einer gesamtwirtschaftlich orientierten Konjunktur- und Wachstumspolitik das gesamte Investitionsvolumen beeinflusst werden soll oder ob aus strukturpolitischen Gründen lediglich ein Teil der privaten Investitionen von wirtschaftspolitischem Interesse ist.

Als *Instrumente einer globalen volkswirtschaftlichen Investitionsförderung* kommen Maßnahmen expansiver Geldpolitik in Betracht, die den Marktzins senken und zu einer Belebung der gesamtwirtschaftlichen Nachfrage führen. Durch staatliche Subventionierung der für Investitionskredite anfallenden Zinsen kann auch im Rahmen der Finanzpolitik Einfluss auf den Zins genommen werden. Darüber hinaus lassen sich durch steuerpolitische Maßnahmen und die Subventionierung laufender Kosten die aus Investitionen erwarteten Gewinne erhöhen und durch eine Steigerung des staatlichen Ausgabenvolumens unmittelbare Wirkungen auf den Zuwachs der gesamtwirtschaftlichen Nachfrage erzielen. Durch eine gezielte Begünstigung von Exporten und eine Hemmung des Imports durch wirtschaftspolitische Maßnahmen besteht zudem die Möglichkeit, den aus dem Außenhandel resultierenden Nachfragezuwachs zu steigern. Soweit die laufenden Investitionskosten durch die Beschäftigung zusätzlicher Arbeitskräfte entstehen, lässt sich schließlich im Rahmen der Lohn- und Einkommenspolitik eine Senkung der Arbeitskosten und damit eine Steigerung der Gewinnerwartungen erzielen, die einen Anstieg der Investitionsnachfrage nach sich ziehen dürfte.

Im Rahmen strukturpolitischer Eingriffe zur *sektoralen oder regionalen Investitionsförderung* müssen die genannten Instrumente der Investitionspolitik dagegen differenziert eingesetzt werden. So lassen sich im Bereich der Finanzpolitik selektive Maßnahmen der Steuer- und Subventionspolitik konzipieren, mit denen bestimmte Investitionsvorhaben gezielt gefördert werden. Zur gezielten Beeinflussung der Nachfrage in bestimmten Sektoren oder Regionen eignet sich eine selektive Steuerung der gesamtwirtschaftlichen Nachfrage, die durch zollpolitische Maßnahmen oder eine strukturpolitisch differenzierte Vergabe staatlicher Aufträge erreicht werden kann.

7.4 Beispiel: Regionale Investitionsförderung in Deutschland

Neben der wirtschaftspolitischen Beeinflussung der gesamten privaten Investitionen, die ein wichtiges Mittel der Konjunktursteuerung darstellt, ist in Deutschland vor allem die selektive Investitionsförderung im Rahmen der *regionalen Strukturpolitik* von Bedeutung. Die Verpflichtung staatlicher Instanzen zur gezielten Beeinflussung regionaler Wirtschaftsstrukturen kann sich stützen auf den Gleichheitsgrundsatz nach Artikel 3 des *Grundgesetzes*, der in Artikel 72 Absatz 2 GG dahingehend präzisiert wird, dass die Einheitlichkeit der Lebensverhältnisse innerhalb des Bundesgebiets zu wahren ist.

Bereits in den ersten Jahren nach Gründung der Bundesrepublik zeigte sich, dass Produktionswachstum und Beschäftigungsmöglichkeiten insbesondere im Zonenrandgebiet, aber auch im Bayerischen Wald, im Emsland oder im Saarland, deutlich hinter der Entwicklung in den industriellen Ballungsgebieten zurückblieben. Zusätzlich zu den regionalpolitischen Maßnahmen einzelner Bundesländer wurden 1951 erstmals regionale Fördermittel vom Bund bereitgestellt. Die Entwicklung eines regionalpolitischen Gesamtkonzepts zog sich allerdings bis zum Ende der 60er Jahre hin. 1969 wurde durch die Einführung des neuen Artikels 91a in das Grundgesetz die Verbesserung der regionalen Wirtschaftsstruktur als *Gemeinschaftsaufgabe* von Bund und Ländern festgeschrieben, deren Finanzierung zur Hälfte aus dem Bundeshaushalt erfolgen sollte. Das *Gesetz über die Gemeinschaftsaufgabe* „Verbesserung der regionalen Wirtschaftsstruktur" regelte Ziele, Grundsätze und räumliche Abgrenzung der strukturpolitischen Fördermaßnahmen. Das im gleichen Jahr verabschiedete *Investitionszulagengesetz* sollte die gezielte Beeinflussung der Investitionstätigkeit in den förderungswürdigen Gebieten ermöglichen. Das *Zonenrandförderungsgesetz* von 1971 sah schließlich eine besondere regionalpolitische Förderung der wirtschaftlichen Entwicklung im Zonenrandgebiet vor, die nach der Wiedervereinigung auslief.

Wesentliches Anliegen der deutschen Regionalpolitik ist die Verbesserung der Produktions- und Beschäftigungsmöglichkeiten in den strukturschwachen Gebieten durch die gezielte Förderung der privaten Investitionen. Die Fördermaßnahmen umfassen dabei *direkte Investitionszuschüsse* und -*zulagen*, die bis zu 25 Prozent der Investitionskosten ausmachen können, Zinszuschüsse, besondere Kredite und Darlehen zur Investitionsfinanzierung sowie steuerliche Entlastungen, insbesondere durch Abschreibungserleichterungen bei Investitionen in Randgebieten. Besondere Infrastrukturinvestitionen der öffentlichen Hand, so etwa die Erschließung von Industriegeländen, der Ausbau von Verkehrsverbindungen oder der Bau von Energieversorgungs- und Ausbildungseinrichtungen, sollen gleichzeitig die kostenwirksamen Standortnachteile der Fördergebiete mindern. Gezielter Einfluss auf die mit der Investitionsentscheidung verbundenen Kosten lässt sich auch durch eine räumlich differenzierte Tarifgestaltung öffentlicher Unternehmen nehmen. So hatte die Bundesbahn ihre Transporttarife in bestimmten Fördergebieten auf das Niveau abgesenkt, das sich ergäbe, wenn das betreffende Gebiet an eine Wasserstraße angeschlossen wäre.

Zur Beeinflussung der regionalen Nachfrageentwicklung findet die räumlich differenzierte Vergabe öffentlicher Aufträge Verwendung. *Regionale Nachfragesteigerungen* gehen zum anderen von staatlichen Infrastrukturmaßnahmen aus, die in erheblichem Umfang neue Dauerarbeitsplätze schaffen, so beispielsweise durch die Verlegung staatlicher Behörden, den Ausbau von Krankenhäusern oder die Gründung neuer Universitäten.

Trotz der Einführung der Gemeinschaftsaufgabe „Verbesserung der regionalen Wirtschaftsstruktur" mit ihrem umfangreichen Instrumentarium zur Investitionsförderung haben sich die regionalen Disparitäten in der Bundesrepublik Deutschland seit Anfang der 70er Jahre weiter verschärft. Zu den unausgewogenen Arbeitsplatzstrukturen zwischen den ländlichen Regionen und den industriellen Ballungsgebieten trat dabei zunehmend auch ein ausgeprägtes Nord-Süd-Gefälle und nach der *Wiedervereinigung* auch noch ein Ost-West-Gefälle in den Beschäftigungsmöglichkeiten. Kritiker der praktizierten Regionalpolitik weisen angesichts dieser Entwicklung darauf hin, dass die ständige Ausweitung der Fördergebiete bis auf 60 Prozent des gesamten Bundesgebiets eine gezielte Förderung besonders strukturschwacher Räume verhindert habe. Weiterhin bemängeln sie das häufige Auftreten von *Mitnahmeeffekten*. Diese entstehen bei der Gewährung von Investitionszulagen für Projekte, die auch ohne staatliche Förderung durchgeführt worden wären. Untersuchungen über die Effekte der regionalpolitischen Fördermaßnahmen zeigen schließlich, dass die finanziellen Anreize nur in wenigen Fällen zur Neuansiedlung wachstumsträchtiger Unternehmen in strukturschwachen Räumen führten. Häufig begünstigten sie den Aufbau von Zweigwerken, die nur einen geringen Bedarf an qualifizierten Arbeitskräften aufweisen und in ihrer Beschäftigungspolitik sehr stark auf Konjunkturschwankungen reagieren.

Nach der Wiedervereinigung Deutschlands bestand ein besonders hoher Bedarf an Investitionen in den neuen Bundesländern. Alleine im Unternehmenssektor schätzte man Anfang der 90er Jahre den jährlichen Bedarf an Nettoinvestitionen in Ostdeutschland auf 100 Mrd. DM über zehn Jahre, um die Kapital- und Produktivitätslücke gegenüber Westdeutschland aufzuholen. Das tatsächliche Niveau der privaten Nettoinvestitionen lag jedoch nur bei einem Zehntel des notwendigen Wertes. Die Gründe für die private Investitionsschwäche lagen in hoher Rechtsunsicherheit über die Eigentumsverhältnisse in Ostdeutschland, in schlechten Nachfrageerwartungen für die Produkte der ostdeutschen Unternehmen und in einem hohen Zinsniveau als Folge restriktiver Geldpolitik der Bundesbank.

In dieser Situation wurde das Instrumentarium der regionalen Investitionsförderung gezielt in Ostdeutschland zur Anwendung gebracht. Nach dem *Investitionszulagengesetz* von 1990 erhielten Investoren in den neuen Bundesländern besondere Zulagen. Nach dem *Steueränderungsgesetz* von 1991 konnten Sonderabschreibungen auf Investitionen in Ostdeutschland vorgenommen werden. Investitionszuschüsse wurden zunächst noch nach dem Zonenrandförderungsgesetz sowie nach dem Gesetz über die Gemeinschaftsaufgabe „Verbesserung der regionalen Wirtschaftsstruktur" gewährt. Besondere staatliche Zinssubventionen und Steuerbefreiungen ergänzten das regionalpolitische Instrumentarium. Massive staatliche Investitionen in den Ausbau der Infrastruktur sollten sowohl wichtige regionale Nachfrageimpulse geben als auch einen Beitrag zur Senkung der privaten Investitionskosten durch Verbilligung der Transportkosten liefern.

SCHLÜSSELBEGRIFFE

■ Investition 126
  Ersparnis 127
  Feldstein-Horioka-Paradoxon 127
  Interner Zinsfuß 129
  Akzeleratortheorie 130
  Cluster 131

■ Strukturpolitik 132
  Regionalpolitik 132
  Gemeinschaftsaufgabe 133
  Wiedervereinigung 133

Aufgaben

www.pearson-studium.de: Hier finden Sie die Lösungen zu den Übungsaufgaben dieses Kapitels, ein Glossar mit Erläuterungen zu den Schlüsselbegriffen sowie Links zu wirtschaftspolitisch relevanten Websites.

1. Optimale Investitionshöhe

Sollte das gesamtwirtschaftliche Niveau der Investitionen unbegrenzt ausgedehnt werden oder gibt es eine optimale gesamtwirtschaftliche Investitionshöhe? Wie ließe sie sich aus Rentabilitätsaspekten herleiten?

2. Akzeleratortheorie der Konjunktur

Erläutern Sie, wie die Akzeleratortheorie der Investitionsnachfrage zu einer Theorie der konjunkturellen Schwankungen der gesamtwirtschaftlichen Nachfrage weiterentwickelt werden kann.

3. Regionale Wachstumspole in Ostdeutschland

Nehmen Sie Stellung zu dem Vorschlag, die staatliche Investitionsförderung in Ostdeutschland solle nur noch zur Förderung regionaler Wachstumspole eingesetzt werden.

Literaturhinweise

Den Einfluss von Rentabilitätsaspekten und Nachfrageänderungen auf das Investitionsverhalten erläutert *Maußner* (1994) unter besonderer Berücksichtigung der konjunkturellen Auswirkungen. *Maußner/Klump* (1996) diskutieren die Rolle der Investitionen für das Wirtschaftswachstum und die Bedeutung von positiven Externalitäten der Real- und Humankapitalbildung im Rahmen der Neuen Wachstumstheorie.

Allgemeine Ansatzpunkte der regionalen Investitionsförderung erläutern *Armstrong/ Taylor* (2002). Einzelheiten der Regionalförderung in Deutschland finden sich auf der Homepage des Bundesministeriums für Wirtschaft und Technologie (www.bmwi.de).

Konjunkturelle Stabilisierung durch Steuerung der gesamtwirtschaftlichen Nachfrage und des gesamtwirtschaftlichen Angebots

8

ÜBERBLICK

Lernziele

- Die Entstehung konjunktureller Schwankungen lässt sich im Rahmen des gesamtwirtschaftlichen Angebots- und Nachfragemodells erklären. Ein Ausfall gesamtwirtschaftlicher Nachfrage führt zu einer Rezession; eine Verringerung des gesamtwirtschaftlichen Angebots verursacht eine Stagflation.

- Klassische Arbeitslosigkeit entsteht durch zu hohe Löhne; keynesianische Arbeitslosigkeit durch Nachfrageausfall im Gütermarkt. In einem makroökonomischen Synthesemodell lassen sich beide Erklärungsansätze sinnvoll und unter Berücksichtigung der Kreislaufzusammenhänge integrieren.

- Zur Bekämpfung der Arbeitslosigkeit eignen sich je nach konjunktureller Lage eine Intensivierung des Wettbewerbs, eine Erhöhung der nominellen Gesamtnachfrage und eine Senkung der Nominallöhne. Bei der Förderung der Sach- und Humankapitalbildung, mit der die Arbeitsproduktivität erhöht werden soll, sind mögliche Substitutionseffekte zu berücksichtigen.

- Die Fiskalpolitik kann über Steuern, Ausgaben und Verschuldung Einfluss auf die gesamtwirtschaftliche Nachfrage nehmen. Es besteht allerdings die Gefahr, dass zu große staatliche Aktivität nicht zusätzliche private Nachfrage schafft, sondern sie eher verdrängt.

- Geldpolitik verliert ihren Einfluss auf die gesamtwirtschaftliche Nachfrage, wenn eine Liquiditätsfalle vorliegt.

- Wenn die Lohnpolitik keine beschäftigungsfreundlichen Nominallöhne herbeiführt, kann dies entweder an Funktionsfehlern des Arbeitsmarkts, der Marktmacht starker Interessengruppen oder einer fehlenden Koordinierung mit anderen Bereichen der Stabilisierungspolitik liegen.

- Angebotspolitik setzt gleichzeitig auf die Förderung von Investitionen und auf die Intensivierung des Wettbewerbs.

- Mit dem Stabilitäts- und Wachstumsgesetz von 1967 wurden in Deutschland die gesetzlichen Grundlagen für eine konjunkturelle Feinsteuerung geschaffen, bei der die Fiskalpolitik mit der Lohnpolitik koordiniert werden sollte. Nach einem kurzfristigen Anfangserfolg blieben die erhofften Wirkungen des Gesetzes allerdings aus.

8.1   Ursachen konjunktureller Schwankungen

Die wirtschaftliche Entwicklung verläuft nicht gleichmäßig, sondern unterliegt deutlichen Schwankungen. Boomphasen wechseln im *Konjunkturzyklus* mit Phasen der Stagnation ab. Über den Wirtschaftskreislauf wirken sich solche konjunkturellen Schwankungen auf alle einzelnen Märkte aus. Besondere Bedeutung besitzen sie für den Arbeitsmarkt, wo sie im Zusammenspiel mit und in Ergänzung zu spezifischen Funktionsproblemen für das Entstehen von *Arbeitslosigkeit* verantwortlich sind. Die Betrachtung der Ursachen konjunktureller Schwankungen und der Möglichkeiten zu ihrer Bekämpfung ist daher sinnvollerweise verbunden mit einer Analyse der möglichen Ursachen von Arbeitslosigkeit unter Berücksichtigung der Kreislaufzusammenhänge.

Für die Gestaltung wirtschaftspolitischer Maßnahmen, mit deren Hilfe Schwankungen der gesamtwirtschaftlichen Entwicklung gedämpft und konjunkturelle Beschäftigungsprobleme verhindert werden können, ist erstmals von *John Maynard Keynes* (1936) eine umfassende theoretische Grundlage geschaffen worden. Die *makroökonomische Sichtweise* dieses Ansatzes nimmt gegenüber den mikroökonomischen Analysen wichtige Abstraktionen vor. Die Vielzahl der in einer Volkswirtschaft existierenden Marktbeziehungen ist auf wenige repräsentative Märkte, einen Gütermarkt, einen Geldmarkt und einen Arbeitsmarkt, reduziert. Betrachtet wird die Entwicklung der gesamtwirtlichen Nachfrage Y^D:

$$Y^D = Y = C + I + B \tag{8.1}$$

John Maynard Keynes und die Allgemeine Theorie der Beschäftigung

John Maynard Keynes (1883–1946), geboren in Cambridge. Er studierte dort zunächst Mathematik, Philosophie und Geschichte, wandte sich dann aber unter dem Einfluss *Alfred Marshalls* den Wirtschaftswissenschaften zu. Von 1906 bis 1909 arbeitete er für die Royal Commission on Indian Currency and Finance einen Plan für eine Währungsreform in Indien aus. Seit 1909 hatte er eine Stelle als Dozent für Wirtschaftswissenschaften an der Universität Cambridge inne. Seit 1911 war er Herausgeber des *Economic Journal*. Von 1915 und 1919 beriet Keynes das britische Finanzministerium, als dessen Vertreter er am Ende des Ersten Weltkriegs an der Friedenskonferenz in Paris teilnahm. Er kritisierte den Versailler Vertrag und sagte ein Erstarken des Nationalismus in Deutschland aufgrund der hohen Reparationszahlung voraus. Nach dem Erhalt einer Professur ging er 1920 nach Cambridge zurück. Angesichts der Großen Depression der 30er Jahre wurde er zum Fürsprecher einer expansiven Geld- und Finanzpolitik zur Überwindung der Krise. Am Ende des Zweiten Weltkriegs war Keynes 1944 britischer Delegationsführer auf der Internationalen Währungskonferenz von Bretton Woods, die zur Gründung des Internationalen Währungsfonds (IMF) und der Weltbank (*International Bank for Reconstruction and Development*, IMRD) und zur Einführung eines weltweiten Systems fester Wechselkurse führte. Zu seinen Hauptwerken zählen: *A Treatise on Probability* (London, 1921); *A Treatise on Money* (London, 1930); *A General Theory of Employment, Interest and Money* (London, 1936).

Buchstäblich von der ersten bis zur letzten Publikation beschäftigte sich Keynes immer wieder mit den Folgen, die monetäre Fehlentwicklungen über die Kreislaufströme für die realwirtschaftliche Entwicklung haben können. In seiner Abhandlung über das Geld entwickelte er 1930 die Grundlagen der modernen Kreislaufanalyse. Mit seiner Allgemeinen Theorie begründete er 1936 die *Makroökonomik*. Er zeigte auf, wie sich unter den Bedingungen einer Geldwirtschaft, die für ihn allgemeiner waren als das Modell einer geldlosen Wirtschaft, Ungleichgewichte am Geldmarkt über den Zins bis auf den Arbeitsmarkt auswirken, ohne dass Veränderungen der nominellen Preise und Löhne kurzfristig die Rückkehr zu einem Gleichgewicht herbeiführen können. Mit dem kreislaufbedingten Marktversagen begründete er die Notwendigkeit stabilisierungspolitischer Eingriffe. Er warnte vor einer zu starken Einschränkung der Handlungsfähigkeit der Zentralbank durch strikte Regelbindungen, weil ihr damit auch die Möglichkeit zur Überwindung kurzfristiger Liquiditätskrisen genommen würde. Er plädierte für die Einführung eines durch den IMF bereitgestellten neuen *Weltgeldes* zur Sicherstellung eines florierenden Welthandels. Und er sprach sich für eine Ausweitung staatlicher Ausgaben unter Inkaufnahme einer höheren Verschuldung aus, wenn damit ein Ausfall gesamtwirtschaftlicher Nachfrage kompensiert werden könne. Die durch ihn begründete Schule des *Keynesianismus* prägte für lange Zeit das weltweite makroökonomische Denken nach dem Zweiten Weltkrieg. Erst am Ende der 60er Jahre, als das Bretton Woods-System sich auflöste und die keynesianischen Rezepte gegen den gleichzeitigen Anstieg von Inflation und Arbeitslosigkeit nicht mehr halfen, konnten sich andere Ansätze der Stabilisierungspolitik, wie etwa der *Monetarismus*, in der wirtschaftspolitischen Praxis durchsetzen.

die sich (in einer geschlossenen Volkswirtschaft) aus dem privaten Konsum C, den privaten Investitionen I und den staatlichen Ausgaben B zusammensetzt. Das bei dieser Nachfrage entstehende Volkseinkommen Y wird in der Regel unterhalb des volkswirtschaftlichen Produktionspotenzials liegen, das bei Vollauslastung aller vorhandenen Produktionsfaktoren erreicht würde. Damit bleiben aber auch Arbeitskräfte unbeschäftigt, und es entsteht konjunkturelle Arbeitslosigkeit. Sofern die Preise flexibel sind, kann dies auch Einfluss auf das gesamtwirtschaftliche Preisniveau (und damit indirekt auf die Inflationsrate) haben.

8.1.1   Gesamtwirtschaftliche Nachfrage und gesamtwirtschaftliches Angebot

Den einfachsten Rahmen zur Analyse der Entwicklung von Volkseinkommen Y und gesamtwirtschaftlichem Preisniveau P bildet das in *Abbildung 8.1* dargestellte gesamtwirtschaftliche Angebots- und Nachfragemodell. Es ist dem mikroökonomischen Marktmodell nachempfunden, obgleich es keine Markt-, sondern Kreislaufbeziehungen abbildet. Die senkrechte Gerade bestimmt das gesamtwirtschaftliche *Produktionspotenzial* Y_0. Sie ist unabhängig vom Preisniveau P und wird bestimmt durch den verfügbaren volkswirtschaftlichen Kapitalstock, das Niveau des vorhandenen Humankapitals und technischen Wissens und die Zahl der prinzipiell verfügbaren Arbeitskräfte.

   Die *Kurve der aggregierten Gesamtnachfrage* verläuft (wie die mikroökonomische Nachfragefunktion) fallend im Preisniveau P. Dies kann zum Beispiel durch Vermögenseffekte der privaten Konsumnachfrage erklärt werden. Bei steigendem Preisniveau sinkt der Realwert des Vermögens. Sofern die Konsumnachfrage vom verfügbaren realen Vermögen abhängt, vermindert sich der private Konsum und damit die Gesamtnachfrage.

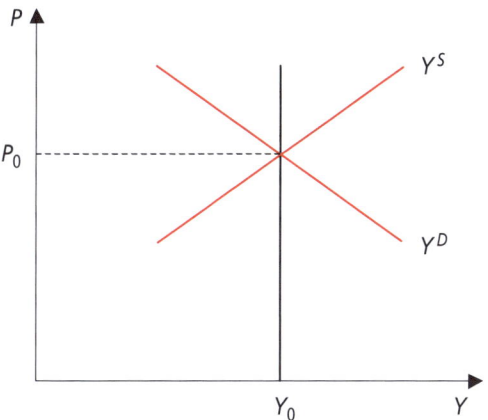

Abbildung 8.1: Gesamtwirtschaftliches Angebots- und Nachfragemodell

Y_0 beschreibt das langfristige Produktionspotenzial. Y^D ist die gesamtwirtschaftliche Nachfrage, die negativ mit dem gesamtwirtschaftlichen Preisniveau zusammenhängt. Y^S ist das kurzfristige gesamtwirtschaftliche Angebot, das bei gegebenen Inflationserwartungen positiv vom Preisniveau abhängt. Am Schnittpunkt von Angebot und Nachfrage wird die Höhe des gleichgewichtigen Preisniveaus P_0 bestimmt.

Zusätzlich kann ein Zinseffekt eintreten, wenn sich bei zunehmendem Preisniveau der reale Wert der Kassenbestände vermindert. Wie bei sinkender nomineller Geldmenge kommt es dann zu einem Zinsanstieg, der sich wiederum dämpfend auf die privaten Investitionen auswirkt.

Am Schnittpunkt von langfristiger Angebotskurve beim Potenzialeinkommen Y_0 mit der gesamtwirtschaftlichen Nachfrage ergibt sich ein gesamtwirtschaftliches Preisniveau in Höhe von P_0. Durch diesen Punkt verläuft eine kurzfristige Angebotsfunktion, die (wie die mikroökonomische Angebotsfunktion) steigend in Abhängigkeit von P verläuft. Die positive Steigerung resultiert aus fehlerhaften Einschätzungen der Preisniveauentwicklung, die langfristig wieder korrigiert werden. Als Gründe für den steigenden Verlauf der kurzfristigen Angebotsfunktion werden genannt:

- *Informationsfehler:* Die Anbieter verwechseln einen Anstieg von P mit einem Anstieg relativer Preise und weiten deshalb ihr Angebot aus.

- *Lohnrigiditäten:* Bei starren Nominallöhnen senkt ein Anstieg von P den Reallohn. Damit steigen die Arbeitsnachfrage und das produzierte Güterangebot.

- *Preisrigiditäten:* Angesichts von *Menükosten* können nicht alle Preise sofort an einen Anstieg von P angepasst werden. Die relativ billigen Anbieter werden somit kurzfristig ihr Angebot ausdehnen können.

8.1.2 Erklärung von Rezession und Stagflation

Der makroökonomische Modellrahmen lässt sich nun verwenden, um das Entstehen konjunktureller Schwankungen zu erklären, die zu einem vorübergehenden Abweichen des Volkseinkommens vom Produktionspotenzial führen. Möglich sind eine *nachfrage-*

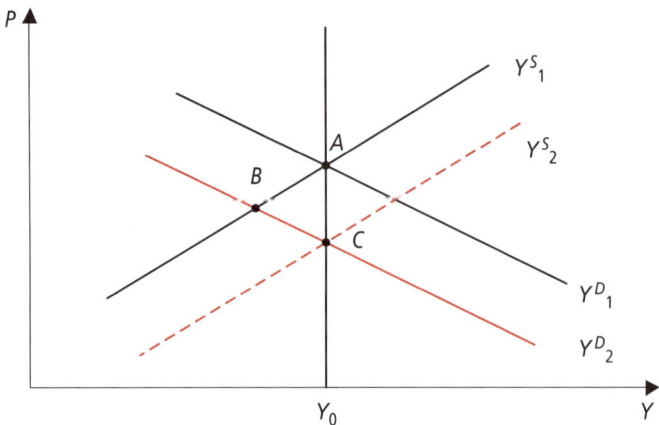

Abbildung 8.2: Entstehung und Überwindung einer Rezession

Ausgangspunkt ist das Gleichgewicht bei A. Durch einen Nachfrageausfall verlagert sich die gesamtwirtschaftliche Nachfrage nach links auf Y^D_2. Das kurzfristige neue Gleichgewicht liegt bei B. Dort sind sowohl das Preisniveau als auch die Produktion gesunken. Wenn die Inflationserwartungen sich dem gesunkenen Preisniveau anpassen, verschiebt sich auch die kurzfristige Angebotskurve nach unten, bis das neue langfristige Gleichgewicht bei C erreicht ist. Um das dauerhafte Sinken des Preisniveaus zu verhindern, könnte durch Nachfragepolitik der ursprüngliche Nachfrageausfall kompensiert werden.

seitige und eine *angebotsseitige Erklärung* von Konjunkturkrisen. Aus Sicht der keynesianischen Theorie entstehen Konjunkturschwankungen durch *Veränderungen der gesamtwirtschaftlichen Nachfrage*. Kommt es zum Beispiel durch negative Zukunftserwartungen der Unternehmer zu einem Ausfall von privater Investitionsnachfrage bei jedem gegebenen Preisniveau, so wird sich in *Abbildung 8.2* die gesamtwirtschaftliche Nachfragekurve Y^D_1 nach unten auf Y^D_2 verlagern. Lag das alte makroökonomische Gleichgewicht am Punkt *A* beim Produktionspotenzial Y_0, so liegt der neue Schnittpunkt *B* von kurzfristiger Angebots- und Nachfragefunktion bei einem geringeren Volkseinkommen und einem gesunkenen Preisniveau. Die betroffene Volkswirtschaft erlebt damit eine *Rezession*. *B* kann allerdings kein langfristiges Gleichgewicht sein. Ohne weiteren staatlichen Eingriff ist davon auszugehen, dass bei weiter sinkendem Preisniveau entlang der Nachfragefunktion schließlich der Punkt *C* erreicht wird, bei dem wieder das Produktionspotenzial hergestellt wird. Mit der Bewegung entlang Y^D_2 korrespondiert eine sukzessive Verschiebung der kurzfristigen Angebotsfunktion. Sie ist erklärbar durch eine Anpassung der Preiserwartungen nach unten, die sich allmählich auch in einer Senkung der Löhne und Preise niederschlägt. Durch das neue langfristige Gleichgewicht C muss deshalb auch eine neue kurzfristige Angebotskurve Y^S_2 verlaufen.

Eine angebotsseitige Erklärung von Konjunkturschwankungen ergibt sich dann, wenn es im Ausgangspunkt A zu einer *Verschiebung der kurzfristigen Angebotsfunktion* kommt. Dargestellt ist in *Abbildung 8.3* der Fall, dass durch eine exogene Zunahme von Rohstoffpreisen sich die Angebotskurve Y^S_1 auf Y^S_2 nach oben verschiebt. Man erhält einen neuen Schnittpunkt mit der Nachfragekurve beim Punkt D, in dem das Volkseinkommen gegenüber dem Produktionspotenzial gesunken, das Preisniveau aber gestiegen ist. Der Angebotsschock führt damit zu einer *Stagflation*. Ohne weitere staatliche Eingriffe ist

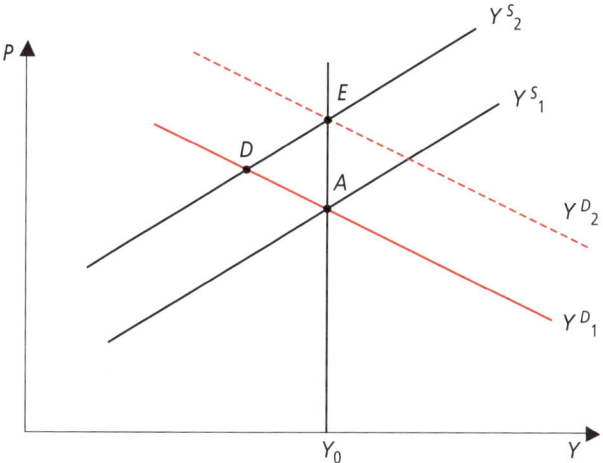

Abbildung 8.3: Entstehung und Überwindung einer Stagflation

Ausgangspunkt ist das Gleichgewicht bei A. Durch einen exogenen Schock, beispielsweise eine unerwartete Erhöhung der Rohstoffpreise, verschiebt sich die kurzfristige Angebotskurve nach oben auf Y^S_2. Bei unveränderter Nachfrage-kurve würde sich ein kurzfristiges Gleichgewicht bei D einstellen. Dort ist die Produktion gesunken und das Preisniveau gestiegen. Ohne zusätzliche Expansion der Nachfrage müsste das Preisniveau langfristig wieder sinken und damit die kurzfristige Angebotskurve wieder bis A zurückwandern. Wird eine ergänzende Nachfragepolitik betrieben, so verschiebt sich die Nachfragekurve nach rechts und es wird ein neuen langfristiges Gleichgewicht bei E erreicht.

davon auszugehen, dass langfristig wieder der Punkt *A* erreicht werden kann. Dies setzt voraus, dass die Unterauslastung der Produktionskapazitäten zu einem Druck auf Löhne und Preise führt, die sinkende Preiserwartungen und schließlich auch sinkende Preise induziert. Damit wird sich die kurzfristige Angebotsfunktion wieder auf ihr ursprüngliches Niveau zurückverlagern. Zu einem anderen Ergebnis gelangt man, wenn der Staat zusätzliche Maßnahmen zur Konjunkturstabilisierung einleitet. Sie würden zu einer Verschiebung der gesamtwirtschaftlichen Nachfragefunktion nach oben auf Y^D_2 führen. Das langfristige Gleichgewicht könnte dann am Punkt E liegen. Dort wird wieder das Produktionspotenzial hergestellt, allerdings nun zu einem gestiegenen Preisniveau. Die Kosten der Bekämpfung eines Angebotsschocks durch Nachfragepolitik bestehen also in einem Anstieg des Preisniveaus.

8.2 Ursachen von Arbeitslosigkeit

An der Betrachtung des Arbeitsmarkts können nun noch einmal die Unterschiede zwischen einer mikroökonomischen und einer makroökonomischen Analyse herausgearbeitet werden. In einem *isolierten Modell des Arbeitsmarkts*, wie es *Abbildung 8.4* darstellt, bildet sich aus dem Zusammenspiel von Arbeitsangebot und Arbeitsnachfrage ein *Arbeitsmarktgleichgewicht*. Das Arbeitsangebot der Haushalte N^S hängt strikt positiv vom Reallohn W/P ab, die Arbeitsnachfrage der Unternehmen N^D dagegen negativ. Im Arbeitsmarktgleichgewicht werden simultan der Arbeitseinsatz bei Vollbeschäftigung N_0 und das Gleichgewichtsniveau des Reallohns $(W/P)_0$ bestimmt. Sofern der volkswirt-

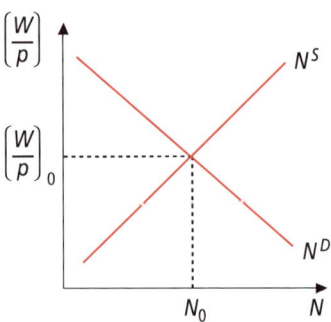

Abbildung 8.4: Arbeitsmarktgleichgewicht in mikroökonomischer Perspektive

Am Arbeitsmarkt treffen die Arbeitsnachfrage der Unternehmen und das Arbeitsangebot der Haushalte zusammen. Beide hängen vom Reallohn ab. Das Arbeitsangebot steigt bei zunehmendem Reallohn, die Arbeitsnachfrage fällt. Am Schnittpunkt von Arbeitsangebot und Arbeitsnachfrage werden der gleichgewichtige Reallohn und das Niveau der Vollbeschäftigung am Arbeitsmarkt bestimmt.

schaftliche Kapitalstock gegeben und konstant ist, bestimmt der Arbeitseinsatz bei Vollbeschäftigung die Höhe des Produktionspotenzials Y_0.

Im Folgenden werden wir drei unterschiedliche Erklärungen für das Entstehen von Arbeitslosigkeit herleiten. Die *klassische Arbeitslosigkeit* erklärt sich aus Funktionsstörungen des mikroökonomischen Modells. Die *keynesianische Arbeitslosigkeit* stellt auf Rückwirkungen der gesamtwirtschaftlichen Nachfrageentwicklung auf den mikroökonomischen Arbeitsmarkt ab. Ein *Synthesemodell* versucht schließlich, in Anlehnung an das gesamtwirtschaftliche Angebots- und Nachfragemodell Arbeitslosigkeit als Ergebnis von Funktionsstörungen auf allen Märkten, das heißt Arbeitsmarkt, Gütermarkt und Geldmarkt, zu erklären, die als Folge der Kreislaufzusammenhänge nicht isoliert betrachtet werden sollten.

8.2.1 Klassische Arbeitslosigkeit

Im mikroökonomischen Modell des Arbeitsmarkts entsteht klassische Arbeitslosigkeit als Folge eines wirksamen *Mindestpreises*. Ein Reallohn von $(W/P)_1$, der wie in *Abbildung 8.5* über dem gleichgewichtigen Reallohn $(W/P)_0$ liegt, führt zu einem Ungleichgewicht am Arbeitsmarkt, bei dem die Unternehmen eine geringere Menge an Beschäftigung nachfragen als die Haushalte anbieten. Es entsteht Arbeitslosigkeit in Höhe von $N_2 - N_1$.

Nach der Logik des mikroökonomischen Modells ist die Beseitigung klassischer Arbeitslosigkeit durch eine *Senkung des Reallohns* möglich, der im Vergleich zum Arbeitsmarktgleichgewicht zu hoch liegt. Nun ist der Reallohn allerdings kein Preis, über den direkt am Arbeitsmarkt verhandelt wird, sondern die Tarifpartner können unter der Annahme, dass das Preisniveau P konstant bleibt, über eine Veränderung des Nominallohnsatzes W entscheiden. Ändert sich aber durch Veränderungen des gesamtwirtschaftlichen Angebots oder der gesamtwirtschaftlichen Nachfrage das Preisniveau ex post, können die Entscheidungen der Tarifparteien über die Höhe des Nominallohns letztlich ohne Auswirkungen auf die Höhe des Reallohns bleiben.

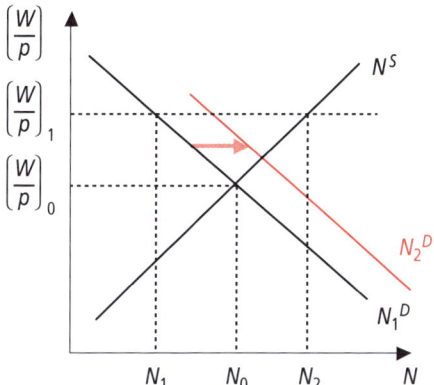

Abbildung 8.5: Entstehung und Bekämpfung klassischer Arbeitslosigkeit

Klassische Arbeitslosigkeit entsteht im mikroökonomischen Modell des Arbeitsmarkts, wenn der Reallohn über seinem Gleichgewichtsniveau liegt. Das Arbeitsangebot bei Reallohn $(W/P)_1$ ist größer als die Arbeitsnachfrage; die Differenz $N_2 - N_1$ entspricht der Arbeitslosigkeit. Eine Bekämpfung klassischer Arbeitslosigkeit ist möglich durch eine Senkung des Nominallohns bei konstantem Preisniveau, durch eine Zunahme des Preisniveaus bei konstantem Nominallohn oder durch Maßnahmen, die zu einer Verschiebung der Arbeitsnachfragekurve führen.

Die Interdependenz zwischen Arbeitsmarkt und gesamtwirtschaftlicher Entwicklung wird auch dann deutlich, wenn man bedenkt, dass eine Verringerung der Reallohns bei konstantem Nominallohn natürlich auch über eine *Zunahme des gesamtwirtschaftlichen Preisniveaus* erfolgen könnte. Allerdings ist es höchst unwahrscheinlich, dass die Nominallöhne angesichts eines Inflationsschubs auf Dauer konstant bleiben. Sofern die Nominallöhne sich dem steigenden Preisniveau anpassen, bleibt der Reallohn konstant und es kommt lediglich zu einer anhaltenden *Lohn-Preis-Spirale*.

Eine dritte Möglichkeit zur Bekämpfung klassischer Arbeitslosigkeit besteht darin, die Arbeitsnachfrage zu erhöhen, so dass sich N_1^D nach rechts auf N_2^D verschiebt. Im Idealfall könnte damit bei N_2 Vollbeschäftigung beim Reallohnniveau $(W/P)_1$ eintreten. Ein solcher *Anstieg der Arbeitsnachfrage* der Unternehmen ist zu erwarten, wenn es gelingt, die Produktivität der Arbeit so zu erhöhen, dass sie dem hohen Reallohn entspricht. Ein Anstieg der Arbeitsproduktivität ergibt sich aus *Investitionen*, die in *Sach- oder Humankapital* getätigt werden. Investitionen sind nun aber wieder ein Teil der gesamtwirtschaftlichen Güternachfrage, so dass auch an dieser Stelle mögliche Rückwirkungen aus den Kreislaufzusammenhängen berücksichtigt werden müssen. Denkbar ist einerseits, dass eine Zunahme von Investitionen nicht nur Kapazitäts-, sondern auch Nachfrageeffekte hat, die zu einer dauerhaften Zunahme von Produktion, Volkseinkommen und Beschäftigung führen. Unter bestimmten Bedingungen ist es aber auch möglich, dass die Zunahme der Arbeitsproduktivität zur verstärkten Freisetzung von Arbeitskräften, einer Verringerung des Volkseinkommens und einem Rückgang der gesamtwirtschaftlichen Nachfrage führt.

8.2.2 Keynesianische Arbeitslosigkeit

Der *Ausfall gesamtwirtschaftlicher Nachfrage* ist der Auslöser keynesianischer Arbeitslosigkeit. Unter Rückgriff auf die Ergebnisse des gesamtwirtschaftlichen Angebots- und Nachfragemodells wird deutlich, dass für die Realisierung der gesamtwirtschaftlichen maximal möglichen Produktionskapazität Y_0 nicht nur die Menge der eingesetzten Arbeitskräfte, sondern auch das Volumen der gesamtwirtschaftlichen Güternachfrage Y^D entscheidende Bedeutung besitzt. Verschiebt sich Y^D, wie in *Abbildung 8.2* dargestellt, aufgrund einer Verminderung der autonomen Ausgaben oder einer Verringerung des Geldangebots nach unten, reicht die gesamtwirtschaftliche Nachfrage kurzfristig nicht mehr aus, um das Vollbeschäftigungsniveau an Arbeitskräften zu beschäftigen. Diesen Zusammenhang skizziert *Abbildung 8.6* aus Sicht des mikroökonomischen Arbeitsmarkts. Die Unternehmen werden ihre Produktion der reduzierten Nachfrage anpassen. Sie werden nicht mehr Arbeitskräfte im Umfang N_0 nachfragen, sondern lediglich die zur Erzeugung einer geringeren Produktion erforderlichen Menge N_3. Bei unverändert hohem Reallohnniveau $(W/P)_0$ entsteht damit auf dem Arbeitsmarkt Unterbeschäftigung in dem Sinne, dass die tatsächliche Beschäftigung N_3 von dem maximal möglichen Beschäftigungsniveau N_0 abweicht.

Eine Absenkung des Reallohns durch Verringerung der Nominallohnsätze kann zwar einen Ausgleich der nachgefragten Beschäftigung N_3 mit dem Arbeitsangebot herbeiführen. Eine solche Situation wäre allerdings ein mit *dauerhafter Unterbeschäftigung* verbundener Gleichgewichtszustand. Eine adäquate Bekämpfung keynesianischer Arbeitslosigkeit besteht daher nicht in Maßnahmen zur Senkung des Reallohns, sondern in einer Steigerung der realen gesamtwirtschaftlichen Nachfrage auf den Umfang des maximal produzierbaren Angebots Y_0.

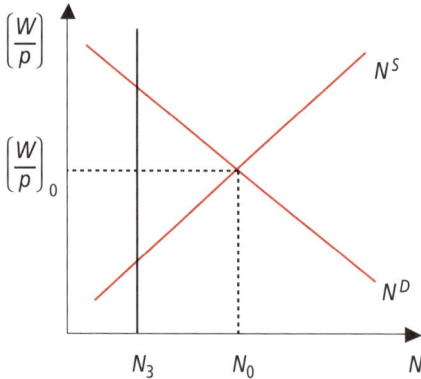

Abbildung 8.6: Entstehung keynesianischer Arbeitslosigkeit

Keynesianische Arbeitslosigkeit entsteht, wenn die Arbeitsnachfrage durch das Niveau der Güternachfrage begrenzt wird. Unabhängig vom Niveau des Reallohns liegt die Arbeitsnachfrage bei N_3, es entsteht Arbeitslosigkeit in Höhe der Differenz $N_0 - N_3$. Keynesianische Arbeitslosigkeit lässt sich nicht durch Veränderungen des Reallohns, sondern nur durch eine Zunahme der Güternachfrage bekämpfen.

Wirtschaftspolitisch steuerbar sind die Komponenten der *nominellen gesamtwirtschaftlichen Nachfrage*. Welche Effekte durch Nachfragepolitik auf die reale Gesamtnachfrage ausgehen, hängt von der Entwicklung des Preisniveaus ab, das ja im gesamtwirtschaftlichen Angebots- und Nachfragemodell selbst endogen bestimmt wird. Schließlich ist es auch für die erfolgreiche Bekämpfung keynesianischer Arbeitslosigkeit natürlich von Belang, ob der Reallohn auf dem langfristig gleichgewichtigen Niveau verharrt. Endogene Veränderungen des Preisniveaus oder exogene Veränderungen der Nominallöhne können dazu führen, dass der Reallohn sich verändert, so dass nach erfolgreicher Kompensation des Nachfrageausfalls an die Stelle der keynesianischen eine klassische Arbeitslosigkeit getreten ist.

8.2.3 Arbeitslosigkeit in einem makroökonomischen Synthesemodell

Angesicht der Tatsache, dass die einfachen Modelle zur Erklärung klassischer und keynesianischer Arbeitslosigkeit den Kreislaufzusammenhängen zu wenig Beachtung schenken, hat die moderne Arbeitsmarkttheorie ein *Synthesemodell* entwickelt, das in das Schema des gesamtwirtschaftlichen Angebots- und Nachfragemodells integriert ist. Dauerhafte Arbeitslosigkeit, die zu einer Beschäftigung unterhalb des Vollbeschäftigungspotenzials führt, wird in diesem Modellrahmen aus dem *Zusammenspiel von Lohnsetzungsverhalten und Nachfrageentwicklung* erklärt.

Das Modell basiert darauf, dass die gesamtwirtschaftliche Produktion Y als Ergebnis des Gewinn maximierenden Verhaltens eines repräsentativen Unternehmers interpretiert werden kann. Produktion Y und Arbeitseinsatz N sind bei Konstanz des Kapitalstocks und aller weiteren denkbaren Produktionsfaktoren verbunden über eine gesamtwirtschaftliche Produktionsfunktion:

$$Y = F(N) \tag{8.2}$$

Diese Produktionsfunktion besitze ein positives und abnehmendes Grenzprodukt der Arbeit, so dass $F'(N) > 0$ und $F''(N) < 0$ gilt. Der repräsentative Unternehmer agiere unter Bedingungen *monopolistischen Wettbewerbs*, so dass er sich einer gegebenen *Preis-Absatz-Funktion* gegenübersieht.

Da gesamtwirtschaftliche Beziehungen dargestellt werden, beschreibt diese Preis-Absatz-Funktion den (negativen) Zusammenhang zwischen der gesamtwirtschaftlichen Produktion, die verkauft werden soll, und dem gesamtwirtschaftlichen Preisniveau:

$$P = P(Y) \tag{8.3}$$

Zur Vereinfachung wird unterstellt, dass es eine konstante Preiselastizität der Nachfrage gibt. Je weniger reagibel die Güternachfrage auf Preisänderungen ist, desto größer ist die Marktmacht des Produzenten. Die Marktmacht schlägt sich in einem positiven *Gewinnaufschlag* μ auf die Grenzkosten der Produktion nieder, die in dem einfachen Modellrahmen dem konstanten Nominallohn W entsprechen.

Aus dem Gewinnmaximierungskalkül des Unternehmers folgt unter diesen Annahmen ein negativer Zusammenhang zwischen dem Reallohn und der Höhe der Beschäftigung N^*:

$$\frac{W}{P} = \frac{F'(N)}{\mu} \qquad (8.4)$$

Dieser Zusammenhang ist in *Abbildung 8.7* als so genannte *Preissetzungsfunktion* dargestellt. Lageparameter der Preissetzungsfunktion sind der *Gewinnaufschlag* μ durch monopolistische Marktmacht und die möglichen weiteren Produktionsfaktoren, soweit sie einen Einfluss auf die Arbeitsproduktivität haben. Eine Reduktion des Gewinnaufschlags durch intensiveren Wettbewerb auf den Gütermärkten, der die Preiselastizität der Nachfrage erhöht, oder eine exogene Zunahme der Arbeitsproduktivität, beispielsweise durch Investitionen in Sach- und Humankapital, verschieben die Preissetzungsfunktion nach rechts.

Zweiter Bestandteil des Synthesemodells ist die so genannte *Beschäftigungsfunktion*, die sich aus der *Quantitätsgleichung* (6.4) herleiten lässt. Dabei ist zu berücksichtigen, dass nach der Quantitätsgleichung die tatsächliche nominelle Gesamtnachfrage $Y P$ den nominellen Gesamtausgaben entspricht, die sich als Produkt von Geldmenge M und Umlaufgeschwindigkeit v^* schreiben lassen. Erweitert man die Quantitätsgleichung um den Nominallohn W und berücksichtigt den Zusammenhang zwischen realer Produktion und Beschäftigung entsprechend der gesamtwirtschaftlichen Produktionsfunktion (8.2), so erhält man einen positiven Zusammenhang zwischen Reallohn und Beschäftigung:

$$\frac{W}{P} = F(N) \cdot \frac{W}{M \cdot v^*} \qquad (8.5)$$

Lageparameter der in *Abbildung 8.7* dargestellten Beschäftigungsfunktion sind der Nominallohn und damit das Verhalten der Tarifpartner bei der Lohnsetzung am Arbeitsmarkt, die nominellen Gesamtausgaben, die durch die Nachfrageentwicklung an den Geld- und Gütermärkten bestimmt werden, sowie die möglichen weiteren Produktions-

---

* Formal ergibt sich (8.4) aus der Maximierung der Gewinnfunktion eines repräsentativen Unternehmers durch Wahl der Absatzmenge unter Berücksichtigung der Produktionsfunktion (8.2) und der Preis-Absatz-Funktion (8.3):

$$\max G = P \cdot Y - W \cdot N = P(Y)Y - W \cdot N$$

$$\frac{\partial G}{\partial Y} = P + Y\frac{\partial P}{\partial Y} - W \cdot \frac{\partial N}{\partial Y} = P\left(1 + \frac{1}{\delta}\right) - W\frac{W}{F'(N)} = 0$$

$$\frac{\partial^2 G}{\partial Y^2} = \frac{\partial P}{\partial Y}\left(1 + \frac{1}{\delta}\right) + \frac{W \cdot F''(N)}{F'(N)^3} < 0$$

Dabei ist $\delta = \frac{\partial Y}{\partial P} \cdot \frac{P}{Y} < 0$ die konstante Preiselastizität der Nachfrage. Da Marktmacht unterstellt wird, sind Werte zwischen $-\infty$ und -1 denkbar. Durch Definition eines konstanten (positiven) Gewinnaufschlags auf die marginalen Lohnkosten $\mu = \frac{\delta}{1 + \delta}$ erhält man die Preissetzungsfunktion (8.4).

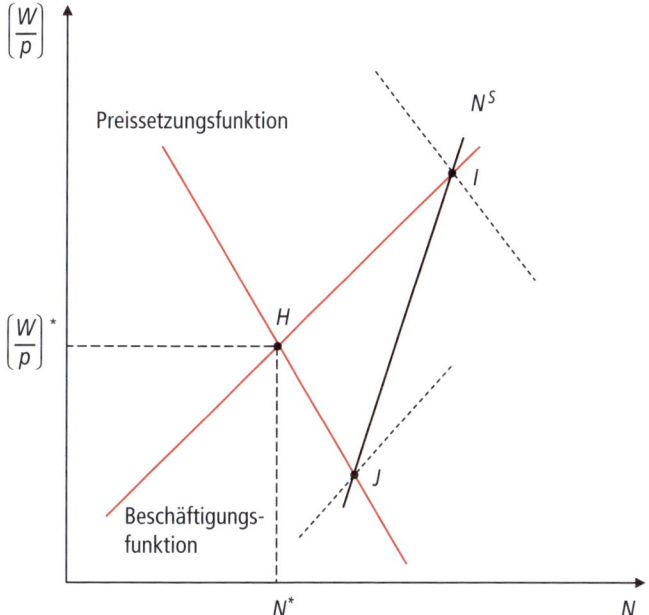

Abbildung 8.7: Arbeitsmarktgleichgewicht in makroökonomischer Perspektive

Im Rahmen des Synthesemodells werden Reallohn und Beschäftigungshöhe beide endogen bestimmt. Die Preissetzungsfunktion einerseits und die Beschäftigungsfunktion andererseits beschreiben jeweils Zusammenhänge zwischen diesen beiden Variablen, die sich aus einem gesamtwirtschaftlichen Angebots- und Nachfragemodell ergeben. Liegt das Gleichgewicht bei H, also links von der Arbeitsangebotsfunktion N^S, impliziert die Beschäftigungshöhe N^* Arbeitslosigkeit beim Reallohn $(W/P)^*$. Vollbeschäftigung kann erreicht werden durch Maßnahmen, die entweder die Preissetzungsfunktion verschieben, zum Beispiel bis zum Punkt I, oder durch eine Verschiebung der Beschäftigungsfunktion bis zum Punkt J.

faktoren. Eine Veränderung der nominellen Gesamtausgaben erfolgt entweder über eine Veränderung der Geldmenge oder über eine Veränderung der Umlaufgeschwindigkeit des Geldes, zu der es beispielsweise durch Zinsänderungen am Kapitalmarkt kommen kann. Eine Zunahme der nominellen Gesamtausgaben verschiebt die Beschäftigungsfunktion nach rechts, eine Erhöhung des Nominallohns verschiebt sie dagegen nach links, genauso wie eine Zunahme weiterer Produktionsfaktoren, durch die sich die Arbeitsproduktivität erhöht.

Zusätzlich zur Preissetzungs- und zur Beschäftigungsfunktion ist in *Abbildung 8.7* auch noch die *mikroökonomische Arbeitsangebotsfunktion N^S* eingezeichnet. Sie gibt das beim jeweils herrschenden Reallohn maximal bereitgestellte Arbeitsangebot der Haushalte an. Arbeitslosigkeit entsteht in der makroökonomischen Perspektive, wenn dieses Arbeitsangebot nicht vollständig ausgeschöpft werden kann, weil der Schnittpunkt von Preissetzungs- und Beschäftigungsfunktion links von N^S am Punkt H liegt. Die Ursachen der Arbeitslosigkeit können entweder in fehlendem Wettbewerb am Gütermarkt, in einem Ausfall monetärer Gesamtnachfrage oder an überhöhten Nominallöhnen liegen. Denkbar ist auch ein Zusammenfall mehrerer dieser Faktoren. Eine erfolgreiche Bekämpfung der Arbeitslosigkeit ist aus Sicht des Synthesemodells möglich, wenn sich durch *intensiveren Wettbewerb* am Gütermarkt der Gewinnaufschlag μ verringert und die Preissetzungsfunktion nach rechts wandert. Ein Vollbeschäftigungsgleichgewicht wäre am Punkt *I* sogar mit einem gestiegenen Reallohn verbunden. Die zweite Möglichkeit zur Erhöhung der Beschäftigung besteht in einer Erhöhung des Verhältnisses von nomineller Gesamtnachfrage und Nominallohn. Dies kann entweder durch eine *Expansion der Gesamtnachfrage* oder eine *Senkung der Nominallöhne* erfolgen. Das auf diese Weise erreichbare Vollbeschäftigungsgleichgewicht liegt am Punkt *J* und ist, entweder als Folge eines gestiegenen Preisniveaus oder gesunkener Nominallöhne, mit gesunkenen Reallöhnen verbunden. Unklar bleiben die Effekte höherer *Investitionen in Sach- und Humankapital*, die erstens die eingesetzte Arbeit produktiver machen, zweitens eine Zunahme der nominellen Gesamtnachfrage auslösen können, drittens aber auch die Substitution der Arbeitskraft durch andere Produktionsfaktoren fördern.

8.3   Ansatzpunkte der Stabilisierungspolitik

8.3.1   Fiskalpolitik

Maßnahmen der staatlichen Haushaltspolitik, die eine Beeinflussung der gesamtwirtschaftlichen Nachfrage oder ihrer einzelnen Komponenten aus Gründen der Konjunktursteuerung zum Ziel haben, werden als *Fiskalpolitik* bezeichnet. Instrumente und Ansatzpunkte der Fiskalpolitik lassen sich anhand einer vereinfachten Darstellung der Hauptposten des staatlichen Budgets ableiten und systematisieren. Der staatlichen Nachfrage nach Gütern und Dienstleistungen *B* stehen auf der Einnahmenseite die Steuereinnahmen *T* gegenüber. Übersteigen die Staatsausgaben die Steuereinnahmen, so entsteht ein Budgetdefizit, das durch Kreditaufnahme des Staates bei der Notenbank oder bei den Privaten in Höhe von

$$D = B - T \tag{8.6}$$

gedeckt werden muss. Sind die Steuereinnahmen *T* dagegen höher als die Staatsausgaben *B*, so ergibt sich ein Budgetüberschuss des Staates, der zur Bildung von Rücklagen bei der Notenbank oder zur Tilgung von Staatskrediten Verwendung finden kann.

Die explizite Berücksichtigung der Staatsnachfrage B als Bestandteil der Gesamtnachfrage Y^D hat bereits verdeutlicht, auf welche Weise die staatliche Ausgabenpolitik unmittelbar Einfluss auf Volkseinkommen und Beschäftigung nehmen kann. Eine Zunahme von *B* um ΔB lässt bei konstantem Preisniveau die gesamtwirtschaftliche Nachfrage und das Volkseinkommen wachsen. Wenn dadurch höherer Konsum entsteht, der einen weiteren Nachfrageanstieg induziert, spricht man von *Multiplikatoreffekten* der staatlichen Ausgabenpolitik.

Steuerpolitik kann sich zum einen unmittelbar auf die Höhe des Investitionsvolumens auswirken. Aufgrund der in Abschnitt 7.2.1 dargestellten Zusammenhänge führt beispielsweise eine Senkung der Investitionskosten durch steuerliche Begünstigungen der Investitionstätigkeit zu einer Änderung des internen Zinsfußes *i*. Graphisch erhält man damit eine Rechtsverschiebung der Investitionsfunktion in *Abbildung 7.1*. Bei jedem Marktzins *r* wird somit ein höheres Investitionsvolumen realisiert.

Sofern die Steuern nicht von den Unternehmen, sondern von den privaten Haushalten zu entrichten sind, beeinflusst die Steuerpolitik dagegen über die Höhe des verfügbaren Einkommens die private Konsumnachfrage *C*. Eine Senkung der Steuern um ΔT, die das verfügbare Einkommen und die private Konsumnachfrage erhöht, begünstigt die gesamtwirtschaftliche Nachfrageexpansion und kann selbst wiederum Multiplikatoreffekte auslösen. Sofern die Wirkung der Steuerpolitik, die über die private Konsumnachfrage Einfluss auf die Gesamtnachfrage nimmt, geringer ist als die Wirkung der staatlichen Ausgabenpolitik, die neben den Konsumeffekten auch einen unmittelbaren Einfluss auf die Gesamtnachfrage hat, zeigt sich eine interessante konjunkturelle Wirkung des Gesamtbudgets. Die Finanzierung zusätzlicher Staatsausgaben ΔB durch eine entsprechende Erhöhung von Steuern ($\Delta T = \Delta B$) würde nämlich einen positiven Gesamteffekt auf die Nachfrage erwarten lassen. Man bezeichnet diesen Zusammenhang auch als das *Haavelmo*-Theorem.

Andere Effekte sind dagegen zu erwarten, wenn die Finanzierung zusätzlicher Staatsnachfrage durch eine *Ausweitung der staatlichen Kreditaufnahme D* erfolgt. Die Kreditaufnahme des Staates bei der Notenbank wird wegen ihrer geldpolitischen Effekte erst im folgenden Abschnitt analysiert. Die Erhöhung von D durch Ausgabe zusätzlicher staatlicher Wertpapiere am Kapitalmarkt kann auf verschiedene Weise die Determinanten des Gleichgewichtseinkommens beeinflussen. Zum einen wird das erhöhte Wertpapierangebot zu Kurssenkungen beziehungsweise einem Zinsanstieg am Kapitalmarkt führen. Damit sinkt das Volumen der zinsabhängigen Investitionen. Die Verdrängung der privaten Investitionsfrage durch kreditfinanzierte staatliche Nachfrage wird auch als *Crowding out*-Effekt bezeichnet. Er ist umso geringer, je schwächer die Investitionsnachfrage auf Zinsänderungen reagiert.

Eine Erhöhung von D kann unter Umständen auch die private Konsumnachfrage dämpfen. Soll der durch die Kreditaufnahme am Kapitalmarkt anfallende staatliche Schuldendienst nicht durch eine ständige Ausdehnung der Staatsverschuldung finanziert werden, so lässt er sich nur durch höhere Steuereinnahmen in der Zukunft decken. Sofern die privaten Haushalte aber mit einer höheren Steuerbelastung und folglich mit einer Verringerung ihres verfügbaren Einkommens rechnen, werden sie entsprechend der unterstellten Konsumfunktion ihre Konsumnachfrage einschränken. Besteht allerdings eine positive Beziehung zwischen der Höhe der staatlichen Steuereinnahmen und der Höhe des Volkseinkommens, wie im Falle einer allgemeinen Einkommensteuer, so sind unter Umständen keine zusätzlichen steuerpolitischen Maßnahmen zur Finanzierung des Schuldendienstes erforderlich. Gelingt es nämlich, durch die Ausweitung der Staatsnachfrage einen dauerhaften Anstieg des Volkseinkommens herbeizuführen, so stellen sich automatisch auch höhere Steuereinnahmen ein.

Die umfangreichen Möglichkeiten zur Beeinflussung der einzelnen Nachfragekomponenten durch ausgaben- und einnahmenpolitische Maßnahmen räumen der Fiskalpolitik prinzipiell eine herausragende Bedeutung im Rahmen der Konjunktur- und Beschäftigungspolitik ein. Diese wird besonders im *Konzept der antizyklischen Fiskalpolitik* betont, das dem Staat die Hauptverantwortung für die Stabilisierung der konjunkturellen Entwicklung und der gesamtwirtschaftlichen Nachfrage zuweist. In Phasen der Rezession, die durch einen Rückgang der gesamtwirtschaftlichen Nachfrage gekennzeichnet sind, sollen zusätzliche Staatsausgaben auch unter Inkaufnahme einer ansteigenden Staatsverschuldung den Ausfall privater Nachfrage kompensieren. In Phasen der Hochkonjunktur soll eine Rückführung der Staatsausgaben dagegen die volkswirtschaftliche Gesamtnachfrage dämpfen. Entstehende Haushaltsüberschüsse sind dabei zur Tilgung bestehender Staatsschulden zu verwenden, so dass über den Konjunkturzyklus hinweg keine signifikante Erhöhung der Staatsschuld eintritt.

Alban Phillips und der Trade Off zwischen Inflation und Arbeitslosigkeit

Alban William Phillips (1914–1975), geboren in Neuseeland, arbeitete zunächst in Australien und emigrierte 1937 nach Großbritannien. Er studierte Wirtschaftswissenschaften an der London School of Economics, wo er nach erfolgreichem Abschluss auch seine wissenschaftliche Karriere begann. 1949 entwickelte er dort den Monetary National Income Account Computer (MONIAC), ein 2 Meter hohes Modell des Wirtschaftskreislaufs, bei dem Wasserleitungen zwischen Tanks die Kreislaufströme nachbildeten. Der MONIAC, von dem nicht mehr als 14 Exemplare gebaut wurden, fand in der akademischen Lehre und für die Simulation von Politikmaßnahmen Verwendung. 1967 kehrte *Phillips* nach Australien zurück, wo er einen Lehrstuhl für Wirtschaftswissenschaften an der Australian National University in Canberra übernahm. Sein Hauptwerk ist: „The Relationship between Unemployment and the Rate of Change of Money Wages in the UK 1861–1957" (*Economica*, 1958).

Phillips Wasser-Modell des Wirtschaftskreislaufs förderte die Vorstellung des so genannten *Hydraulischen Keynesianismus*, Stabilisierungspolitik könne mit quasi ingenieurwissenschaftlicher Präzision die konjunkturelle Entwicklung beeinflussen. Aus der Analyse historischer britischer Arbeitsmarktdaten leitete *Phillips* ab, dass in Perioden hoher Arbeitslosigkeit die Nominallöhne sich nur wenig erhöhten, während sie in Perioden niedriger Arbeitslosigkeit stark anstiegen. Dieser auch als ursprüngliche *Phillips*-Kurve bezeichnete Zusammenhang wurde später erweitert (unter anderem von *Paul Samuelson* und *Robert Solow*) zu einer Theorie über den negativen Zusammenhang zwischen dem Niveau der Arbeitslosigkeit und der Inflationsrate. Sie basierte darauf, dass bei konstanten Inflationserwartungen ein Anstieg des Preisniveaus den Reallohn senkt und damit zu mehr Beschäftigung führt. Die *Phillips*-Kurve in dieser Form schien der Stabilisierungspolitik die Möglichkeit zu geben, zwischen einer bestimmten Inflationsrate und einem bestimmten Niveau der Arbeitslosigkeit wählen zu können. Kritisiert wurde dieser Ansatz von *Milton Friedman*, der ihn allenfalls kurzfristig gelten lassen wollte. Langfristig könne durch Inflation die Arbeitslosigkeit nicht unter ihr natürliches Niveau gesenkt werden. *Robert Lucas* zeigte dann, dass unter der *Annahme rationaler Erwartungen* noch nicht einmal diese kurzfristigen Effekte entstehen, da die Tarifpartner die Inflationserwartungen bereits frühzeitig in die Festlegung der Nominallöhne einbeziehen. Die heutige Diskussion über die *Phillips*-Kurve fragt danach, welche Höhe der Arbeitslosigkeit im Rahmen des neoklassischen Synthesemodells mit einem konstanten Niveau der Inflationsrate (nicht des Preisniveaus) vereinbar ist. Die inflationsstabile Arbeitslosigkeit (*non-accelerating inflation rate of unemployment,* NAIRU) stellt ein Gleichgewicht zwischen den Verteilungsansprüchen der Arbeitnehmer und Arbeitgeber dar. Außerhalb der NAIRU führen die unterschiedlichen Verteilungsansprüche entweder zu Nominallohnsteigerungen oder -senkungen, die sich in Veränderungen der gesamtwirtschaftlichen Nachfrage und damit letztlich in Inflations- oder Deflationsprozessen niederschlagen.

Die praktische Durchführung einer antizyklischen Fiskalpolitik ist jedoch mit erheblichen Problemen verbunden. Zum einen liegt die *Entscheidungsbefugnis* über Änderungen des staatlichen Gesamtbudgets in der Regel nicht bei einer einzelnen Instanz, sondern ist gerade in föderalistisch strukturierten Staaten auf zahlreiche Entscheidungsträger verteilt. Nachhaltige Konjunkturwirkungen der Fiskalpolitik setzen somit eine Abstimmung der auf verschiedenen Ebenen eines Staates getroffenen Einnahmen- und Ausgabenentscheidungen voraus. Da solche *Koordinierungsprozesse* Zeit beanspruchen, besteht die Gefahr, dass konjunkturpolitisch notwendige Maßnahmen erst zu spät beschlossen und durchgeführt werden können.

Zum anderen ist zu berücksichtigen, dass die konjunkturelle Stabilisierung nur einen Bereich staatlichen Handelns darstellt, der mit anderen Bereichen, etwa Maßnahmen der selektiven Wachstumsförderung oder der Einkommensumverteilung, in einer Konkurrenzbeziehung steht. Der ausschließlich für fiskalpolitische Zwecke verwendbare Teil des Staatsbudgets muss daher als begrenzt angesehen werden. Damit verbunden ist die Gefahr, dass sich zwar eine steuer- oder kreditfinanzierte Zunahme der Staatsausgaben zur Nachfragebelebung durchsetzen lässt, eine entsprechende Rückführung der Staatsnachfrage in Zeiten einer Hochkonjunktur aber unterbleibt. Die Folge wäre eine stetige Zunahme der Steuerbelastung und der Staatsverschuldung, die den konjunkturpolitischen Handlungsspielraum der öffentlichen Haushalte immer weiter verringert.

8.3.2 Geldpolitik

Auch durch geldpolitische Maßnahmen lässt sich Einfluss auf die Höhe der gesamtwirtschaftlichen Nachfrage nehmen. Wie im Abschnitt 6.3 gezeigt wurde, sind ganz unterschiedliche Wege der Transmission denkbar. Eine wichtige Rolle für die längerfristige Wirksamkeit der geldpolitischen Impulse spielen die am Kapitalmarkt ausgelösten Zinseffekte, weil sie die Investitionsnachfrage beeinflussen.

Durch die so genannte *Liquiditätsfalle* kann der zinssenkende Effekt einer Geldmengenerhöhung unterbunden werden. Eine Liquiditätsfalle liegt dann vor, wenn im Ausgangsgleichgewicht am Geldmarkt mit einem weiteren Absinken des Zinses beziehungsweise einem weiteren Anstieg der Wertpapierkurse nicht mehr zu rechnen ist. Da den Wirtschaftssubjekten eine Vermögenslage in Wertpapieren somit zu riskant erscheint, werden sie das Geld, das ihnen aus einer Geldangebotserhöhung zufließt, als Kasse halten und nicht zusätzliche Wertpapiere nachfragen. Damit unterbleibt ein Zinssenkungseffekt der Geldmengenerhöhung, der einen Anstieg der Investitionsnachfrage und über deren Multiplikatorwirkungen eine weitere Ausweitung der gesamtwirtschaftlichen Nachfrage einleiten könnte.

Der Einsatz finanzpolitischer Maßnahmen zur gesamtwirtschaftlichen Nachfragesteuerung kann durch Kombination mit der Geldpolitik in seiner Wirkung verstärkt werden. So würde die Finanzierung zusätzlicher Staatsausgaben durch eine Kreditgewährung der Notenbank den direkten Nachfrageeffekt dadurch ergänzen, dass ein Geldmengenanstieg den Zins senkt und damit die private Investitionsnachfrage anregt. Dabei darf jedoch nicht die Gefahr übersehen werden, dass die unbegrenzte Finanzierung staatlicher Haushaltsdefizite durch Geldschöpfung häufig zu Inflation führt. Eine Dämpfung der gesamtwirtschaftlichen Nachfrage durch Verringerung staatlicher Ausgaben kann durch die Stilllegung von Haushaltsüberschüssen bei der Notenbank ergänzt werden. Da auf diese Weise den Kreditinstituten Zentralbankgeld entzogen wird, kommt es zu einer Senkung des gesamtwirtschaftlichen Geldangebots, die eine Zinssteigerung und damit in der Regel einen Rückgang der privaten Investitionstätigkeit induziert.

8.3.3 Lohnpolitik

Auch aus Sicht des makroökonomischen Synthesemodells kann durch *Senkung der Nominallöhne* prinzipiell eine Rückkehr zur Vollbeschäftigung erreicht werden. Insofern kommt der Lohnpolitik in der Tat eine Schlüsselrolle für die Bekämpfung der Arbeitslosigkeit zu. Unter gegebenen Annahmen über die Entwicklung der Gesamtnachfrage und der Wettbewerbssituation an den Gütermärkten und der Entwicklung der Arbeitsproduktivität können die Tarifpartner Nominallöhne vereinbaren, die mit Vollbeschäftigung vereinbar sind. Tun sie dies nicht, kann dies an Ineffizienzen in der Funktionsweise der Arbeitsmärkte liegen, etwa an den in Kapitel 3 beschriebenen asymmetrischen Informationen. Es könnte aber auch die Folge von Marktmacht einzelner Arbeitsmarktakteure sein. Wie in Kapitel 16 noch gezeigt wird, lassen sich mächtige *Interessengruppen* nicht zwangsläufig von gesamtwirtschaftlichen Zielsetzungen leiten. Gerade auf dem Arbeitsmarkt stehen sich aber mit Gewerkschaften und Arbeitgeberverbänden besonders gut organisierte Interessengruppen gegenüber. Voraussetzung für eine vollbeschäftigungsorientierte Lohnpolitik wäre aus dieser Perspektive zunächst eine *Arbeitsmarktreform*, die für mehr Wettbewerb zwischen den Tarifpartnern sorgt.

Die Lohnpolitik würde allerdings ihrer Wirksamkeit beraubt, wenn sich die Rahmenbedingung am Güter- und Geldmarkt in unvorhergesehener Weise veränderten. Einiges spricht daher aus theoretischer Sicht für eine Koordinierung von Lohnpolitik und gesamtwirtschaftlicher Nachfragesteuerung unter Berücksichtigung der jeweiligen konjunkturellen Lage. Wie in Kapitel 18 noch gezeigt wird, ist diese Koordinierung in der Praxis aber schwierig zu erreichen. In Deutschland ist sie bereits mehrfach gescheitert.

8.3.4 Angebotspolitik

Die Bekämpfung einer Stagflation, die durch angebotsseitige Störungen des gesamtwirtschaftlichen Gleichgewichts ausgelöst wurde, ist durch Nachfragepolitik zwar möglich, allerdings um den Preis wachsender Inflation. Ursachenadäquat wäre eine Politik, die auf eine *Verbesserung der Angebotsbedingungen* abzielt. Man bezeichnet eine solche Strategie der Stabilisierungspolitik auch als Angebotspolitik (*Supply Side Policy*).

Wesentliche Elemente der Angebotspolitik sind die Förderung privater Investitionen durch Steuersenkungen und die Sanierung der staatlichen Haushalte durch eine Verringerung öffentlicher Konsumausgaben und öffentlicher Verschuldung. Öffentliche Investitionen mit hohen Produktivitätseffekten für die privaten Investitionen können dagegen auch in eine angebotspolitische Strategie sinnvoll integriert werden. Zusätzlich plädiert die Angebotspolitik für einen deutlichen Abbau staatlicher Eingriffe in die Wirtschaft, um damit den privaten Wettbewerb zu beleben und damit Marktmacht auf allen Märkten zu beseitigen. Wie das Synthesemodell des Arbeitsmarkts gezeigt hat, ist gerade der Abbau monopolistischer Marktmacht wichtig, um einen positiven Beschäftigungseffekt von Maßnahmen der Investitionsförderung zu erzielen. Einen wichtigen Beitrag zum Abbau von Monopolmacht leistet die Förderung des internationalen Wettbewerbs durch die Liberalisierung des Außenhandels.

8.4 Beispiel: Instrumente der fiskalpolitischen Nachfragesteuerung nach dem Stabilitäts- und Wachstumsgesetz

In der Bundesrepublik Deutschland ist mit dem 1967 in Kraft getretenen *Gesetz zur Förderung der Stabilität und des Wachstums der Wirtschaft* der Versuch unternommen worden, ein umfassendes Instrumentarium zur Stabilisierung der konjunkturellen Wirtschaftsentwicklung und zur Verhinderung nachfragebedingter Arbeitslosigkeit zu schaffen. In § 1 StabG findet sich die Verpflichtung von Bund und Ländern zu einer aktiven Konjunktur-, Stabilitäts- und Beschäftigungspolitik: „Bund und Länder haben bei ihren wirtschafts- und finanzpolitischen Maßnahmen die Erfordernisse des gesamtwirtschaftlichen Gleichgewichts zu beachten. Die Maßnahmen sind so zu treffen, dass sie im Rahmen der marktwirtschaftlichen Ordnung gleichzeitig zur Stabilität des Preisniveaus, zu einem hohen Beschäftigungsstand und außenwirtschaftlichem Gleichgewicht bei stetigem und angemessenem Wirtschaftswachstum beitragen."

Die im Stabilitäts- und Wachstumsgesetz verankerten Instrumente zur Konjunktursteuerung entstammen dem Bereich der *Fiskalpolitik*, allerdings ist auch die Koordinierung fiskalpolitischer Maßnahmen mit den Entscheidungen im Bereich der Geld- und Einkommenspolitik durch besondere Informations-, Planungs- und Koordinationsinstrumente ausdrücklich vorgesehen. § 2 StabG verpflichtet die Bundesregierung dazu, einen *Jahreswirtschaftsbericht* vorzulegen, in dem die zu erwartende gesamtwirtschaftliche Entwicklung in Form quantifizierter Prognosen dargestellt wird. § 17 StabG verlangt die Abstimmung der Haushaltspläne von Bund und Ländern unter Berücksichtigung der von ihnen ausgehenden konjunkturellen Impulse. Im Haushaltsgrundsätzegesetz von 1969 wurde zu diesem Zweck die Einrichtung eines Finanzplanungsrats der Gebietskörperschaften vorgesehen. § 9 StabG fordert die Aufstellung einer *mittelfristigen Finanzplanung* des Bundes, die finanzpolitische Eckdaten hinsichtlich der geplanten Einnahmen- und Ausgabenentwicklung über einen Zeitraum von fünf Jahren festlegen soll. In § 3 Absatz 1 StabG ist die Einrichtung einer *Konzertierten Aktion* von Gebietskörperschaften, Gewerkschaften und Unternehmerverbänden vorgesehen, die ein Instrument zur Abstimmung fiskal- und einkommenspolitischer Strategien darstellt. § 18 StabG enthält schließlich die Einrichtung des Konjunkturrats von Bund, Ländern und Gemeinden, der neben einer Abstimmung der konjunkturpolitischen Strategien insbesondere eine Koordinierung der öffentlichen Schuldenpolitik beraten soll. § 18 Absatz 3 StabG räumt der Bundesbank als Trägerin der Geldpolitik ausdrücklich das Recht zur Teilnahme an den Zusammenkünften des Konjunkturrats ein. In der praktischen Anwendung des Stabilitäts- und Wachstumsgesetzes hat sich die Deutsche Bundesbank im übrigen auch an den Zusammenkünften der Konzertierten Aktion nach § 3 StabG beteiligt, um auf eine Abstimmung der Fiskal- und Einkommenspolitik mit der Geldpolitik hinzuwirken.

Die einzelnen fiskalpolitischen Instrumente zur Konjunktursteuerung sind in den §§ 5, 6, 11, 15 und 19 bis 26 StabG festgeschrieben und in *Abbildung 8.8* zusammengefasst. Sie wirken zum einen auf die *Nachfrage von Haushalten und Unternehmen* ein, die durch eine Anpassung der Einkommen-, Körperschaft- und Gewerbesteuervorauszahlungen sowie durch Änderungen der Einkommen- und Körperschaftsteuersätze um maximal 10 Prozent ohne langwierige Gesetzgebungsverfahren beeinflusst werden kann.

Beabsichtigte Wirkung	Veränderung der staatlichen Nachfrage
Expansion der gesamtwirtschaftlichen Nachfrage	§ 5 Absatz 3: Bildung von Ausgabeüberschüssen, Finanzierung aus der Konjunkturausgleichsrücklage § 6 Absatz 2 und 3: Finanzierung zusätzlicher Ausgaben (zum Haushaltsplan) aus der Konjunkturausgleichsrücklage oder durch zusätzliche Kreditermächtigung bis zu 5 Mrd. DM § 11: Beschleunigung der Planung und Vergabe von Investitionsvorgaben
Dämpfung der gesamtwirtschaftlichen Nachfrage	§§ 5 Absatz 2 und 15: Einnahmestillegung durch Bildung einer Konjunkturausgleichsrücklage bei der Bundesbank und durch zusätzliche Schuldentilgung bei der Bundesbank § 6 Absatz 1: Verschiebung öffentlicher Ausgaben und Stillegung der freigewordenen Mittel bei der Bundesbank §§ 19 bis 25: Beschränkung der Möglichkeiten der Kreditaufnahme durch die öffentliche Hand

Beabsichtigte Wirkung	Veränderung der privaten Konsumnachfrage	Veränderung der privaten Investitionsnachfrage
Expansion der gesamtwirtschaftlichen Nachfrage	§ 26 Nr. 1: Anpassung der ESt-Vorauszahlungen an die konjunkturelle Entwicklung § 26 Nr. 3: Herabsetzung der ESt um höchstens 10 % für längstens 1 Jahr	§§ 26 Nr. 1, 27 und 28: Anpassung der ESt-, KSt- und GewSt-Vorauszahlungen § 26 Nr. 3: Einräumung einer Investitionsprämie: Von der ESt- oder KSt-Schuld können bis zu 7,5% der Anschaffungs- oder Herstellungskosten bestimmter Investitionsgüter abgezogen werden § 26 Nr. 3: Herabsetzung der ESt- und der KSt- um höchstens 10 % für längstens 1 Jahr
Dämpfung der gesamtwirtschaftlichen Nachfrage	§ 26 Nr. 1 Anpassung der ESt-Vorauszahlung an die konjunkturelle Entwicklung § 26 Nr. 3: Heraufsetzung der ESt um höchstens 10 % für längstens 1 Jahr	§§ 26 Nr. 1, 27 und 28: Anpassung der ESt-, KSt- und GewSt-Vorauszahlungen § 26 Nr. 3: Beschränkung der Abschreibungsmöglichkeiten durch Aussetzung von Sonderabschreibungen sowie erhöhter und degressiver Absetzung für Abnutzung (AfA) § 26 Nr. 3: Heraufsetzung der ESt und der KSt um höchstens 10 % für längstens 1 Jahr

Abbildung 8.8: Instrumente fiskalpolitischer Nachfragesteuerung nach dem Stabilitäts- und Wachstumsgesetz

Zusammengestellt sind diejenigen Maßnahmen, mit denen Einfluss auf die staatliche Nachfrage sowie die private Konsum- und Investitionsnachfrage genommen werden soll. Dabei wird zwischen expansiv und restriktiv wirkenden Maßnahmen unterschieden. Nicht berücksichtigt sind Maßnahmen zur Beeinflussung der Auslandsnachfrage, die ebenfalls im Stabilitäts- und Wachstumsgesetz enthalten sind.

Zur Ankurbelung der Investitionsnachfrage der Unternehmen kann zusätzlich ein *Investitionsbonus* in Form einer Verringerung der Einkommen- und Körperschaftsteuerschuld zur Anwendung gelangen. Zur Dämpfung der Investitionstätigkeit ist dagegen eine Begrenzung der Abschreibungsmöglichkeiten vorgesehen.

Das *Nachfrageverhalten des Staates* selbst kann nach den Vorschriften des Stabilitäts- und Wachstumsgesetzes gesteuert werden, indem die öffentliche Hand eine Konjunkturausgleichsrücklage bei der Bundesbank bildet beziehungsweise auflöst. Zur Finanzierung zusätzlicher Staatsausgaben besteht neben einer Auflösung der Konjunkturausgleichsrücklage aber auch die Möglichkeit, dass der Bund zusätzliche Kredite von bis zu 5 Mrd. DM (beziehungsweise dem entsprechenden Euro-Betrag) aufnimmt. Zur Dämpfung der Nachfrage kann dagegen eine Beschränkung der Kreditaufnahme durch die öffentliche Hand beschlossen werden. Das staatliche Ausgabenverhalten soll sich schließlich durch die Beschleunigung von Planung und Vergabe der in der mittelfristigen Finanzplanung vorgesehenen Investitionsvorhaben, beziehungsweise eine zeitliche Verschiebung geplanter öffentlicher Ausgaben, besser an die wirtschaftspolitischen Erfordernisse in der jeweiligen Konjunkturlage anpassen.

Der im Stabilitäts- und Wachstumsgesetz angelegte Versuch einer *konjunkturpolitischen Feinsteuerung* der wirtschaftlichen Entwicklung durch eine Abstimmung fiskal-, geld- und einkommenspolitischer Maßnahmen war allerdings nur in Ansätzen erfolgreich. Parallel zur Verabschiedung des Gesetzes beschloss die Bundesregierung zwei Maßnahmenpakete zur Konjunkturbelebung, die durch zusätzliche Staatsausgaben und investitionsfördernde Sonderabschreibungen wichtige Impulse zur Überwindung der Rezession von 1967 gaben. In der Zeit des Nachfragebooms zwischen 1969 und 1973, der durch die Unterbewertung der D-Mark und die geringe geldpolitische Handlungsfreiheit der Bundesbank entstanden war, versuchten mehrere fiskalpolitische Konjunkturprogramme eine Dämpfung der gesamtwirtschaftlichen Nachfrageentwicklung zu erreichen. Sie beinhalteten die Einführung einer Konjunkturausgleichsrücklage, Ausgabenkürzungen der öffentlichen Haushalte, eine Dämpfung der öffentlichen Kreditaufnahme, die Aussetzung von Abschreibungsmöglichkeiten sowie die Einführung von Zuschlägen auf die Einkommen- und Körperschaftsteuer, konnten aber keine nachhaltige Stabilisierung der Konjunkturentwicklung herbeiführen. Die steigenden Inflationsraten führten dazu, dass die einkommenspolitischen Zielsetzungen der Gewerkschaften trotz ihrer Einbindung in die konzertierte Aktion sich verstärkt auf die Sicherung und Erhöhung des Reallohns hin orientierten. Als die Bundesbank nach der endgültigen Freigabe des D-Mark-Wechselkurses ihre wiedergewonnene Handlungsfreiheit nutzte, um restriktive geldpolitische Maßnahmen mit dem Ziel der Inflationsdämpfung einzuleiten, den Tarifabschlüssen für die Jahre 1973 und 1974 aber noch steigende Inflationserwartungen zugrunde lagen, kam es zu einem deutlichen Anstieg der Arbeitslosigkeit. Er wurde durch die Auswirkungen der Ölkrise noch verstärkt. Zwischen Ende 1973 und 1974 suchte die Fiskalpolitik daraufhin expansive Impulse zur Konjunkturstabilisierung zu geben. Die Konjunkturprogramme der Bundesregierung sahen zusätzliche Staatsausgaben sowie, abweichend von den Regelungen des Stabilitäts- und Wachstumsgesetzes, eine allgemeine Investitionszulage vor.

Allerdings wurde in dieser Zeit bereits der begrenzte Handlungsspielraum der Fiskalpolitik deutlich. Nachdem die Neuverschuldung der öffentlichen Haushalte, die 1969 nur bei 2,5 Mrd. DM gelegen hatte, zwischen 1973 und 1975 von 11,4 auf 53,6 Mrd. DM angestiegen war, und damit die Gefahr eines *Crowding out* privater Investitionen bestand, leitete die Bundesregierung mit dem Haushaltsstrukturgesetz, das am 1. Januar 1976 in Kraft trat, eine Phase der *Haushaltskonsolidierung* ein. Sie führte bis 1977 tatsächlich zu einer deutlichen Senkung der Nettokreditaufnahme. Seit Mitte 1977 verfolgte die Konjunkturpolitik der Bundesregierung wieder einen deutlich expansiven Kurs. Neben dem Förderprogramm für Zukunftsinvestitionen sollte durch steuerliche Erleichterungen und erhöhte Transferausgaben die private Konsumnachfrage belebt werden. Daraufhin stieg die öffentliche Neuverschuldung erneut an. Zusammen mit einer Verringerung der Staatseinnahmen als Folge der weltweit einsetzenden Rezession erhöhte sie sich auf knapp 70 Mrd. DM im Jahr 1981. Drastisch stiegen damit auch die jährlichen Zinsausgaben, deren Anteil an den Gesamtausgaben der öffentlichen Haushalte sich zwischen 1975 und 1982 verdoppelte, während andererseits der Anteil der Ausgaben für öffentliche Investitionen deutlich zurückging. Vor allem die Investitionsausgaben der Länder und Gemeinden verringerten sich seit 1975 kontinuierlich, so dass die *Investitionsprogramme* des Bundes lediglich einen weiteren Rückgang der öffentlichen Investitionstätigkeit bremsen konnten.

Seit Beginn der 80er Jahre hat sich damit der konjunkturpolitische Handlungsspielraum der öffentlichen Haushalte deutlich verringert, auch wenn von verschiedenen Seiten immer wieder ein Rückgriff auf die im Stabilitäts- und Wachstumsgesetz verankerten Instrumentarien gefordert wird. Allerdings haben sich auch andere *Rahmenbedingungen der nachfrageorientierten Konjunktursteuerung* inzwischen gewandelt. Seit 1977 beteiligten sich die Gewerkschaften nicht mehr an den Zusammenkünften der Konzertierten Aktion, so dass diese als Instrument zur Koordinierung der Fiskal- und Geldpolitik mit der Einkommenspolitik ausfiel. Auch die Neubelebung der koordinierten Wirtschaftspolitik durch das *Bündnis für Arbeit* seit 1998 scheiterte. Das Programm für Zukunftsinvestitionen von 1977 signalisierte bereits eine grundsätzliche Neuorientierung der staatlichen Beschäftigungspolitik. Mit seiner mehrjährigen Laufzeit und seiner stark wachstums- und umweltpolitischen Zielsetzung war es eher einer wirtschaftspolitischen Strategie zuzurechnen, die eine Bekämpfung stark ansteigender Arbeitslosigkeit durch eine Erhöhung des gesamtwirtschaftlichen Angebots anstrebte. Die hohen staatlichen Investitionen, die nach der Wiedervereinigung in Ostdeutschland getätigt wurden, verfolgten den gleichen Zweck.

SCHLÜSSELBEGRIFFE

Aufgaben

www.pearson-studium.de: Hier finden Sie die Lösungen zu den Übungsaufgaben dieses Kapitels, ein Glossar mit Erläuterungen zu den Schlüsselbegriffen sowie Links zu wirtschaftspolitisch relevanten Websites.

1. Stabilisierungspolitik in der offenen Volkswirtschaft

Erläutern Sie, warum eine keynesianisch inspirierte Nachfragesteuerung in offenen Volkswirtschaften normalerweise viel weniger wirkungsvoll ist als in einer geschlossenen Volkswirtschaft.

2. Deregulierung des Arbeitsmarkts

Diskutieren Sie im Rahmen des makroökonomischen Synthesemodells, warum eine Aufhebung von Regulierungen am Arbeitsmarkt, zum Beispiel eine Lockerung des Kündigungsschutzes, zu einer Senkung der Arbeitslosigkeit führen kann.

3. Investitionsförderung und Beschäftigung

In Ostdeutschland gibt es trotz massiver staatlicher Investitionsförderung immer noch eine hohe Arbeitslosigkeit. Welche Gründen lassen sich dafür aus dem Synthesemodell ableiten?

4. Ricardianische Äquivalenz

Nach einem Theorem von *David Ricardo* hat eine Steuersenkung, die durch höhere Staatsverschuldung finanziert wird, überhaupt keine Effekte auf Produktion, Einkommen oder Beschäftigung, weil alle Individuen den Zwang zu zukünftigen Steuererhöhungen antizipieren. Diskutieren Sie, inwiefern dieses Theorem eine realistische Aussage macht.

Literaturhinweise

Eine gute Darstellung des gesamtwirtschaftlichen Angebots- und Nachfragemodells findet sich bei *Blanchard/Illing* (2006). Die Probleme des Arbeitsmarkts analysieren *Landmann/Jerger* (1999) und *Franz* (2003) unter besonderer Berücksichtigung des makroökonomischen Synthesemodells.

Die Grundlagen der Fiskalpolitik erläutert *Hesse* (1998). Die Erfahrungen mit dem Stabilitäts- und Wachstumsgesetz in Deutschland beschreibt *Kloten* (1976).

Zahlungsbilanz- und Wechselkurspolitik

9

ÜBERBLICK

Lernziele

■ Die Zahlungsbilanz erfasst die Kreislaufströme zwischen Inland und Ausland. Dabei wird zwischen Leistungstransaktionen, insbesondere dem Handel von Gütern und Dienstleistungen, und Finanztransaktionen unterschieden. Der Handel booinflusst die inländische Güternachfrage, die internationalen Kapitalströme wirken sich auf die inländischen Geld- und Kapitalmärkte aus.

■ Der Wechselkurs bildet sich am Devisenmarkt im Zusammenspiel von Devisenangebot und Devisennachfrage. Dahinter stehen wiederum die in der Zahlungsbilanz erfassten Transaktionen zwischen Inland und Ausland.

■ Staatliche Eingriffe in den Devisenmarkt durch die Fixierung eines Wechselkurses lösen ähnliche Effekte aus wie wirksame Höchst- und Mindestpreise an Gütermärkten. Entweder müssen überschüssige Devisen durch Interventionen der Notenbank aus dem Markt genommen werden oder eine Übernachfrage nach Devisen kann durch Verringerung der nationalen Devisenreserven gedeckt werden.

■ Eine wirtschaftspolitische Einflussnahme auf die Zahlungsbilanz ist möglich über eine Veränderung der Preisniveaus, der Einkommen und der Zinsen im In- und Ausland sowie über eine Veränderung von Zollsätzen oder des Wechselkurses.

■ Das Instrumentarium der Außenwirtschaftspolitik in Deutschland ist geprägt vom Leitbild der Außenhandelsfreiheit. Durch die Europäische Integration sind viele nationale Regelungen inzwischen obsolet geworden. Dies gilt auch für die Wechselkurspolitik, denn seit der Einführung des Euro gibt es keine nationale Kompetenz zur Wechselkursänderung mehr. In der Vergangenheit erwies sich allerdings in Deutschland die Phase fester Wechselkurse bis 1973 als problematisch, da sie zu hohen Devisenbilanzüberschüssen und zum Aufbau eines Inflationspotenzials führte.

9.1 Zahlungsbilanz und Wirtschaftskreislauf

In einer international verflochtenen Volkswirtschaft gehen von den Transaktionen inländischer Unternehmen, Privatpersonen und staatlicher Haushalte mit dem Ausland erhebliche gesamtwirtschaftliche Wirkungen aus. Die Nachfrage aus dem Ausland erscheint zusätzlich zu den Komponenten der inländischen Güternachfrage. Geld-, Vermögens- und Kredittransaktionen mit dem Ausland beeinflussen die inländischen Geld- und Kapitalmärkte. Die Interdependenz zwischen monetären und realwirtschaftlichen Transaktionen kann sich auf den Wechselkurs auswirken. Erfolgt die Wechselkursbildung auf freien Devisenmärkten, können Erwartungsänderungen starke Kursschwankungen auslösen, die den internationalen Kreislaufzusammenhang unterbrechen und damit zu makroökonomischen Krisen führen. Sind die Wechselkurse dagegen staatlich festgesetzt, kann es zu Ungleichgewichten kommen, die sich ebenfalls negativ auf die konjunkturellen Stabilitätsziele auswirken.

Zahlungseingänge	Zahlungsausgänge	Teilbilanzen
Warenexporte	Warenimporte	*Handelsbilanz*
Dienstleistungsexporte	Dienstleistungsimporte	*Dienstleistungsbilanz*
Faktorleistungsexporte	Faktorleistungsimporte	*Bilanz der Erwerbs- und Vermögensleistung*
Empfangene laufende Übertragungen	Geleistete laufende Übertragungen	*Übertragungsbilanz*
		Leistungsbilanz
Empfangene Vermögensübertragungen	Geleistete Vermögensübertragungen	**Bilanz der Vermögensübertragungen**
Kapitalimporte	Kapitalexporte	**Kapitalbilanz**
	Veränderung der nationalen Währungsreserven	**Devisenbilanz**
Wertberichtigungen und statistische Diskrepanzen		**Ausgleichs- und Restposten**

Abbildung 9.1: Struktur der Zahlungsbilanz

Auf der Aktivseite der Zahlungsbilanz werden alle Leistungs- und Finanztransaktionen erfasst, die zu Zahlungseingängen führen, auf der Passivseite alle Transaktionen, die mit Zahlungsausgängen verbunden sind. Sind die Zahlungsausgänge größer als die Zahlungseingänge, erhöhen sich die nationalen Währungsreserven.

Alle ökonomischen Transaktionen, die eine Volkswirtschaft in einer bestimmten Periode mit dem Ausland tätigt, werden wertmäßig in der *Zahlungsbilanz* erfasst (vgl. *Abbildung 9.1*). Unterschieden wird zwischen der Verbuchung von Leistungstransaktionen und von Finanztransaktionen. Daher lassen sich als wichtigste Einzelposten der Zahlungsbilanz die *Leistungsbilanz* und die *Kapitalbilanz* unterscheiden. Als dritter Einzelposten kommt noch der Saldo der Vermögensübertragungen zwischen Inland und Ausland hinzu. Eventuell bestehende Salden aus der Summe dieser drei Posten schlagen sich in der *Devisenbilanz* nieder, in der Veränderungen der nationalen Währungsreserven verzeichnet sind. Wertberichtigungen der Währungsreserven aufgrund geänderter Wechselkurse oder Goldpreise werden häufig in einem gesonderten Ausgleichsposten der Zahlungsbilanz ausgewiesen. Erhebungsprobleme führen zur Aufnahme eines Restpostens in die Zahlungsbilanz, der statistisch nicht erfasste oder erfassbare Transaktionen mit dem Ausland misst, insbesondere die direkte Kreditaufnahme inländischer Unternehmen im Ausland in Form von Lieferantenkrediten.

Die Leistungsbilanz lässt sich wiederum in vier Teilbilanzen aufgliedern. Die *Handels-* und die *Dienstleistungsbilanz* verzeichnen Exporte und Importe von Gütern beziehungsweise Dienstleistungen, wobei Letztere etwa Leistungen im Reiseverkehr und Tourismus oder grenzüberschreitende Beratung-, Versicherungs- und Transportdienste erfassen. In der *Bilanz der Erwerbs- und Vermögenseinkommen* werden grenzüberschreitende Gehaltszahlungen, Kapitalerträge und Zinszahlungen verbucht. In der *Übertragungsbilanz* sind dagegen unentgeltliche Leistungen im Wirtschaftsverkehr mit dem Ausland erfasst, beispielsweise Überweisungen ausländischer Arbeitskräfte im Inland an ihre Heimatländer, Beiträge der inländischen Regierung an internationale Organisationen und Entwicklungshilfezahlungen.

In der Kapitalbilanz sind alle Veränderungen der zwischen In- und Ausland bestehenden Forderungen und Verbindlichkeiten verzeichnet. Der Kauf ausländischer Wertpapiere durch Inländer stellt einen Kapitalexport dar, eine Direktinvestition ausländischer Unternehmen im Inland dagegen einen Kapitalimport. Häufig werden dabei Teilbilanzen des langfristigen und kurzfristigen Kapitalverkehrs unterschieden und die Kapitaltransaktionen der öffentlichen Hand getrennt von denen privater Wirtschaftssubjekte ausgewiesen.

9.2   Devisenmarkt und Wechselkurs

Sofern die internationalen Handels- und Kapitalströme zwischen unterschiedlichen Währungsräumen fließen, sind sie verbunden mit Angebot und Nachfrage am Markt für Devisen. An den internationalen *Devisenmärkten* werden die verschiedenen nationalen Währungen gegeneinander getauscht. Den sich dabei herausbildenden Preis einer Währung, ausgedrückt in Einheiten einer anderen Währung, bezeichnet man als *Wechselkurs*. In der so genannten *Preisnotierung* ist der Wechselkurs der Preis, der für eine Einheit der ausländischen Währung in Einheiten der inländischen Währung zu zahlen ist. In der *Mengennotierung* misst der Wechselkurs die Einheiten an ausländischer Währung, die man für eine Einheit der inländischen Währung erhält. Die Wechselkursausweise der Europäischen Zentralbank folgen der Mengennotierung, geben also beispielsweise an, wie viele Dollar für einen Euro eingetauscht werden können. Unter Verwendung der Mengennotierung spricht man von einer *Aufwertung* der Inlandswährung, wenn der Wechselkurs ansteigt. Ein Sinken des Wechselkurses bedeutet dann umgekehrt, dass weniger Einheiten der Auslandswährung für eine Einheit der Inlandswährung gezahlt werden. Dies wird auch als *Abwertung* der Inlandswährung bezeichnet.

Devisenmarkt und Zahlungsbilanz sind eng verknüpft. Am inländischen Devisenmarkt entspringt das Devisenangebot den Güterexporten ins Ausland und dem Kapitalimport aus dem Ausland. Umgekehrt resultiert die Devisennachfrage aus Güterimporten und Kapitalexporten. Bei Konstanz aller anderen Determinanten auf die Leistungs- und Kapitaltransaktionen und unter Vernachlässigung möglicher Marktunvollkommenheiten würde sich über den Wechselkurs ein *Ausgleich von Devisenangebot und Devisennachfrage* einstellen. Dieser Ausgleich würde sich im Wesentlichen über die Veränderung der Handels- und Dienstleistungsbilanz vollziehen, denn die Höhe des nominellen Wechselkurses hat einen entscheidenden Einfluss auf die preisliche Wettbewerbsfähigkeit der international gehandelten Güter. Eine Aufwertung der Inlandswährung verteuert inländische Güter auf den Weltmärkten und verschlechtert damit tendenziell die

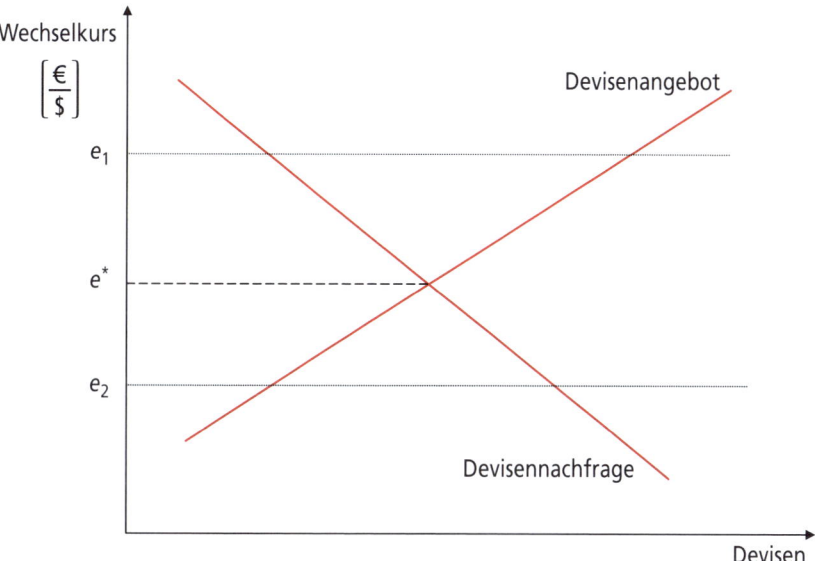

Abbildung 9.2: Wechselkursbildung auf dem Devisenmarkt

An einem perfekt funktionierenden Devisenmarkt haben Devisenangebot und Devisennachfrage den üblichen Verlauf in Abhängigkeit vom relevanten Preis, dem Wechselkurs e zwischen Inlands- und Auslandswährung, der hier in der Preisnotierung angegeben ist. Er misst also den Preis der ausländischen Währung in Einheiten der Inlandswährung. Steigt dieser Preis an, wertet die Inlandswährung also ab, erhöht sich typischerweise das Devisenangebot wegen steigender Exporterlöse und geht die Devisennachfrage zurück, weil weniger Importe zu finanzieren sind. Der gleichgewichtige Wechselkurs stellt sich bei e* ein. Wird ein fester Wechselkurs auf dem Niveau e_1 angenommen, kommt es zu einem Überangebot an Devisen, das durch Ankäufe der Zentralbank aus dem Markt genommen werden muss. Liegt der feste Wechselkurs bei e_2, gibt es eine Übernachfrage nach Devisen, die durch Abbau nationaler Währungsreserven gedeckt werden muss.

Handels- und Dienstleistungsbilanz. Eine Abwertung verbessert umkehrt die preisliche Wettbewerbsfähigkeit inländischer Exporteure gegenüber ihren ausländischen Konkurrenten und führt somit in der Regel zu einer Verbesserung der Handels- und Dienstleistungsbilanz.

Exogene Veränderungen von Devisenangebot und Devisennachfrage ergeben sich in dem einfachen Modell des Devisenmarkts, wenn beispielsweise *Zinsänderungen* im Inland oder Ausland die Kapitalbilanz verändern. Ein Zinsanstieg im Ausland führt normalerweise zu wachsenden Netto-Kapitalexporten, erhöht damit die Devisennachfrage und induziert eine Abwertung der Inlandswährung. Ein Zinsanstieg im Inland führt dagegen tendenziell zu einer Aufwertung. Gut erläutern lässt sich am Devisenmarkt auch die Auswirkung von *Wechselkursänderungserwartungen*. Die Erwartung einer Aufwertung induziert in der Regel wachsenden Netto-Kapitalimporte, erhöht damit das Devisenangebot und verursacht so tatsächlich eine Aufwertung. Gerade die Abhängigkeit des internationalen Kapitalverkehrs von Erwartungen kann dazu beitragen, dass es kurzfristig an den Devisenmärkten zu starken Wechselkursausschlägen kommt.

9.3 Ansatzpunkte der Wechselkurs- und Zahlungsbilanzpolitik

Direkte staatliche Eingriffe in den Devisenmarkt in der Form *fest vereinbarter Wechselkurse* haben oft ähnliche Folgen wie die Einführung von Höchst- oder Mindestpreisen an Gütermärkten. Es entsteht ein Überangebot an oder eine Übernachfrage nach Devisen, die zum Aufbau oder Abbau der nationalen Währungsreserven führen. Wachsende Währungsreserven können zu einer Aufblähung der inländischen Geldmenge und damit zu einem *Inflationsschub* führen. Kontinuierlich sinkende Devisenreserven beeinträchtigen die internationale Kreditwürdigkeit eines Landes und können eine *Verschuldungskrise* auslösen. Innerhalb eines Systems fester Wechselkurse bezeichnen Abwertung und Aufwertung die offizielle Veränderung der staatlich festgelegten Paritäten noch oben oder unten.

Eine wirtschaftspolitische Lenkung der gesamten Zahlungsbilanz oder einzelner Teilbilanzen ist prinzipiell durch mehr oder weniger starke *direkte Eingriffe* des Staates in die verschiedenen außenwirtschaftlichen Transaktionen möglich. Das Volumen der Exporte und Importe von Gütern kann dabei mengenmäßig kontingentiert und der internationale Kapitalverkehr durch Kapitalverkehrskontrollen beschränkt oder sogar ganz unterbunden werden. Solche Eingriffe in den internationalen Handel und Kapitalverkehr behindern allerdings die Herausbildung einer optimalen weltwirtschaftlichen Arbeitsteilung und werden zudem von den Wirtschaftssubjekten häufig umgangen. Sinnvoller erscheint daher eine *indirekte Beeinflussung* der Zahlungsbilanz, die an den verschiedenen Determinanten der internationalen güter- und geldwirtschaftlichen Transaktionen ansetzt.

Die mikroökonomische Theorie unterstellt, dass Güterangebot und Güternachfrage von der Preisentwicklung abhängen. Daraus lässt sich folgern, dass Exporte und Importe und damit der Saldo der Leistungsbilanz ganz wesentlich von internationalen Preisdifferenzen beziehungsweise deren Änderungen abhängen. In einer gesamtwirtschaftlichen Perspektive kann man solche Preisänderungen durch die *Inflationsunterschiede* zwischen Inland und Ausland erklären. Neben der Preisniveauentwicklung spielen für die Preise der Export- und Importgüter aber auch *Zollsätze* und die *Wechselkursentwicklung* eine wichtige Rolle. Je höher die Zollsätze für den Import ausländischer Güter liegen und je stärker die inländische Währung gegenüber Auslandswährungen abwertet, desto geringer wird die inländische Importnachfrage ausfallen. Nach der keynesianischen Theorie ist die Konsumnachfrage eine Funktion des Einkommens. Analog kann unterstellt werden, dass die inländische Nachfrage nach Gütern und Dienstleistungen des Auslands von der inländischen Einkommensentwicklung abhängt. Da gleichzeitig die Importnachfrage des Auslands zu inländischen Exporten führt, kann auf eine Abhängigkeit der Leistungsbilanz von internationalen *Einkommensunterschieden* geschlossen werden.

Als wesentliche Determinanten der Kapitalimporte und Kapitalexporte, die sich in der Kapitalverkehrsbilanz niederschlagen, können die internationalen *Unterschiede der effektiven Kapitalerträge* angesehen werden. Diese lassen sich wiederum auf internationale Unterschiede in der Zinsentwicklung und in der steuerlichen Behandlung der Erträge von Finanz- und Realinvestitionen sowie auf Wechselkursänderungserwartungen für die einzelnen nationalen Währungen zurückführen. Besteht beispielsweise für die Währung eines Landes eine hohe Aufwertungserwartung, so lässt sich ein hoher

Robert Mundell und das optimale Währungsgebiet

Robert Alexander Mundell (geb. 1932) studierte Wirtschaftswissenschaften an der University of British Columbia in Vancouver, an der London School of Economics und am MIT, wo er 1956 promovierte. Nach einer Tätigkeit beim Internationalen Währungsfonds (IMF) und verschiedenen akademischen Positionen in den USA und Europa übernahm er 1974 eine Professur für Internationale Wirtschaftsbeziehungen an der Columbia University in New York. 1999 erhielt *Mundell* den Nobelpreis für Wirtschaftswissenschaften für seine Arbeiten zur internationalen Währungspolitik. Hauptwerke: „A Theory of Optimum Currency Areas" (*American Economic Review*, 1961); „The appropriate use of monetary and fiscal policy for internal and external stability" (*International Economics*, 1962).

Mundell arbeitete zunächst die außenwirtschaftlichen Konsequenzen einer keynesianisch geprägten Stabilisierungspolitik heraus. Als gebürtigem Kanadier war es ihm dabei wichtig, zwischen den Systemen fester und flexibler Wechselkurse zu unterscheiden, denn Kanada war in den 60er Jahren das einzige Industrieland, das den Wechselkurs seiner Währung frei floaten ließ. Wie *Mundell* zeigte, steigt durch das Floating die Wirksamkeit nationaler Geldpolitik, während die Fiskalpolitik mit dem Risiko stark schwankender Wechselkurse rechnen muss. Bei festem Wechselkurs erhöht sich die Wirksamkeit nationaler Fiskalpolitik, während andererseits die Geldpolitik ihre Autonomie verliert und sich der Geldpolitik des Leitwährungslandes unterordnen muss. Angesichts der weltweiten Probleme der keynesianischen Stabilisierungspolitik gegen Ende der 60er Jahre wurde *Mundell* zu einem Befürworter der *Supply Side Policy* und plädierte für massive Steuersenkungen zur angebotsseitigen Belebung der Wirtschaft. Schon sehr früh hatte sich *Mundell* mit den Determinanten optimaler Währungsräume beschäftigt. Als Mitglieder in einer Währungsunion hielt er solche Staaten für geeignet, die einen hohen Grad an Mobilität bei Arbeitskräften und Kapital aufweisen, in denen sich Preise und Löhne flexibel den Angebots- und Nachfragebedingungen anpassen (weil die Wechselkursanpassung als Ausgleichsmechanismus wegfällt) und in denen ein finanzieller Ausgleichsmechanismus zur Linderung von Anpassungsproblemen existiert. *Mundells* Analyse wurde relevant, also nach dem Zusammenbruch des weltweiten Systems fester Wechselkurse die europäischen Staaten nach Konzepten suchten, um die Wechselkurse innerhalb Europas zu stabilisieren. Dieser Prozess führte schließlich zur Errichtung der Europäischen Währungsunion, und *Mundell* gilt heute als einer der Väter des Euro.

Kapitalimport auch dann noch erwarten, wenn die Zinsen für inländische Kapitalanlagen niedriger als die Zinsen im Ausland liegen.

Durch ihre Wirkung auf die verschiedenen Determinanten außenwirtschaftlicher Transaktionen können zahlreiche *wirtschaftspolitische Instrumente* im Bereich der Zahlungsbilanzpolitik Verwendung finden. Zur Beeinflussung der Leistungsbilanz eignen sich finanzpolitische Einnahmen- und Ausgabenvariationen aufgrund ihrer Wirkung auf das Volkseinkommen. Durch Maßnahmen der Geldpolitik lassen sich sowohl das

Volkseinkommen als auch die Höhe der inländischen Inflationsrate beeinflussen. Durch zollpolitische und wechselkurspolitische Maßnahmen, das heißt die Abwertung oder Aufwertung der Inlandswährung, können Exporte und Importe gezielt angeregt werden.

Zur wirtschaftspolitischen Beeinflussung des internationalen Kapitalverkehrs eignet sich die Finanzpolitik durch ihren Einfluss auf die Besteuerung der verschiedenen Kapitalerträge. Die Geldpolitik übt maßgeblichen Einfluss auf die inländische Zinsentwicklung, die Wechselkursentwicklung und die Bildung von Wechselkurserwartungen aus. Letztere werden selbstverständlich auch durch direkte wechselkurspolitische Maßnahmen, also die Festsetzung oder Änderung des internationalen Tauschverhältnisses der Inlandswährung, beeinflusst.

Änderungen der Devisenbilanz waren bisher nur als passiver Saldo der im Bereich des internationalen Handels und Kapitalverkehrs getätigten Transaktionen erschienen. Die Devisenbilanz lässt sich aber auch direkt durch *Interventionen am Devisenmarkt* oder die Aufnahme beziehungsweise *Gewährung von Devisenkrediten* der Zentralbank oder anderer staatlicher Währungsbehörden beeinflussen. Devisenmarktinterventionen der Zentralbank können das Ziel haben, über eine Variation von Devisenangebot oder Devisennachfrage eine Verstetigung des gleichgewichtigen Wechselkurses zu erreichen, ohne dass eine strikte Wechselkursfixierung stattfindet.

Die Wahlmöglichkeit zwischen den verschiedenen Instrumenten der Wechselkurs- und Zahlungsbilanzpolitik sei anhand der Frage illustriert, mit welchen wirtschaftspolitischen Mitteln sich ein *Zahlungsbilanzdefizit* beseitigen lässt, das in der Regel mit einem Defizit der Devisenbilanz, also einer Abnahme der Währungsreserven eines Landes, gleichgesetzt wird. Soweit das Devisenbilanzdefizit ein Leistungsbilanzdefizit widerspiegelt, sind zu seiner Beseitigung Maßnahmen der restriktiven Finanzpolitik wegen ihrer dämpfenden Wirkung auf das inländische Einkommen und die inländische Geldnachfrage ebenso geeignet wie Maßnahmen der restriktiven Geldpolitik. Letztere würden zusätzlich den Preisniveauanstieg im Inland verringern und damit die Exportnachfrage beleben. Indem sie eine Zinssteigerung herbeiführen, induzieren sie zugleich eine Erhöhung des Kapitalimports, der das Devisenbilanzdefizit verringert.

Daneben lässt sich eine Senkung der Importe entweder durch Zollerhöhungen oder durch eine Abwertung der Inlandswährung erreichen. In deren Erwartung kann allerdings eine Zunahme des Kapitalexports einsetzen, durch die sich das Devisenbilanzdefizit zunächst vergrößert. Eine dauerhafte Wirkung der Währungsabwertung auf die Leistungsbilanz ist in jedem Fall nur dann zu erwarten, wenn sie von einer wirksamen Dämpfung der inländischen Nachfrage durch restriktive konjunkturpolitische Maßnahmen begleitet ist.

Liegt die Ursache des Devisenbilanzdefizits primär in einem Überschuss des Kapitalexports über dem Kapitalimport, so könnten die zinserhöhenden Maßnahmen restriktiver Geldpolitik durch eine steuerliche Begünstigung inländischer Kapitalanlagen ergänzt werden. Ein Anstieg des Kapitalimports wäre auch mit der Kreditaufnahme der Notenbank im Ausland verbunden, die unmittelbar zu einer Verbesserung der Devisenbilanz führt. Sie beseitigt allerdings nicht die eigentlichen Ursachen des Zahlungsbilanzdefizits und ist zudem nur in einem eng begrenzten Rahmen durchführbar. Häufig kommt daher ein ganzes Maßnahmenbündel bei der Bekämpfung eines Devisenbilanzdefizits zur Anwendung. So wird nicht selten die Kreditaufnahme der Notenbank im Ausland kombiniert mit einer Abwertung der Inlandswährung und Maßnahmen restriktiver Geldpolitik, die den Güterexport und den Kapitalimport gleichermaßen stimulieren.

9.4 Beispiel: Instrumente der Zahlungsbilanzpolitik in Deutschland

Wichtigste Grundlage für die Durchführung zahlungsbilanzpolitisch wirksamer Maßnahmen ist in der Bundesrepublik Deutschland das 1961 verabschiedete *Außenwirtschaftsgesetz* (AWG). Es proklamiert in § 1 den Grundsatz der Außenhandelsfreiheit, wonach der Waren-, Dienstleistungs-, Kapital- und Zahlungsverkehr der deutschen Wirtschaft mit dem Ausland prinzipiell keinerlei Beschränkungen unterliegt. § 2 AWG legt fest, dass Eingriffe in die Außenhandelsfreiheit nur in eng begrenztem Umfang möglich und so zu gestalten sind, dass sie die Freiheit der wirtschaftlichen Betätigung so wenig wie möglich behindern. Das Fehlen von Maßnahmen zur gezielten Beeinflussung des internationalen Handels im AWG lässt sich darauf zurückführen, dass durch die Mitgliedschaft der Bundesrepublik in der EWG seit 1958 wesentliche Kompetenzen im Bereich der Außenhandels- und Zollpolitik von den Gemeinschaftsorganen wahrgenommen werden (vgl. Kapital 12). Zur Bekämpfung von Zahlungsbilanzungleichgewichten sah §§ 22–24 AWG ursprünglich quantitative Beschränkungen von Kapitalexporten, Kapitalimporten sowie des Exports und Imports von Gold vor. Diese Regelungen wurden jedoch inzwischen aufgehoben, da sie mit dem Eintritt Deutschlands in die Europäische Währungsunion jede Grundlage verloren hatten.

Besonderes Augenmerk schenkte auch das *Stabilitäts- und Wachstumsgesetz* der Abwehr außenwirtschaftlicher Störungen. Nach § 4 StabG ist die Bundesregierung verpflichtet, Zahlungsbilanzschwierigkeiten zunächst durch binnenwirtschaftliche Maßnahmen der Konjunkturpolitik zu bekämpfen. Sie ist außerdem gehalten, alle Möglichkeiten zur internationalen Koordinierung der Wirtschaftspolitik zu nutzen, um auf diese Weise die internationalen Einkommens-, Preis- und Kapitalertragsunterschiede zu beeinflussen. Soweit dies nicht ausreicht, kann sie spezielle zahlungspolitische Instrumente einsetzen.

Diese Vorschriften des Stabilitäts- und Wachstumsgesetzes fanden bereits in den Jahren 1968 und 1969 Anwendung, als die Unterbewertung der D-Mark im *Bretton Woods-System* zu permanenten Überschüssen in der deutschen Zahlungsbilanz führte. Expansive geld- und finanzpolitische Maßnahmen zur Steigerung der Importe und Förderung des Kapitalexports erwiesen sich in dieser Situation aufgrund des hohen Beschäftigungsstands und einer bereits ansteigenden Inflationsrate als gesamtwirtschaftlich wenig sinnvoll. Die Bereinigung des Problems durch international koordinierte Maßnahmen scheiterte an der Bereitschaft vieler Partnerländer, ihrerseits restriktive Konjunkturpolitik zu betreiben. Eingeleitete Maßnahmen zur Bremsung des Kapitalimports erzielten wegen der vielfältigen Möglichkeiten zu ihrer Umgehung ebenfalls nicht das gewollte Ergebnis. Da zollpolitische Maßnahmen nur in Zusammenarbeit mit den anderen EG-Ländern durchsetzbar gewesen wären und eine Aufwertung des D-Mark-Wechselkurses aus politischen Gründen nicht erwogen wurde, ergriff die Bundesregierung schließlich auf der Grundlage von § 4 StabG steuerpolitische Maßnahmen, um die Exporte zu drosseln und die Importe zu steigern. Es wurde beschlossen, eine Vergütung auf die von deutschen Importeuren zu zahlende Einfuhrumsatzsteuer und einer Sonderumsatzsteuer für deutsche Exporte einzuführen. Da diese Maßnahmen ähnliche Wirkungen auf die Leistungsbilanz wie eine Wechselkursanpassung erwarten ließen, sprach man auch von einer „Ersatzaufwertung". Diese besaß aber keinerlei dämpfende Wirkungen auf den internationalen Kapitalverkehr und konnte daher den Überschuss der deutschen Zahlungsbilanz nicht beseitigen. Vielmehr erhöhte sie die Erwartung einer bevorstehenden D-Mark-Aufwertung und schuf damit einen Anreiz für weitere Kapitalimporte. Erst die Aufwertung der D-Mark im Herbst 1969, die weiteren Aufwertungen 1971 und 1973 und die endgültige Freigabe des Wechselkurses im Frühjahr 1973 wirkten dem weiteren Anstieg der deutschen Währungsreserven entgegen.

Die Kompetenz zur Festlegung des Wechselkurses der D-Mark lag nach Artikel 73 Nr. 3 des Grundgesetzes bei der Bundesregierung und nicht bei der Deutschen Bundesbank. Bis zur Freigabe des Wechselkurses 1973 sah sich die deutsche Notenbank daher immer wieder verpflichtet, Devisenüberschüsse am Devisenmarkt aufzukaufen und damit die inländische Geldmenge zu erhöhen. Die Angst vor den dadurch ausgelösten Inflationsschüben führte dazu, dass es in der Folgezeit zu keiner Neuauflage des Bretton Woods-Systems mehr kam. Stattdessen wurde die Währungsstabilisierung innerhalb Europas verfolgt. Über das 1979 eingeführte *Europäische Währungssystem*, in dem der D-Mark-Wechselkurs gegenüber wichtigen europäischen Partnerländern fixiert war, führte dieser Weg zur Europäischen Währungsunion und der *Einführung des Euro* als gemeinsamer Währung auf der Basis des Maastricht-Vertrags von 1992. Innerhalb der Europäischen Währungsunion sind die zahlungsbilanzpolitischen Instrumente neu verteilt worden. Über den Wechselkurs des Euro entscheidet nicht die Europäische Zentralbank, sondern der Europäische Rat. Innerhalb der Euro-Zone gibt es keine Devisenflüsse zwischen den Mitgliedsländern mehr, sondern bilaterale Salden im Bereich der Leistungsbilanz müssen durch entsprechend Salden der Kapitalbilanz gedeckt werden. Wie die *Theorie des optimalen Währungsgebiets* betont, setzt ein solches Arrangement eine hohe Flexibilität von Preisen und Löhnen sowie intensive Verflechtungen durch Handel und Kapitalverkehr voraus.

SCHLÜSSELBEGRIFFE

Aufgaben

www.pearson-studium.de: Hier finden Sie die Lösungen zu den Übungsaufgaben dieses Kapitels, ein Glossar mit Erläuterungen zu den Schlüsselbegriffen sowie Links zu wirtschaftspolitisch relevanten Websites.

1. Kaufkraftparitätentheorie, Zahlungsbilanz und Wirtschaftskreislauf

Nach der Kaufkraftparitätentheorie wird der nominelle Wechselkurs allein durch Unterschiede in den Inflationsraten zwischen zwei Ländern bestimmt. Diskutieren Sie, an welchen Zahlungsbilanzpositionen diese Theorie ansetzt, welche Kreislaufzusammenhänge damit betont werden (und welche nicht) und warum die Kaufkraftparitätentheorie in modernen Industrieländern allenfalls sehr langfristig gilt.

2. Unterbewertung bei festen Wechselkursen

Erläutern Sie, wann eine Währung unter den Bedingungen fester Wechselkurse unterbewertet ist, und diskutieren Sie geeignete wirtschaftspolitische Maßnahmen zur Beseitigung der Unterbewertung.

3. Feste versus flexible Wechselkurse

Diskutieren Sie die Vor- und Nachteile fester und flexibler Wechselkurse im Hinblick auf die Wirksamkeit konjunktureller Stabilisierungspolitik.

4. Wie wird man Exportweltmeister?

Deutschland hat traditionell einen hohen Überschuss der Handelbilanz. Was hat dies mit den gleichfalls hohen deutschen Ersparnissen zu tun hat? Sehen Sie gegebenenfalls auch einen Zusammenhang mit den hohen laufenden Übertragungen, die Deutschland an das Ausland überweist?

Literaturhinweise

Die Systematik der Zahlungsbilanz, die Erklärung von Wechselkursen und den Einfluss außenwirtschaftlicher Faktoren auf den Wirtschaftskreislauf erläutern *Rose/Sauernheimer* (1999) und *Krugman/Obstfeld* (2003). Mit speziellen Fragen der Außenwirtschaftspolitik befasst sich *Glastetter* (1998). Über das Instrumentarium der deutschen Außenhandelspolitik informiert die Homepage des Bundesministeriums für Wirtschaft und Technologie (www.bmwi.de).

TEIL IV

Gestaltung von Wirtschaftsordnungen: Anwendungen der Institutionenökonomik

Vergleich von Wirtschaftsordnungen

10

ÜBERBLICK

Lernziele

■ Die Wirtschaftsordnung eines Landes besteht aus den institutionellen Regeln, in deren Rahmen ökonomische Transaktionen stattfinden. Die Transaktionen bestehen in der Übertragung von Eigentums- und Verfügungsrechten an Gütern und sind mit spezifischen Transaktionskosten verbunden.

■ Am Beispiel der Allmende-Güter lassen sich die unterschiedlichen Effekte von kollektiven und privaten Eigentumsrechten verdeutlichen. Kollektiveigentum führt zur Übernutzung der Allmende, während Privateigentum für eine Ressourcen schonende Nutzung sorgt. Die Einführung von privaten Eigentumsrechten kann allerdings an zu hohen Transaktionskosten scheitern.

■ Ohne Berücksichtigung von Transaktionskosten lassen sich sowohl durch zentrale Planung als auch durch Markttausch Wohlfahrtseffekte durch Arbeitsteilung und Spezialisierung realisieren. Spezifische Transaktionskosten der Zentralplanung entstehen durch die Erfassung der vorhandenen Ressourcen, spezifische Transaktionskosten des Markttauschs ergeben sich durch die Sicherstellung eines funktionsfähigen Preissystems.

■ Aus der Kombination der beiden konträren Eigentumsformen (Privateigentum und Kollektiveigentum) und der beiden konträren Koordinationsformen des Gütertauschs (Zentralplan und Marktwirtschaft) ergeben sich vier idealtypische Wirtschaftsordnungen mit spezifischen Funktionsproblemen.

■ Das Konzept der Sozialen Marktwirtschaft wurde entwickelt, um in Deutschland nach dem Zweiten Weltkrieg eine funktionsfähige kapitalistische Marktwirtschaft zu etablieren. Die Wettbewerbs- und die Geldordnung wurden erfolgreich aufgebaut. Als zentrales Problem erwies sich im Laufe der Zeit aber die zu geringe Markt- und Ordnungskonformität sozialpolitisch motivierter Eingriffe.

10.1 Institutionenökonomik und Wirtschaftsordnungen

Die zentralen Konzepte der Mikro- und Makroökonomie, *Markt* und *Geld*, aber auch der *Staat* als wirtschaftspolitisch handelnder Akteur wurden in der bisherigen Betrachtung als gegeben angenommen. Die institutionenökonomische Analyse hebt diese Betrachtungsweise auf. Sie betrachtet Markt, Geld und Staat als *Regelsysteme*, die einerseits einen ökonomischen Nutzen erbringen, andererseits aber auch mit spezifischen Kosten verbunden sind. Untersucht werden die Entstehung und Veränderung solcher Regelsysteme unter dem Gesichtspunkt ökonomischer Rationalität sowie die Auswirkungen unterschiedlicher institutioneller Regeln auf die individuellen Handlungen.

Die Gesamtheit der wirtschaftlich relevanten Institutionen wird als *Wirtschaftsordnung* bezeichnet. Im Vergleich zur *Wirtschaftsverfassung* umfasst sie nicht nur die juristisch kodifizierten, sondern auch die privat vereinbarten Regeln. Die Wirtschaftsordnung ist ihrerseits Teil allgemeiner gesellschaftlicher Regelsysteme, die als *Wirtschaftskultur* bezeichnet werden können.

Aus Sicht der Institutionenökonomik sind ökonomische Handlungen nicht nur technische Vorgänge der Produktion oder Übertragung von Gütern. Sie sind vielmehr *Transaktionen*, das heißt Übertragungen von Eigentums- und Verfügungsrechten (*Property Rights*) an den Gütern. Die ökonomischen Beziehungen zwischen den Individuen bestehen aus einer Menge institutioneller Regeln, die einerseits jedem Individuum bestimmte Verfügungsrechte an Sachen, Leistungen und geistigen Werten zuteilen und andererseits die Transaktion dieser Rechte beziehungsweise Verpflichtungen regeln.

Die Institutionenökonomik unterscheidet unterschiedliche Formen von institutionellen Regeln:

- *informelle Institutionen* wie Gewohnheiten, Gebräuche, Traditionen und ethische Regeln,

- *formelle Institutionen* wie Verfassungen und staatliche Gesetze,

- *formelle Kontrollstrukturen* wie exekutive und judikative Staatsorgane und private Institutionen.

Der Wert des Vertrauens in die informellen und formellen Institutionen einer Gesellschaft wird auch als *Sozialkapital* bezeichnet.

So wie der Aufbau von Realkapital Kosten verursacht, ist auch der Aufbau von institutionellen Regeln mit Kosten verbunden. Die Institutionenökonomik bezeichnet diese Kosten für den Aufbau, die Nutzung und die Veränderung von Institutionen als *Transaktionskosten*. Unterscheiden lassen sich *fixe Transaktionskosten*, die in der Regel den Charakter von versunkenen Kosten haben, weil sie mit der Errichtung und Bereitstellung spezifischer Institutionen verbunden sind, und *variable Transaktionskosten*, die vom Wert oder der Anzahl getätigter Transaktionen abhängen. In Abhängigkeit von den wichtigsten Institutionen, die für ökonomische Transaktionen von Bedeutung sind, gibt es:

- *Markttransaktionskosten:* Sie umfassen Such- und Informationskosten, Verhandlungs- und Entscheidungskosten, Kosten der Durchsetzung und der Überwachung vertraglich vereinbarter Leistungen.

- *Politische Transaktionskosten:* Sie beinhalten die gesamten Kosten der Einrichtung, Erhaltung und Veränderung der politischen Ordnung.

- *Unternehmenstransaktionskosten:* Dabei handelt es sich um Kosten der Organisation und Leitung von Unternehmen und um Kosten der Kommunikation und Überwachung innerhalb von Unternehmen. Sie spielen eine zentrale Rolle in den betriebswirtschaftlichen Anwendungen der Institutionenökonomik.

Nach Schätzung von *Wallis* und *North* (1986) belaufen sich in modernen Marktwirtschaften die so definierten Transaktionskosten auf über 50 Prozent des Sozialprodukts.

Die versunkenen Kosten bei der Errichtung von institutionellen Regeln sind für die *Pfadabhängigkcit* von Institutionen verantwortlich. Ist eine Institution erst einmal eingerichtet, wird ihr Ersatz durch eine neue Institution erst dann sinnvoll, wenn sich die Nutzen-Kosten-Strukturen dramatisch verändert haben. Ein Beispiel dafür liefert die Institution Geld. Geld entsteht als ein Regelsystem, für dessen Aufbau und Erhalt reale Ressourcen – zum Beispiel für den Aufbau eines Zentralbanksystems – mobilisiert wer-

Ronald Coase und die Transaktionskosten

Ronald Harry Coase (geb. 1911 in Willesden bei London), studierte Wirtschaftswissenschaften an der London School of Economics. Nach ersten akademischen Positionen in Dundee, Liverpool und London wird er 1951 in die USA auf eine Professur an der Universität Buffalo berufen. 1958 wechselt er an die University of Virginia, bevor er 1964 zum Professor für Law and Economics an der Universität Chicago berufen wird. 1991 wird ihm der Nobelpreis für Wirtschaftswissenschaften für seine bahnbrechenden Arbeiten zur ökonomischen Institutionenanalyse verliehen. Hauptwerke: „The Nature of the Firm" (*Economica*, 1937); „The Problem of Social Cost" (*Journal of Law and Economics*, 1960).

In den Arbeiten von *Coase* werden die Grundlagen der Neuen Institutionenökonomik entwickelt, in der ökonomische Transaktionen als Tausch von Eigentums- und Verfügungsrechten angesehen werden. Weil diese Rechte gesichert, spezifiziert und durchgesetzt werden müssen, entstehen spezifische Kosten, die *Coase* als Transaktionskosten bezeichnet. Aus dieser Perspektive lässt sich erklären, warum nicht alle ökonomischen Transaktionen über Märkte abgewickelt werden, sondern in großem Umfang auch innerhalb von Unternehmen stattfinden. Die Koexistenz von Märkten und Unternehmen erklärt *Coase* aus dem Vorliegen spezifischer Transaktionskosten beider Institutionen. Die Transaktionskosten des Markttausches sind umso niedriger – und damit die Vorteile des Marktes gegenüber der Unternehmung als Institution umso größer –, je spezifizierter und sicherer die gehandelten Rechte sind. Dagegen führen Unsicherheit in den Vertragsbeziehungen beziehungsweise Probleme bei der Durchsetzung von Rechtspositionen dazu, dass die Kosten der unternehmensinternen Organisation günstiger als die Kosten des Markttausches werden. Durch Veränderungen in der Produktionstechnik, den Nachfragerpräferenzen und der Entwicklung von Rechtsregeln finden permanente Veränderungen in den Transaktionskosten von Markttausch und Unternehmensorganisation statt, so dass es immer wieder neue Phase des *Outsourcing und Insourcing* von Markttransaktionen in Unternehmen gibt.

Transaktionskosten spielen gleichfalls eine zentrale Rolle bei privaten Verhandlungen, mit denen eine Internalisierung externer Effekte erreicht werden kann. Wie *Coase* zeigt, können solche Verhandlungen zu effizienten Lösungen führen (*Coase*-Lösung), sofern die Eigentums- und Verfügungsrechte eindeutig zugewiesen sind. Ist dies nicht der Fall, entstehen Transaktionskosten durch die Spezifizierung und Durchsetzung der *Property Rights*. Unter diesen Umständen sind private Verhandlungen nicht mehr grundsätzlich staatlichen Eingriffen zur Internalisierung externer Effekte überlegen, sondern nur noch dann, wenn sie mit den relativ geringsten Transaktionskosten verbunden sind.

den müssen. Verschlechtert sich der Nutzen des Geldes durch Inflation, so wird zunächst die Institution Geld nicht in Frage gestellt. Erst bei sehr hohen Inflationsraten schwindet das Vertrauen in die Institution Geld. Es wird durch andere monetäre Tauschmittel, durch ein Warengeld oder sogar durch die Rückkehr zum bilateralen Naturaltausch ersetzt.

Als Teilgebiete der Neuen Institutionenökonomik lassen sich unterscheiden:

- Die *Transaktionskostenökonomik*, in der die Auswirkungen unterschiedlicher Transaktionskosten auf die Ausgestaltung von Institutionen untersucht werden. Sie basiert auf der grundlegenden Arbeit von *Ronald Coase* (1937) über das Wesen der Unternehmung.

- Die *Property Rights*-Theorie, in der die Konsequenzen unterschiedlich ausgestalteter Eigentums- und Verfügungsrechte analysiert werden.

- Die *Ökonomische Vertragstheorie*, die sich mit der optimalen Ausgestaltung von Vertragsbeziehungen beschäftigt.

- Die *Verfassungsökonomik* (*Constitutional Economics*), in der Anreizwirkungen von Verfassungsregeln untersucht werden. Sie wurde ganz entscheidend durch die Arbeiten von *James Buchanan* geprägt.

- Die *Ökonomische Analyse des Rechts* (*Law and Economics*), die sich mit den Anreizwirkungen und Auswirkungen normaler gesetzlicher Regeln beschäftigt.

- Der *Institutionelle Ansatz der Wirtschaftsgeschichte* (*New Economic History*), in der die historischen Auswirkungen von institutionellen Veränderungen analysiert werden. Wichtige Vertreter dieses Ansatzes sind die Wirtschaftshistoriker und Nobelpreisträger für Wirtschaftswissenschaften *Douglass North* und *Robert Fogel.*

10.2 Konsequenzen unterschiedlicher Eigentums- und Verfügungsrechte

Schon *Karl Marx* (1867) sah in den *Eigentumsverhältnissen* die entscheidende Größe zum Verständnis der Funktionsweise unterschiedlicher Wirtschaftsordnungen. Nach der marxistischen Ordnungstheorie prägt die Organisation des Eigentums an den Produktionsmitteln die Gesamtheit der sozialen und ökonomischen Beziehungen, indem sie die Entfaltungs- und Mitwirkungsmöglichkeiten der einzelnen Wirtschaftssubjekte festlegt. Die moderne Theorie der Eigentums- und Verfügungsrechte (*Property Rights*-Theorie) hat die Bedeutung der Eigentumsverhältnisse inzwischen auch in den Rahmen der nicht-marxistischen Ordnungstheorie integriert. Sie betont dabei die *Anreiz- und Sanktionsmechanismen*, die aus alternativen Eigentumsordnungen entspringen, ohne damit die Verwendung anderer ordnungstheoretischer Analysekriterien auszuschließen. Damit wird eine differenzierte Beurteilung derjenigen ordnungstheoretischen Konzeptionen möglich, die der Funktionsweise existierender Wirtschaftsordnungen zugrunde liegen.

Unter den Eigentums- und Verfügungsrechten an Gütern versteht man:

- das Recht an der Nutzung des Gutes (*usus*),

- das Recht, ein Gut zu verändern (*abusus*),

- das Recht an den Erträgen, die sich aus der Nutzung des Gutes ergeben (*usus fructus*),

- das Recht, die Nutzungsrechte an andere zu transferieren (*venditio*).

Je genauer diese Rechte ausgestaltet werden, desto höher sind ceteris paribus die dafür notwendigen Transaktionskosten. Im Umkehrschluss lässt sich daraus folgern, dass hohe Transaktionskosten die Ausgestaltung einer umfassenden Eigentumsordnung verhindern können. Steigende Transaktionskosten führen zu einer Verwässerung bestehender *Property Rights*.

Der zentrale Unterschied in den Anreizwirkungen privater und kollektiver Eigentumsrechte wird deutlich am „Trauerspiel der Allmende" (*Hardin* 1968). Bei *Allmende*-Gütern handelt es sich um solche Güter, bei denen die Kosten für die Durchsetzung privater Verfügungsrechte zu hoch sind, so dass negative Externalitäten zwischen den handelnden Individuen nicht verhindert werden können. Die Folge von Kollektiveigentum ist dann eine Übernutzung der gegebenen Ressourcen im Vergleich zur exklusiven Nutzung mit Privateigentum.

Als *Allmende* bezeichnete man früher die im Gemeinschaftsbesitz befindlichen dörflichen Viehweiden. Geht man davon aus, dass eine dort weidende Kuh den konstanten Betrag a kostet, dass die Zahl der Kühe mit c bezeichnet wird, dass p den konstanten Milchpreis angibt und dass die Milchleistung der Kühe eine konkave Funktion $f(c)$ ist, so würde ein privater Eigentümer der Weide seine Entscheidung auf der Grundlage des üblichen neoklassischen Marginalkalküls berechnen:

$$\max_{c} R = pf(c) - ac \tag{10.1}$$

$$f'(c^*) = a/p \tag{10.2}$$

Unter *privaten Eigentumsrechten* sollte somit die Viehhaltung bis zu dem Punkt ausgedehnt werden, an dem der Grenzertrag einer zusätzlichen Kuh $f'(c^*)$ dem realen Wert a/p einer Kuh entspricht.

Dieser Kalkül verändert sich nun bei *kollektiven Eigentumsrechten*. Ein einzelner Dorfbewohner muss davon ausgehen, dass er genauso wie alle anderen Miteigentümer

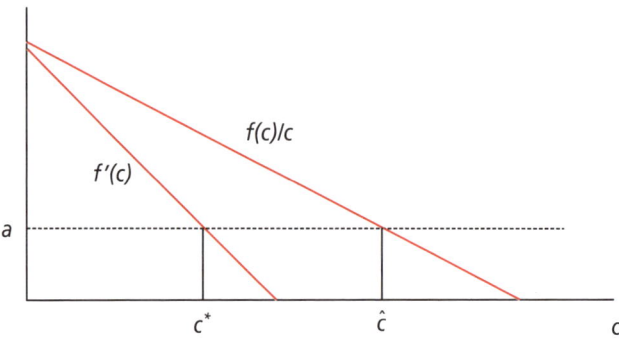

Abbildung 10.1: Nutzung eines privaten Gutes und eines Allmende-Gutes

Mit zunehmender Nutzung des Gutes c nehmen der durchschnittliche Ertrag f(c)/c und der Grenzertrag f'(c) ab. Der Grenzertrag liegt dabei immer unter dem Durchschnittsertrag. Die Grenzkosten der Nutzung liegen konstant bei a und entsprechend den Durchschnittskosten. Die Nutzung eines Allmende-Gutes wird so lange ausgedehnt, bis der durchschnittliche Ertrag den durchschnittlichen Kosten entspricht; die Nutzung eines privaten Gutes endet dagegen bereits, wenn der Grenzertrag den Grenzkosten entspricht. Typischerweise tritt bei Allmende-Gütern damit Übernutzung auf.

nur den durchschnittlichen Milchertrag der weidenden Kühe einkalkulieren kann. Er (und mit ihm alle anderen Dorfbewohner) wird deshalb die Zahl der weidenden Kühe so lange ausdehnen, bis der Durchschnittsertrag dem realen Preis einer Kuh entspricht beziehungsweise bis der Gewinn gleich null geworden ist. Dies ist bei der Menge $\hat{c}$ der Fall. Aufgrund der Konkavität der Ertragsfunktion $f(c)$ verläuft nun aber das Durchschnittsprodukt immer oberhalb des Grenzprodukts. Damit führt die Lösung bei Kollektiveigentum zu einer höheren Nutzung der gegebenen Ressource als bei privaten Eigentumsrechten.

Die negativen Effekte der Übernutzung vorhandener Ressourcen durch Kollektiveigentum hängen auch davon ab, wie viele potenzielle Nutzer es gibt. Ist der Kreis der gemeinschaftlichen Eigentümer eng begrenzt und klein, lassen sich unter Umständen mit relativ geringen Transaktionskosten *soziale Regelmechanismen* finden, mit denen eine langfristige Übernutzung verhindert werden kann. Versagen soziale Regelsysteme, droht langfristig der Zusammenbruch der Allmende beziehungsweise die Umgestaltung der Eigentums- und Verfügungsrechte in Richtung Privateigentum.

10.3 Konsequenzen unterschiedlicher Koordinationsmechanismen des Gütertauschs

Seit *Adam Smith* (1776) sehen Ökonomen in Arbeitsteilung, Spezialisierung und Gütertausch die zentralen Ursachen für die Entstehung von Wohlstand. Im Tausch von Gütern und Dienstleistungen werden aber aus institutionenökonomischer Sicht Verfügungsrechte zwischen Gütern übertragen. Die Ausgestaltung dieser Rechte beeinflusst daher das Ausmaß der Arbeitsteilung und damit die Höhe des gesamtwirtschaftlichen Wohlstands. Im Folgenden wird diese Überlegung im Rahmen eines einfachen Modells des Gütertauschs abgeleitet. Ausgangspunkt ist zunächst das Modell einer *Robinson Crusoe*-Ökonomie, in der ein einzelnes Individuum über die möglichst effiziente Produktion zweier Güter bei gegebenen Ressourcen entscheidet. Tritt nun ein zweites Individuum auf, muss der Austausch von Gütern zwischen beiden geregelt werden. Dabei sind drei Fälle denkbar:

■ die regellose *Anarchie*, in der Güteraustausch durch Raub erfolgt,

■ die *zentrale Planung* des Güteraustauschs,

■ der *Markttausch* der Güter.

Betrachtet wird ein isoliertes Individuum, *Robinson Crusoe*, das mit dem einzigen Produktionsfaktor Arbeit zwei unterschiedliche Tätigkeiten ausführen kann, die zur Produktion ökonomischer Güter führen. In der Produktionsrichtung 1, zum Beispiel bei der Suche nach Kokosnüssen, hängt das Produktionsergebnis q_1^R vom Arbeitseinsatz L_1^R und von der Produktivität der eingesetzten Arbeit nach Maßgabe eines konstanten *Produktivitätsparameters* a_1^R ab. Die Produktionsfunktion (10.3) stellt diesen Zusammenhang dar. In der Produktionsrichtung 2, etwa beim Melken von Ziegen, wird nach der Produktionsfunktion (10.4) eine andere Menge an Arbeit eingesetzt und es gibt einen anderen (konstanten) *Produktivitätsparameter* des Arbeitseinsatzes a_2^R. Wenn das gesamte Arbeitsvolumen von *Robinson Crusoe* mit L^R bezeichnet wird, so erhält man die *Ressourcenbeschränkung* (10.5):

$$q_1^R = a_1^R L_1^R \tag{10.3}$$

$$q_2^R = a_2^R L_2^R \tag{10.4}$$

$$L_1^R + L_2^R = \bar{L}^R \tag{10.5}$$

Diese drei Gleichungen lassen sich zusammenfassen zu einer Gleichung, in der die möglichen effizienten Kombinationen der Produktion beider Güter bei gegebenem Arbeitsvolumen ermittelt werden:

$$q_2^R = a_2^R L^R - \frac{a_2^R}{a_1^R} q_1^R \tag{10.6}$$

Die graphische Darstellung der Gleichung (10.6) wird auch als (lineare) *Transformationskurve* bezeichnet. Die insgesamt verfügbare Ressourcenausstattung beeinflusst die Lage der Transformationskurve. Ihre Steigung, die *Grenzrate der (Güter-)Transformation*, hängt dagegen alleine vom Verhältnis der Produktivitätsparameter ab. Da die Höhe der Arbeitsproduktivität bei gegebenem Faktorpreis in jeder Produktionsrichtung die Höhe der absoluten Produktionskosten determiniert, ist das Verhältnis der Produktivitätsparameter ein Ausdruck für die *relativen (oder komparativen) Kosten der Güterproduktion* in den beiden Produktionsrichtungen. Es gibt an, auf wie viele Einheiten der Produktion des einen Gutes *Robinson Crusoe* verzichten muss, wenn er bei voller Ausnutzung seiner Arbeitskraft eine Einheit mehr des anderen Gutes produzieren möchte. Die Grenzrate der Transformation misst somit die Opportunitätskosten der Güterproduktion in jeder der beiden Produktionsrichtungen. Es wird davon ausgegangen, dass Robinson alleine ein bestimmtes Güterbündel entsprechend einem Punkt auf seiner Transformationskurve produziert.

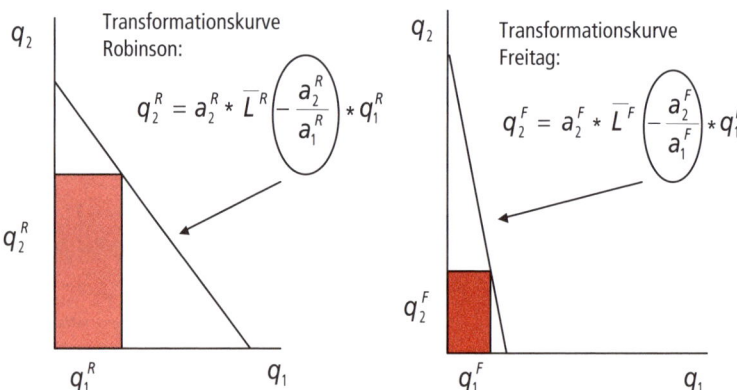

Abbildung 10.2: Transformationskurven von Robinson und Freitag

Die Transformationskurven beschreiben, welche Möglichkeiten die beiden Individuen besitzen, um mit ihren Ressourcen alternative Bündel der beiden Güter 1 und 2 zu produzieren. Punkte auf den Transformationskurven beschreiben effiziente Produktionsmöglichkeiten, Punkte links von den Transformationskurven sind ineffiziente Güterbündel, Punkte rechts von den Transformationskurven sind mit den vorhandenen Ressourcen nicht erreichbar. In der Steigung der Transformationskurven kommen die Opportunitätskosten der Produktion eines Gutes gemessen in Einheiten des anderen Gutes zum Ausdruck.

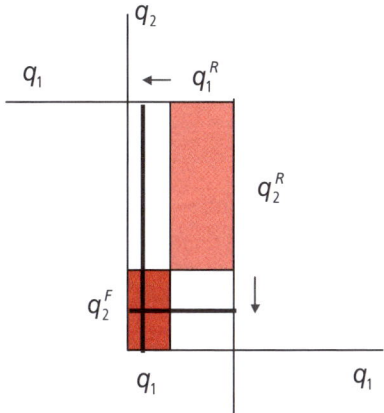

Abbildung 10.3: Güterübertragung durch Raub

Raub vergrößert das Güterbündel des einen Individuums auf Kosten des anderen Individuums ohne Gegenleistung.

Für die Analyse von Tausch und Arbeitsteilung ist es nun notwendig, noch ein zweites Individuum in die Betrachtung einzuführen, das über eine ähnliche Transformationskurve verfügt:

$$q_2{}^F = a_2{}^F L^F - \frac{a_2{}^F}{a_1{}^F} q_1{}^F \tag{10.7}$$

Man denke hier an *Robinsons* Gefährten *Freitag*, der ebenfalls die beiden Güter 1 und 2, Kokosnüsse und Ziegenmilch, produzieren kann, der allerdings eine andere Ausstattung mit Arbeitskraft $\bar{L}^F$ besitzt als *Robinson* und dessen Arbeitsproduktivitätsparameter $a_1{}^F$ und $a_2{}^F$ sich ebenfalls von denjenigen *Robinsons* unterscheiden. Damit ist es sehr wahrscheinlich, dass auch die Grenzrate der Transformation und damit die Opportunitätskosten der Güterproduktion bei *Robinson* und *Freitag* unterschiedlich groß sind. In *Abbildung 10.2* sind die beiden Transformationskurven daher mit jeweils unterschiedlicher Lage und Steigung dargestellt.

Als erste Form einer Interaktion zwischen *Robinson* und *Freitag* kann man sich nun den regellosen Zugriff des einen auf die Güter des anderen, also *Raub*, vorstellen. Wenn *Robinson* seine Konsummöglichkeiten gegenüber seinem eigenen Produktionsergebnis durch Raub vergrößert, verändern sich kurzfristig die aggregierten Produktions- und Konsummöglichkeiten beider Individuen nicht. Längerfristig ist allerdings davon auszugehen, dass *Freitag* auf den Raub durch eine Einschränkung seiner gesamten Arbeitszeit reagiert, so dass sich die aggregierten Produktions- und Konsummöglichkeiten beider Individuen verringern. Denkbar ist auch, dass *Robinson* seinen Arbeitseinsatz reduziert, da er ja seine Konsummöglichkeiten auf Kosten von *Freitag* erhöhen kann. Eine unzureichende Regelung der Interaktion, und im Extremfall der Raub von Gütern, stellt somit allenfalls ein Individuum besser, aber beide zusammen in jedem Fall schlechter als in der Ausgangssituation mit isolierter Produktion.

Eine effiziente Alternative zum Raub zeichnet sich dann ab, wenn die beiden Individuen zusammen einen *zentralen Plan* entwickeln, wie sie ihre Ressourcen bei gegebenen Arbeitsproduktivitäten gemeinsam am besten nutzen könnten. Sie würden zu dem

Ergebnis kommen, dass die unterschiedlichen Opportunitätskosten der Güterproduktion dafür sprechen, dass sich jedes Individuum auf die Produktion nur noch eines Gutes spezialisiert, und zwar des Gutes, bei dem das Individuum die relativ geringsten Opportunitätskosten aufweist. Robinson würde sich dann zum Beispiel nur noch auf die Suche nach Kokosnüssen und Freitag nur noch auf das Melken der Ziegen spezialisieren. Voraussetzung für eine solche Spezialisierung ist allerdings eine Vereinbarung über einen Tausch der Produktionsergebnisse, und zwar in der Weise, dass das Tauschverhältnis der beiden Güter sich von den Opportunitätskosten der Produktion unterscheidet. Erst dadurch wird der zentral geplante Tausch für beide Individuen interessant, denn damit erhöhen sich für beide Individuen die *Konsummöglichkeiten* gegenüber den *Produktionsmöglichkeiten*. Wie man in der Abbildung sieht, liegt für jedes Individuum das erreichbare Konsumbündel der beiden Güter außerhalb der Transformationskurven bei Autarkie.

Die zentrale Planung von Produktion und Konsum wird im Sinne der Institutionenökonomik nicht kostenlos erfolgen, sondern der Aufbau des institutionellen Regelwerks ist mit *Transaktionskosten* verbunden. Relevant sind hier vor allem die Kosten der Erfassung der insgesamt verfügbaren Ressourcen und der Arbeitsproduktivitäten beider Individuen zur Ermittlung der individuellen Opportunitätskosten. Weiterhin ist die tatsächliche Abwicklung des geplanten Güteraustauschs zum vorgesehenen Tauschverhältnis zu kontrollieren. Ein Übergang vom regellosen Raub zur geregelten zentralen Planung ist somit erst dann sinnvoll, wenn die Wohlstandsgewinne des geregelten Güteraustauschs größer sind als die *Erfassungs-*, *Organisations-* und *Kontrollkosten*.

Eine Alternative zur zentralen Planung ist der *bilaterale Tausch* zwischen Robinson und Freitag. Dabei spezialisieren sich wiederum beide Individuen auf die Produktion

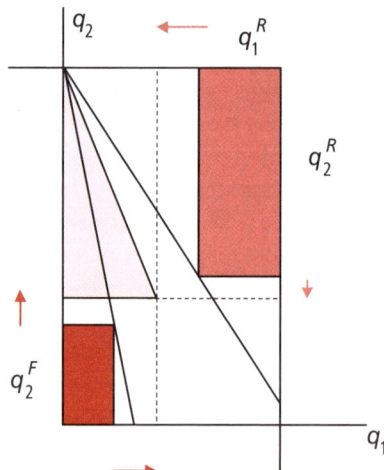

Abbildung 10.4: Güterübertragung durch zentrale Planung

Durch zentrale Planung können Güterproduktion und Gütertausch so gestaltet werden, dass beide Individuen ihre Situation gegenüber der Autarkie verbessern. Durch Spezialisierung in der Produktion und Anwendung eines Tauschverhältnisses, das günstiger ist als die individuellen Opportunitätskosten der Produktion, steigern beiden Individuen ihre Konsummöglichkeiten gegenüber den Produktionsmöglichkeiten.

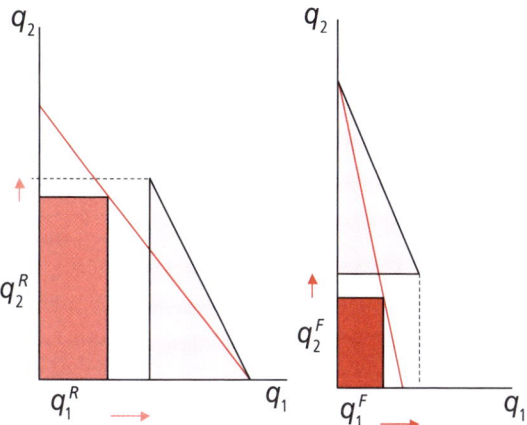

Abbildung 10.5: Güterübertragung durch Markttausch

Auch der Markttausch erlaubt es beiden Individuen, ihre Konsummöglichkeiten gegenüber den Produktionsmöglichkeiten in der Autarkie zu erhöhen. Robinson spezialisiert sich auf die Produktion von Gut 1, Freitag auf die Produktion von Gut 2. Durch Tausch zu einem Tauschverhältnis, das zwischen den individuellen Transaktionskosten liegt, können beide letztlich von beiden Gütern mehr konsumieren.

desjenigen Gutes, bei dem sie die relativ geringsten Opportunitätskosten aufweisen, und tauschen die Produktionsergebnisse zu einem Tauschverhältnis, das sich durch Angebot und Nachfrage an einem Markt bildet. Der Tausch ist nur dann lohnend, wenn sich wie in *Abbildung 10.5* das Marktpreisverhältnis von den individuellen Opportunitätskosten der Produktion unterscheidet. Je näher das Tauschverhältnis bei den individuellen Transaktionskosten liegt, desto geringer sind die Wohlstandsgewinne durch den Tausch. Prinzipiell sind durch Markttausch die gleichen (Brutto-) Wohlstandsgewinne für beide Individuen realisierbar wie bei zentraler Planung. Unterscheiden dürften sich allerdings die spezifischen Transaktionskosten, damit die (Netto-) Wohlstandsgewinne und die langfristigen Anreizwirkungen. Der Markttausch erfordert weniger Aufwand für die Erfassung der gegebenen Ressourcen und Produktivitäten, dafür aber relativ hohe *Kosten für die Erstellung, Durchführung und Überwachung bilateraler Tauschverträge*. Besondere Bedeutung kommt der Verlässlichkeit der am Markt sich bildenden *Preisinformationen* zu. Sie dürfen weder durch Marktmacht einzelner Marktteilnehmer noch durch Inflation verzerrt werden. Schwankungen der am Markt, also letztlich unabhängig von den konkreten Aktionen der beiden Individuen, sich bildenden Güterpreise führen zu Risiken bei der Kalkulation der erwarteten Wohlstandsgewinne. Auch die Absicherungen gegen solche Risiken stellen Transaktionskosten des Tausches dar. Sie können zum Entstehen neuer Märkte, zum Beispiel für Terminhandel oder für Versicherungen, führen, oder, bei offensichtlichen Marktfehlern, staatliches Handeln erforderlich machen.

10.4   Idealtypische Wirtschaftsordnungen

Die institutionenökonomischen Analysen zeigen, dass sich wirtschaftliches Handeln unter gesellschaftlichen, politischen und rechtlichen Regeln vollzieht, die auf die ökonomischen Entscheidungen maßgeblichen Einfluss haben. Die *Wirtschaftsordnungstheorie* versucht, diesen institutionellen Rahmen des Wirtschaftsgeschehens zu beschreiben und seine Auswirkungen auf den Wirtschaftsprozess zu analysieren. Daran anschließend leitet sie Empfehlungen ab, wie Normen, Institutionen und Kompetenzen geschaffen, erweitert oder geändert werden müssen, um ein konsistentes ordnungspolitisches Gesamtkonzept zu schaffen.

Voraussetzung ordnungstheoretischer Analysen ist die Entwicklung von Kriterien, mit deren Hilfe die Beziehungen zwischen Ordnungsrahmen und Wirtschaftsgeschehen untersucht werden können. Aus der Property Rights-Analyse konnten die beiden polaren Fälle des *Privateigentums* und des *Kollektiveigentums* abgeleitet werden. Die darauf aufbauenden Wirtschaftssysteme werden als *Kapitalismus* beziehungsweise *Sozialismus* bezeichnet. In der maßgeblich von *Walter Eucken* (1952) entwickelten neoliberalen Ordnungstheorie stehen dagegen die Mechanismen zur Koordinierung der Arbeitsteilung im Vordergrund. Die Überlegungen, die sich aus dem *Robinson*-Modell ableiten lassen, werden dabei verallgemeinert. Unterschieden werden die zwei polaren Fälle bei der institutionellen Lösung des Koordinationsproblems. Zum einen können die individuellen Planungen zu einem gesamtwirtschaftlichen Plan aggregiert werden. Eine zentrale Planungsinstanz sorgt dabei für die Abstimmung der Einzelpläne untereinander und für eine plangemäße Realisierung der Allokations- und Distributionsentscheidungen. Im Rahmen einer solchen *Zentralverwaltungs- oder Planwirtschaft* haben sich die individuellen Handlungen der Wirtschaftssubjekte an den Vorgaben des zentralen Plans zu orientieren. Das Koordinationsmodell der Zentralverwaltungswirtschaft setzt voraus, dass die zentrale Planungsinstanz einen möglichst vollständigen Überblick über die in einer Volkswirtschaft verfügbaren Ressourcen und die individuellen Pläne besitzt. In einer *Verkehrs- oder Marktwirtschaft* erfolgt die Koordination der Einzelpläne dagegen dezentral. Über die Preisbildung an den Märkten für Güter und Produktionsfaktoren werden Angebots- und Nachfragewünsche der Wirtschaftssubjekte angeglichen. Voraussetzung

	Marktwirtschaft (Verkehrswirtschaft)	Planwirtschaft (Zentralverwaltungswirtschaft)
Kapitalismus	Privateigentum und Marktkoordinierung	Privateigentum und zentrale Planung
Sozialismus	Kollektiveigentum und Marktkoordinierung	Kollektiveigentum und zentrale Planung

Abbildung 10.6: Kriterien der ordnungstheoretischen Analyse und Konzeptionen der Ordnungstheorie

Durch Kombination der jeweils zwei unterschiedlichen Ausprägungen der beiden Kriterien ergeben sich vier ordnungstheoretische Grundkonzeptionen.

des marktwirtschaftlichen Koordinierungsmodells ist damit die Existenz von Märkten und ein störungsfreies Funktionieren der Marktpreisbildung.

Im einfachsten Fall lassen sich aus der Kombination der polaren Fälle, die im Zusammenhang mit den beiden grundlegenden ordnungstheoretischen Analysekriterien abgeleitet werden, vier Ordnungskonzeptionen unterscheiden. Sie sind in *Abbildung 10.6* zusammengestellt. Ihre Gestaltungsgrundsätze und Funktionsprobleme sollen im Folgenden näher charakterisiert werden.

10.4.1 Privateigentum und Marktkoordinierung

Als Kennzeichen einer Marktwirtschaft ist bereits die dezentrale Koordinierung individueller Angebots- und Nachfragepläne hervorgehoben worden. In der ordnungstheoretischen Konzeption der *kapitalistischen Marktwirtschaft*, wie sie bereits von *Adam Smith* (1776) ausführlich beschrieben wurde, stellt das Privateigentum an den Produktionsmitteln insbesondere die dezentrale Planung von Produktion und Investition sicher. Durch das Gewinnstreben der Kapitalbesitzer und durch die Tätigkeit der von ihnen eingesetzten Unternehmensleitungen soll die bestmögliche Orientierung des Güterangebots an den Konsumwünschen der Nachfrager sichergestellt und die optimale Nutzung der Produktionsfaktoren erreicht werden. Alle Industrieländer, aber auch die meisten Entwicklungs- und Schwellenländer weisen heute Wirtschaftsordnungen auf, die sich diesem Ordnungsmodell annähern.

Um aus der Summe individueller Planungen und Entscheidungen ein gesamtwirtschaftliches Optimum entstehen zu lassen, müssen die *Marktpreise* im Modell der kapitalistischen Marktwirtschaft mehrere Funktionen erfüllen. Zum einen soll der Preisbildungsprozess den Ausgleich von Angebot und Nachfrage auf allen Märkten für Güter und Produktionsfaktoren sicherstellen und damit die jeweils beste Marktversorgung garantieren. Preisbewegungen, die zu einer Änderung der Preisstrukturen führen, sollen Änderungen in der relativen Knappheit einzelner Güter und Faktoren signalisieren. Indem die Preise somit Informationen über Angebots- und Nachfrageverschiebungen vermitteln, schaffen sie die Voraussetzung dafür, dass das unternehmerische Gewinnstreben eine Anpassung der individuellen Produktions- und Investitionspläne herbeiführen kann. Die Abhängigkeit der Unternehmensgewinne von den Marktpreisen begünstigt gleichzeitig die Durchsetzung von Innovationen. Mit diesen können entweder bei gegebenen Absatzpreisen die Produktionskosten gesenkt oder im Fall von Produktinnovationen neue Märkte erschlossen werden, auf denen bei entsprechender Nachfrage hohe Verkaufspreise erzielt werden können.

Die *Ausgleichs-, Signal- und Lenkungsfunktion* der Marktpreise in kapitalistischen Marktwirtschaften setzt voraus, dass der Preisbildungsprozess sich zu jedem Zeitpunkt frei von Reglementierungen vollziehen kann und Wettbewerb auf Anbieter- und Nachfragerseite herrscht. Möglichst alle potenziellen Anbieter und Nachfrager sollen daher freien Zugang zu den Güter- und Faktormärkten besitzen und durch keinerlei Beschränkungen in der Auswahl ihrer Marktpartner behindert werden. Der Informationsgehalt einzelner Marktpreise und ihrer Struktur darf zudem nicht durch inflationäre Änderungen des allgemeinen Preisniveaus verzerrt werden.

Bereits die Klassiker der Nationalökonomie stellten fest, dass das individuelle Gewinnstreben private Unternehmer in kapitalistischen Marktwirtschaften dazu verleiten kann, sich dem Wettbewerbsdruck des Marktes durch Absprachen mit Konkurrenten zu entziehen. Aus marxistischer Sicht erschien es zwangsläufig, dass das Privateigentum an den Produktionsmitteln zusammen mit dem Profitstreben zur Ballung wirtschaftlicher Macht, zur Ausbeutung der Arbeitskräfte und zu ständig wiederkehrenden Wirtschaftskrisen führen müsse. Die keynesianische Theorie machte auf die Anfälligkeit kapitalistischer Marktwirtschaften für Beschäftigungskrisen aufgrund konjktureller Nachfrageschwankungen aufmerksam. Für moderne Kritiker dieser Ordnungskonzeption zeigt sich das individuelle Gewinnstreben schließlich für eine fortschreitende Zerstörung der natürlichen Umwelt verantwortlich.

Die marktwirtschaftliche Ordnungstheorie weist demgegenüber darauf hin, dass sich durch geeignete Maßnahmen der Wettbewerbs-, Sozial-, Verteilungs-, Konjunktur- und Umweltpolitik solche *Fehlentwicklungen* verhindern lassen. Sie betont allerdings auch die Probleme, die mit einer wachsenden staatlichen Einflussnahme auf das Wirtschaftsgeschehen verbunden sein können. So besteht einerseits die Gefahr, dass die Träger der Wirtschaftspolitik in ihren Entscheidungen nicht nur von gesamtwirtschaftlichen, sondern gleichfalls von individuellen Zielsetzungen geleitet sind. Zum anderen können durch wirtschaftspolitische Eingriffe schwerwiegende Änderungen in der Ausgestaltung der Eigentumsrechte und Anreizstrukturen sowie Störungen des Preisbildungsprozesses verursacht werden, die zusätzliche Funktionsprobleme kapitalistischer Marktwirtschaften entstehen lassen. Einen konzeptionslosen staatlichen *Interventionismus*, wie er beispielsweise im Deutschen Reich seit Ende des 19. Jahrhunderts praktiziert worden war und dessen negative Auswirkungen insbesondere von *Mises* (1929) analysiert hatte, lehnt die neoliberale Ordnungstheorie daher entschieden ab. Sie plädiert vielmehr dafür, nur solche wirtschaftspolitischen Maßnahmen zu ergreifen, die konform mit der Funktionsweise einer marktwirtschaftlichen Ordnung sind.

10.4.2 Privateigentum und zentrale Planung

Kapitalistische Wirtschaftsordnungen sind auch in Verbindung mit einer starken Zentralisierung von Planungskompetenzen vorstellbar. *Zentrale Produktions- und Investitionspläne*, die den Marktmechanismus ganz oder teilweise außer Kraft setzen, wurden immer wieder in politischen Ausnahmesituationen eingeführt. Beispiele dafür bieten die in Deutschland während des Ersten und Zweiten Weltkriegs entwickelten Konzepte der *Wirtschaftslenkung*, in denen das Privateigentum prinzipiell erhalten blieb. Gleichzeitig wurde aber die zentrale Planung mit dem Ziel vorangetrieben, die vorhandenen Ressourcen bevorzugt dem Ausbau der Rüstungsindustrien verfügbar zu machen. Da eine solche Ordnungskonzeption nicht auf der Signal- und Lenkungsfunktion der Marktpreise aufbaut, kann sie mit staatlichen Preiskontrollen oder sogar Preisfestsetzungen verbunden sein. Diese bergen allerdings das Risiko in sich, auch den Ausgleich von Angebot und Nachfrage zu verhindern und damit eine Rationierung von Gütern nach sich zu ziehen.

Zum anderen wird die Notwendigkeit einer ausgedehnten zentralen Planung in kapitalistischen Wirtschaftsordnungen häufig mit Zweifeln an der Lenkungsfunktion der Marktpreise begründet. Die Gefahr von *Fehlinvestitionen* und *volkswirtschaftlichen Strukturkrisen* lässt sich nach dieser Ansicht nur dadurch vermeiden, dass insbesondere die Investitionsplanung nicht alleine den individuellen Entscheidungsträgern überlassen bleibt, sondern auch einer zentralen Planungsinstanz anvertraut wird. Da diese nicht dem individuellen Gewinnstreben verpflichtet ist, soll sie den Strukturwandel beschleunigen und eine raschere Durchsetzung technischer Neuerungen garantieren. Grundlage der zentralen Planung sollen Prognosen über die zukünftige volkswirtschaftliche Bedarfsstruktur und die zu ihrer Befriedigung notwendige Güterproduktion bilden, aus denen der in einzelnen Produktionszweigen erforderliche Investitionsbedarf abgeleitet wird. Beispiele einer solchen *sektoralen Investitionsplanung* im Rahmen einer kapitalistischen Wirtschaftsordnung bieten das in Frankreich nach dem Zweiten Weltkrieg entwickelte Modell der *Planification*, die in vielen Entwicklungsländern betriebene *Entwicklungsplanung* oder die in zahlreichen Industrieländern diskutierten Konzepte einer *vorausschauenden Strukturpolitik*.

Das Grundproblem eines jeden Konzepts einer sektoralen Investitionsplanung besteht darin, *Mechanismen der Plankoordinierung* zu schaffen, mit deren Hilfe sich die individuellen Investitionspläne der Unternehmen mit dem zentralen staatlichen Investitionsplan und seiner branchenmäßigen Aufspaltung in Übereinstimmung bringen lassen. Bei Privateigentum an den Produktionsmitteln lässt sich nur durch eine indirekte Beeinflussung der individuellen Investitionsentscheidungen eine Annäherung zwischen staatlichen und privaten Plänen erreichen. Als Mittel der indirekten staatlichen Investitionslenkung eignen sich dabei Instrumente der selektiven Kredit- und Zinspolitik, selektiv wirksame steuerpolitische Maßnahmen, Subventionszahlungen, preispolitische Eingriffe sowie eine sektorale Nachfragelenkung, insbesondere durch eine gezielte Vergabe staatlicher Aufträge. Darüber hinaus können die privaten Unternehmen unmittelbar an der Erstellung des zentralen Investitionsplans beteiligt werden, um so eine frühzeitige Koordinierung der Investitionsziele durch Absprachen untereinander und mit dem Staat zu erreichen.

Funktionsprobleme des Konzepts der sektoralen Investitionsplanung können dadurch entstehen, dass die privaten Unternehmen trotz bestehender Absprachen mit der zentralen Planungsinstanz flexibel auf Änderungen der Marktdaten reagieren. Die Beeinflussung individueller Investitionspläne durch den massiven Einsatz selektiver wirtschaftspolitischer Instrumente verursacht einen hohen Finanzbedarf des Staates, der häufig nur durch Geldschöpfung gedeckt werden kann, die wiederum Inflation entstehen lässt. Die staatlich geförderte Zusammenarbeit der Unternehmen zur Abstimmung der Investitionspläne kann dazu führen, dass wettbewerbsbeschränkende Absprachen zustande kommen, die sich nachteilig auf die Marktversorgung und die Durchsetzung von Innovationen auswirken. Schließlich lässt sich auch auf der Basis zentraler staatlicher Prognosen das Entstehen volkswirtschaftlicher Strukturkrisen niemals mit Sicherheit verhindern.

10.4.3 Kollektiveigentum und zentrale Planung

Kennzeichen einer Zentralverwaltungswirtschaft ist die Koordinierung individueller Pläne durch eine zentrale staatliche Planungsinstanz. Staatliches Eigentum an den Produktionsmitteln stellt im Ordnungsmodell der *sozialistischen Zentralverwaltungswirtschaft* die Kontrolle der zentralen Planungsspitze über die betrieblichen Produktions- und Investitionspläne und die Verteilung der Produktionsergebnisse sicher. Da mit der zentralen Planung von Produktion und Investition auch über das Volumen und die Struktur der für den Konsum verfügbaren Güter entschieden wird, stellt sich das Problem, inwieweit und in welcher Form die individuellen Pläne der Nachfrager bei der Planerstellung Berücksichtigung finden können.

Als ordnungstheoretischer Extremfall kann eine sozialistische Zentralverwaltungswirtschaft ohne freie Konsumwahl angesehen werden. Sie ist dadurch gekennzeichnet, dass die zentrale Planungsinstanz aufgrund gesamtwirtschaftlicher Bedarfsschätzungen und -prognosen nicht nur Produktion und Investition, sondern auch die Verteilung der für den privaten Konsum verfügbaren Güter vollständig plant. Den einzelnen Wirtschaftssubjekten werden dabei bestimmte Mengen an Konsumgütern zugewiesen, die sie mit Hilfe von Bezugsscheinen erwerben. Preise für Güter und Produktionsfaktoren sind in einer solchen Wirtschaftsordnung ebenso wie Geld funktionslos. Das in der Sowjetunion zwischen 1918 und 1921 praktizierte System des *Kriegskommunismus* kam diesem Ordnungsmodell nahe.

In einer Zentralverwaltungswirtschaft mit freier Konsumwahl geht der private Konsum dagegen nur als volkswirtschaftliche Globalgröße in den staatlichen Gesamtplan ein. Während die Industriegüterpreise und die Preise der Produktionsfaktoren durch den Zentralplan festgelegt sind, könnten die Konsumgüterpreise prinzipiell die Funktion erfüllen, den Ausgleich des zentral geplanten Güterangebots mit der individuell geplanten Nachfrage herbeizuführen. Aus sozialpolitischen Erwägungen erfolgt jedoch häufig eine staatliche Überwachung der Konsumgüterpreise. Werden sie als Höchstpreise festgelegt, ist auf einzelnen Märkten mit dem Entstehen von Nachfrageüberhängen zu rechnen.

Aus dem Verzicht auf die Signal- und Lenkungsfunktion des Preissystems und aus der Orientierung der einzelnen Betriebe am Ziel der Planerfüllung im Gegensatz zur Gewinnorientierung resultieren wichtige *Funktionsprobleme* des Modells der sozialistischen Planwirtschaft, das insbesondere der Wirtschaftsordnung der Sowjetunion seit Ende der 20er Jahre zugrunde lag. Indem der Planungsspitze Informationen über Änderungen der Nachfragewünsche nur verzögert zufließen, können anhaltende Versorgungsengpässe entstehen. Für die einzelnen Betriebe besteht andererseits kein Anreiz, flexibel auf Änderungen der Kundenwünsche zu reagieren, kostenminimal zu produzieren oder Innovationen durchzuführen. Versuche, die zentrale Planung stärker auf die Vermeidung von Versorgungslücken hin auszurichten oder das Preissystem für die Erstellung und Fortschreibung des zentralen Plans nutzbar zu machen, erfordern schwierige und zeitaufwändige Neuabstimmungen sämtlicher Einzelpläne. Sie begegnen zudem der Schwierigkeit, dass ein staatlich reglementiertes Preissystem keine verlässlichen Informationen über Güterknappheiten geben kann.

Ein besonderes Problem stellt die für den Prozess der Planerstellung und -realisierung notwendige *Bürokratie* dar, die naturgemäß größer ausfallen muss als in marktwirtschaftlich organisierten Volkswirtschaften. Gleichzeitig ist das Ordnungsmodell der sozialistischen Zentralverwaltungswirtschaft in der Regel in ein politisches System integriert, das auf der unumschränkten Vormachtstellung einer einzigen Partei aufbaut. Durch das Fehlen eines politischen Wettbewerbs mangelt es aber an einem wichtigen Sanktionsmechanismus, mit dem Bestrebungen der Planungsbürokratie eingedämmt werden könnten, im Prozess der gesamtwirtschaftlichen Planung massiv eigene Interessen zu verfolgen.

Funktionsprobleme für sozialistische Planwirtschaften entstehen schließlich auch durch die Tatsache, dass *Außenhandelsbeziehungen* mit Marktwirtschaften sich einer strikten Planung entziehen. Durch die weltwirtschaftliche Integration kann sich damit ein Unsicherheitsmoment ergeben, das den Planungsprozess behindert. Über den Außenhandel sind Zentralverwaltungswirtschaften schließlich auch dem Einfluss internationaler Konjunkturschwankungen unterworfen, ohne dass dort die für konjunkturpolitische Eingriffe notwendigen Instrumente der Wirtschaftspolitik bereitstehen.

10.4.4 Kollektiveigentum und Marktkoordinierung

Aufgrund der Probleme, die mit der Verwirklichung einer sozialistischen Zentralverwaltungswirtschaft verbunden sind, wird immer wieder das Modell einer *sozialistischen Marktwirtschaft* als eine viel versprechende Alternative angesehen. Unter Beibehaltung des kollektiven Eigentums sollen dabei die einzelnen Betriebe die Befugnis erhalten, selbst über Produktion und Investition zu entscheiden und eigenverantwortlich die Verteilung des Produktionsergebnisses zu bestimmen. Die Gewinnorientierung soll zur Steuerung der Angebotsplanung entsprechend den Nachfragewünschen und zur effizienten Ausnutzung der vorhandenen Produktionsfaktoren beitragen, während das Fehlen von Privateigentum die mögliche Ausbeutung der Arbeitskräfte verhindern soll.

Hinsichtlich der konkreten Ausgestaltung des Kollektiveigentums in einer sozialistischen Marktwirtschaft lassen sich zwei Modelle unterscheiden. Dem in Ungarn während der 60er Jahre entwickelten Dezentralisierungskonzept und den in China seit den 70er Jahren betriebenen Wirtschaftsreformen lag die Beibehaltung des *Staatseigentums* an den Betrieben zugrunde, deren Direktoren jedoch eigene Planungskompetenzen besaßen. Das Ordnungsmodell, auf dem die jugoslawische Konzeption des Marktsozialismus beruhte, propagierte dagegen die Einrichtung *gesellschaftlichen Eigentums* an den Produktionsmitteln, indem diese den Betriebsangehörigen zur gemeinschaftlichen wirtschaftlichen Nutzung überlassen wurden. Im Rahmen betrieblicher Selbstverwaltungsorgane sollten die Beschäftigten die Unternehmensleitungen wählen und über die grundlegenden Fragen der Betriebspolitik mitbestimmen. Die selbst verwalteten Betriebseinheiten sollten ihrerseits an der Festlegung der gesamtwirtschaftlichen Zielvorgaben mitwirken.

Funktionsprobleme des marktsozialistischen Ordnungsmodells sind einerseits durch fehlende Voraussetzungen für den marktwirtschaftlichen Preisbildungsprozess bedingt. Staatseigentum an den Produktionsmitteln kann dazu führen, dass Unternehmensneugründungen und Betriebsschließungen verhindert werden und damit ein echter *Wettbewerb* zwischen verschiedenen Anbietern auf den Gütermärkten nicht entsteht. In der auf betrieblicher Selbstverwaltung beruhenden Variante erweist sich dagegen die angestrebte und geförderte Kooperation zwischen den einzelnen Betrieben als hinderlich, um eine Wettbewerbsdynamik zu erhalten.

Die Orientierung der betrieblichen Planungen am Gewinn setzt andererseits ein von direkten staatlichen Eingriffen freies Preissystem voraus. Der Übergang von einer zentral geplanten zu einer marktwirtschaftlich organisierten Zentralverwaltungswirtschaft macht daher eine grundlegende *Preisreform* erforderlich, in deren Rahmen die Preise den tatsächlichen Knappheitsverhältnissen an den Güter- und Faktormärkten angepasst werden müssen. Kommen solche Preisanpassungen, beispielsweise aus sozialpolitischen Erwägungen, nicht zustande, so baut die betriebliche Planung auf verzerrten Informationen auf und kann daher das Entstehen von Versorgungsengpässen nicht verhindern. Preisreformen müssen ihre Ergänzung zudem in einer stabilitätsorientierten Geld- und Finanzpolitik finden, die verhindert, dass Inflation die Funktionsweise des Preismechanismus beeinträchtigt.

Weitere Funktionsprobleme des marktsozialistischen Ordnungsmodells beruhen auf der Ausgestaltung der Eigentumsordnung. So gibt die Einrichtung des betrieblichen Kollektiveigentums nur geringe Anreize, die Beschäftigtenzahl in den selbst verwalteten Unternehmen auszudehnen, da neu hinzukommende Arbeitskräfte alle betrieblichen Selbstverwaltungsrechte erhalten und an der Verteilung des Betriebsgewinns partizipieren, jedoch nicht wieder entlassen werden können. Bleibt dagegen das Staatseigentum an den Produktionsmitteln erhalten, so stellt sich die Frage nach dem Grad der Unabhängigkeit der vom Staat eingesetzten Betriebsleiter. Sofern die Staatsorgane weiterhin eine gesamtwirtschaftliche Planung betreiben oder sogar sektorale Investitionsziele anvisieren, wird die Planung der Unternehmenspolitik nicht unabhängig von staatlichen Vorgaben gestaltet werden können.

10.5 Beispiel: Besonderheiten der Sozialen Marktwirtschaft in Deutschland

10.5.1 Theoretische Grundlagen

Die in der Bundesrepublik Deutschland nach dem Zweiten Weltkrieg geschaffene Wirtschaftsordnung beruht auf verschiedenen geistesgeschichtlichen Grundlagen. Das Konzept der Marktwirtschaft mit Privateigentum und Wettbewerb der Produzenten um die Verbraucher ist bereits von den Klassikern der Nationalökonomie entwickelt worden. Die neoliberalen Theoretiker der so genannten *Freiburger Schule* haben das Prinzip der Marktkoordinierung auf der Basis des Privateigentums erweitert um das Postulat der Schaffung von Ordnungsbedingungen, mit denen die Funktionsweise der Marktwirtschaft langfristig gesichert werden soll.

Die soziale Verpflichtung der Wirtschaftsordnung wurde besonders von Vertretern der *Christlichen Soziallehre* katholischer und protestantischer Prägung sowie von den Theoretikern eines Freiheitlichen Sozialismus hervorgehoben. Sofern sie die Marktkoordinierung nicht grundsätzlich ablehnten, forderten sie die Ergänzung der Marktwirtschaft durch betriebliche Mitbestimmung und Vermögensbeteiligung der Arbeitnehmer, eine progressive Einkommens- und Vermögensbesteuerung und den Ausbau der Sozialversicherungssysteme. Unter dem Einfluss des in Großbritannien und in den USA entstandenen und praktizierten *Keynesianismus* forderten Vertreter des *Freiheitlichen Sozialismus* zudem eine staatliche Lenkung der gesamtwirtschaftlichen Nachfrage zur Sicherung der Vollbeschäftigung.

Die Theorie der *Sozialen Marktwirtschaft*, ein Begriff, der von *Alfred Müller-Armack* (1946) geprägt wurde, verstand sich als Versuch einer Synthese zwischen Neoliberalismus, Christlicher Soziallehre und Freiheitlichem Sozialismus. Als eine Art dritter Weg zwischen ungezügeltem Kapitalismus und völlig gelenktem Sozialismus sollte es das Ziel einer Sozialen Marktwirtschaft sein, auf der Basis der Wettbewerbswirtschaft die freie Initiative mit einem gerade durch die marktwirtschaftliche Leistung gesicherten sozialen Fortschritt zu verbinden. Die Wohlstand schaffenden Effekte der Marktwirtschaft sollten dabei für die wirkungsvolle Durchführung und Finanzierung sozialpolitischer Maßnahmen nutzbar gemacht werden.

Ludwig Erhard und die Soziale Marktwirtschaft

Ludwig Erhard (1897–1977), geb. in Fürth i. B., studierte Wirtschaftswissenschaften und Soziologie, zunächst in Nürnberg, dann in Frankfurt am Main, wo er 1929 promovierte. Nach Tätigkeit in einem wirtschaftswissenschaftlichen Forschungsinstitut in Nürnberg wurde er 1945 von der amerikanischen Besatzungsmacht zum bayerischen Wirtschaftsminister ernannt; 1947 wurde er Honorarprofessor an der Universität München. 1948 wurde *Erhard* Direktor der Verwaltung für Wirtschaft im Vereinigten Wirtschaftsgebiet; in dieser Funktion war er verantwortlich für die Ergänzung der westdeutschen Währungsreform von 1948 durch die Aufhebung der Güterbewirtschaftung. Von 1949 bis 1963 war er der erste Bundeswirtschaftsminister; von 1963 bis 1966 deutscher Bundeskanzler. Seine Hauptwerke: *Wohlstand für alle* (Düsseldorf, 1957); *Deutsche Wirtschaftspolitik. Der Weg der Sozialen Marktwirtschaft* (Düsseldorf/Wien, 1962).

Ludwig Erhard gilt als einer der Väter des deutschen Wirtschaftswunders in den 50er Jahren, das mit der Rückkehr zur Vollbeschäftigung, Preisniveaustabilität und wachsenden Devisenreserven verbunden war. Er selbst sah das hohe Wirtschaftswachstum in dieser Zeit als Folge einer strikt marktwirtschaftlich orientierten Ordnungspolitik an. Eine zentrale Rolle spielte dafür die Währungsreform von 1948, die einerseits zur Einführung einer neuen stabilen Währung führte, andererseits aber auch den Rückzug des Staates aus der Güterbewirtschaftung und Preisfestsetzung bedeutete. Als Wirtschaftsminister machte *Erhard* das Konzept der Sozialen Marktwirtschaft populär. Er kämpfte erfolgreich für die Verabschiedung einer wirkungsvollen Antikartellgesetzgebung, für die Unabhängigkeit der Zentralbank von politischen Vorgaben und für eine möglichst rasche Liberalisierung des deutschen Außenhandels. Nicht verhindern konnte er allerdings, dass bei der Einführung der dynamischen Rente 1957 kurzfristige sozialpolitische Interessen eine stärke Rolle spielten als ökonomische Rationalität. In der Folgezeit warnte er daher immer wieder vor einem zu großen politischen Einfluss organisierter Interessengruppen. Als eines der Ziele seiner Kanzlerschaft sah *Erhard* in einer neuen Phase der Sozialen Marktwirtschaft die Überwindung dieses Einflusses auf die Politik an, unter anderem auch durch eine stärkere wissenschaftliche Beratung der Wirtschaftspolitik. Diesem Wunsch entsprang die Einsetzung des Sachverständigenrats zur Begutachtung der gesamtwirtschaftlichen Entwicklung. Fehler bei der Bekämpfung der ersten Rezession der Nachkriegszeit, die das Ende der Wirtschaftswunderjahre markierte, führten zu *Erhards* Rücktritt als Kanzler.

10.5.2 Programm der Sozialen Marktwirtschaft

Das Konzept der Sozialen Markwirtschaft geht von der prinzipiellen Koordinierung individueller Angebots- und Nachfragepläne auf Märkten aus und übernimmt vom *Ordoliberalismus* die Forderung nach einer staatlichen Gestaltung der Wirtschaftsordnung. Das Hauptaugenmerk richtet sich auf die Schaffung einer *Wettbewerbsordnung*, die zu verhindern hat, dass sich die Unternehmen dem Wettbewerbsdruck des Marktes durch Absprachen, Kartellbildung oder Konzentration entziehen. Daneben soll eine *Geld- und Währungsordnung* sicherstellen, dass die marktwirtschaftliche Ordnung nicht durch Inflation untergraben wird. Während die Neoliberalen einen stabilen monetären Rahmen bereits für ausreichend hielten, plädierte *Müller-Armack* für eine ergänzende staatliche Konjunkturpolitik. Durchaus in Anlehnung an keynesianisches Gedankengut hielt er den frühzeitigen Einsatz geld- und finanzpolitischer Stabilisierungsmaßnahmen für notwendig und geeignet, um ein gleichmäßiges Wachstum der Wirtschaft zu sichern und das Entstehen von Inflation und Arbeitslosigkeit zu verhindern.

Ganz im Sinne des klassischen Liberalismus wird auch im Konzept der Sozialen Marktwirtschaft das auf Privateigentum basierende Gewinnstreben als wesentlicher Motor der wirtschaftlichen Entwicklung angesehen, daran aber gleichzeitig die Forderung nach einem sozialen Ausgleich geknüpft. Die im Marktprozess entstandenen Marktergebnisse sollen, sofern sie gesellschaftlich inakzeptabel sind, umverteilt werden. Dahinter steht die Erkenntnis, dass ohne eine als gerecht empfundene Verteilung der Einkommen und Vermögen, soziale Sicherheit und Chancengleichheit, die marktwirtschaftliche Ordnung in einer modernen Demokratie nicht aufrechterhalten werden kann. Andererseits lassen sich gerade in einer Marktwirtschaft ausreichende materielle Grundlagen für eine wirkungsvolle staatliche Sozialpolitik schaffen. Bei der Ausgestaltung der *Sozialordnung* ist es allerdings notwendig, die *Markt- und Ordnungskonformität* der staatlichen Eingriffe zu beachten. Sie sollen weder den Preisbildungsmechanismus am Markt außer Kraft setzen noch die Wettbewerbsintensität und die Leistungsmotivation so stark beeinträchtigen, dass dies die Voraussetzungen einer langfristigen Wettbewerbs- und Wachstumsdynamik untergräbt.

Gegen Ende der 50er Jahre hat *Müller-Armack* (1959) das Konzept der Sozialen Marktwirtschaft noch einmal programmatisch erweitert. In einer „Zweiten Phase" sollte nach Ende des Wiederaufbaus und nach Befriedigung der unmittelbaren materiellen Grundbedürfnisse die gesellschaftspolitische Verankerung der Wirtschaftsordnung im Mittelpunkt stehen. Bildungspolitik und Förderung von Selbstständigkeit, insbesondere im Bereich der mittelständischen Wirtschaft, sollten das individuelle Interesse an der Marktwirtschaft wach halten. Die staatliche Gestaltung der natürlichen und gesellschaftlichen Umwelt in Betrieb, Stadt und Land sollte, wiederum unter Beachtung des Prinzips der Marktkonformität, unerwünschte gesellschaftspolitische und ökologische Folgen der Marktwirtschaft mildern.

10.5.3 Realisierung

Der entscheidende Schritt zur Realisierung der Sozialen Marktwirtschaft war die *Währungsreform* vom 20. Juni 1948 in den drei westlichen Besatzungszonen. Dabei wurde die alte Reichsmark im Verhältnis 100 : 6,5 in die neue Deutsche Mark umgetauscht und damit der inflationäre Geldüberhang der Kriegs- und Nachkriegszeit weitgehend beseitigt. Parallel dazu wurden Preiskontrollen und Bewirtschaftungsmaßnahmen für viele Güter aufgehoben und somit die Marktkoordinierung wieder eingeführt. Schließlich senkte eine Reform der Einkommen- und Unternehmensbesteuerung die vorher extrem hohen Steuersätze, um verstärkte Anreize für die Güterproduktion und den Arbeitseinsatz zu schaffen.

Das *Grundgesetz* für die Bundesrepublik Deutschland vom 23. Mai 1949 schrieb keine konkrete Wirtschaftsordnung fest. Es garantiert aber in Artikel 14 das Privateigentum und erwähnt die soziale Verpflichtung, die aus dem Eigentum erwächst. Artikel 20 Absatz 1 GG spricht mit dem *Sozialstaatsprinzip* die Verpflichtung des Staates zur Aufgestaltung einer Sozialordnung an.

In dem aus ordoliberaler Sicht entscheidenden Bereich der Wettbewerbspolitik konnte erst 1958 das *Gesetz gegen Wettbewerbsbeschränkungen* in Kraft treten. Es beinhaltete zwar ein grundsätzliches Verbot von Kartellen und monopolistischen Praktiken, ließ aber, wie in Abschnitt 5.4 beschrieben, in Ausnahmebereichen und bei bestimmten Tatbeständen Kartelle aber zunächst noch zu. Nach 1958 nahm nicht nur die Zahl der Kartelle, sondern vor allem die der Fusionen in Deutschland deutlich zu, obwohl die 2. Novelle des GWB eine verstärkte Kontrolle der Unternehmenszusammenschlüsse einführte. Dagegen erhielt die Wettbewerbsintensität im Inland positive Impulse durch die rasche Liberalisierung des deutschen Außenhandels. Der Abbau mengenmäßiger Beschränkung von Exporten und Importen und die Beseitigung von Kapitalverkehrskontrollen war Ende der 50er Jahre weitgehend abgeschlossen. 1961 legte das *Außenwirtschaftsgesetz* den Grundsatz der Außenhandelsfreiheit als gesetzliche Norm fest. Seit dem Beitritt der Bundesrepublik zur EWG im Jahre 1958 stehen die inländischen Anbieter zudem in intensivem Wettbewerb mit Konkurrenten aus den europäischen Partnerländern, die zollfreien Zugang zum deutschen Markt besitzen, und sind hinsichtlich des innergemeinschaftlichen Handels besonderen wettbewerbspolitischen Regelungen unterworfen.

Im monetären Bereich sorgte bis 1957 die *Bank deutscher Länder*, danach die *Deutsche Bundesbank* für die Verhinderung hoher Inflationsraten. Während der 50er Jahre leitete die Zentralbank mehrmals antizyklische geldpolitische Maßnahmen zur Dämpfung konjunktureller Schwankungen ein. Zwischen 1958, dem Jahr der Rückkehr zur internationalen Konvertibilität der D-Mark, und 1973, dem Jahr des Zusammenbruchs des Bretton Woods-Systems, war sie allerdings in ihren stabilisierungspolitischen Möglichkeiten durch Interventionsverpflichtungen an den internationalen Devisenmärkten entscheidend behindert. Damit verlagerte sich das Schwergewicht konjunkturpolitischer Steuerung auf das staatliche Budget. Das *Stabilitäts- und Wachstumsgesetz* von 1967 schuf die Voraussetzung für eine wirkungsvolle antizyklische Finanzpolitik, die jedoch in der Praxis eher einseitig zur Steigerung der Staatsausgaben und einer Erhöhung der staatlichen Verschuldung genutzt wurde. Der Übergang zu flexiblen Wechselkursen gestattete es der Bundesbank, seit 1975 wieder eine stetige Zunahme der Geldmenge entsprechend dem Wachstum des realen Sozialprodukts anzustreben. Auch ohne die formellen Verpflichtungen des Bretton Woods-Systems unterlag die Geldpolitik der Bundesbank aber immer noch erheblichen außenwirtschaftlichen Rücksichtnahmen. Sie stammten zum einen aus den Rückwirkungen der Wechselkursentwicklung auf den deutschen Außenhandel, zum anderen aus der Einbindung der D-Mark in das Europäische Währungssystem, das seit 1979 für Wechselkursstabilität innerhalb Europas sorgte. Mit dem Beitritt Deutschlands zur Eurozone ist seit 1999 die geldpolitische Kompetenz der Bundesbank an die Europäische Zentralbank übergegangen, die eine vergleichbare Stabilitätsorientierung besitzt.

Im Bereich der *Sozialordnung* konnte in der Bundesrepublik auf die bereits im Deutschen Reich entstandenen Systeme der Sozialversicherung aufgebaut werden. Eine Reihe von Gesetzen, so das Bundesversorgungsgesetz von 1950, das Lastenausgleichsgesetz von 1952 und das Schwerbeschädigtengesetz von 1953, trieben die soziale Absicherung der vom Krieg besonders betroffenen Bevölkerungsgruppen voran. Mit der Einführung der Dynamischen Rente konnte 1957 die Anpassung der Rentenbezüge an die Einkommensentwicklung der Erwerbstätigen erreicht werden. Mit dem I. Wohnungsbaugesetz wurde 1950 die öffentliche Förderung der Schaffung von Wohnraum eingeleitet. Mit dem Betriebsverfassungsgesetz kam es im Jahre 1952 zu einer Regelung der betrieblichen Mitbestimmung der Arbeitnehmer. *Müller-Armacks* Gedanken bezüglich einer „Zweiten Phase der Sozialen Marktwirtschaft" wurden dagegen erst verspätet aufgegriffen. Erst gegen Ende der 60er Jahre gab es politische Schritte zur Durchsetzung einer wirkungsvollen *Raumplanung* und *Stadtentwicklungspolitik*, die in der Einrichtung der Gemeinschaftsaufgabe Verbesserung der regionalen Wirtschaftsstruktur im Jahre 1969 ihren Niederschlag fanden. 1971 verabschiedete die Bundesregierung erstmals ein *Umweltprogramm*, das unter anderem eine drastische Verringerung der Luftschadstoffe vorsah.

Viele Eingriffe des Staates in den Wirtschaftsprozess, die aus sozialen und gesellschaftspolitischen Erwägungen heraus beschlossen wurden, missachteten allerdings das im Programm der Sozialen Marktwirtschaft betonte *Prinzip der Markt- und Ordnungskonformität.* Neben den direkten Eingriffen in die freie Preisbildung, etwa im Bereich der Landwirtschaft oder auf dem Wohnungsmarkt, erwies sich insbesondere die wachsende Belastung von Unternehmen und Beschäftigten durch Steuern und Sozialausgaben als leistungshemmend. Die gesamtwirtschaftliche *Abgabenquote*, der Anteil der Steuern und Sozialversicherungsbeiträge am Bruttosozialprodukt, erhöhte sich von 33 Prozent zu Beginn der 60er Jahre auf 40 Prozent zu Beginn der 80er Jahre. Parallel dazu wuchsen auch die vom Staat gewährten *Subventionen* in Form von Übertragungen, zinsvergünstigten Darlehen und Steuervergünstigungen.

Mit der Vollendung der staatlichen Einheit Deutschlands sind inzwischen neue ordnungspolitische Herausforderungen entstanden. Der Staatsvertrag, der 1990 die Wirtschafts-, Währungs- und Sozialunion zwischen den beiden deutschen Staaten regelte, legt in Artikel 1 die „soziale Marktwirtschaft als gemeinsame Wirtschaftsordnung" fest. Mit der Einführung der D-Mark, der Wiederherstellung privater Eigentumsrechte, massiven finanziellen Anreizen zur Investitionsförderung sowie umfangreichen Maßnahmen zur sozialpolitischen Absicherung des Systemwechsels sollte in den neuen Bun-

SCHLÜSSELBEGRIFFE

desländern eine möglichst rasche Anpassung an das Wohlstandsniveau der alten Bundesrepublik erreicht werden.

Aufgaben

www.pearson-studium.de: Hier finden Sie die Lösungen zu den Übungsaufgaben dieses Kapitels, ein Glossar mit Erläuterungen zu den Schlüsselbegriffen sowie Links zu wirtschaftspolitisch relevanten Websites.

1. Transaktionskosten von Zentralplanung und Markttausch
Vergleichen Sie die spezifischen Transaktionskosten, die zur Sicherstellung einer funktionsfähigen Zentralplanung und eines funktionsfähigen Markttauschs anfallen. Analysieren Sie dann, wie sich diese Transaktionskosten in einer wachsenden Wirtschaft mit zunehmender Arbeitsteilung entwickeln und welche Konsequenzen dies für die relative Stabilität der beiden Organisationsformen des Gütertauschs hat.

2. Institutionelle Revolutionen und wirtschaftliche Entwicklung (North 1988)
Die *New Economic History* diagnostiziert zwei große institutionelle Revolutionen in der Menschheitsgeschichte. Die erste, die Neolithische Revolution, vollzog sich in der Jungsteinzeit vor etwa 10.000 Jahren und beinhaltete den Übergang von der Jäger- und Sammlerökonomie zu sesshaftem Ackerbau und Viehzucht. Die zweite, die Industrielle Revolution, basierte auf der systematischen Nutzung technologischer Innovationen im Produktionsprozess. Erläutern Sie, inwiefern beide Revolutionen auf die Einführung neuer Eigentums- und Verfügungsrechte, im ersten Fall Eigentum an Boden, im zweiten Fall Eigentum an Erfindungen in Form von Patenten, beruhten und wieso deren Herausbildung einen wirkungsvollen Schutz vor Übernutzung darstellte.

3. Der starke Staat und das Dilemma der Ordnungspolitik
Das ordoliberale Konzept der Marktwirtschaft beruht darauf, dass ein „starker Staat" für eine stabile und funktionsfähige Wettbewerbs- und Geldordnung sorgt. Ein „starker Staat" kann aber auch ganz andere Zielsetzungen entwickeln und damit zu einem Hindernis der marktwirtschaftlichen Entwicklung werden. Diskutieren Sie, was genau unter einem „starken Staat" aus institutionenökonomischer Perspektive zu verstehen ist und wie das Dilemma der Ordnungspolitik überwunden werden könnte.

4. Welche Soziale Marktwirtschaft?
Recherchieren Sie in den Programmen der im Deutschen Bundestag vertretenen Parteien, was dort jeweils unter Sozialer Marktwirtschaft verstanden wird. Analysieren Sie ebenso das Programm der Initiative „Neue Soziale Marktwirtschaft" (www.insm.de), die vom Arbeitgeberverband Gesamtmetall unterstützt wird. Welche Unterschiede bestehen zwischen den verschiedenen Programmen und im Vergleich zur ursprünglichen ordnungspolitischen Konzeption?

Literaturhinweise

Einen Überblick über Teilbereiche, Forschungsansätze und zentrale Ergebnisse der Neuen Institutionenökonomie geben die Lehrbücher von *Erlei u. a.* (1999), *Voigt* (2002) und *Richter/Furubotn* (2003).

Die Alternativen der Güterallokation im *Robinson Crusoe*-Modell werden dargestellt von *Breyer/Kolmar* (2005). Eine Analyse der vier ordnungspolitischen Grundkonzeptionen findet sich bei *Cassel* (1984).

Konzeptionelle Grundlagen der Soziale Marktwirtschaft und Erfahrungen mit ihrer Umsetzung in Deutschland werden behandelt von *Klump* (1985; 2001).

Transformation von Wirtschaftsordnungen

11

ÜBERBLICK

Lernziele

- Transformation bezeichnet den Übergang von einer Wirtschaftsordnung zu einer anderen, typischerweise den Wechsel von einer sozialistischen Planwirtschaft zu einer kapitalistischen Marktwirtschaft.

- Da Transformation die Veränderung des gesamten institutionellen Regelwerks einer Wirtschaft bedeutet, spielen für das Ergebnis von Transformationsprozessen die spezifischen Transaktionskosten der einzelnen Institutionen und das gesamte Niveau der Transaktionskosten in einer Volkswirtschaft, das vom vorhandenen Sozialkapital abhängt, eine zentrale Rolle.

- Die Sicherung funktionsfähiger Märkte, die Garantie makroökonomischer Stabilität und die Sicherstellung staatlicher Handlungsfähigkeit sind Kernelemente jeder Transformationsstrategie.

- Transformationsstrategien können entweder als Schocktherapie gleichzeitig an allen institutionellen Regeln ansetzen oder gradualistisch die Reformen nacheinander in einzelnen Bereichen vorantreiben. Im letzten Fall ist die konkrete Abfolge der Reformschritte, das so genannte *Sequencing*, entscheidend für den Erfolg der Transformation.

- Die Transformation der ostdeutschen Wirtschaft profitierte einerseits davon, dass mit der westdeutschen Wirtschaftsordnung ein funktionierendes institutionelles Regelwerk übernommen werden konnte. Die rasche Privatisierung des volkseigenen Vermögens und die Übernahme der westdeutschen Arbeitsmarkt- und Sozialordnung schufen allerdings Probleme für die wirtschaftliche Entwicklung Ostdeutschlands, die bis heute nachwirken.

11.1 Institutionelle Wahlmöglichkeiten und effizienter institutioneller Wandel

Aus der Sicht der Institutionenökonomik wird der Wohlstand eines Landes langfristig vor allem durch die Ausgestaltung seiner Institutionen bestimmt. Durch bewusste Umgestaltung von Institutionen kann die Wirtschaftspolitik damit erhebliche Entwicklungsimpulse auslösen. Besonders dramatische Konsequenzen sind dann zu erwarten, wenn die Gesamtheit der privaten und staatlichen Institutionen beziehungsweise sämtliche Planungs-, Koordinierungs- und Eigentumsregeln in einer Volkswirtschaft umgestaltet werden. Den Prozess einer solchen Umgestaltung, der die gesamte Wirtschaftsordnung erfasst, bezeichnet man als *Transformation*. Nach den konkreten Herausforderungen und Erfahrungen des letzten Jahrzehnts bezieht sich die wissenschaftliche Analyse von Transformationsprozessen heute vor allem auf die Umgestaltung von sozialistischen Planwirtschaften in kapitalistische Marktwirtschaften. Die Probleme, die in den tatsächlichen Transformationsprozessen auftraten, haben der Transformationstheorie Anstöße zu einer Weiterentwicklung gegeben. Dabei sind insbesondere Ergebnisse der Institutionenökonomik nutzbar gemacht worden.

Djankov u. a. (2003) analysieren Transformationsprozesse im Rahmen eines allgemeinen *Modells des institutionellen Wandels*. Im Zentrum dieses Modells steht die in *Abbildung 11.1* dargestellte Kurve *K* der *institutionellen Wahlmöglichkeiten* eines Landes. An den Achsen abgetragen sind spezifische Transaktionskosten des Staates und des Marktes. Dabei wird weniger auf die direkten Kosten der beiden Institutionen abgestellt, sondern vor allem auf die indirekten Kosten, die entweder bei wachsendem oder bei rückläufigem Staatseinfluss entstehen. Ohne jegliche staatliche Kontrolle droht der Markt zu einem Instrument privater Ausbeutungsinteressen zum Beispiel durch unregulierte Monopole zu werden, so dass ein Rückfall in den Zustand der Anarchie droht. Bei umfassender staatlicher Kontrolle ist mit diktatorischer Willkür und umfassender Korruption zur rechnen, die gleichfalls als Formen von Ausbeutung verstanden werden können. Die institutionellen Wahlmöglichkeiten eines Landes sind somit vor dem Hintergrund möglicher *privater oder staatlicher Ausbeutung* zu sehen. Die angenommene Konvexität der Kurve *K* soll verdeutlichen, dass ein kontinuierlicher Rückgang der Transaktionskosten des Marktes (im Sinne der Kosten privater Ausbeutung) in der Regel nur durch überproportional steigende Transaktionskosten des Staates (im Sinne von Kosten einer Ausbeutung durch den Staat) erreicht werden kann.

Beispielhaft können entlang der Kurve *K* vier unterschiedliche institutionelle Regime unterschieden werden. Als einfachste Reaktion auf hohe private Ausbeutung ist die Einführung von *privaten Vereinbarungen* denkbar, mit denen in Analogie zur *Coase*-Lösung alle Marktfehler einschließlich des Auftretens von Marktmacht korrigiert werden. Allerdings benötigen auch die privaten Verhandlungen ein Mindestmaß an Sicher-

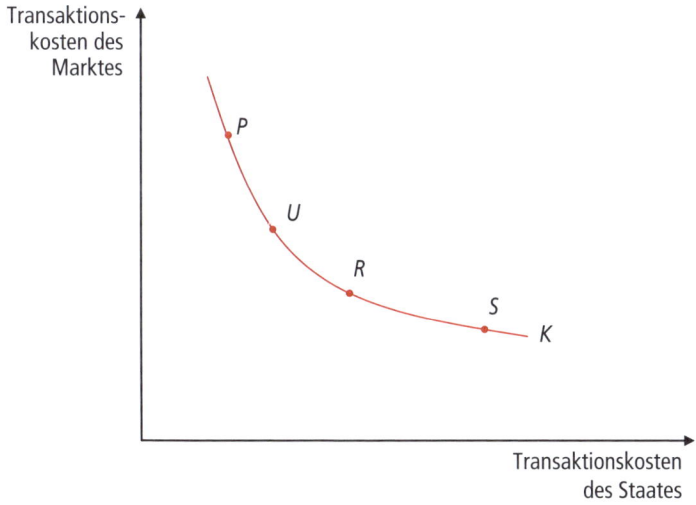

Abbildung 11.1: Institutionelle Wahlmöglichkeiten

Die Kurve K beschreibt alternative Formen von Institutionen, die durch unterschiedliche Kombinationen von (direkten und indirekten) Transaktionskosten des Marktes und des Staates gekennzeichnet sind. P bezeichnet eine Marktwirtschaft mit einem Minimalstaat, U ein Regime mit unabhängigen Institutionen, R ein Regime, bei dem staatliche Regulierung an die Stelle von Marktkoordination getreten ist, und S steht für eine umfassend staatlich gesteuerte Wirtschaft.

heit über die Eigentums- und Verfügungsrechte, die nur durch staatliches Handeln und damit durch ein Mindestniveau an staatlichen Transaktionskosten sichergestellt werden können. Dieses Regime sei durch den Punkt *P* bezeichnet. Allerdings werden private Verhandlungen nicht in jedem Fall zu dem gewünschten Ergebnis führen. Unterschiedliche Größe und Marktmacht der Beteiligten können dazu führen, dass ein höherer Staatseinfluss in Kauf genommen wird, um die private Ausbeutung weiter zu vermindern. Denkbar ist hier zunächst das Einsetzen eines *unabhängigen Mittlers* oder *Richters*, der zwischen den privaten Konfliktparteien einen fairen Ausgleich herbeiführt. Dieses Regime sei mit *U* bezeichnet. Während unabhängige Richter erst dann aktiv werden, wenn Klage wegen eines eingetretenen Schadens erhoben wird, bietet die Einsetzung *staatlicher Regulierer* die Möglichkeit, schon ex ante Vorkehrungen zu treffen, um das Auftreten von Schäden zu verhindern. Das Regime der Regulierung *R* vergrößert den Staatseinfluss und die Möglichkeit der staatlichen Ausbeutung, verringert aber gleichzeitig das denkbare Ausmaß privater Ausbeutung, da qualifizierte Regulierer auf klarer gesetzlicher Grundlage weniger anfällig für den Einfluss marktmächtiger Gruppen werden. Die umfassendste Form staatlicher Einflussnahme stellt dann das Regime *S* mit weitgehendem Staatseigentum dar. Die Möglichkeiten privater Ausbeutung sind dabei minimiert, dafür unterliegen Produzenten und Konsumenten nun vollständig der staatlichen Willkür.

In der Lage und der Steigung der Kurve *K* schlagen sich die grundlegenden Determinanten der institutionellen Kultur eines Landes nieder. Hierzu zählt vor allem das *Sozialkapital*, also das Vertrauen in die bestehenden institutionellen Regelungen. Ist das Sozialkapital gering, wird die Kurv *K* weit entfernt vom Ursprung liegen. Auch der Stand des technischen Wissens und geographische Faktoren wie etwa Rohstoffausstattung

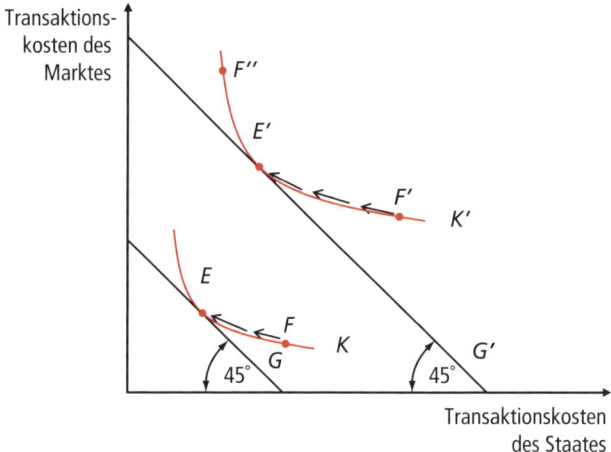

Abbildung 11.2: Effizienter institutioneller Wandel

Die Gerade G und G′ geben die Austauschmöglichkeiten zwischen privaten und staatlichen Transaktionskosten an. Je weiter rechts sie liegen, desto größer ist das Gesamtniveau der Transaktionskosten. Die Punkte E und E′, an denen sich die Transaktionskostengeraden und die Kurven der institutionellen Wahlmöglichkeiten tangieren, stellen effiziente institutionelle Gleichgewichte dar. Sie sind das Ergebnis von Transformationsprozessen, die in den Punkten F oder F′ beginnen. Die Bewegung von F′ nach F′′ stellt ein „Überschießen" im Transformationsprozess dar.

beeinflussen die privaten und staatlichen Transaktionskosten in einem Land. Schließlich wird auch das vorhandene Humankapital einen Einfluss darauf haben, mit welchen direkten und indirekten Transaktionskosten die Institutionen eines Landes verbunden sind. Da es im internationalen Vergleich große Unterschiede zwischen den Wirtschaftskulturen gibt, ist es zunächst nicht überraschend, dass sich nach dem Ende des Sozialismus keine homogene institutionelle Struktur kapitalistischer Marktwirtschaften etabliert hat, sondern dass es immer noch erhebliche landesspezifische Unterschiede der Wirtschaftsordnung gibt. Bezüglich der Transformation ehemals sozialistischer Länder ist allerdings unklar, von welchen Kräften die institutionelle Dynamik letztlich getrieben wird.

Als Referenzpunkt für die Beurteilung der Dynamik von Transformationsprozessen kann die Hypothese von einem *effizienten institutionellen Wandel* gelten. Als effizient werden Institutionen dann bezeichnet, wenn sie die gesamten Transaktionskosten minimieren. Unter den oben getroffenen Annahmen setzen sich die gesamten Transaktionskosten aus den Transaktionskosten des Marktes und des Staates zusammen. Bei einfacher Addition der beiden Teilkostenkomponenten wird das Gesamtniveau der Transaktionskosten durch die Lage der Linie G in *Abbildung 11.2* repräsentiert. Bei gegebener Lage der Kurve K in einem Land würde sich damit die effiziente institutionelle Lösung am Punkt E einstellen. Dort sind bei gegebenen institutionellen Wahlmöglichkeiten die gesamten Transaktionskosten minimal. Würde die Kurve der institutionellen Wahlmöglichkeiten dagegen einen Verlauf wie K' aufweisen, so läge die effiziente institutionelle Lösung am Punkt E', der mit einem anderen Verhältnis von privaten und staatlichen Institutionen und insgesamt höheren Transaktionskosten G' verbunden ist. Der Grund für diesen Unterschied kann in einem geringeren Vertrauen in alle Formen von Institutionen, also in einem niedrigeren Sozialkapital liegen. Außerdem können die technischen Voraussetzungen für die wirkungsvolle Durchsetzung staatlicher Regulierungen fehlen.

Der Transformationsprozess in den Ländern Osteuropas, die inzwischen der EU beigetreten sind, scheint sich einem Punkt wie E angenähert zu haben, in dem ein ausgeglichenes Verhältnis zwischen Markt und Staat vorherrscht. Dagegen führte die Transformation in Russland ausgehend von einem Punkt wie F' mit hoher Ausbeutung durch den Staat über einen radikalen Abbau des Staatseinflusses zu einem Punkt wie F'', an dem nun die Transaktionskosten durch private Ausbeutung relativ hoch sind. Man kann diese Bewegung als ein „Überschießen" im Prozess des effizienten institutionellen Wandels auffassen. Es wird daran deutlich, dass es keine Garantie dafür gibt, dass Transformationsprozesse sehr schnell und ohne Anpassungskrisen zum effizienten institutionellen Gleichgewicht führen. Vermutlich wird sich an einem Punkt wie F'' erst größeres Vertrauen in die Institutionen bilden müssen, bevor die Transaktionskosten insgesamt weiter gesenkt und dann möglicherweise auch der Staatseinfluss wieder erhöht werden kann. Allerdings gibt es keinen Automatismus, der jederzeit und überall einen effizienten institutionellen Wandel erzwingt. Verschiedene Gründe sprechen gegen eine solche Entwicklung:

■ Die langen Beharrungskräfte der sozialistischen Wirtschaftsordnung trotz hoher direkter und indirekter Transaktionskosten zeugen vom Phänomen der *institutionellen Pfadabhängigkeit*. Die Kosten der Ausbeutung durch den Staat mussten erst exorbitant hoch werden, bevor der Transformationsprozess beginnen konnte.

- *Fehlende politische Unterstützung* der Transformation kann die Suche nach effizienten institutionellen Lösungen verhindern oder beeinträchtigen. Ein Land wie Belarus befindet sich auch heute noch in einem Punkt wie F', obwohl alle Nachbarländer inzwischen umfassende Transformationsprozesse in Gang gesetzt haben.

- Auch die *Einführung demokratischer politischer Entscheidungsprozesse* ist, wie in Kapitel 13 gezeigt wird, nicht unbedingt eine Garantie für konsistente politische Entscheidungen und damit für eine verlässliche Unterstützung des effizienten institutionellen Wandels.

- Institutioneller Wandel wird nicht nur von gesamtwirtschaftlichen Effizienzüberlegungen getrieben, sondern auch von den *egoistischen Interessen* der in den betroffenen Institutionen eingebundenen Individuen. Die Konsequenzen solcher Interessenkonflikte werden in Kapitel 16 ausführlich analysiert.

- Bei unterschiedlichen Institutionen vollzieht sich der Wandel vermutlich auch unterschiedlich schnell, so dass es zu Verwerfungen in der Wirtschaftsordnung kommt, die wiederum Ursache von Wirtschaftskrisen werden können.

Selbst wenn somit die Richtung eines effizienten institutionellen Wandels klar erkennbar ist, bleiben die konkreten Aufgaben der Transformationspolitik hochkomplex. Veränderungsprozesse in den einzelnen Teilbereichen der Wirtschaftsordnung sind einzuleiten. Gleichzeitig muss das Zusammenwirken der Einzelmaßnahmen analysiert und kontrolliert werden.

11.2 Elemente der Transformationspolitik

Die zentralen Institutionen einer funktionsfähigen kapitalistischen Marktwirtschaft sind Märkte, Geld und ein effizienter Staat. Folgerichtig musste die Transformation einer sozialistischen Planwirtschaft Reformen in den folgenden drei Bereichen umfassen:

- eine *Reform des realen Sektors* zur Sicherung funktionsfähiger Märkte,

- eine *Reform des monetären Sektors* zur Sicherstellung eines funktionsfähigen Wirtschaftskreislaufs,

- eine *Reform des Rechts- und Verwaltungssystems* zur Sicherstellung einer funktionsfähigen staatlichen Rahmenordnung.

Ziel der Reform des realen Sektors ist die Schaffung und Sicherstellung wettbewerblicher Märkte. Dazu ist es erforderlich, den Marktzutritt für eine große Zahl von Anbietern und Nachfrager zu ermöglichen. Im Innern dient dazu die Garantie der Gewerbefreiheit, nach außen bedarf es einer Liberalisierung durch Abbau protektionistischer Handelshemmnisse und staatlicher Handelsmonopole. Bestehende staatliche Großunternehmen sind zu entflechten. Das kollektive Eigentum an den Produktionsmitteln ist zu privatisieren.

Bei der Privatisierung des früher „volkseigenen" Vermögens sind verschiedene Wege beschritten worden. Die einfachste Variante besteht im *Verkauf* oder in der *Versteigerung* der staatlichen Unternehmen an neue Privateigentümer. Dieser Weg wurde zum Beispiel in Deutschland durch die Treuhandanstalt beschritten. Der Vorteil dieses Verfahrens liegt in der relativ schnellen Veränderung der Eigentumsrechte. Der Nachteil besteht in einem Überangebot an Eigentumsrechten, denen zumindest in der kurzen Frist keine angemessene Nachfrage gegenübersteht. Die Folge sind dann stark sinkende Preise für das ehemalige „Volksvermögen", die in keiner Weise dessen realen Wert widerspiegeln. Außerdem werden auf diese Weise die ehemals staatlichen Unternehmen in das Eigentum kapitalkräftiger Investoren übergehen, während die Mitarbeiter keinerlei Eigentumsrechte mehr besitzen.

Ein zweiter Weg der Privatisierung besteht in der Umwandlung der staatlichen Unternehmen in Aktiengesellschaften und in der *Ausgabe* oder dem *Verkauf von Aktien an die Beschäftigten* der Betriebe. Damit wird eine gerechtere Ausgangsverteilung der Eigentumsrechte geschaffen, die sich später durch Weiterverkauf der Unternehmensanteile verändern kann. Auch werden negative Effekte durch ein Überangebot an Vermögenstiteln verhindert. Nachteilig dürfte sich bei dieser Variante der Privatisierung allerdings auswirken, dass den Unternehmen nur wenig neues Kapital zugeführt wird und damit notwendige Erneuerungsinvestitionen nur unzureichend durchgeführt werden können.

Eine dritte Variante der Privatisierung sieht schließlich die *Ausgabe von Berechtigungsscheinen* (*Vouchers*) zum Kauf von Aktien ehemals staatlicher Unternehmen an die gesamte Bevölkerung vor. Dieses Modell wurde zum Beispiel in der Tschechischen Republik angewendet, um die ehemals volkseigenen Unternehmen zu privatisieren. Prinzipiell ist auf diese Weise eine sehr breite Streuung der Eigentumsrechte möglich. Außerdem kann sich nach der erstmaligen Zuteilung ein Markt für *Vouchers* herausbilden. Im Ergebnis kann sich dann zwar langfristig auch wieder eine Ballung der Eigentumsrechte bei wenigen kapitalkräftigen Investoren herausbilden, allerdings konnten die Erstbesitzer durch den Verkauf von *Vouchers* auch Vermögen bilden.

Durch die Reform des monetären Sektors soll die Funktionsfähigkeit des Geldes sichergestellt und die Grundlage für eine ausreichende makroökonomische Steuerung geschaffen werden. Zu diesem Zweck bedarf es zunächst einer umfassenden *Preisreform*, bei der staatliche Preis- und Lohnbindungen sowie staatliche Preis- und Lohnsubventionen abgebaut werden. Weiterhin ist es notwendig, ein *zweistufiges Bankensystem* zu schaffen, in dem die staatliche Notenbank für die Steuerung der Geldversorgung und die Sicherung des Geldwerts verantwortlich ist, während die privaten Geschäftsbanken die Kreditversorgung der privaten Wirtschaft unter strikter Beachtung von Effizienzüberlegungen übernehmen. Die Notenbank sollte weder Kredite an Private noch Kredite an staatliche Haushalte vergeben dürfen. Zur Förderung des internationalen Handels und Wettbewerbs sowie zur Sicherstellung der internationalen Kaufkraft der nationalen Währung ist es schließlich notwendig, Beschränkungen des Umtauschs in anderen Währungen aufzuheben und damit die *freie Währungskonvertibilität* herzustellen. Wenn das Vertrauen in die Kaufkraft der Währung einer Transformationsökonomie noch gering ist, kann es sinnvoll sein, durch die Fixierung des Wechselkurses gegenüber einer international renommierten Währung an deren Reputation teilzuhaben. Diese Grundidee war die Grundlage der so genannten *Currency Boards*, die mehrere Transformationsländer Mittel- und Osteuropas einrichteten, um den Wechselkurs der nationalen Währung gegenüber der D-Mark beziehungsweise dem Euro zu stabilisieren. Die Wechselkursstabilisierung wird beim *Currency Board* dadurch erreicht, dass eine Deckung der inländischen Geldmenge zu mindestens 100 Prozent durch Währungsreserven in der stabilen Auslandswährung erfolgt. Damit kann die Inlandswährung jederzeit zum festgesetzten Kurs in die Auslandswährung umgetauscht werden.

11.3   Strategien der Transformation

Das grundlegende Problem jeder Transformation besteht darin, dass in relativ kurzer Zeit die gesamte Wirtschaftsordnung radikal verändert werden muss. Dadurch sind kurzfristig zahlreiche Friktionen vorprogrammiert, denen vermutlich erst langfristig ein deutlicher Wohlstandsgewinn gegenübersteht. Drei Problemkreise zeichnen sich dabei ab:

- Inwieweit sind die Reformen in den Einzelbereichen konsistent?

- Inwieweit sind die Reformen in den Einzelbereichen untereinander inhaltlich und zeitlich koordiniert?

- Inwieweit können sich die Veränderungen der Wirtschaftsordnung auch auf eine Veränderung der institutionellen Kultur stützen?

In der Praxis der Transformation sind zwei unterschiedliche Strategien entwickelt worden, um mit diesen Problemen umzugehen. Eine Möglichkeit, die als *Schocktherapie* bezeichnet wird, besteht darin, möglichst alle Reformmaßnahmen sehr schnell abzuwickeln und darauf zu vertrauen, dass der institutionelle Wandel möglichst effizient verläuft. Damit besteht die Chance, dass nach einer kurzen, meist heftigen Anpassungskrise die Wohlstandsgewinne der effizienten Institutionen auch schnell realisiert werden können. Der Reformprozess stellt sich als eine kompakte Einheit dar. Politisch bietet die *Schocktherapie* den Vorteil, dass Gegner der Transformation wenig Gelegenheit finden, um die Reformen aufzuhalten. Nachteilig kann es sich allerdings auswirken, wenn diejenigen, die die Reformen durchführen, ungenügend für diese Aufgabe qualifiziert sind. Dann bleibt zum Beispiel der Aufbau einer effizienten staatlichen Verwaltung unzureichend, und damit reduziert sich die Möglichkeit einer staatlichen Einflussnahme auf Märkte und Wirtschaftskreislauf. Die so entstandenen kapitalistischen Marktwirtschaften sind dann häufig besonders anfällig für allokative und stabilisierungspolitische Störungen.

Die Gegenposition zur Schocktherapie besteht in einer gradualistischen Transformationsstrategie. Der *Gradualismus* nimmt sich bewusst Zeit für den institutionellen Neuaufbau, zieht damit aber häufig auch die ökonomische Anpassungskrise in die Länge. Gegner der Reformen haben damit größere Möglichkeiten, den Transformationsprozess aufzuhalten oder weiter zu verzögern. Entscheidend für eine erfolgreiche gradualistische Transformationsstrategie ist die richtige Abfolge der Reformschritte, das so genannte *Sequencing*. Angesichts unterschiedlicher Ausgangsbedingungen in den Transformationsökonomien gibt es keine verbindlichen Regeln für ein erfolgreiches *Sequencing*. Allerdings spricht viel dafür, in einem gradualistischen Ansatz zuerst die allgemeinen Rahmenbedingungen der Marktwirtschaft herzustellen, bevor die Liberalisierung der Märkte betrieben wird.

11.4 Beispiel: Transformation in den neuen Bundesländern

11.4.1 Ausgangssituation: Die Wirtschaftsordnung der DDR

Die beiden Staatsverträge, mit denen die wirtschaftliche und politische Einheit Deutschlands im Jahre 1990 vollzogen wurde, bildeten den rechtlichen Ausgangspunkt der Wirtschaftstransformation in den neuen Bundesländern. Die in der Deutschen Demokratischen Republik herrschende sozialistische Wirtschaftsordnung musste dabei in die marktwirtschaftliche Wirtschaftsordnung der Bundesrepublik überführt werden. Die Folgen der gewählten Transformationsstrategien sind in den neuen Bundesländern bis heute spürbar und haben auch die gesamtwirtschaftliche Entwicklung in Deutschland nachhaltig beeinflusst. Zur Beurteilung der möglichen Handlungsoptionen und der tatsächlich ergriffenen Transformationsschritte ist es wichtig, sich Klarheit über die Ausgangssituation zu verschaffen.

In der DDR bestand eine Wirtschaftsordnung, deren wichtigste Strukturelemente in der Verfassung von 1968 festgeschrieben waren. Danach war die DDR eine „sozialistische Planwirtschaft" (Artikel 2 Absatz 2). Nach der marxistisch-leninistischen Theorie sollte zentrale Planung eine gleichmäßige Entwicklung aller Wirtschaftsbereiche gewährleisten und damit eine rascheres Wachstum als in marktwirtschaftlich organisierten Systemen ermöglichen. Das Kollektiveigentum an den Produktionsmitteln sollte Ausbeutung und Unterdrückung bei der Produktion und der Verteilung von Gütern und Einkommen verhindern.

Kernstück des volkswirtschaftlichen Planungsprozesses war die zentrale mehrstufige Produktionsplanung anhand mengenmäßiger Bilanzen. Ausgangspunkt war der „volkswirtschaftlich begründete Bedarf an Erzeugnissen", der politisch bestimmt wurde. Er spiegelte die Planungsvorgaben über die Aufteilung der Gesamtproduktion auf Konsum, Investition, Staatsverbrauch (einschließlich Rüstung) und Export wieder. Die einzelnen Bedarfsmengen wurden den vorhandenen Beständen in einer Bilanz gegenübergestellt; die Differenz wurde als Anforderungsmenge dem staatlichen Planungsamt gemeldet. Dieses berechnete die zur Herstellung der Anforderungsmengen erforderlichen Inputs an Produktionsfaktoren (Arbeitskräften, Betriebsmitteln, Werkstoffen) unter Berücksichtigung technischer Koeffizienten und Normgrößen. Die Planung wurde dann so weit vorangetrieben, bis jene Güter und Faktoren ermittelt waren, die innerhalb der Planperiode unvermehrbar waren und sich somit als Engpassfaktoren erwiesen. Lücken konnten dann entweder durch Importe, Änderung der technischen Koeffizienten oder Änderung der Normen verringert werden. Verbleibende Lücken machten es erforderlich, die tatsächlichen Outputmengen zu verringern und damit die erwarteten Bedarfsmengen zu korrigieren. Der Vollzug der Pläne oblag den einzelnen volkseigenen Betrieben (VEB), die teilweise in branchenmäßigen Vereinigungen (Vereinigungen Volkseigener Betriebe, VVB) und in horizontal oder vertikal integrierten Kombinaten (Volkseigene Kombinate, VEK) zusammengeschlossen waren.

Kompliziert wurde die materielle Planung dadurch, dass sie in einer Geldwirtschaft mit der finanziellen Planung abgestimmt werden musste. Geld fand in der DDR als Zahlungsmittel für zwischenbetriebliche Umsätze (Giralgeld) und für Lohnzahlungen und Konsumgüterkäufe (Bargeld) Verwendung. Die Planung und Abstimmung der finanziellen Beziehungen erfolgte wiederum durch Anwendung der Bilanzierungsme-

Karl Marx und der Klassenkampf

Karl Heinrich Marx (1818–1883), geb. in Trier, studierte Rechtswissenschaften in Bonn und Berlin, wo sich sein Interesse immer stärker der Philosophie und Geschichte zuwandte und er sich dem Kreis der Jung- oder Linkshegelianer anschloss. 1841 promovierte *Marx* in Philosophie an der Universität Jena; da ihm eine akademische Karriere verwehrt blieb, begann er 1842 eine Tätigkeit als politischer Journalist bei einer Zeitung in Köln. Nachdem die Zeitung 1843 von der preußischen Zensurbehörde verboten worden war, siedelte Marx nach Paris über, wo er 1844 erstmals mit *Friedrich Engels* zusammentraf. 1846 waren beide Gründungsmitglieder des in Brüssel entstandenen *Bundes der Kommunisten*, für den sie 1848 das programmatische *Manifest der Kommunistischen Partei* verfassten. Nach einer kurzen Rückkehr nach Köln während der deutschen Märzrevolution 1848 wanderte *Marx* 1849 nach London aus, wo er bis zu seinem Tod lebte, teilweise in sehr ärmlichen Verhältnissen. Dort entsteht sein Hauptwerk: *Das Kapital. Kritik der Politischen Ökonomie*, Drei Bände (Hamburg, 1867–1894).

Als Begründer des Wissenschaftlichen Sozialismus zählt *Marx* zweifellos zu den einflussreichsten Philosophen und politischen Theoretikern der Neuzeit. In seinen ökonomischen Analysen, in denen sich formale und historische Betrachtungen abwechseln, beschreibt er den Kapitalismus als ein hoch produktives System, das wegen wachsender innerer Widersprüche aber langfristig dem Untergang geweiht sein würde. Als Folge der Einführung privater Eigentumsrechte an den Produktionsmitteln entsteht nach *Marx* zwangsläufig auch eine eigentumslose Arbeiterklasse, die systematisch durch die Klasse der Kapitalisten ausgebeutet wird. In Anlehnung an die Werttheorie *Ricardos* entwickelt *Marx* eine besondere Theorie zur Erklärung der Ausbeutung im Prozess der Waren- und Geldzirkulation. Danach eignet sich der Kapitalist einen Mehrwert an, der dadurch entsteht, dass im Verkaufspreis der Waren mehr als die in die Warenproduktion eingegangene Arbeitsmenge vergütet wird. Der aus der Ausbeutung entstehende Klassenantagonismus und Klassenkampf führt langfristig zu immer stärkeren gesellschaftlichen Spannungen, aber auch zu immer größeren ökonomischen Krisen und zur Verelendung der Arbeiterklasse. Letztlich können die Widersprüche des kapitalistischen Systems nur durch einen revolutionären Akt überwunden werden, der die Privateigentumsordnung durch kollektive Eigentumsrechte ersetzt. Über die Organisationsprinzipien einer sozialistischen Wirtschaft und die mit ihr verbundenen Probleme hatte *Marx* allerdings nur sehr vage Vorstellungen.

thode. Unter Berücksichtigung geplanter oder geschätzter Einnahmen und Ausgaben wurden die finanziellen Bilanzen des Staates, der Betriebe und der privaten Haushalte aufgestellt. Entstandene Ungleichgewichte waren dann in Abstimmung mit der materiellen Bilanzierung und Planung auszugleichen. Bei der Abstimmung der mengenmäßigen mit der finanziellen Planung mussten aber die einzelnen Güter mit Preisen belegt werden. Die Erzeugerpreise wurden zu diesem Zweck behördlich festgesetzt und zwar nach den Durchschnittskosten der Produktion zuzüglich eines normierten Gewinnzuschlags, der zur Finanzierung von Neuinvestitionen und für Abführungen an den Staatshaushalt diente. Da die Nachfrageseite unberücksichtigt blieb, hatten diese regulierte Preise allerdings keine allokativen, sondern nur rein rechnerische Funktionen. Viele Verbraucherpreise wurden aus sozialpolitischen Erwägungen auf einem sehr niedrigen Niveau festgesetzt. Die Differenz zu den Erzeugerpreisen musste durch erhebliche staatliche Subventionen gedeckt werden.

Als zentrale Probleme der Mengenplanung, die auf Informationsvermittlung durch ein realistisches Preissystem verzichtete, erwiesen sich in der DDR die effiziente Nutzung der Produktionsfaktoren und die Schaffung geeigneter Leistungsanreize. Die einzelnen Betriebe versuchten häufig, sich dem Druck der Planerfüllung durch eine „Politik der weichen Pläne" zu entziehen, indem sie in der Phase der Planausarbeitung die Planungsinstanzen über ihr tatsächliches Leistungsvermögen und über den zur Planerfüllung erforderlichen Einsatz an Produktionsmitteln falsch oder unvollständig unterrichteten. Durch die versteckten Leistungsreserven ließ sich auf diese Weise eher eine Planerfüllung mit entsprechend hohen Prämien erzielen. Häufig versuchten die Betriebe, sich notwendige Produktionsmittel unter Umgehung der Planungsinstanzen zu beschaffen, um unabhängiger von den Planzuweisungen zu werden und flexibler auf Engpässe bei der Lieferung von Vorprodukten reagieren zu können. Den gleichen Zweck erfüllte die Lagerung von Vor-, Zwischen- und Fertigprodukten, die den Planungsbehörden nicht gemeldet wurde. Ein besonderes Problem ergab sich aus der prinzipiell unmöglichen Planung technischen Fortschritts. Die Einführung technischer Innovationen in Form neuer Produkte oder Verfahren erhöhte für die Betriebe das Risiko, das Plansoll nicht zu erfüllen. Sie zogen risikoreichen Neuerungen deshalb nicht selten die risikolose Weiterentwicklung und Verbesserung bereits bestehender Produkte und Verfahren vor; Basisinnovationen mussten hingegen häufig aus dem Ausland importiert werden. Anstatt durch Innovationen und Investitionen die Arbeitsproduktivität zu erhöhen, versuchten die Betriebe, durch eine ständige Ausweitung der Zahl der Beschäftigten das Produktionsergebnis zu steigern. Die hergestellten Produkte entsprachen aber immer weniger den Wünschen der Nachfrager. Versorgungsengpässe trotz einer hohen Erwerbsquote, eine ausgeprägte Innovationsschwäche und chronischer Devisenmangel kennzeichneten die DDR-Wirtschaft seit Mitte der 70er Jahre. Die Erneuerung der industriellen Produktionsanlagen, der öffentlichen Infrastruktur und des Wohnungsbestands fand nur in geringem Maße statt. Die ökonomischen Misserfolge des sozialistischen Wirtschaftssystems trugen maßgeblich zum Zusammenbruch der DDR und zur Wiedervereinigung Deutschlands bei.

11.4.2 Maßnahmen und Wirkungen der Transformationspolitik

Die ökonomische Wiedervereinigung begann bereits am 1. Juli 1990 mit der Wirtschafts-, Währungs- und Sozialunion zwischen beiden deutschen Staaten. Die Soziale Marktwirtschaft wurde als Wirtschaftsordnung Gesamtdeutschlands festgeschrieben, die Ostmark wurde zu einem Umtauschkurs von 1:1 bei laufenden Zahlungen sowie bei einem Teil der Sparguthaben (der restliche Teil wurde im Verhältnis 2:1 umgetauscht) in D-Mark umgetauscht, die westdeutschen Wirtschafts- und Sozialgesetze wurden auch für Ostdeutschland verbindlich. Im Unterschied zu vielen anderen Transformationsländern in Mittel- und Osteuropa waren damit in Ostdeutschland wesentliche Elemente der Wirtschaftsordnung in kürzester Zeit funktionsfähig. Die Geldordnung, die Sozialordnung

Jeffrey Sachs und die Schocktherapie

Jeffrey David Sachs (geb. 1954 in Detroit), studierte Wirtschaftswissenschaften in Harvard, wo er 1980 promovierte und kurz darauf eine Professur für Internationalen Handel erhielt. 2002 wechselte er an die Columbia University in New York. Er leitet dort das „Earth Institute" und ist gleichzeitig Direktor des Millenium Project der Vereinten Nationen. Daneben ist er wirtschaftspolitischer Berater zahlreicher Regierungen und internationaler Organisationen. Zu seinen Hauptwerken zählen: *Macroeconomics in the Global Economy* (New York, 1993); *Economies in Transition* (Cambridge, 1997); *The End of Poverty: Economic Possibilities for Our Time* (New York, 2005).

    Weltweite Bekanntheit erlangte *Sachs* durch seine Mitarbeit an grundlegenden Wirtschaftsreformen in verschiedenen Ländern Lateinamerikas, Osteuropas und Afrikas. 1985 arbeitet er an einer umfassenden wirtschaftspolitischen Reformstrategie für Bolivien mit. Mit Hilfe drastischer Einschnitte in die Staatsausgaben, mit einer Preisreform und außenwirtschaftlicher Öffnung soll die Hyperinflation in kurzer Zeit beseitigt und die Grundlage für eine nachhaltige wirtschaftliche Entwicklung gelegt werden. Die in Bolivien erfolgreiche Schocktherapie wird nicht nur in anderen lateinamerikanischen Ländern imitiert. Sie wird auch ein wichtiges Vorbild für die Wirtschaftsreformen, die ab 1989 in den ehemals sozialistischen Ländern Osteuropas durchgeführt werden. *Sachs* berät zunächst die polnische Regierung, die sich ebenfalls zu einem Bündel drastischer monetärer, realwirtschaftlicher und institutioneller Reformen in relativ kurzer Zeit entschließt. Nach einer kurzen und heftigen Stabilisierungskrise führt die Schocktherapie zu hohen Wachstumsraten. Seit 1991 berät *Sachs* auch die russische Regierung und empfiehlt wiederum eine möglichst rasche und umfassende Transformation. Angesichts wenig entwickelter institutioneller Strukturen führt dort allerdings die schnelle Privatisierung zum Entstehen einer extrem ungleichmäßigen Vermögensverteilung, die wiederum den Aufbau einer modernen Industriestruktur behindert. Nicht zuletzt aufgrund dieser Erfahrungen verändert sich das von *Sachs* propagierte Reformkonzept, als er sich seit 1995 mit der wirtschaftlichen Lage Afrikas beschäftigt. Im Gegensatz zu vielen anderen Ökonomen macht er vor allem geographische Faktoren, darunter die starke Verbreitung von Malaria, für die langfristige ökonomische Stagnation in Afrika verantwortlich. Voraussetzung für ein Ende der Armut und eine dauerhafte Verbesserung des Lebensstandards in Afrika sind für ihn daher Investitionen in die Infrastruktur, Gesundheit und Bildung, die durch massive externe Entwicklungshilfe finanziert werden sollen. Schocktherapien, die alleine auf die Wohlstand schaffenden Effekte des Marktes setzen, sind also unter den besonderen Bedingungen Afrikas mit zu hohen Transaktionskosten verglichen mit einem stärkeren staatlichen Engagement verbunden.

und die Finanzverfassung wurden durch Übernahme der westdeutschen Institutionen eindeutig geregelt; durch die Übernahme der konvertiblen D-Mark waren auch die außenwirtschaftlichen Beziehungen klar geregelt. In diesem Sinne entsprach die Transformation in Ostdeutschland einer klaren Schocktherapie, bei der sich die Frage nach einem geeigneten *Sequencing* gar nicht stellte.

Die Regelung der Eigentumsordnung und damit auch wichtige Grundlagen der Wettbewerbsordnung wurden erst mit der staatlichen Einheit im Oktober 1990 wirksam. Die DDR hatte die volkseigenen Betriebe in eine *Treuhandanstalt* eingebracht, die eine rasche Privatisierung versuchte. Dabei war zu berücksichtigen, dass in Anlehnung an die Garantie des Privateigentums nach Artikel 14 des Grundgesetzes unberechtigte Enteignungen rückgängig gemacht werden sollten. Da der Einigungsvertrag den Grundsatz „Rückgabe vor Entschädigung" etablierte, kam es wegen unklarer Rechtsansprüche vieler potenzieller Alteigentümer zunächst zu administrativen Schwierigkeiten bei der Privatisierung. Erst Ende 1992 wurde mit dem Gesetz zur Regelung offener Vermögensfragen der Rückgabeanspruch der Alteigentümer eingeschränkt. Der Rückgabeanspruch trat zurück:

- gegenüber Vorhaben von Investoren, die geeignet waren, Arbeitsplätze zu sichern oder neu zu schaffen oder

- wenn der Alteigentümer nicht die Gewähr dafür bot, dass er den Betrieb weiterführen wollte.

In beiden Fällen wurden die Alteigentümer mit einer finanziellen Entschädigung abgefunden, um den Vorrang für neue Investoren zu sichern.

Der Aufgabenbereich der Treuhandanstalt umfasste ursprünglich die Arbeitsplätze von rund 3 Millionen Arbeitskräften in über 9000 Unternehmen, 20.000 Handelseinrichtungen und 7500 Hotels und Gaststätten. Hinzu kamen 2,3 Millionen Hektar landwirtschaftlicher Fläche und 1,9 Millionen Hektar Wald. Im Interesse einer deutlichen Intensivierung des Wettbewerbs bemühte sich die Treuhandanstalt um eine möglichst rasche Privatisierung durch Verkauf. Die Sanierung der ehemals volkseigenen Betriebe sollte also nicht durch den neuen staatlichen Eigentümer, sondern durch private Investoren erfolgen. Der Wert des zu privatisierenden Vermögens wurde 1990 noch auf 600 Mrd. DM geschätzt. Als die Treuhandanstalt Ende 1994 ihre operative Tätigkeit beendete, hatte sie rund 15.000 Betriebe, die teilweise aus der Aufspaltung von Kombinaten hervorgegangen waren und 25.000 andere Betriebsstätten privatisiert. Wegen niedriger Verkaufserlöse, der Übernahme von Altlasten und Finanzhilfen für die Neueigentümer schloss sie ihre Tätigkeit mit einem Nettoverlust von 270 Mrd. DM ab, der letztlich durch den Bundeshaushalt abzudecken war. Als Grund für die niedrigen Erlöse und die hohen Kosten der Privatisierung werden einerseits die Überalterung des Produktivvermögens genannt, das sich unter den Bedingungen eines marktwirtschaftlichen Wettbewerbs in großen Teilen als nicht mehr verwertbar erwies, andererseits aber auch das Problem, dass in einem relativ kurzen Zeitraum keine ausreichende Zahl an finanzkräftigen Investoren gefunden werden konnte.

Als ein schwerwiegendes Problem für den Wiederaufbau der ostdeutschen Wirtschaft erwies sich die Übernahme der westdeutschen Arbeitsmarkt- und Sozialordnung. Die Umstellung der Löhne im Verhältnis 1:1 und das zunächst von den Tarifpartnern verfolgte Ziel, innerhalb kurzer Zeit eine Angleichung der ostdeutschen an die westdeutschen Löhne zu erzielen, erwies sich als eine drastische Verteuerung der Arbeitskosten in den neuen Bundesländern. Da trotz Neuinvestitionen die Arbeitsproduktivität hinter dem Westniveau zurückblieb, verschlechterte sich die internationale Wettbewerbsfähigkeit der ostdeutschen Produkte dramatisch. Der Zusammenbruch vieler Unternehmen führte zu einer dramatisch hohen Arbeitslosigkeit. Für die Tarifpolitik in den neuen Bundesländern wirkte es sich nachteilig aus, dass westdeutsche Verbandsvertreter die Verhandlungen führten, dass in den Treuhandunternehmen noch kein handlungsfähiges Management installiert war, dass man versuchte, Vermögensverluste in der Währungsumstellung durch höhere laufende Einkommen zu kompensieren und dass über die Systeme der Sozialen Sicherung eine Abfederung der gewählten Lohnstrategien machbar erschien. Vor allem die Programme der *Bundesanstalt für Arbeit* zur Qualifizierung und Unterstützung von Arbeitslosen wurden in Ostdeutschland stark ausgeweitet. Damit stiegen aber die Lohnnebenkosten in Gesamtdeutschland an und belasteten den Arbeitsmarkt auch in Westdeutschland.

SCHLÜSSELBEGRIFFE

- Transformation 200
  Sozialkapital 202
  Pfadabhängigkeit 203
- Schocktherapie 206, 210
  Gradualismus 206
  Sequencing 206, 211

Aufgaben

www.pearson-studium.de: Hier finden Sie die Lösungen zu den Übungsaufgaben dieses Kapitels, ein Glossar mit Erläuterungen zu den Schlüsselbegriffen sowie Links zu wirtschaftspolitisch relevanten Websites.

1. Unmöglichkeit institutioneller Coase-Lösungen (*Acemoglu* 2003)
Gäbe es keine staatlichen und privaten Transaktionskosten, müsste der institutionelle Wandel immer zu effizienten Lösungen führen. Ganz offensichtlich ist dies in der Realität aber nicht der Fall. Erläutern Sie, warum bei der Transformation von Wirtschaftsordnungen noch weniger mit *Coase*-Lösungen zu rechnen ist als bei Verhandlungen zwischen zwei Individuen und warum deshalb immer wieder ein hohes Maß an institutioneller Pfadabhängigkeit zu beobachten ist.

2. Vorteile und Nachteile der Schocktherapie
Diskutieren Sie die Vorteile und Nachteile einer Schocktherapie zur Einführung einer Marktwirtschaft in Industrieländern und in Entwicklungsländern.

3. Ein Sozialpakt für Ostdeutschland?

Als Alternative zur tatsächlich realisierten Transformationsstrategie in Ostdeutschland wurde von *Gerlinde* und *Hans-Werner Sinn* (*Sinn/Sinn* 1993) ein Sozialpakt zwischen Tarifpartnern und Staat mit folgenden Bestandteilen vorgeschlagen: 1. Die Treuhand-Unternehmen werden zuerst saniert und dann privatisiert. 2. Die Beschäftigten verzichten auf eine schnelle Anhebung der Löhne auf Westniveau und erhalten stattdessen einen zusätzlichen Investivlohn in Form von Beteiligungen an den privatisierten Unternehmen. 3. Die Privatisierung erfolgt über einen längeren Zeitraum hinweg. Diskutieren Sie die Vorteile eines solchen Sozialpakts und die Gründe, warum er politisch nicht durchsetzbar war.

Literaturhinweise

Ein Modell des internationalen Institutionenvergleichs entwickeln *Djankov u. a.* (2003). Grundprobleme der Transformation behandeln die Beiträge in *Cassel* (1997). Den Transformationsprozess in Ostdeutschland analysieren *Sinn/Sinn* (1993).

Der Bertelsmann-Transformations-Index (www.bertelsmann-transformation-index.de) analysiert und bewertet Entwicklungs- und Transformationsprozesse in 119 Staaten. Er beurteilt sowohl den Stand der rechtsstaatlichen Demokratie und der sozial verantwortlichen Marktwirtschaft als auch die Konsequenz in der politischen Umsetzung von Reformvorhaben.

Integration von Wirtschaftsordnungen

12

ÜBERBLICK

Lernziele

■ Durch internationalen Handel lassen sich Wohlfahrtseffekte der internationalen Arbeitsteilung erzielen. Eine Intensivierung des Handels setzt typischerweise aber auch einen Ausbau institutioneller Regeln voraus und ist daher mit einer Zunahme von Transaktionskosten verbunden.

■ Die institutionelle Integration schreitet von der Vereinbarung bilateraler Handelspräferenzen bis zur Errichtung einer vollständigen Wirtschafts- und Währungsunion zwischen zwei Ländern fort.

■ Das Allgemeine Zoll- und Handelsabkommen (GATT) beruht auf dem Prinzip der Meistbegünstigung. Danach müssen bilateral vereinbarte Handelsvergünstigungen auch allen anderen Mitgliedsländern gewährt werden. Das GATT, das 1995 in die Welthandelsorganisation (WTO) integriert wurde, hat nach dem Zweiten Weltkrieg zu einer wirkungsvollen Liberalisierung des Welthandels beigetragen.

■ Der Prozess der wirtschaftlichen Integration in Europa, der 1951 mit dem Pariser Vertrag begann, ist durch die Erweiterung der ursprünglichen Sechser-Gemeinschaft auf heute 25 Mitglieder und durch eine deutliche institutionelle Vertiefung gekennzeichnet. Mit der Einführung des Euro auf der Basis der im Vertrag von Maastricht 1992 vereinbarten Konvergenzkriterien ist heute eine Wirtschafts- und Währungsunion in Europa entstanden, die sich zu einer politischen Union weiterentwickeln soll.

12.1 Nutzen und Kosten wirtschaftlicher Integration

Genauso wie der Tausch zwischen Individuen allgemeine Wohlfahrtsgewinne verspricht, erweisen sich auch die *internationale Arbeitsteilung* und der Gütertausch zwischen Ländern in der Regel als vorteilhaft. Dennoch ist freier Handel auf den Weltmärkten historisch nicht die Regel, sondern eher die Ausnahme gewesen. Gründe dafür lassen sich durch eine institutionenökonomische Analyse der internationalen Arbeitsteilung herleiten. Die Ausweitung internationaler Tauschtransaktionen zwischen nationalen Wirtschaftsordnungen ist in der Regel mit *steigenden Transaktionskosten* verbunden. Damit ist unklar, ob der Aufbau einer internationalen Wirtschaftsordnung tatsächlich immer einen positiven Netto-Nutzen für alle Beteiligten hat. Gibt es aber Gewinner und Verlierer der Wirtschaftsintegration, entsteht ein Verteilungskonflikt, der entweder durch Einführung von Umverteilungsmaßnahmen gelöst wird oder der eben zum Hemmnis weiterer Integrationsschritte wird.

Die Vorteilhaftigkeit der internationalen Arbeitsteilung, wenn man Transaktionskosten von null unterstellt, lässt sich in einer Variante des *Robinson Crusoe*-Modells zeigen, die auf *David Ricardo* (1817) zurückgeht. Das Modell analysiert den Handel zwischen zwei Ländern, England und Portugal, unter den folgenden Annahmen:

■ Es gibt in beiden Ländern nur einen Produktionsfaktor, Arbeit, im Gesamtumfang von L.

■ In beiden Ländern können zwei Güter, Tuch und Wein, mit *linearen Produktionsfunktionen* hergestellt werden.

■ Die *Arbeitsproduktivitätsparameter* in beiden Ländern unterscheiden sich so, dass die Grenzraten der Transformation und damit die Opportunitätskosten der Güterproduktion in beiden Ländern unterschiedlich sind.

Abbildung 12.1 beschreibt die konkreten Annahmen des *Ricardo*-Modells. In der Autarkiesituation vor Aufnahme des Handels muss man in England relativ viele Einheiten Tuch aufwenden, um eine Einheit Wein zu erzeugen. Umgekehrt ist in Portugal die Produktion von Wein gemessen in Einheiten Tuch relativ günstig. Zwar kann Portugal beide Güter mit den absolut günstigeren Kosten herstellen, aber England besitzt einen komparativen Vorteil bei der Produktion von Tuch, während Portugal einen komparativen Vorteil bei der Produktion von Wein aufweist. Ohne Berücksichtigung von Transaktionskosten wäre es daher sinnvoll, wenn sich Portugal auf die Produktion von Wein und England auf die Produktion von Tuch spezialisierte. In beiden Ländern lassen sich durch eine solche Spezialisierung die Konsummöglichkeiten gegenüber den Produktionsmöglichkeiten erhöhen, solange das internationale Tauschverhältnis zwischen den nationalen Opportunitätskosten der Güterproduktion liegt.

Auch wenn es auf sehr stark vereinfachenden Annahmen beruht, liefert das *Ricardo*-Modell doch eine einleuchtende Begründung für die Vorteilhaftigkeit internationalen Handels. Aus institutionenökonomischer Sicht müssen nun allerdings auch die Transaktionskosten des internationalen Handels spezifiziert werden. Sie ergeben sich zum einen durch die *Etablierung internationaler Märkte*, auf denen sich die Preise für Wein und Tuch bilden. Weiterhin schlagen sich in ihnen die Kosten für die *Durchsetzung privater Handelsverträge* im internationalen Geschäftsverkehr nieder. Immerhin müssen sich die Vertragspartner, die sich durch die Spezialisierung ihrer Produktion von den Lieferungen internationaler Vertragspartner abhängig machen, auch auf deren Lieferungen verlassen beziehungsweise einen Schadenersatz einfordern können. Schließlich ist auch auf die *Verteilungskonsequenzen* des internationalen Handels hinzuweisen. Zwar wird internationaler Handel nur stattfinden, wenn er für beide Vertragspartner vorteilhaft ist, allerdings können die absoluten Handelsgewinne ziemlich ungleich verteilt sein. Zur Verhinderung wachsender sozialer Spannungen kann es deshalb notwen-

	Arbeit / 1 ME Tuch	Arbeit / 1 ME Wein	Tauschverhältnis Tuch/Wein in Autarkie	Mögliches Tauschverhältnis bei Freihandel
England	$100 = 1/a_1^E$	$120 = 1/a_2^E$	$6/5 = a_1^E/a_2^E$	1
Portugal	$90 = 1/a_1^P$	$80 = 1/a_2^P$	$8/9 = a_1^P/a_2^P$	1

Abbildung 12.1: Der Handel zwischen England und Portugal im *Ricardo*-Modell

Aufgelistet sind zunächst die Mengen an Arbeit, die in beiden Ländern erforderlich sind, um eine Mengeneinheit (ME) Tuch beziehungsweise Wein zu produzieren. Bei Konstanz dieser Koeffizienten ergibt sich für jedes Land ein konstantes Austauschverhältnis zwischen beiden Gütern bei Autarkie. Diese Austauschverhältnisse sind zwischen den Ländern unterschiedlich und liegen über beziehungsweise unter dem Tauschverhältnis, das sich bei Freihandel einstellen könnte.

> ## David Ricardo und die komparativen Vorteile
>
> *David Ricardo* (1772–1823), geb. in London als Sohn eines reichen Börsenmaklers. Bereits mit 25 Jahren konnte sich Ricardo aufgrund seines Vermögens, das er selbst im Börsengeschäft erworben hatte, aus dem Berufsleben zurückziehen und sich fortan der Wissenschaft widmen. 1819 wurde *Ricardo* als Vertreter des irischen Bezirkes Portalington in das britische Unterhaus gewählt, dem er bis zu seinem Tode angehörte. Hauptwerke: *On the Influence of Low Price of Corn on the Profits of Stock* (London, 1815); *On the Principles of Political Economy and Taxation* (London, 1817).
>
> *Ricardo* gilt neben *Adam Smith*, dessen Werk sein Interesse an ökonomischen Fragestellungen geweckt hatte, als der Begründer der theoretischen Nationalökonomie. Er entwickelte eine Werttheorie, nach der sich im Preis von reproduzierbaren Gütern die Menge der in der Produktion aufgewendeten Arbeit niederschlägt. Dies gilt auch für den Preis des Faktors Arbeit, der sich am Existenzminimum und somit letztlich an den Nahrungsmittelpreisen orientiert. Die Bestimmung der Güterpreise durch die aufgewendeten Arbeitsmengen schlägt sich auch in seiner Außenhandelstheorie nieder, in der komparative Kostenvorteile durch relativ geringen Arbeitseinsatz in der Güterproduktion entstehen. Eine Spezialisierung gemäß den komparativen Vorteilen führt in allen beteiligten Ländern zu höheren Konsummöglichkeiten. *Ricardo* setzte sich insbesondere für die Liberalisierung des englischen Getreidehandels ein, um durch den Import billigen Getreides die Arbeitskosten in England senken zu können. Es dauerte allerdings bis 1846, bevor die Zölle auf Getreideimporte nach England tatsächlich abgeschafft wurden.
>
> Bezüglich der Folgen von Staatsverschuldung entwickelte *Ricardo* ein Referenzmodell, das bis heute unter dem Begriff der Ricardianischen Äquivalenz bekannt ist. Es besagt, dass keine Effekte einer defizitfinanzierten Senkung der Steuerlast zu erwarten sind, wenn die privaten Sparer perfekt vorhersehen, dass die Bedienung der Staatsschulden in der Zukunft nur über zusätzliche Steuern erfolgen kann. Haushaltsdefizite sind damit nur eine andere Form der Besteuerung.

dig werden, die Handelsgewinne in einem bestimmten Umfang umzuverteilen. Die Etablierung solcher Umverteilungsmechanismen erfordert aber wiederum den *Aufbau staatlicher Institutionen* und führt damit zu einem Anstieg der Transaktionskosten des internationalen Handels.

12.2 Formen wirtschaftlicher Integration

Die Spannung zwischen Vertiefung wirtschaftlicher Integration und Zunahme der erforderlichen Transaktionskosten zeigt sich deutlich bei einer Analyse der denkbaren Integrationsformen. Üblicherweise werden sechs Formen unterschiedlich weit reichender Integration unterschieden:

- *Präferenzzone:* Ein Land schafft in seinem Außenhandel bestimmte Präferenzen zugunsten eines Handelspartners, wenn diesem bessere Handelsbedingungen eingeräumt werden als Drittländern.

- *Freihandelszone:* Länder bauen im bilateralen Handel alle Handelsbeschränkungen ab; gegenüber Drittländern bleiben die jeweils individuellen Handelsbeschränkungen bestehen. Eine Freihandelszone besitzt damit insbesondere keinen gemeinsamen Außenzolltarif gegenüber Drittländern.

- *Zollunion:* Zusätzlich zum Abbau aller Handelsbeschränkungen im Binnenhandel werden die Handelsbeschränkungen gegenüber Drittländern vereinheitlicht. Insbesondere wird damit eine gemeinsamer Außenzolltarif gegenüber Drittländern vereinbart.

- *Gemeinsamer Markt:* Zusätzlich zum freien Binnenhandel wird auch die Freizügigkeit der Produktionsfaktoren Arbeit und Kapital vereinbart. Arbeitskräfte und Kapital können somit zwischen allen Mitgliedsländern hin und her wandern.

- *Wirtschaftsunion:* Wichtige Teilbereiche der Wirtschaftspolitik in den teilnehmenden Staaten werden harmonisiert. Dies betrifft zum Beispiel die Wettbewerbspolitik, die Struktur- und Regionalpolitik oder auch die Fiskalpolitik.

- *Wirtschafts- und Währungsunion:* Der Gemeinsame Markt und die Harmonisierung wichtiger Bereiche der nationalen Wirtschaftspolitik werden durch die Einführung einer gemeinsamen Währung ergänzt und gekrönt.

Bei den notwendigen institutionellen Maßnahmen, die den Weg von der Präferenzzone zur Wirtschafts- und Währungsunion begleiten, zeigen sich interessante Parallelen zu den notwendigen Bestandteilen einer Transformationsstrategie. Erforderlich sind nämlich sowohl Integrationsschritte auf der Mikroebene einzelner Märkte wie die Angleichung der Besteuerung und Marktregulierung als auch Integrationsschritte auf der Makroebene wie eine Harmonisierung der Geld- und Fiskalpolitik. Zusätzlich ist es notwendig, auch die grundlegenden rechtlichen Regeln für den freien Verkehr von Gütern und Produktionsfaktoren zu vereinheitlichen, um einen Gemeinsamen Markt herzustellen. All diese Integrationsschritte vollziehen sich aber nicht kostenlos. Sie lohnen sich nur dann, wenn den Transaktionskosten signifikante Wohlstandgewinne entgegenstehen. Für die Höhe der Transaktionskosten der Integration sind schließlich auch die Unterschiede in der Wirtschaftskultur der Integrationspartner relevant. Je stärker sich die gesellschaftlichen Regelsysteme unterscheiden, desto höher werden die Kosten ausfallen, die für eine Angleichung der Regelsysteme in einem Gemeinsamen Markt mit einer gemeinsamen Währung notwendig sind.

Je weiter die Integration fortschreitet, desto weniger kann sie als rein ökonomische Angelegenheit betrachtet werden und desto bedeutsamer wird ihre Einbettung in politische Integrationsstrategien. Politischer Natur sind in der Regel auch die Entscheidungen über Umverteilungsmechanismen, mit denen die Wohlfahrtsgewinne der zunehmenden Integration zwischen den Integrationspartnern aufgeteilt werden. Ohne Umverteilungsmechanismen kann es leicht zu Verteilungskonflikten kommen, die weitere Integrationsschritte blockieren.

12.3 Beispiel: Die wirtschaftliche Integration Deutschlands in Europa und in die Weltwirtschaft

Zum Programm der Sozialen Marktwirtschaft gehörte die rasche Liberalisierung des Außenhandels. Dies wurde in Deutschland auch tatsächlich sehr schnell vollzogen. Als Mitglied im Allgemeinen Zoll- und Handelsabkommen (*General Agreement on Tariffs and Trade*, GATT) nahm Deutschland teil an mehreren internationalen Zollsenkungs-runden. Auf diese Weise sollten der Welthandel gefördert und die Wohlstandsgewinne aus der internationalen Arbeitsteilung realisiert werden. Eine zentrale Rolle spielte dabei das Grundprinzip des GATT, die so genannte *Meistbegünstigungsklausel*, wonach ein GATT-Mitglied, das einem Handelspartner bestimmte Handelspräferenzen einräumt, diese auch allen anderen GATT-Mitgliedern einräumen muss. Dadurch entstand eine Dynamik zum immer weiteren Abbau handelsbeschränkender Maßnahmen.

Die relativ flache institutionelle Struktur des GATT, die im Prinzip nur aus einem gemeinsamen Sekretariat in Genf bestand, erwies sich im Lauf der Zeit aber als unzu-reichend, um die unvermeidlichen Probleme im internationalen Handel zu lösen. Solche Probleme resultieren zum Beispiel immer wieder aus Subventionen, mit deren Hilfe einzelne Länder ihre Exportprodukte auf den Weltmärkten zu verbilligen suchen. Das GATT besaß keine institutionellen Möglichkeiten, um solche Verzerrungen des in-ternationalen Handels und Wettbewerbs zu ahnden.

Die zunehmende Verflechtung und Integration der nationalen Märkte und die Glo-balisierung ökonomischer Transaktionen führte daher folgerichtig auch zu einer Ver-änderungen der institutionellen Regeln. 1995 wurde das GATT durch eine neue Insti-tution, die *Welthandelsorganisation* (*World Trade Organisation*, WTO) ersetzt. Die WTO bündelt zum einen mehrere internationale Handelsverträge unter einem Dach: neben dem GATT ein Abkommen über den internationalen Handel von Dienstleistungen (GATS) und ein Abkommen über den Schutz von Eigentumsrechten an immateriellen Gütern (TRIPS). Weiterhin besitzt die WTO Kompetenzen zur Regelung internationaler Han-delsstreitigkeiten bis hin zur Verhängung von Strafmaßnahmen gegenüber einzelnen Mitgliedsländern. Der Wechsel vom GATT zur WTO stellt somit ein Beispiel für die stei-genden institutionellen Transaktionskosten bei wachsender internationaler Arbeitstei-lung dar.

Eine ganz ähnlich parallele Entwicklung zwischen wachsender Integration und stei-genden institutionellen Transaktionskosten findet sich auch in der Geschichte der Eu-ropäischen Integration. Sie beginnt 1951 mit dem Pariser Vertrag, durch den eine *sek-torale Zollunion* für die Montanindustrie in Deutschland, Frankreich, Italien und den drei Benelux-Ländern geschaffen wurde: die Europäische Gemeinschaft für Kohle und Stahl (EGKS, Montanunion). Neben dem Abbau der Zölle für Produkte der Eisen und Stahl verarbeitenden Industrie und der Einrichtung eines gemeinschaftlichen Außen-zolltarifs gegenüber Drittländern gab es in der Montanunion vor allem eine institutionel-le Innovation: Die *Hohe Behörde der Montanunion* wurde als neue Institution geschaf-fen mit dem Ziel, das Gemeinschaftsinteresse gegenüber den Interessen der nationalen Regierungen durchzusetzen.

Durch die Römischen Verträge wurde 1957 das Prinzip der Montanunion auf alle Sektoren der gewerblichen Wirtschaft erweitert. Die so geschaffene *Europäische Wirt-schaftsgemeinschaft* (EWG) sah die Abschaffung aller Zölle und mengenmäßigen Beschränkungen bei der Einfuhr und Ausfuhr von Waren vor sowie die Einführung eines gemeinsamen Zolltarifs und einer gemeinsamen Handelspolitik gegenüber Drittländern. Gleichzeitig wurde die Beseitigung aller Hindernisse für den freien Personen-, Dienstleistungs- und Kapitalverkehr zwischen den Mitgliedsländern der EWG beschlossen. Damit wurde die Zollunion zu einem Gemeinsamen Markt erweitert. Als neue Institution wurde in den Römischen Verträgen die *Europäische Kommission* geschaffen. Sie sollte als Hüterin der Verträge und als Motor weiterer Integrationsschritte fungieren. Die Wettbewerbsordnung, die in den Römischen Verträgen für die EWG geschaffen wurde, ähnelte hinsichtlich Kartellverbot und Missbrauchsaufsicht den Regelungen des deut-

Jacques Delors und die Europäische Wirtschafts- und Währungsunion

Jacques-Lucien-Jean Delors, (geb. 1925 in Paris), studierte Wirtschaftswissenschaften an der Sorbonne. Er begann zunächst eine Karriere bei der *Banque de France* und arbeitete danach für das *Commissariat Général au Plan*, das im Zentrum der französischen *Planification* stand. 1969 wurde er Berater des französischen Premierministers. 1974 trat er der Sozialistischen Partei bei und profilierte sich als Experte für Wirtschafts- und Handelsfragen. 1979 wurde *Delors* Abgeordneter im Europäischen Parlament. Von 1981 bis 1984 war er französischer Wirtschafts- und Finanzminister. Von 1985 bis 1995 war *Delors* Präsident der Europäischen Kommission. Mit seinem Namen verbunden ist vor allem der 1989 veröffentlichte *Delors*-Plan, der in drei Stufen zunächst die Vollendung des Binnenmarktes, danach die Gründung der Europäischen Zentralbank und schließlich die Einführung des Euro als neuer Gemeinschaftswährung vorsah.

Bereits als französischer Minister verfolgte *Delors* einen stabilitäts- und wettbewerbsorientierten Kurs, um die internationale Wettbewerbsfähigkeit der französischen Industrie zu vergrößern. Als Präsident der Europäischen Kommission trug er zunächst maßgeblich dazu bei, dass mit dem Programm zur Vollendung des Binnenmarkts und damit der Wirtschaftsunion der europäische Integrationsprozess eine neue Dynamik gewann. Die Gemeinschaft öffnete sich nicht nur für neue Mitgliedsländer, sondern setzte sich parallel dazu eine deutliche Vertiefung der Integration zum Ziel. Mit dem Maastricht-Vertrag von 1992 wurde die Europäische Union gegründet, die neben der wirtschaftlichen Integration auch eine verstärkte Kooperation in der Außen- und Sicherheitspolitik sowie in Fragen der Innen- und Rechtspolitik vorsieht. Ökonomisches Kernstück des Maastricht-Vertrags sind die Regelungen über den Aufbau der Europäischen Zentralbank und die Einführung des Euro, die in mehreren Stufen und unter Berücksichtigung besonderer Konvergenzkriterien erfolgte. *Delors* sah die Ablösung der nationalen Währungen durch den Euro als logische Konsequenz der Vollendung des Binnenmarkts an. Durch die einheitliche Währung sollte sich eine größere Preistransparenz ergeben. Mit dem Ende möglicher Abwertungen der nationalen Währungen sollte sich gleichzeitig der Druck auf die Mitgliedsstaaten erhöhen, durch interne Reformen die internationale Wettbewerbsfähigkeit zu steigern.

schen Gesetzes gegen Wettbewerbsbeschränkungen. Die Fusionskontrolle auf europäischer Ebene wurde allerdings erst 1992 durch eine Verordnung geregelt.

Trotz des Gemeinsamen Marktes bleiben noch zahlreiche nicht-tarifäre Handelshemmnisse bestehen, darunter unterschiedliche Regulierungen zum Zwecke des Verbraucherschutzes oder unterschiedliche nationale Verbrauchsteuern. Lange Zeit versuchte die Europäische Kommission vergeblich, durch Harmonisierung einen Abbau dieser Handelshemmnisse zu erreichen. Zu einem Durchbruch kam es aber erst, nachdem der Europäische Gerichtshof im *Cassis de Dijon*-Urteil 1979 entschieden hatte, dass die Anerkennung einer Verbraucherschutzvorschrift in einem Mitgliedsland der Gemeinschaft den Marktzugang auch in allen anderen Mitgliedsländern eröffnet. An die Stelle der schwer zu erreichenden supranationalen Harmonisierung wurde damit die gegenseitige Anerkennung nationaler Regulierungen gesetzt. Die Anwendung dieses Prinzips führte zur *Vollendung des Europäischen Binnenmarkts*, die durch die Einheitliche Europäische Akte 1987 auch rechtlich fixiert wurde. Zur gleichen Zeit begannen auch die Planungen zur Einführung einer einheitlichen europäischen Währung. Mit dem Vertrag von Maastricht wurde 1992 die Einführung des Euro in mehreren Schritten beschlossen. 1998 wurde die *Europäische Zentralbank* (EZB) als neue europäische Institution offiziell gegründet. 1999 wurden die Wechselkurse der Mitgliedsländer der Eurozone unwiderruflich gegenüber dem Euro fixiert. Die Auswahl der Mitgliedsländer erfolgte unter Berücksichtigung von Konvergenzkriterien für nationale Inflationsraten, nationale Zinsen und nationale Haushaltsdefizite. 2002 wurden die nationalen Währungen der Mitgliedsländer der Eurozone endgültig durch den Euro ersetzt.

SCHLÜSSELBEGRIFFE

- Komparative Vorteile 217
  Präferenzzone 219
  Freihandelszone 219
  Zollunion 219
  Gemeinsamer Markt 219
  Wirtschaftsunion 219
  Wirtschafts- und Währungsunion
    219
- Europäische Wirtschaftsgemein-
    schaft (EWG) 220
  Europäische Union (EU) 221
  Delors-Plan 221
  Europäische Zentralbank (EZB)
    222
  Konvergenzkriterien 221, 222
  Welthandelsorganisation
    (WTO) 220
  Allgemeines Zoll- und Handels-
    abkommen (GATT) 220

Aufgaben

www.pearson-studium.de: Hier finden Sie die Lösungen zu den Übungsaufgaben dieses Kapitels, ein Glossar mit Erläuterungen zu den Schlüsselbegriffen sowie Links zu wirtschaftspolitisch relevanten Websites.

1. Komparative Vorteile, Spezialisierung und institutionelle Regeln

Zeigen Sie anhand von Beispielen aus dem Alltagsleben, dass die Spezialisierung nach komparativen Vorteilen ein grundlegendes Prinzip sozialer Organisationen ist, dass sie aber in der Regel auch immer in ein Gefüge institutioneller Regeln eingebettet ist, die eine Absicherung gegen mögliche Risiken der Arbeitsteilung bieten.

2. Internationaler Handel und institutionelle Harmonisierung

Eine Folge der starken Expansion des internationalen Handels im 19. Jahrhundert war das in vielen Ländern artikulierte Bedürfnis nach einer internationalen Harmonisierung der Regeln bezüglich Gewichts-, Längen- und Zeitmaßen. Über die in vielen Ländern parallel eingeführte Goldwährung gab es sogar bis 1914 so etwas wie ein einheitliches Weltgeld. Diskutieren Sie, warum solche Harmonisierungen vorteilhaft waren, welche Probleme sie aber auch mit sich brachten in einer Zeit, in der es noch keine internationalen Institutionen gab.

3. Gegenseitige Anerkennung statt Harmonisierung

Erläutern Sie, warum das Urteil des Europäischen Gerichtshofes von 1979 im Fall des *Cassis de Dijon*, das die gegenseitige Anerkennung von Verbraucherschutzvorschriften in den Mitgliedsländern der Gemeinschaft stärkte, der Vertiefung des Gemeinsamen Binnenmarktes einen besseren Antrieb als die traditionelle Integrationsmethode geben konnte, die auf der Harmonisierung nationaler Vorschriften durch europäische Normen beruhte.

4. Institutionelle Regeln der Euro-Zone

Die Aufnahme neuer Mitglieder in die Euro-Zone ist an die strikte Erfüllung der Konvergenzkriterien gebunden. Mitglieder der Euro-Zone müssen die Vorgaben des Stabilitätspakts erfüllen. Erläutern Sie, warum in einer Währungsunion solchen institutionellen Regeln besondere Bedeutung zukommt.

Literaturhinweise

Eine Lehrbuch-Darstellung des *Ricardo*-Modells zur Erklärung internationalen Handels findet sich bei *Krugman/Obstfeld* (2006). Die institutionellen Rahmenbedingungen der Weltwirtschaft in ihren unterschiedlichen Dimensionen beleuchtet *Sautter* (2004). Die Entwicklungsprinzipien und tatsächlichen Entwicklungstendenzen der Wirtschaftsintegration in Europa behandeln *Baldwin/Wyplosz* (2006).

Weitere Informationen über die Welthandelsorganisation (WTO) und über die Europäische Union finden sich im Internet unter www.wto.org und www.europa.eu.int.

TEIL V

Ziele der Wirtschaftspolitik: Anwendungen der Wohlfahrtsökonomik

Ökonomische Analyse kollektiver Bewertungen

13

ÜBERBLICK

Lernziele

- Im Zentrum der Wohlfahrtsökonomik stehen die beiden Hauptsätze: 1. Jedes Wettbewerbsgleichgewicht ist ein *Pareto*-Optimum. 2. Jedes *Pareto*-Optimum ist bei geeigneter Ausgangsverteilung als Wettbewerbsgleichgewicht realisierbar.

- Aus Sicht der Wohlfahrtsökonomik lassen sich die wirtschaftspolitischen Ziele aus gesellschaftlichen Wertvorstellungen ableiten. Mit Hilfe des *Pareto*-Kriteriums wird zunächst der Bereich effizienter Allokationen bestimmt; danach kann mit Hilfe einer gesellschaftlichen Wohlfahrtsfunktion diejenige Allokation bestimmt werden, die den kollektiven Gleichheitsvorstellungen am ehesten entspricht.

- Unter normativen Gesichtspunkten lassen sich unterschiedliche Vorstellungen von Gerechtigkeit unterscheiden. Sie reichen von der utilitaristischen Konzeption *Benthams* bis zum Fairnesskonzept von *Rawls*.

- Die konkrete Herleitung einer gesellschaftlichen Wohlfahrtsfunktion erfolgt durch kollektive Abstimmungsprozesse. Wie das *Condorcet*-Paradoxon und *Arrows* Unmöglichkeitstheorem zeigen, gibt es aber kein Wahlverfahren, das unter allen denkbaren Umständen konsistente Ergebnisse garantieren kann.

- In der Diskussion über das Ziel einer nachhaltigen Wirtschaftsentwicklung überlagern sich Vorstellungen von einer effizienten Nutzung von Ressourcen unter Vermeidung möglicher Marktfehler und von gerechter Verteilung der Ressourcen zwischen Individuen, Ländern und Generationen.

13.1 *Pareto*-Kriterium und Wettbewerbsgleichgewicht

Die Festlegung von konkreten Zielen der Wirtschaftspolitik erfordert Werturteile über den zu erreichenden Optimalzustand. Die Wohlfahrtsökonomik – eine wenig aussagekräftige Übersetzung des englischen Begriffs *Welfare Economics* – unternimmt den Versuch, einen solchen gesellschaftlichen Optimalzustand zu beschreiben, in dem die Mitglieder der betreffenden Gesellschaft aus ihrem ökonomischen Handeln ein Höchstmaß an Nutzen ziehen. Die Besonderheit des wohlfahrtsökonomischen Ansatzes besteht darin, dass zunächst nur eine einzige normative Bewertungsregel zum Vergleich alternativer Zustände herangezogen wird: das so genannte *Pareto*-Kriterium. Das *Pareto*-Kriterium besagt, dass ein Zustand einem anderen vorzuziehen ist, wenn wenigstens ein Individuum einen Nutzenzuwachs aufweist, ohne dass sich der Nutzen anderer Individuen verschlechtert. Ein *Pareto*-Optimum ist erreicht, wenn kein Individuum mehr besser gestellt werden kann, ohne dass ein anderes Individuum sich schlechter stellt.

Mit Hilfe des *Pareto*-Kriteriums lassen sich zunächst Bedingungen formulieren, unter denen in einer Wettbewerbswirtschaft eine optimale Güterproduktion und ein optimaler Gütertausch verwirklicht sind. Fügt man beides zusammen, erhält man die Bedingungen für ein allgemeines Gleichgewicht bei vollkommener Konkurrenz, das so

Vilfredo Pareto und das Kriterium der optimalen Allokation

Vilfredo Federico (ursprünglich *Fritz Wilfried*) *Pareto, Marquese di Parigi* (1848–1923), geb. in Paris, von wo die Familie 1850 nach Italien zurückkehrte. Nach dem Studium der Mathematik, Physik und Ingenieurswissenschaften in Turin, das er 1880 mit der Promotion abschloss, arbeitete *Pareto* zunächst bei einer Eisenbahngesellschaft und später bei einem Stahlunternehmen in Florenz. Nachdem er sich bereits lange mit ökonomischen Fragen auseinandergesetzt hatte, wurde er 1893 als Nachfolger von *Léon Walras* auf den Lehrstuhl für Politische Ökonomie an der Universität Lausanne berufen. Ab 1898 wandte er sich immer stärker soziologischen Themen zu und wurde (neben *Max Weber*) zum Mitbegründer der nicht-marxistischen Soziologie. Hauptwerke: *Cours d' Economie Politique* (Lausanne, 1896/97); *Trattato di Sociologia Generale* (Florenz, 1916).

In seinen ökonomischen Arbeiten wurde *Pareto*, der sich schon in seiner ingenieurwissenschaftlichen Dissertation mit dem Gleichgewichtskonzept bei festen Körpern auseinandergesetzt hatte, zu einem Hauptvertreter der mathematisch orientierten Lausanner Schule. Unter Verwendung des von Walras entwickelten Grenznutzenkonzepts entwickelte *Pareto* das Konzept einer optimalen Allokation von Gütern im Tausch, die dann erreicht ist, wenn die Verhältnisse der Grenznutzen für alle am Tausch beteiligten Individuen gleich sind. Es ist dann nicht mehr möglich, ein Individuum besser zu stellen, ohne nicht mindestens ein anderes Individuum schlechter zu stellen. Neben diesem *Pareto*-Kriterium ist bis heute die *Pareto*-Verteilung in der empirischen Wirtschaftsforschung von Bedeutung. Es handelt sich dabei um eine Verteilungsfunktion, die einem Potenzgesetz mit konstantem Exponenten folgt. Pareto hatte mit ihrer Hilfe den empirischen Sachverhalt dokumentiert, dass 80 Prozent der italienischen Vermögen im Besitz von nur 20 Prozent der italienischen Haushalte waren.

genannte *Wettbewerbsgleichgewicht*. Unter den möglichen Wettbewerbsgleichgewichten ist schließlich dasjenige herauszufinden, das den höchsten gesellschaftlichen Nutzen stiftet. Zur Bestimmung dieses sogenannten Wohlfahrtsoptimums (*Optimum optimorum*) bedarf es zusätzlich zum *Pareto*-Kriterium einer weiteren normativen Aussage, die eine Bewertung unterschiedlicher Güter- und Nutzenverteilungen innerhalb einer Gesellschaft ermöglicht. Die Herleitung einer solchen gesellschaftlichen Wohlfahrtsfunktion aus individuellen Präferenzen, die man sich als Ergebnis demokratischer Wahlen vorstellen kann, macht auf die erheblichen Probleme der denkbaren Wahlverfahren aufmerksam. Die Konsequenzen, die sich aus diesen Problemen für die Formulierung gesellschaftlicher Wohlfahrtsfunktionen ergeben, lassen sich als positive Aussagen interpretieren und empirisch überprüfen.

Für das Wettbewerbsgleichgewicht gelten zwei wichtige wohlfahrtsökonomische Aussagen:

- Nach dem *ersten Hauptsatz der Wohlfahrtsökonomik* stellt jedes Wettbewerbsgleichgewicht ein simultanes *Pareto*-Optimum in Güterproduktion und Gütertausch dar.

Unter Berücksichtigung der getroffenen Modellannahmen und der normativen Bewertung durch das *Pareto*-Kriterium liefert dieses Ergebnis eine Bestätigung für die Effizienzvorteile einer Marktwirtschaft.

■ Nach dem *zweiten Hauptsatz der Wohlfahrtsökonomik* ist jedes simultane *Pareto*-Optimum als Wettbewerbsgleichgewicht realisierbar. Damit lässt sich begründen, warum in einer Marktwirtschaft unter bestimmten Bedingungen Verteilungsfragen von Effizienzüberlegungen strikt zu trennen sind.

Zur Herleitung des Wettbewerbsgleichgewichts und der beiden Hauptsätze der Wohlfahrtsökonomik benötigt man die Konzepte der *Transformationskurve* und der *Wohlstandsgrenze*. In einem Modellrahmen, in dem zwei Güter q_1 und q_2 mit Hilfe zweiter Produktionsfaktoren bei gegebenen Produktionstechniken unter den Bedingungen vollkommener Konkurrenz hergestellt werden, bezeichnet die *Transformationskurve* oder *Produktionsmöglichkeitskurve* die Verbindungslinie aller Punkte effizienter Allokation in *Abbildung 13.1*. Auf dieser Kurve liegen die Kombinationen der beiden Güter, für die nach dem *Pareto*-Kriterium gilt, dass mit den gegebenen Faktormengen und den gegebenen Produktionstechniken von keinem Gut mehr hergestellt werden kann, ohne die Produktion des anderen Guts einzuschränken. Entlang der Transformationskurve stimmen die Grenzraten der Substitution zwischen den beiden Faktoren in beiden Produktionsrichtungen überein. Damit ist die Bedingung optimaler Faktorallokation erfüllt, denn das Verhältnis der Grenzprodukte der beiden Faktoren in beiden Produktionsrichtungen ist gleich hoch. Wäre diese Bedingung nicht erfüllt, wäre also das

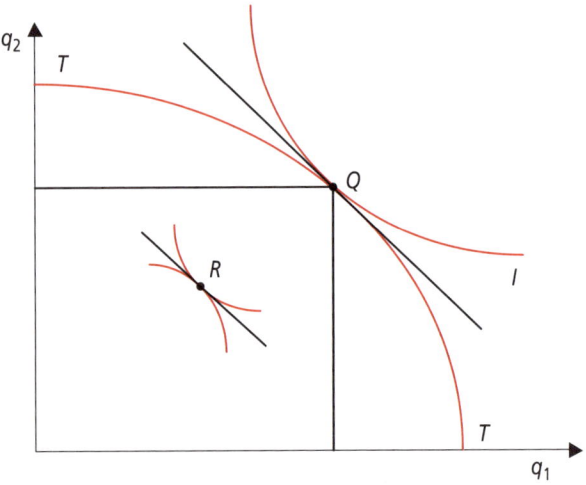

Abbildung 13.1: Transformationskurve und gesellschaftliche Indifferenzkurve

Im Wettbewerbsgleichgewicht Q tangiert eine gesellschaftliche Indifferenzkurve die Transformationskurve TT. Damit entspricht die Steigung der Transformationskurve, die Grenzrate der Transformation, der Steigung der Indifferenzkurve. Letztere, die gesellschaftliche Grenzrate der Substitution, entspricht der Steigung der beiden individuellen Grenzraten der Substitution, die sich im Tauschoptimum R tangieren. Punkt Q ist ein Pareto-Optimum, denn es gibt keine andere Allokation, durch die ein Individuum besser gestellt werden könnte, ohne dass man nicht das andere Individuum schlechter stellt.

Grenzproduktverhältnis der Faktoren in den beiden Produktionsrichtungen ungleich, könnte durch eine Reallokation der Faktoren und eine Änderung in den Produktionsmengen beider Güter eine Verbesserung der Allokation erreicht werden. Unter Wettbewerbsbedingungen wird die Bedingung optimaler Faktorallokation dann erfüllt, wenn jeder einzelne Anbieter seinen Faktoreinsatz so wählt, dass das Grenzproduktverhältnis dem Verhältnis der gegebenen und für alle Anbieter gleich hohen Faktorpreise entspricht. Die Steigung der Transformationskurve wird als *Grenzrate der Transformation* bezeichnet. Sie entspricht dem Verhältnis der Grenzkosten der Produktion in den beiden Produktionsrichtungen. In der Regel geht man von einem konkaven Verlauf der Transformationskurve und folglich von einer zunehmenden Grenzrate der Transformation aus. Dies impliziert, dass bei zunehmender Produktion des einen Guts die Grenzkosten der Produktion dieses Guts relativ zu den Grenzkosten der Produktion des anderen Guts zunehmen.

Ebenso wie für die optimale Faktorallokation lässt sich mit Hilfe des *Pareto*-Kriteriums auch eine Bedingung für einen optimalen Gütertausch formulieren. Ein Tauschoptimum ist dann erreicht, wenn die Grenzraten der Substitution zwischen den beiden Gütern q_1 und q_2 und damit das Verhältnis der Grenznutzen beider Güter für beide Individuen gleich sind. Unter Wettbewerbsbedingungen wird das Tauschoptimum dadurch erreicht, dass alle Individuen ihre Konsumentscheidungen so lange anpassen, bis alle *individuellen Grenzraten der Substitution* dem Verhältnis der Güterpreise entsprechen. Die Güterpreise sind wiederum gegeben und für alle Konsumenten gleich. Da die relativen Bewertungen der Individuen im Tauschoptimum übereinstimmen, können sie auch als einheitliche gesellschaftliche Bewertung der Tauschmöglichkeiten aufgefasst werden und stellen damit die *gesellschaftliche Grenzrate der Substitution* dar, die Steigung einer gesellschaftlichen Indifferenzkurve. Die gesellschaftliche Indifferenzkurve ist der geometrische Ort aller möglichen Güterbündel, die ausgehend von einem Tauschoptimum für beide Individuen den gleichen individuellen Nutzen und damit das gleiche gesellschaftliche Nutzenniveau stiften. Ebenso wie individuelle Indifferenzkurven verläuft auch jede gesellschaftliche Indifferenzkurve *I* konvex, das heißt die Grenzrate der Substitution nimmt bei Zunahme eines Gutes ab. Indifferenzkurven, die weiter vom Ursprung entfernt liegen, repräsentieren höhere gesellschaftliche Nutzenniveaus, weil nach dem *Pareto*-Kriterium mindestens ein Individuum seinen Nutzen gegenüber der Ausgangssituation erhöht hat.

Das simultane Tausch- und Produktionsoptimum, das auch als *Wettbewerbsgleichgewicht* bezeichnet wird, liegt dort, wo die Transformationskurve eine gesellschaftliche Indifferenzkurve tangiert, deren Lage durch eine bestimmte Ausgangsverteilung der Güter und Nutzen bestimmt ist. Im Wettbewerbsgleichgewicht Q stimmen die Grenzrate der Transformation und die gesellschaftliche Grenzrate der Substitution überein. Damit entspricht aber auch das Verhältnis der Grenzkosten in der Produktion der beiden Güter den individuellen Grenzraten der Substitution in der Nachfrage nach den beiden Gütern. Nach dem ersten Hauptsatz der Wohlfahrtsökonomik ist das Wettbewerbsgleichgewicht ein simultanes *Pareto*-Optimum. Kein Anbieter oder Nachfrager könnte durch eine Reallokation der Produktions- und Konsumpläne den eigenen Nutzen erhöhen, ohne ein anderes Individuum schlechter zu stellen. Da im Wettbewerbsgleichgewicht niemand mehr einen Gewinn aus einer Reallokation ziehen kann, werden sich auch die Preise auf den Güter- und Faktormärkten nicht mehr verändern. Der erste Hauptsatz der Wohlfahrtsökonomik rechtfertigt damit die Vermutung, dass ein freies

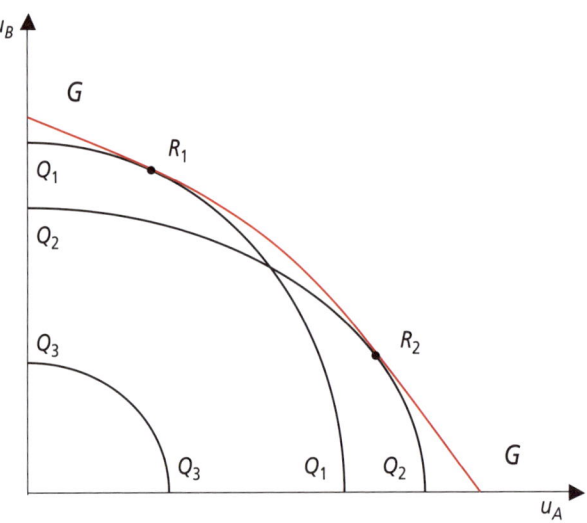

Abbildung 13.2: Wohlstandsgrenze

Q$_1$, Q$_2$ und Q$_3$ stellen alternative Nutzenverteilungen in drei unterschiedlichen Wettbewerbsgleichgewichten dar. Die Umhüllende der Nutzenverteilungen in allen möglichen Wettbewerbsgleichgewichten ist die Wohlstandsgrenze GG. Wie die Punkte R$_1$ und R$_2$ verdeutlichen, wird die Wohlstandsgrenze durch unterschiedliche Wettbewerbsgleichgewichte gebildet, die je nach Ausgangsverteilung zu unterschiedlichen Tauschoptima korrespondieren.

und funktionierendes Preissystem in der Lage ist, die dezentralen Entscheidungen von Anbietern und Nachfragern so zu koordinieren, dass letztlich ein generelles *Pareto*-Optimum erreicht werden kann.

Da die gesellschaftlichen Indifferenzkurven zu gegebenen Anfangsverteilungen von Gütern und Nutzen korrespondieren, kann jede Transformationskurve von beliebig vielen gesellschaftlichen Indifferenzkurven tangiert werden, wenn man die Ausgangsverteilungen umverteilt. Somit gibt es prinzipiell beliebig viele Wettbewerbsgleichgewichte. Der geometrische Ort aller möglichen Wettbewerbsgleichgewichte lässt sich im Nutzenraum als *gesellschaftliche Wohlstandsgrenze* abtragen. In *Abbildung 13.2* bezeichnet die Wohlstandsgrenze diejenigen simultanen *Pareto*-Optima, bei denen es nicht mehr möglich ist, den Nutzen eines Individuums u_A durch eine Umverteilung zu erhöhen, ohne den Nutzen des anderen Individuums u_B zu senken. Nach dem zweiten Hauptsatz der Wohlfahrtsökonomik ist jedes dieser *Pareto*-Optima als Wettbewerbsgleichgewicht erreichbar, sofern die Ausgangsverteilung entsprechend festgelegt wird. Diese Aussage soll verdeutlichen, dass die Allokationsprobleme in einer Marktwirtschaft getrennt von Verteilungsfragen gelöst werden müssen und gelöst werden können. Unabhängig davon, welche Ausgangsverteilung gewählt wird, sorgen Wettbewerb und Preissystem unter den Bedingungen der vollständigen Konkurrenz für eine effiziente Allokation. Ungeklärt bleibt die Frage, welche Ausgangsverteilung denn angestrebt oder verwirklicht werden sollte.

13.2 Gesellschaftliche Wohlfahrtsfunktionen und Wohlfahrtsoptimum

Die Entscheidung dafür, aus der Menge der möglichen Wettbewerbsgleichgewichte entlang der Wohlstandsgrenze genau eines zu verwirklichen, enthält zwangsläufig eine Bewertung über eine erwünschte – oder zumindest tolerierte – *Verteilung* und geht damit über die reine Allokationsbetrachtung hinaus. Während sich das Problem der effizienten Faktorallokation bereits für ein einzelnes Individuum stellt, setzt die Bewertung der Verteilung immer eine Mehrzahl von Individuen, eine Gesellschaft, voraus. Eine kollektive Bewertung der unterschiedlichen Ausgangsverteilungen erfolgt durch das Konzept der *gesellschaftlichen Wohlfahrtsfunktion*.

Um als theoretisches Instrument der Wohlfahrtsökonomik verwendbar zu sein, muss eine gesellschaftliche Wohlfahrtsfunktion mehrere Bedingungen erfüllen. Der gesellschaftliche Nutzen aus unterschiedlichen Verteilungen wird erstens auf individuelle Bewertungen zurückgeführt und nimmt mit dem individuellen Nutzen zu. Nach dem *Pareto*-Kriterium steigt folglich die kollektive Wohlfahrt immer dann, wenn sich der Nutzen bei mindestens einem Individuum erhöht, ohne dass er sich bei anderen Individuen vermindert. Weiterhin wird man einen konvexen Verlauf von Indifferenzkurven der gesellschaftlichen Wohlfahrtsfunktion unterstellen, wie er in *Abbildung 13.3* dargestellt ist. In der Steigung dieser Indifferenzkurven, in der Grenzrate der Substitution oder in der Substitutionselastizität zwischen den individuellen Nutzen kommt die gesellschaftlich akzeptierte *Ungleichheitsaversion* zum Ausdruck.

Anhand der Ungleichheitsaversion lassen sich unterschiedliche Varianten der gesellschaftlichen Wohlfahrtsfunktion unterscheiden. Sie sind jeweils mit dem normativen Anspruch entwickelt worden, eine ethisch oder gesellschaftspolitisch befriedigende Regel für die Bewertung unterschiedlicher Verteilungen, also letztlich eine Vorstellung von gerechter Verteilung zu schaffen. Sie stellen damit explizite Werturteile dar, deren Rechtfertigung nicht in einer empirischen Überprüfung gesehen wer-

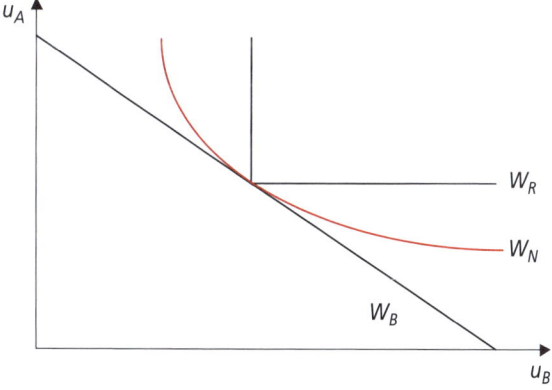

Abbildung 13.3: Gesellschaftliche Wohlfahrtsfunktionen

Im Nutzenraum bilden die gesellschaftlichen Wohlfahrtsfunktionen unterschiedliche Bewertung über die Nutzenverteilung zwischen zwei Individuen ab. Eingezeichnet sind als Extremfälle die lineare Bentham-Funktion W_B, bei der vollständige Substituierbarkeit der Nutzen angenommen wird und die limitationale Rawls-Funktion W_R, in der keine Substitution der Nutzen denkbar ist, sowie der dazwischen liegende Fall der Bernouilli-Nash-Funktion W_N.

den kann. In einem weiteren Schritt lässt sich allerdings untersuchen, ob es nicht Mechanismen in einer Gesellschaft gibt, in denen sich die gesellschaftliche Bewertung von gerechter Verteilung oder das Ausmaß der tolerierten Ungleichheitsaversion äußern kann.

Formal lässt sich eine gesellschaftliche Wohlfahrtsfunktion, die vom Nutzen zweier Individuen A und B abhängt, schreiben als

$$W = W(u_A, u_B) \tag{13.1}$$

Diese allgemeine Formulierung, die auch als *Bergson-Samuelson*-Funktion bezeichnet wird, enthält drei interessante Spezialfälle. Folgt man dem *Utilitarismus*, einer Rich-

---

Jeremy Bentham und der Utilitarismus

Jeremy Bentham (1748–1832), geb. in London, studierte Rechtswissenschaften in Oxford, praktizierte kurze Zeit als Anwalt und konnte sich nach dem Tod seines Vaters dank einer ausreichenden Erbschaft als freier Schriftsteller in London niederlassen. In zahlreichen Schriften entwickelte er politische und soziale Reformprojekte, darunter den Plan eines Modellgefängnisses, die Trennung von Kirche und Staat, das Recht auf Ehescheidung, Freihandel und die Gründung einer neuen Universität in London, und wurde Herausgeber der *Westminster Review*. Zu seinen Schülern zählten der Ökonom *James Mill* und dessen Sohn *John Stuart Mill*, ein herausragender liberaler Ökonom und Sozialphilosoph, sowie *Robert Owen*, der Begründer des englischen Sozialismus. *Benthams* Hauptwerk ist: *An Introduction to the Principles of Morals and Legislation* (London, 1789).

Bentham gilt als der Begründer des Utilitarismus, den er sowohl als ethisches wie auch als rechtsphilosophisches Konzept ansah. Seiner Meinung nach wird der Mensch durch die beiden „souveränen Herrscher" Leid und Freude bestimmt. Sie motivieren das Handeln des Einzelnen gemäß des Prinzips der Nützlichkeit dahin, die persönliche Freude zu maximieren und das Leid zu minimieren. Alle Handlungen, die diesem Prinzip entsprechen, sind ethisch zu billigen. Aufgabe des Staatshandelns ist es, das „größte Glück der größten Zahl" (*the greatest happiness for the greatest number*) von Bürgern zu gewährleisten. *Bentham* schlug einen Glückskalkül (*felicific calculus*) vor, um die Zielerreichung quantitativ zu messen. Darin gehen ein Stärke und Dauer der Glücksempfindungen, die Wahrscheinlichkeit des Eintretens, mögliche Nebeneffekte und die Anzahl der beteiligten Personen. *John Stuart Mill* erweiterte den an reinen Sinneswahrnehmungen orientierten Glücksbegriff *Benthams* dahingehend, dass er den „Freuden des Intellekts, der Gefühle und der Phantasie sowie der moralischen Empfindung" eine höhere Qualität als den Freuden der Sinneswahrnehmung zusprach. Ein wichtiges Element seines individuellen Glücksbegriffes besteht dann darin, dass stets das Glück der anderen Gesellschaftsmitglieder einen Beitrag zur eigenen Freude leistet. Damit verließ *Mill* den ausgesprochenen Individualismus *Benthams*, in dessen Konzept jeder Einzelne am besten in der Lage ist zu beurteilen, welche Handlungen sein jeweiliges Glück maximieren.

tung der politischen Philosophie, die auf *Jeremy Bentham* zurückgeht, so wird die gesellschaftliche Wohlfahrt maximiert, wenn die Summe der Nutzen aller Individuen maximiert wird. Diese Überlegung wird durch die (lineare) *Bentham*-Funktion

$$W_B = u_A + u_B \tag{13.2}$$

formalisiert, bei der es keine gesellschaftliche Aversion gegenüber der Ungleichverteilung gibt. Vielmehr ist jedes Individuum nur an seinem eigenen Beitrag zur gesamten sozialen Wohlfahrt interessiert. Die extreme Gegenposition wird durch den *egalitären Liberalismus* vertreten, der insbesondere durch *John Rawls* (1971) entwickelt wurde. Das so genannte Differenzprinzip von *Rawls* besagt, dass der gesellschaftliche Nutzen nur in dem Maße steigen kann, in dem der Nutzen des am schlechtesten gestellten Mitglieds der Gemeinschaft zunimmt. Formal wird diese Überlegung, die eine unendlich große Ungleichheitsaversion impliziert, durch die (limitationale) *Rawls*-Funktion

$$W_R = \min (u_A, u_B) \tag{13.3}$$

dargestellt. Zwischen den beiden Extremen findet sich die *Bernoulli-Nash*-Funktion:

$$W_N = u_A u_B \tag{13.4}$$

Sie basiert auf einer multiplikativen Verknüpfung der individuellen Nutzen, aus der eine positive, aber endliche gesellschaftliche Ungleichheitsaversion resultiert. Daraus folgt eine stärker egalitäre Einstellung gegenüber Ungleichverteilung als im Utilitarismus.

Am Tangentialpunkt von gesellschaftlicher Nutzengrenze und gesellschaftlicher Wohlfahrtsfunktion liegt in *Abbildung 13.4* das *Wohlfahrtsoptimum (Optimum optimo-*

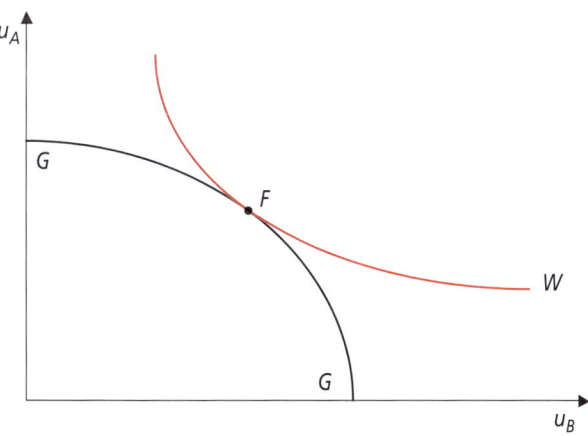

Abbildung 13.4: Wohlfahrtsoptimum

Das Wohlfahrtsoptimum liegt am Tangentialpunkt einer Indifferenzkurve der gesellschaftlichen Wohlfahrtsfunktion mit der Wohlstandsgrenze. Die gesellschaftlich bestimmte Ungleichheitsaversion bestimmt dort ein Wettbewerbsgleichgewicht, zu dem genau ein Tauschoptimum mit einer gegebenen Ausgangsverteilung gehört. Allokation und Verteilung sind im Punkt F aus gesellschaftlicher Sicht optimal gewählt.

John Rawls und der Schleier des Nichtwissens

John Borden Rawls (1921–2002), geb. in Baltimore, studierte Philosophie in Princeton, NJ, wo er nach kriegsbedingten Unterbrechungen 1950 promovierte. Nach einem Forschungsaufenthalt in Oxford übernahm er 1953 eine Professur für Philosophie an der Cornell University, 1962 wechselte er nach Harvard, wo er bis zu seiner Emeritierung unterrichtete. Sein Hauptwerke ist: *A Theory of Justice* (New Haven, 1971).

Als einer der einflussreichsten Vertreter der Politischen Philosophie des 20. Jahrhunderts entwickelte *Rawls* eine Theorie politischer und sozialer Gerechtigkeitsgrundsätze, die in erster Linie als moralisches Beurteilungskriterium gesellschaftlicher Institutionen zu verstehen ist. In der Tradition normativer Vertragstheorien stellt er die Frage, für welche Grundsätze sich freie und vernünftige Menschen im eigenen Interesse entscheiden würden. Zur Beantwortung dieser Frage entwirft *Rawls* das Modell des fiktiven Urzustands, in dem alle Menschen einem „Schleier des Unwissens" (*veil of ignorance*) unterworfen sind. Dies bedeutet, dass sie zwar allgemeines Wissen besitzen (etwa über ökonomische oder naturwissenschaftliche Zusammenhänge), jedoch kein spezielles Wissen über sich selbst als Teil der (zu schaffenden) Gesellschaft haben (also über die eigene Intelligenz, das Geschlecht, die Rasse, Alter, Herkunft etc.). Da die individuelle Position somit unsicher ist, werden sich alle Menschen im Konsens für eine Gesellschafts- und Staatskonzeption entscheiden, in der zum einen eine maximale und gleiche individuelle Freiheit gewährleistet wäre, und in der zum zweiten das Differenzprinzip gilt. Dies bedeutet, dass Ungleichheiten der Verteilung von Chancen und materiellen Gütern nur dann zugelassen werden, wenn jedermann und damit auch der am schlechtesten gestellte in der Gesellschaft davon einen Vorteil hat. *Rawls* versucht aufzuzeigen, dass das Ergebnis dieses Gedankenexperiments mit unseren „wohlüberlegten sozialethischen Urteilen" übereinstimmt und will somit eine moralphilosophische Beurteilungsgrundlage bieten, die „Gerechtigkeit als Fairness" zur normativen Basis hat.

rum) *F*. Damit bezeichnet die Wohlfahrtsökonomik diejenige Verteilung von Gütern, Faktoren und Nutzen, bei der sowohl die Allokations- wie auch die Verteilungsprobleme in einer Gesellschaft gelöst werden konnten. Wie oben schon erwähnt, setzt die Vorstellung von einem Wohlfahrtsoptimum voraus, dass die normativen Vorstellungen von einer gerechten Verteilung, wie sie in der gewählten Spezifikation der Wohlfahrtsfunktion zum Ausdruck kommen, auch von allen Mitgliedern der Gesellschaft geteilt oder zumindest akzeptiert werden. Es stellt sich damit die Frage, über welche gesellschaftlichen Mechanismen eine Einigung über das Ausmaß der tolerierten Ungleichheit zustande kommt.

13.3   Wahlverfahren und Unmöglichkeitstheorem

Man kann sich verschiedene Wege vorstellen, wie sich Vorstellungen über eine gerechte Verteilung innerhalb einer Gesellschaft bilden können. Zwei Extrempositionen prägen den denkbaren Spielraum. Einerseits wäre das Konzept einer gesellschaftlichen Wohlfahrtsfunktion dann unproblematisch zu verwenden, wenn alle Individuen in einer Gesellschaft die gleichen Vorstellungen von Gerechtigkeit teilen und damit die gesellschaftliche Bewertung von Ungleichheit mit der Bewertung eines beliebigen *repräsentativen Individuums* zusammenfällt. Andererseits ist der Fall der Diktatur denkbar, in der ein einziges Individuum, eben der *Diktator*, die Macht besitzt, seine Vorstellung von gerechter Verteilung in der gesamten Gesellschaft durchzusetzen. Im Bereich zwischen den beiden Extrempositionen, dem repräsentativen Individuum und dem Diktator, kann man davon ausgehen, dass die Aggregation unterschiedlicher individueller Bewertungen von ungleicher Verteilung über *demokratische Abstimmungsverfahren*, also über Wahlen, erfolgt. Es stellt sich dann die Frage, welche Anforderungen an Wahlverfahren gestellt werden müssen, damit sie letztlich eine allgemein akzeptierte gesellschaftliche Bewertung von Verteilungsgerechtigkeit, eben eine gesellschaftliche Wohlfahrtsfunktion hervorbringen.

Eine Abstimmungsregel, die in enger Verbindung zum *Pareto*-Kriterium steht, basiert auf der Forderung nach *einstimmiger Entscheidung*. Eine Alternative, also zum Beispiel eine bestimmte Ausgangsverteilung, wird nur dann einer anderen Alternative vorgezogen, wenn alle Mitglieder des Kollektivs damit einverstanden sind. Dahinter steht die Vorstellung, dass kein Individuum seine Zustimmung zu einer Alternative gibt, wenn es sich dadurch individuell verschlechtert. Die Einstimmigkeitsregel ist einleuchtend, besitzt aber auch problematische Aspekte. Sie führt tendenziell zu hohen Transaktionskosten der Entscheidungsfindung, weil eine einstimmige Entscheidung häufig erst nach einem Vergleich sehr vieler denkbarer Alternativen gefunden werden kann. Außerdem räumt sie jedem Individuum ein mächtiges Vetorecht ein, das unabhängig von der Intensität der individuellen Präferenzen ist. Damit wird strategisches Verhalten im Abstimmungsprozess begünstigt. Jedes Individuum hat den Anreiz, eine akzeptable Konsenslösung zu blockieren, um eine individuell noch attraktivere Lösung zu erreichen. Die hohen Kosten der Entscheidungsfindung, das individuelle Vetorecht und die Gefahr strategischen Wahlverhaltens führen dazu, dass Einstimmigkeitsregeln oft zu keiner Einigung über Veränderungen des Status quo führen. Das Risiko, dass keine Neuregelung vereinbart werden kann, wächst mit der Zahl der Abstimmenden. Ohne die Möglichkeit einer Veränderung des Status quo gibt es aber keine stetige gesellschaftliche Präferenzordnung, sondern die Ausgangsverteilung ist der einzige Punkt, der gesellschaftliche Akzeptanz findet.

Die Probleme, die mit der Einstimmigkeitsregel verbunden sind, führen zu der Frage, ob es nicht Verfahren der *Mehrheitswahl* gibt, mit denen sich eine konsistente gesellschaftliche Wohlfahrtsfunktion mit geringeren Transaktionskosten ermitteln lässt. Eine Antwort auf diese Frage wurde bereits 1785 durch den *Marquis de Condorcet* gegeben. Das nach ihm benannte Wahlparadoxon zeigt, dass es unter bestimmten Annahmen nicht möglich ist, durch paarweise Abstimmung über mehr als zwei Alternativen in Mehrheitswahlen zu einer konsistenten gesellschaftlichen Wohlfahrtsfunktion zu kommen. *Condorcet* betrachtete drei Individuen A, B und C mit unterschiedlichen, ordinal formulierten Präferenzen über drei Alternativen x, y und z, hinter denen sich

Wähler-präferenzen	A	B	C
Hoch	x	z	y
Mittel	y	x	z
Niedrig	z	y	x

Abbildung 13.5: Präferenzordnungen für ein Condorcet-Paradoxon

Angegeben sind die Rangordnungen, in die drei Wähler A, B und C drei alternative Zustände x, y und z bringen. Es gibt keine Beschränkung der individuellen Präferenzordnungen, so dass alle denkbaren Rangordnungen realisierbar sind.

jeweils unterschiedliche Verteilungskonstellationen verbergen könnten. *Abbildung 13.5* gibt mögliche Präferenzordnungen an. Um sich auf eine gemeinsame Bewertung der drei Alternativen zu verständigen, stimmen die drei Individuen jeweils über zwei der Alternativen ab und legen die soziale Präferenz durch Mehrheitsentscheid fest. Es ist in diesem Rahmen nicht schwer, die individuellen Bewertungen so unterschiedlich zu machen, dass die durch Abstimmungen gefundene gesellschaftliche Bewertung von der Reihenfolge der Abstimmung abhängt. Man bezeichnet dieses Phänomen, das natürlich die Konsistenz und auch die allgemeine Akzeptanz der sozialen Bewertungsnorm grundlegend in Frage stellt, auch als *zyklische Mehrheiten*.

Gegen das *Condorcet*-Paradoxon ließe sich einwenden, dass bei geeigneter Modifikation der Abstimmungsregeln möglicherweise doch die konsistente Ableitung einer gesellschaftlichen Präferenzordnung gelingt. Dagegen spricht das von *Kenneth Arrow* (1951) hergeleitete *Unmöglichkeitstheorem*. Es liefert den formalen Beweis, dass es in der Tat kein Wahlverfahren geben kann, das aus den Präferenzen von mehr als zwei Individuen über mehr als zwei Zustände eine eindeutige gesellschaftliche Bewertung entstehen lässt. Das Unmöglichkeitstheorem von Arrow beruht auf vier höchst plausiblen Anforderungen an eine gesellschaftliche Präferenzordnung:

■ *Pareto-Effizienz:* Wenn eine Alternative von allen Individuen einer anderen Alternative vorgezogen wird, soll diese Bewertung auch für die soziale Präferenzordnung gelten.

■ *Universelle Gültigkeit:* Die individuellen Präferenzen bezüglich der wählbaren Zustände unterliegen keinerlei äußeren Beschränkungen. Damit soll die größtmögliche Souveränität des Individuums bei der Formulierung individueller Präferenzen sichergestellt werden.

■ *Unabhängigkeit von irrelevanten Alternativen:* Es werde immer ein paarweiser Vergleich der zu bewertenden Zustände vorgenommen; die Berücksichtigung der für diesen Vergleich irrelevanten Alternativen sei ausgeschlossen. Damit wird strategisches Abstimmen mit Blick auf weitere denkbare Alternativen ausgeschlossen.

■ *Nicht-Diktatur:* Die Diktatur eines einzelnen Individuums, also die uneingeschränkte Durchsetzung einer individuellen Präferenzordnung, sei ausgeschlossen.

Zum Beweis des Unmöglichkeitstheorems kann man das *Condorcet*-Paradoxon heranziehen. Das Auftreten zyklischer Mehrheiten ließe sich durch ein Abstimmungsverfahren überwinden, bei dem in einer paarweisen Abstimmung ein Individuum als „Teildiktator" benannt wird, der seine individuellen Präferenzen gegen die Mehrheit durchsetzen kann. Es lässt sich zeigen, dass ein solcher Teildiktator entweder automatisch zu einem vollständigen Diktator wird, und damit ein Verstoß gegen die Bedingung (4) vorliegt, oder dass man Verstöße gegen eine der drei anderen Bedingungen in Kauf nehmen muss.

Der Beweis selbst beruht auf dem Konzept der *entscheidenden Gruppe E*. Sie besteht aus der Menge aller Personen in einer Gesellschaft, deren Präferenzen für die Bildung der gesellschaftlichen Präferenzordnung ausschlaggebend sind. Bei einstimmigen Entscheidungen umfasst die Gruppe E alle Mitglieder der Gesellschaft. Bei einfacher Mehrheitswahl besteht E entweder aus $(n/2) + 1$ Personen (bei gerader Zahl n der Gesamtbevölkerung) oder aus $(n + 1)/2$ Personen (bei ungerader Zahl der Grundgesamtheit). *E* muss allerdings immer mehr als ein Mitglied haben, denn sonst gäbe es eine Diktatur. Je nach praktiziertem Wahlverfahren kann die entscheidende Gruppe damit unterschiedliche groß sein, muss aber immer mindestens zwei Personen aufweisen. Bezeichnet man genau ein Mitglied von *E* mit *A*, so bildet die Gruppe *B* die Menge der übrigen Mitglieder. *B* hat mindestens ein Mitglied. Die nicht zu *E* zählenden Mitglieder der Gesellschaft bilden die Menge *C*. Diese Menge kann leer sind, nämlich dann, wenn Entscheidungen nur einstimmig gefasst werden können. Man betrachte unter diesen Annahmen nun wiederum die Präferenzen in *Abbildung 13.5*. Wenn *A* und *B* zusammen die entscheidende Gruppe *E* bilden und wenn für sie die Rangordnung $x > y$ gilt, dann muss diese Rangordnung auch für die gesamte Gesellschaft gelten. Für die Gruppe *B* alleine gilt $z > y$. Diese Rangordnung kann jedoch nicht die gesellschaftliche Präferenzordnung sein, weil *B* keine entscheidende Gruppe ist. Für die gesellschaftliche Bewertung muss folglich $z < y$ gelten (oder für z und y muss Indifferenz gelten). Aufgrund der unterstellten Transitivität der gesellschaftlichen Wohlfahrtsfunktion müsste dann aber auch gelten, dass $x > z$ eingeschätzt wird. Diese Rangordnung wird aber alleine von Individuum *A* vertreten, der damit zum Diktator würde. Somit kann ein logischer Widerspruch zwischen den vier Axiomen konstruiert werden, der durch kein wie auch immer geartetes Wahlverfahren beseitigt werden kann.

Das Unmöglichkeitstheorem von *Arrow* darf nicht als Fundamentalkritik an dem wohlfahrtsökonomischen Konstrukt der gesellschaftlichen Wohlfahrtsfunktion verstanden werden. Es soll vielmehr auf die Schwierigkeiten aufmerksam machen, die beim Schritt von der individuellen zur kollektiven Bewertung auftreten. Einen Ausweg aus diesen Schwierigkeiten kann nicht die Suche nach einem perfekten Wahlverfahren bieten. Vielmehr müssen die offenbar überhöhten Anforderungen an den gesellschaftlichen Abstimmungsprozess überprüft und modifiziert werden. Die Annahmen, die dem Unmöglichkeitstheorem zugrunde liegen, weisen auf denkbare Modifikationen hin, die auch in tatsächlichen gesellschaftlichen Abstimmungsprozessen auftreten.

So ist eine eindeutige gesellschaftliche Bewertung per Mehrheitswahl immer dann unproblematisch zu ermitteln, wenn nur zwei klare Alternativen zur Wahl stehen. Das Unmöglichkeitstheorem wird auch dann nicht wirksam, wenn die individuellen Präferenzordnungen alle nur einen Gipfel aufweisen, wie in *Abbildung 13.6* verdeutlicht wird. Eingipfligkeit ist eine Einschränkung der universellen Wählerpräferenzen, also der zweiten Anforderung von *Arrow*. Sie impliziert, dass alle Individuen in der grundsätzlichen Klassifikation der Alternativen übereinstimmen und lediglich unterschiedliche

Favoriten haben. Es besteht dann ein gemeinsamer Grundkonsens, der die Intransitivität der gesellschaftlichen Präferenzordnung verhindert. *Gemeinsame Grundwerte* sind in dieser Sichtweise geradezu konstitutiv für das dauerhafte Funktionieren einer Gesellschaft. Individuen werden sich auf Dauer nur solchen Abstimmungskollektiven anschließen, in denen sie ihre eigenen Grundwerte hinreichend akzeptiert sehen. Zur Tradition der Demokratie zählt außerdem die *Aussprache vor der Abstimmung.* Man kann dies so interpretieren, dass durch die Diskussion ein allgemeines Grundverständnis geschaffen und damit das permanente Auftreten von inkonsistenten Abstimmungen vermieden wird. Schließlich ist damit zu rechnen, dass Kollektive auch bestimmte Einschränkungen der übrigen Anforderungen in Kauf nehmen, um auf Dauer handlungsfähig zu bleiben. Ein wichtiges Beispiel stellen Entscheidungen über das Angebot *meritorischer Güter* dar. Es handelt sich dabei um Güter, deren gesellschaftliche Bewertung gerade nicht auf entsprechenden individuellen Bewertungen basiert. Als Ursachen dafür werden keine Marktfehler, sondern verzerrte individuelle Präferenzen angesehen. Beispiele sind die Bereitstellung von Bildungs- und Kultureinrichtungen. Diese Güter werden auch von demokratisch verfassten Kollektiven bereitgestellt, obwohl das *Pareto*-Kriterium nicht greift und einzelne Individuen den Entscheidungsprozess dominieren, wenn auch im wohlverstandenen Interesse des Gemeinwohls.

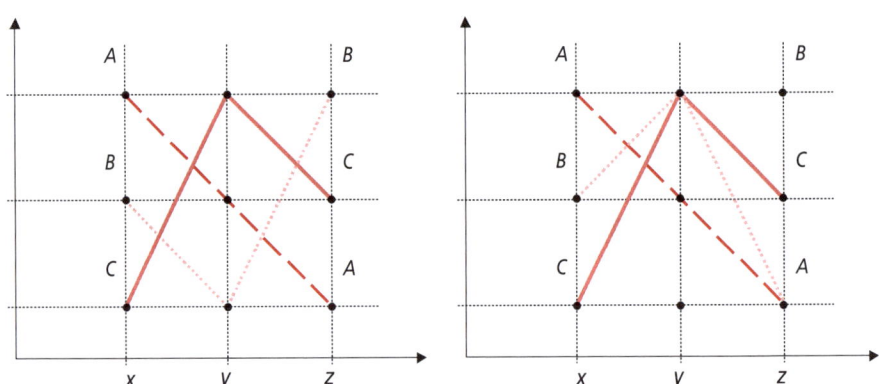

Abbildung 13.6: Mehrgipflige und eingipflige Präferenzordnungen

Das linke Diagramm stellt die Rangordnungen aus Abbildung 13.5 graphisch dar. Dabei wird deutlich, dass die Präferenzordnung von B zweigipflig ist. Würde B, wie im rechten Diagramm dargestellt, ebenfalls eine eingipflige Rangordnung aufstellen, wäre das Ergebnis der Mehrheitswahl eindeutig.

13.4 Beispiel: Nachhaltigkeit als wirtschaftspolitisches Leitbild

In den wirtschaftspolitischen Debatten der jüngeren Vergangenheit ist das Konzept der Nachhaltigkeit (*sustainability*) als neues Leitbild aufgetaucht. Zunächst fand der Begriff der „nachhaltigen Entwicklung" Verwendung im Zusammenhang mit einer Zielformulierung für weitere entwicklungspolitische Anstrengungen auf globaler Ebene. Eine besonders prägnante Rolle spielte er im 1989 vorgelegten Bericht „Our Common

Future", den eine unabhängige Kommission unter Leitung von *Gro Harlem Brundtland* den Vereinten Nationen vorlegte. Im Anschluss an die 1992 in Rio de Janeiro stattfindende UN-Konferenz über „Umwelt und Entwicklung" wurde Nachhaltigkeit zum Kennzeichen solcher wirtschaftspolitischen Konzeptionen, die dem Schutz der natürlichen Umwelt eine besonders hohe Priorität zumessen. Inzwischen hat es sich aber auch eingebürgert, von einer „nachhaltigen Finanzpolitik" oder einer „nachhaltigen Arbeitsmarktpolitik" zu sprechen. Es stellt sich damit die Frage, welche neuen Akzente das Konzept der Nachhaltigkeit in die allgemeine Diskussion über Ziele der Wirtschaftspolitik bringen kann.

Seine historischen Wurzeln hat das Konzept der Nachhaltigkeit interessanterweise in der deutschen *Forstwissenschaft* des 19. Jahrhunderts. Die fiskalpolitischen Interessen der deutschen Staaten waren in dieser Zeit auf eine möglichst effiziente Nutzung der staatseigenen Wälder gerichtet. Gesucht wurde eine Leitlinie für den optimalen Holzeinschlag und die optimale Wiederaufforstung. Beide Aktivitäten beeinflussen maßgeblich die zeitliche Veränderung des „natürlichen Kapitalstocks", also des Waldbestands. Eine Leitlinie für die nachhaltige Nutzung eines Waldbestands wurde durch den Forstwissenschaftler *Martin Faustmann* (1849) formuliert. Die *Faustmann*-Regel besagt, dass die optimale Bestandsgröße und damit auch der jährliche Holzeinschlag umso größer sind, je geringer der Holzpreis, je geringer die Kosten der Wiederaufforstung und je geringer die Zinsen als Opportunitätskosten für die Kapitalbindung angesetzt werden. Nachhaltigkeit ist in diesem Zusammenhang nichts anderes als die effiziente Nutzung von knappen, aber regenerierbaren Ressourcen, die sich im privaten Besitz beziehungsweise im Staatsbesitz mit gewinnorientierter Nutzung befinden. Einen Unterschied zum *Pareto*-Optimum in der Güterproduktion oder zum Konzept des Wettbewerbsgleichgewichts, wie sie oben erläutert wurden, besteht lediglich in der langfristigen Orientierung, die durch die explizite Berücksichtigung eines Zinses in der *Faustmann*-Regel berücksichtigt wird. Allerdings kann das Konzept des Wettbewerbsgleichgewichts auch dynamisiert und dann die Koordination intertemporaler Produktions- und Tauschentscheidungen über die entsprechenden relativen Preise untersucht werden. Dies ist Gegenstand der modernen Wachstums- und Ressourcenökonomie.

Der *Brundtland*-Bericht interpretiert nun die natürlichen Ressourcen der gesamten Welt als einen „natürlichen Kapitalstock", bei dessen effizienter Nutzung auch die Interessen zukünftiger Generationen berücksichtigt werden sollen. Damit wird neben dem Effizienz- auch ein Verteilungsproblem angesprochen, nämlich die *Verteilung zwischen den Generationen*. Die Verteilungsproblematik wird dann noch dadurch akzentuiert, dass der *Brundtland*-Bericht nicht nur den Verteilungskonflikt zwischen den Generationen, sondern auch den *globalen Verteilungskonflikt* zwischen Industrie- und Entwicklungsländern anspricht. Die Nutzung der natürlichen Ressourcen der Welt solle nämlich nicht einseitig den bereits entwickelten Ländern zustehen, sondern auch die Interessen der Entwicklungsländer an einer Teilhabe an diesem Kapitalstock sollen angemessen berücksichtigt werden.

Bezüglich der intertemporalen Dimension des Nachhaltigkeitskonzepts, der Sorge also für das Wohlergehen zukünftiger Generationen, konzentriert sich die Diskussion vor allem auf die Frage, inwieweit in den Marktzinsen am Kapitalmarkt solche intertemporalen Bewertungen angemessen zum Ausdruck kommen. Alternative Vorstellungen sind entweder strikt utilitaristisch, sehen also das Wohlergehen jeder Generation als völlig gleichberechtigt und lehnen eine Diskontierung der Interessen zukünftiger Generationen ab. Oder sie fordern in der Tradition von *John Rawls*, dass die Interessen der am schlechtesten gestellten Generation, also tendenziell der am weitesten in der Zukunft lebenden, besonders zu berücksichtigen sind. Das utilitaristische Denken führt im Ergebnis zu einem beschleunigten Ressourcenabbau, während das an *Rawls* orientierte normative Konzept eine extrem zurückhaltende Ressourcennutzung impliziert. Allen Vorstellungen gemeinsam ist aber, dass sie Werturteile sind, deren Berechtigung sich nicht empirisch überprüfen lässt, zumal sehr langfristige Entwicklungsprozesse bewertet werden. Eine Fundierung der impliziten intertemporalen gesellschaftlichen Wohlfahrtsfunktion durch demokratische Wahlverfahren scheitert nicht nur an den Problemen von *Arrows* Unmöglichkeitstheorem, sondern bereits am Fehlen einer aus-

Amartya Sen und die Verteilung von Möglichkeiten und Fähigkeiten

Amartya Sen (geb. 1933 im indischen Santiniketan), studierte Wirtschaftswissenschaften zunächst am Presidency College in Kalkutta. 1953 wechselte er an das Trinity College in Cambridge, wo er 1959 promovierte. Nach einem Forschungsaufenthalt am MIT wurde er Professor für Wirtschaftswissenschaften an der Universität Delhi. 1971 folgte er einem Ruf an die London School of Economics. Nach weiteren Professuren in Oxford und Harvard lehrt er heute am Trinity College der Universität Cambridge. Für seine Leistungen auf dem Gebiet der Wohlfahrtsökonomik erhielt *Sen* 1998 den Nobelpreis für Wirtschaftswissenschaften. Zu seinen Hauptwerken zählen: *Collective Choice and Social Welfare* (San Francisco, 1970); *Commodities and Capabilities* (Amsterdam, 1985); *Development as Freedom* (New York, 1999).

In seinen Arbeiten beschäftigt sich *Sen* sowohl mit Weiterentwicklungen der *Social Choice*-Theorie als auch mit der Analyse von Wohlfahrts- und Armutsindikatoren und empirischen Studien über die Ursachen von Hungerkatastrophen. Verbunden werden alle Arbeitsbereiche durch ein generelles Interesse an Verteilungsfragen unter besonderer Berücksichtigung der Situation der Ärmsten in einer Gesellschaft. Um unterschiedliche Nutzenverteilungen in einer Gesellschaft vergleichen zu können, berücksichtigt er im Rahmen der Nutzendefinition neben der materiellen Güterverteilung auch die Verteilung von Möglichkeiten und Fähigkeiten in einer Gesellschaft. Das individuelle Einkommen als Nutzenindikator wird demnach erst dann aussagekräftig, wenn es gleichzeitig auch Handlungs- und Lebensmöglichkeiten schafft, sowohl zu einem gegebenen Zeitpunkt als auch im Zeitverlauf. Aufbauend auf dieser Betrachtensweise weist er nach, dass nicht das Fehlen von Nahrungsmitteln ausschlaggebend für den Ausbruch von Hungersnöten in verschiedenen Ländern war, sondern dass vielmehr die spezifische Verteilungssituation in den unteren Einkommensschichten zu einer Verknappung von Lebensmitteln führt. Sofern die Armen ausreichende Mitwirkungsmöglichkeiten in den politischen Entscheidungsprozessen haben, werden rechtzeitig Gegenmaßnahmen eingeleitet werden können. Daher sind große Hungerkatastrophen immer nur in diktatorischen Regierungssystemen anzutreffen, aber nie in Demokratien.

reichend legitimierten Wählerschaft. An einer Wahlentscheidung über die intertemporale Ressourcenverteilung müssten nämlich auch die zukünftigen lebenden Generationen teilnehmen. Sie können dies jedoch allenfalls stellvertretend durch heute lebende Eltern, die bei Wahlen versuchen, die Interessen ihrer Kinder durchzusetzen. Da typischerweise die Stimmen von Eltern aber nicht stärker gewichtet werden als die Stimmen von Kinderlosen, gibt es in demokratischen Wahlsystemen eine systematische Verzerrung zugunsten der jetzt lebenden Individuen.

Noch problematischer erweist sich allerdings die intratemporale Verteilungsdimension, die im Konzept der nachhaltigen Entwicklung angelegt ist. Eine systematische Benachteiligung von Entwicklungsländern bei der Nutzung natürlicher Ressourcen resultiert sicherlich aus negativen externen Effekten, die eine Folge fehlender oder unzureichend spezifizierter Eigentumsrechte am natürlichen Kapitalstock sind. Diese allokativen Ineffizienzen könnten prinzipiell mit geeigneten Mitteln, zum Beispiel mit der Einführung von Steuern oder Zertifikaten auf die Umweltnutzung, internalisiert werden. Kompliziert wird aber eine Präzisierung der verteilungspolitischen Zielvorstellung. Sie hat nicht zuletzt Einfluss auf die Frage, wohin die Erträge aus Steuern oder dem Verkauf von Zertifikaten fließen sollen.

Angesichts der gravierenden Probleme, die mit einer Präzisierung der Verteilungsziele nachhaltiger Entwicklung in intertemporaler und intratemporaler Sicht verbunden sind, hat sich die praktische Umsetzung der Nachhaltigkeitsdiskussion vor allem doch wieder auf die Effizienzaspekte konzentriert. Entwickelt wurden dabei die folgenden drei Regeln, die eine umweltverträgliche Nachhaltigkeit von ökonomischen Aktivitäten sicherstellen sollen:

- *Output-Regel:* Die Abfall-, Abgas- und Abwasseremissionen eines Projekts sollten innerhalb der Grenzwerte liegen, die die lokale Umwelt aufnehmen kann, ohne dass ihre zukünftige Speicherfähigkeit oder sonstigen Leistungen auf unannehmbare Weise eingeschränkt werden.

- *Inputregel für erneuerbare Ressourcen:* Erntemengen von erneuerbaren Ressourcen-Inputs sollten innerhalb der Regenerationsmengen liegen, die dem erzeugenden natürlichen System innewohnen.

- *Inputregel für nicht erneuerbare Ressourcen:* Die Verbrauchsraten für nicht erneuerbare Ressourcen-Inputs sollten der Rate entsprechen, mit der durch menschliche Erfindungskraft und Investitionen erneuerbare Substitute gefunden werden. Ein Teil der Erträge, die aus der Nutzung nicht erneuerbarer Ressourcen hervorgehen, sollte der Forschung gewidmet werden, die sich mit der Entwicklung erneuerbarer Substitute beschäftigt.

Die letzte Regel lässt sich als Unterstützung für die gezielte Förderung von Innovationen in Bereichen interpretieren, in denen eine Verknappung der vorhandenen natürlichen Ressourcen droht. Allerdings impliziert die Regel einen hohen Grad an Substituierbarkeit zwischen dem natürlichen Kapitalstock und dem Bestand an Wissen und Innovationen. Diese Annahme ist letztlich wieder ein Werturteil, das keinesfalls mit einer einstimmigen Akzeptanz rechnen kann.

Aufgaben

www.pearson-studium.de: Hier finden Sie die Lösungen zu den Übungsaufgaben dieses Kapitels, ein Glossar mit Erläuterungen zu den Schlüsselbegriffen sowie Links zu wirtschaftspolitisch relevanten Websites.

1. Der Nirwana-Vorwurf

Setzen Sie sich kritisch mit dem oft verwendeten Argument auseinander, das Konzept des Wohlfahrtsoptimums (und letztlich die gesamte paretianische Wohlfahrtsökonomik) habe keinen Nutzen für die praktische Wirtschaftspolitik, weil die in der Herleitung getroffenen Annahmen (wenn überhaupt) nur im „Nirwana" gültig sind.

2. Einstimmigkeitsregel

Diskutieren Sie Vor- und Nachteile der Einstimmigkeitsregel bei kollektiven Entscheidungen.

3. Möglichkeiten zur Überwindung des Unmöglichkeitstheorems

Diskutieren Sie anhand von Beispielen aus politischen Entscheidungsverfahren, wie durch Veränderung der zentralen Axiome von Arrows Unmöglichkeitstheorem konsistente kollektive Entscheidungen möglich werden.

Literaturhinweise

Herleitungen der wohlfahrtökonomischen Hauptsätze und des Wohlfahrtsoptimums finden sich bei *Donges/Freytag* (2004) und *Breyer/Kolmar* (2005). *Weimann* (2004) erläutert das Unmöglichkeitstheorem und Wege zu seiner Überwindung.

Nachhaltigkeit als wirtschaftspolitisches Ziel erläutern *Herborth* (1993) und *Eisermann* (2003). Konsequenzen für die Umweltpolitik werden von *Cansier* (1996) diskutiert.

Wirtschaftspolitische Ziele und Zielkonflikte

14

ÜBERBLICK

Lernziele

■ Wirtschaftspolitische Ziele lassen sich auch unmittelbar aus bestimmten, explizit formulierten gesellschaftlichen Grundwerten ableiten. Alle Ziele der Wirtschaftspolitik fließen dabei in ein ökonomisches Oberziel ein, das wiederum in ein gesellschaftliches Oberziel eingeht.

■ Wirtschaftspolitische Zielkonflikte ergeben sich typischerweise durch das Auftreten von Transaktionskosten der Umverteilung, aufgrund von *Second best*-Überlegungen oder in dynamischer Perspektive.

■ In der Perspektive des *Second best* sind wirtschaftspolitische Abweichungen vom Wohlfahrtsoptimum tolerierbar, wenn mit ihrer Hilfe Abweichungen an anderer Stelle korrigiert werden können.

■ Die Überwindung von Zielkonflikten durch Kompensation ist theoretisch denkbar, praktisch aber schwer zu implementieren, sofern es um Einzelmaßnahmen geht. Als sinnvoller erweist sich das Kriterium der Generalkompensation, das auf eine breite Streuung der positiven Effekte einer marktorientierten Reformpolitik vertraut.

■ Die Theorie der *Phillips*-Kurve folgt aus einer *Second best*-Perspektive. Weil eine Verringerung der natürlichen Arbeitslosigkeit nicht möglich erscheint, nimmt man eine Erhöhung der Inflation in Kauf, um für mehr Beschäftigung zu sorgen.

■ Die Theorie der *Kuznets*-Kurve thematisiert einen wirtschaftspolitischen Zielkonflikt in intertemporaler Perspektive. Bei steigenden Pro-Kopf-Einkommen verschlechtert sich zunächst die Einkommensverteilung, verbessert sich bei weiter steigenden Einkommen aber auch wieder.

14.1 Wirtschaftspolitische Ziele und gesellschaftliche Grundwerte

Die Frage nach der Berechtigung bestimmter wirtschaftspolitischer Zielsetzungen führt auf die Ebene gesellschaftlicher Grundwerte zurück, an denen sich die praktische Wirtschaftspolitik zu orientieren hat. Die explizite Berücksichtigung von Werten macht dabei *Werturteile* in der wissenschaftlichen Untersuchung erforderlich, die weder logisch beweisbar noch empirisch falsifizierbar sind. Die Ableitung wirtschaftspolitischer Ziele aus normativen Postulaten hat zur Folge, dass es keinen allgemein gültigen Zielkatalog der Wirtschaftspolitik geben kann und dass der Stellenwert der einzelnen Ziele im Zeitablauf und im internationalen Vergleich variiert.

In vielen westlichen Industrieländern werden heute Freiheit, Gerechtigkeit und Sicherheit als zentrale *gesellschaftliche Grundwerte* angesehen. Freiheit beinhaltet das Recht des Individuums, sein Leben möglichst weitgehend nach eigener Vorstellung zu gestalten und endet dort, wo das individuelle Verhalten durch Vorschriften begrenzt wird, Mitsprache zu besitzen. Beschränkungen der Freiheit können sich aus dem Postulat der

Gerechtigkeit ergeben, wonach die größtmögliche Freiheit eines Individuums nicht durch die Beschränkung der Freiheit anderer Individuen erkauft werden darf. Gerechtigkeit beinhaltet damit die Gleichheit der Rechte und die Gleichheit der Behandlung unter gleichen Bedingungen sowie die Herstellung einer möglichst weitgehenden individuellen Chancengleichheit. Sicherheit umfasst schließlich die Erhaltung des Friedens nach innen und außen sowie Schutz vor den Risiken des Lebens als Voraussetzung für die Gewährleistung von Freiheit und Gerechtigkeit im Zeitablauf.

Diese drei obersten gesellschaftlichen Grundwerte sind häufig in Staatsverfassungen als *Grund- und Menschenrechte* verankert. So gewährleistet das Grundgesetz der Bundesrepublik Deutschland in Artikel 2 das Recht auf die freie Entfaltung der Persönlichkeit und das Recht auf Leben und körperliche Unversehrtheit. Artikel 3 proklamiert den allgemeinen Gleichheitsgrundsatz mit besonderer Betonung der Gleichheit vor dem Gesetz, der Gleichberechtigung von Männern und Frauen und der Nicht-Diskriminierung aufgrund von Abstammung, Rasse, Sprache, Heimat, Herkunft, Religion oder politischer Anschauung.

Freiheit, Gleichheit und Sicherheit schlagen sich, wie *Abbildung 14.1* zeigt, in einem gesellschaftlichen Oberziel, der Maximierung der gesellschaftlichen Wohlfahrt, nieder. Neben vielen anderen gesellschaftlichen Bereichen trägt die wirtschaftliche Entwicklung zur Maximierung der gesamtwirtschaftlichen Wohlfahrt bei, indem sie die ökonomische Wohlfahrt maximiert. Eine Steigerung des ökonomischen Wohlstands kann als Konkretisierung des gesellschaftlichen Oberziels im ökonomischen Bereich aufgefasst werden und steht damit in unmittelbarer Beziehung zu den gesellschaftlichen Grundwerten. Ökonomischer Wohlstand fundiert das Freiheitspostulat in materieller

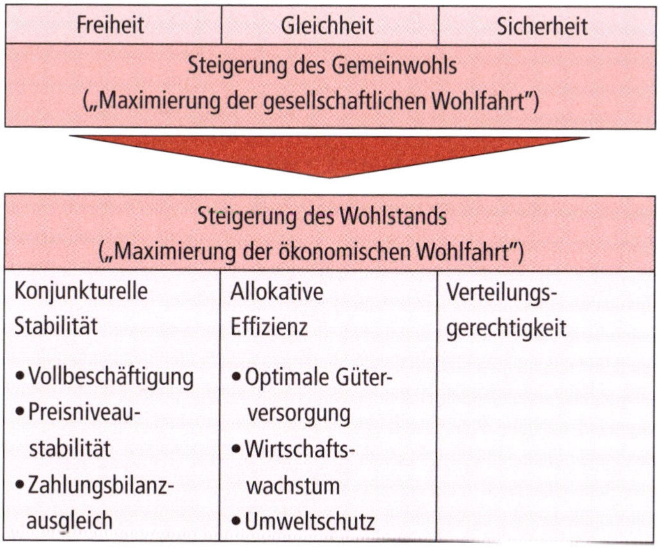

Freiheit	Gleichheit	Sicherheit
Steigerung des Gemeinwohls ("Maximierung der gesellschaftlichen Wohlfahrt")		

Steigerung des Wohlstands ("Maximierung der ökonomischen Wohlfahrt")		
Konjunkturelle Stabilität	Allokative Effizienz	Verteilungs- gerechtigkeit
• Vollbeschäftigung • Preisniveau- stabilität • Zahlungsbilanz- ausgleich	• Optimale Güter- versorgung • Wirtschafts- wachstum • Umweltschutz	

Abbildung 14.1: Gesellschaftliche Grundwerte und wirtschaftspolitische Ziele

Die gesellschaftlichen Grundwerte lassen sich zu einem gesellschaftlichen Oberziel zusammenfassen, aus dem die Steigerung des Wohlstands als ökonomisches Oberziel abgeleitet werden kann. Aus dem ökonomischen Oberziel lassen sich wiederum die verschiedenen wirtschaftspolitischen Teilziele ableiten.

Sicht, schafft also die wirtschaftliche Voraussetzung für individuelle Lebensgestaltung, bietet Schutz vor unerwarteten Risiken und damit Sicherheit und erfüllt bei gerechter Verteilung auch das Postulat der Gerechtigkeit. Die Maximierung der ökonomischen Wohlfahrt ist allerdings eine unpräzise und interpretationsbedürftige Zielvorgabe für wirtschaftspolitisches Handeln. Aus dem Ziel der Wohlstandsförderung lassen sich unter Beachtung des gesellschaftlichen Grundwertekatalogs die drei wirtschaftspolitischen Oberziele ableiten: allokative Effizienz, konjunkturelle Stabilität und Verteilungsgerechtigkeit.

Verteilungsgerechtigkeit stellt dabei die Konkretisierung des gesellschaftlichen Gerechtigkeitspostulats im ökonomischen Bereich dar und führt zur Forderung nach einer als gerecht empfundenen Aufteilung von wirtschaftlichen Entscheidungsbefugnissen, Gütern, Einkommen und Vermögensbesitz. Das Ausmaß der gesellschaftlich akzeptierten Ungleichheit muss letztlich in einem politischen Abstimmungsprozess ermittelt werden. Hinter dem *Stabilitäts- und Effizienzziel* steht implizit die Vorstellung von einem Wettbewerbsgleichgewicht, in dem bei gegebener Verteilung die bestmögliche Nutzung der vorhandenen Ressourcen durch Produktion und Tausch erreicht wird. In statischer Betrachtungsweise muss es folglich Aufgabe der Wirtschaftspolitik sein, die Bedingungen für das Erreichen eines Wettbewerbsgleichgewichts zu schaffen. Dies bedeutet die Beseitigung möglicher Marktfehler, die den Wettbewerb bei vollständiger Konkurrenz behindern. Wirtschaftspolitische Eingriffe bei asymmetrischen Informationen, externen Effekten, Unteilbarkeiten und Monopolmacht werden auf diese Weise legitimiert. Ebenso sind wirtschaftspolitische Maßnahmen bei Störungen des gesamtwirtschaftlichen Kreislaufs zu ergreifen, die zu Inflation, Arbeitslosigkeit und Zahlungsbilanzschwierigkeiten führen und damit das Erreichen der optimalen Allokation beeinträchtigen. In dynamischer Sicht soll das volkswirtschaftliche Produktionsergebnis bei optimaler Allokation kontinuierlich erhöht werden. Allerdings können umweltzerstörende Nebeneffekte der wirtschaftlichen Entwicklung dazu führen, dass eine heute hohe materielle Güterversorgung nicht in jedem Fall die gesellschaftliche Wohlfahrt dauerhaft steigert, sondern sogar die natürlichen Grundlagen der menschlichen Existenz bedroht. Diese Gefahr hat zur Aufnahme eines eigenständigen Ziels Umweltschutz in den wirtschaftspolitischen Zielkatalog geführt.

Wirtschaftspolitische Ziele der genannten Art können als konkrete gesetzliche Vorgaben formuliert sein oder in Partei- und Regierungsprogrammen formuliert werden. Aus dem in Artikel 20 Absatz 1 des Grundgesetzes festgelegten *Sozialstaatsprinzip* ergibt sich in Deutschland die Verpflichtung des Staates, das Entstehen einer extrem ungleichen Verteilung von Einkommen und Vermögen zu verhindern. In Hinblick auf die optimale Güterversorgung wurden zwar keine generellen gesetzlichen Regelungen getroffen, da sie gerade in der Phase des Wiederaufbaus als gleichbedeutend mit dem Wachstumsziel anzusehen waren. Die Zielsetzung des II. Wohnungsbaugesetzes von 1956, den Wohnungsmangel zu beseitigen, zeigt aber ebenso wie die, laut Artikel 39 des EWG-Vertrags von 1957, angestrebte Sicherstellung der Versorgung mit landwirtschaftlichen Produkten im Rahmen der gemeinsamen Europäischen Agrarpolitik, dass im Hinblick auf einzelne Güter und Gütergruppen das Versorgungsziel durchaus eine besondere Würdigung erfahren kann. Das Bundesbankgesetz von 1957 verpflichtet in § 3 die Zentralbank auf die Sicherung der Währung. Artikel 105 des Maastricht-Vertrags von 1992 und Artikel 2 der Satzung der Europäischen Zentralbank (EZB) definieren als Ziel der Geldpolitik, die dauerhafte Erhöhung des Preisniveaus im Euroraum zu verhindern.

Das Gesetz über die Bildung eines Sachverständigenrats zur Begutachtung der gesamtwirtschaftlichen Entwicklung von 1963 spricht in § 3 erstmals einen weiten wirtschaftspolitischen Zielkatalog an, der jedoch die Staatsorgane selbst nicht bindet. Der Sachverständigenrat, also ein Gremium unabhängiger Experten, „... soll untersuchen, wie im Rahmen der marktwirtschaftlichen Ordnung gleichzeitig Stabilität des Preisniveaus, hoher Beschäftigungsstand und außenwirtschaftliches Gleichgewicht bei stetigem und angemessenem Wachstum gewährleistet werden können. In die Untersuchung sollen auch die Bildung und die Verteilung von Einkommen und Vermögen einbezogen werden." Das Stabilitäts- und Wachstumsgesetz von 1967 nimmt die konjunkturpolitischen Stabilitätsziele und das Wachstumsziel wieder auf, lässt allerdings das Verteilungsziel unberücksichtigt.

Umweltschutz tritt erstmals im Umweltprogramm der Bundesregierung aus dem Jahre 1971 als eigenständiges Ziel staatlichen Handels hervor. Dort wird Umweltpolitik definiert als die Gesamtheit aller Maßnahmen, die notwendig sind, „... um dem Menschen eine Umwelt zu sichern, wie er sie für seine Gesundheit und für ein menschenwürdiges Dasein braucht, um Boden, Luft, Wasser, Pflanzen und Tierwelt vor nachteiligen Wirkungen menschlicher Eingriffe zu schützen und um Schäden oder Nachteile aus menschlichen Eingriffen zu beseitigen". Seit 1987 gibt es auch auf europäischer Ebene explizite umweltpolitische Zielsetzungen. Es ist ein erklärtes Ziel der Europäischen Union, die Umwelt zu erhalten, zu schützen und ihre Qualität zu verbessern. Dabei sieht sich die Union den Grundsätzen der Vorsorge und der Vorbeugung verpflichtet. Seit 1994 ist im Artikel 20a des deutschen Grundgesetzes der Schutz der natürlichen Lebensgrundlagen als Staatsziel aufgenommen. Dabei wird explizit auf die Verantwortung für künftige Generationen hingewiesen.

14.2 Ursachen und Konsequenzen wirtschaftspolitischer Zielkonflikte

Bei der Verfolgung des wirtschaftspolitischen Zielkatalogs in der praktischen Wirtschaftspolitik müssen die Beziehungen berücksichtigt werden, die zwischen den Einzelzielen bestehen. Fördert die Annäherung an ein Ziel gleichzeitig die Annäherung an ein anderes, so besteht zwischen beiden Zielen eine Beziehung der *Zielharmonie*. Beeinträchtigt die Annäherung an ein Ziel dagegen das Erreichen eines anderen Ziels, existiert ein *Zielkonflikt*. Lässt die Annäherung an ein wirtschaftspolitisches Ziel andere Ziele unbeeinflusst, so spricht man von *Zielneutralität*.

Geht man vom wohlfahrtsökonomischen Referenzpunkt des Wohlfahrtsoptimums aus, in dem eine konsistente gesellschaftliche Wohlfahrtsfunktion existiert und damit sowohl die Bedingungen der effizienten Allokation als auch die der gerechten Verteilung erfüllt werden können, sind wirtschaftspolitische Zielkonflikte ausgeschlossen. Alle Ziele dienen vielmehr harmonisch dem Erreichen des gesellschaftlichen Optimums. Die für die Praxis der Wirtschaftspolitik höchst bedeutsamen Zielkonflikte müssen demnach aus Abweichungen der Realität gegenüber dem theoretischen Bezugsrahmen entstehen. Abgesehen von den schon erwähnten Schwierigkeiten beim Erstellen einer gesellschaftlichen Präferenzordnung lassen sich vor allem drei Gründe für das Auftreten von Zielkonflikten anführen:

- das Auftreten von Transaktionskosten,

- die fehlende Erreichbarkeit des Wettbewerbsgleichgewichts, die zu *Second best*-Überlegungen führt und

- der statische Charakter der bisherigen wohlfahrtsökonomischen Analyse.

Transaktionskosten sind beispielsweise bei der Durchführung von verteilungspolitischen Maßnahmen zu erwarten. Programme zur Umverteilung von Gütern, Einkommen oder Vermögen haben über die veränderten Anreizwirkungen häufig einen direkten und zwar negativen Effekt auf die optimale Allokation. Indirekt entstehen Transaktionskosten durch den Aufbau einer staatlichen Bürokratie, die mit der Planung, Ausführung und Kontrolle von Umverteilungsmaßnahmen betraut ist. Durch die Berücksichtigung von Transaktionskosten schrumpft der Bereich effizienter Allokationen innerhalb der Wohlstandsgrenze, wie *Abbildung 14.2* demonstriert. Damit ergibt sich ein Konflikt zwischen dem Effizienz- und dem Verteilungsziel, dessen Konsequenzen schwerwiegend sein können, wenn diese Kosten in die Berechung der Nettovorteile der Umverteilung eingehen. Eine genaue Erfassung solcher Transaktionskosten setzt allerdings weitreichende Informationen über individuelle Nutzen- und Produktionsfunktionen voraus, die in der Realität nicht zu erwarten sind. Dennoch stellen bereits die möglichen *Effizienzverluste durch Transaktionskosten* eine Warnung vor einem zu großen verteilungspolitischen Aktionismus dar.

Das Konzept des Wettbewerbsgleichgewichts beruht auf einem Bündel von Annahmen, die in der Realität allenfalls in der Tendenz verwirklicht sind. Insofern kann man nicht davon ausgehen, dass eine Volkswirtschaft jemals die optimale Allokation auch tatsächlich verwirklicht. Gibt es aber dauerhafte Abweichungen von der optimalen Allokation, der *First best*-Lösung aus Sicht der Wohlfahrtstheorie, und wird damit ein zentrales Element des wirtschaftspolitischen Zielbündels verfehlt, so hat dies unter Umständen Rückwirkungen auf andere Elemente des Zielbündels. Nach der Theorie des *Second best* kann es in einer solchen Situation sogar sinnvoll sein, gezielt auf das Erreichen eines oder mehrerer anderer wirtschaftspolitischer Ziele zu verzichten, um insgesamt ein *Second best*-Wohlfahrtsoptimum zu erreichen. Ein Beispiel für *Second best*-Überlegungen findet sich in der Rechtfertigung des *Patentschutzes*. Patente begründen ein Monopol auf Märkten für innovative Güter, auf denen wegen hoher Unsicherheit

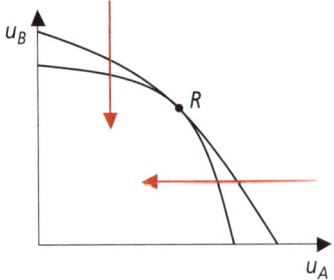

Abbildung 14.2: Transaktionskosten der Umverteilung

Gibt es Transaktionskosten der Umverteilung, so verringert sich ausgehend von einem Wohlfahrtsoptimum bei R die Menge erreichbarer effizienter Allokationen innerhalb der Wohlstandsgrenze.

über die zukünftigen Marktchancen eine wesentliche Bedingung vollkommener Konkurrenz, nämlich vollständige Information, nicht erfüllt ist. *Second best*-Überlegungen sprechen auch dafür, der möglichen Verhandlungsmacht von Unternehmen bei der Lohnfindung am Arbeitsmarkt mit dem gezielten Aufbau von organisierten Arbeitnehmervertretungen, also vor allem Gewerkschaften, zu begegnen, selbst wenn dadurch die Funktionsfähigkeit des Arbeitsmarkts beeinträchtigt wird. Dieses Beispiel zeigt aber auch, dass *Second best*-Überlegungen häufig nicht auf technische Schwierigkeiten, sondern auf politische Hindernisse beim Erreichen der *First best*-Lösung zurückzuführen sind. Die Lösung möglicher Zielkonflikte beim Erreichen des *Second best* kann daher auch nicht wohlfahrtstheoretisch, sondern nur in einer politökonomischen Betrachtung gefunden werden.

Bedeutsame Zielkonflikte werden schließlich durch die statische Natur des bisher untersuchten wohlfahrtstheoretischen Modellrahmens verschleiert. Dynamische Veränderungen der Ressourcenausstattung oder der Produktionstechnik erhöhen den Produktionsmöglichkeitenraum. In der Regel treffen sie aber die individuellen Konsummöglichkeiten in ganz unterschiedlicher Weise. Wirtschaftswachstum bringt Gewinner und Verlierer mit sich. Gleiches gilt für internationalen Handel, der zwar auf aggregierter Ebene allen beteiligten Ländern nutzt, jedoch erhebliche strukturelle Anpassungslasten nach sich ziehen kann, die erst im Lauf der Zeit im vollen Umfang deutlich werden.

14.3 Überwindung von Zielkonflikten durch Kompensation

Der mögliche Zielkonflikt zwischen Wachstum und Verteilung ließe sich entschärfen, wenn die Gewinner an die Verlierer eine Kompensation zahlen könnten, so dass letztlich alle Individuen von den Effizienzgewinnen profitieren. Nach einem von *Nicholas Kaldor* (1939) und *John Hicks* (1939) entwickelten Kriterium ist es für die Netto-Wohlfahrtszunahme einer effizienzerhöhenden Maßnahme schon ausreichend, dass eine nachträgliche Kompensation der Verlierer durch die Gewinner möglich ist, aber nicht, dass sie auch tatsächlich stattfindet. Man betrachte die Nutzenverteilung E und G in *Abbildung 14.3*. Die Bewegung von E nach G erhöht zwar den Nutzen des Individuums A, senkt aber den des Individuums B. A könnte aber B aus seinem Nutzenzuwachs so kompensieren, dass letztlich die Nutzenverteilung H erreicht wird. Damit stellt sich B nicht schlechter als vorher, aber A deutlich besser, so dass nach den *Pareto*-Kriterium eine Verbesserung erreicht wurde.

Eine praktische Anwendung findet die Idee einer Kompensation nach dem *Kaldor-Hicks*-Kriterium in *Nutzen-Kosten-Analysen*, in denen eine Bewertung der unterschiedlichen Effekte wirtschaftspolitischer Maßnahmen erfolgt. Den Kosten der von den Maßnahmen Betroffenen wird dabei die Zahlungsbereitschaft der von den Maßnahmen Begünstigen gegenübergestellt. Voraussetzung für die tatsächliche Realisierung einer Maßnahme ist ein positiver Nettosaldo des Nutzen-Kosten-Vergleichs. Durch die Messung der Zahlungsbereitschaft soll der Nutzen der Begünstigten ermittelt werden. Es bleibt aber offen, ob und in welchem Umfang die Zahlungsbereitschaft auch für direkte Kompensationszahlungen an die Betroffenen verwendet wird.

Kritiker des *Kaldor-Hicks*-Kriteriums haben die fehlende Berücksichtigung der tatsächlichen Umverteilungseffekte bei der Bewertung wirtschaftspolitischer Maßnahmen

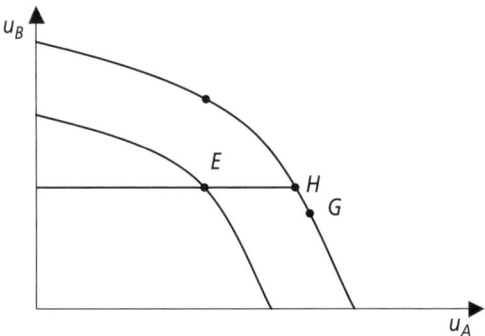

Abbildung 14.3: Kompensation nach dem *Kaldor-Hicks*-Kriterium

Aus Sicht des Pareto-Kriteriums ist eine Veränderung der Allokation von E nach G sub-optimal, weil sich das eine Individuen besser und das andere schlechter stellt. A könnte allerdings B entschädigen, so dass eine Nutzenverteilung bei H erreicht wird, in der sich B nicht schlechter stellt als bei E.

bemängelt. Sie haben zudem auf die Gefahr hingewiesen, dass bei Anwendung dieses Kriteriums leicht eine *intransitive Rangordnung* der möglichen Zustände entstehen kann. Kompensationsmöglichkeiten *und* Nutzen-Kosten-Analysen spielen auch bei der Lösung ökonomisch-ökologischer Zielkonflikte eine wichtige Rolle. Allerdings eröffnen sich bei der Abschätzung von Umweltschäden ebenso wie bei der Ermittlung möglicher Kompensationen für unwiederbringlich verlorene Umweltressourcen erhebliche Bewertungsspielräume.

Bei unvollständiger Information über die Effizienz- und Verteilungswirkungen wirtschaftspolitischer Maßnahmen hat jedes Individuum einen Anreiz, die eigenen Vorteile niedrig und die eigenen Nachteile hoch anzusetzen. Damit kann das Volumen möglicher Kompensationszahlungen erhöht werden. Wegen der hohen Kompensation werden dann aber viele Maßnahmen unterbleiben, der Status quo wird zementiert. Einen Ausweg aus diesem Dilemma bietet das von *Carl-Christian von Weizsäcker* (1998) entwickelte *Kriterium der Generalkompensation*. Es versucht, den statistischen Charakter des wohlfahrtsökonomischen Grundmodells und die Fixierung auf die Kompensation von Einzelmaßnahmen zu überwinden.

Von Weizsäcker interpretiert den marktwirtschaftlichen Wettbewerb als einen Mechanismus, der in einer Vielzahl von Einzelfällen für höhere Effizienz sorgt. Jedes Individuum wird zwar nicht in jedem Einzelfall zu den Gewinnern zählen, kann aber doch mit einer bestimmten Wahrscheinlichkeit mit einem individuellen Wohlfahrtsgewinn durch Verbesserung der gesamtwirtschaftlichen Effizienz rechnen. Je größer die Zahl der Effizienzverbesserungen ist, desto größer wird auch die Wahrscheinlichkeit, dass jedes Individuum davon profitiert und deshalb auch seine Zustimmung zu den Effizienzverbesserungen gibt. Im Sinne einer Generalkompensation, also der Entscheidung für gelegentliche Verluste bei einzelnen Projekten durch Gewinne aus den meistens sehr effizienten Projekten, sollte also gesellschaftliche Zustimmung für eine effizienzorientierte Wirtschaftspolitik zu erhalten sein. Voraussetzung dafür sind einerseits die Maßnahmen zur Verhinderung von Marktmacht, um eine breite Streuung der Effizienzgewinne sicherzustellen und die Bekämpfung von Inflationen, um den Marktmechanismus funktionsfähig zu halten, sowie ausreichende Informationen aller Betroffenen über die Vorteile des Wettbewerbs. Das Kriterium der Generalkompensation kann somit als Rechtfertigung für die ordnungspolitischen Grundlagen der Sozialen Marktwirtschaft herangezogen werden.

14.4 Beispiel: *Phillips*-Kurve und *Kuznets*-Kurve

Zwei besonders markante Zielkonflikte in der praktischen Wirtschaftspolitik betreffen einerseits die Ziele *Preisniveaustabilität* und *Vollbeschäftigung* und andererseits die Ziele *Wirtschaftswachstum* und *Verteilungsgerechtigkeit*. Beide Zielkonflikte sind nach bekannten Ökonomen benannt. Im ersten Fall spricht man mit Blick auf *Alban Phillips* von der *Phillips*-Kurve, im zweiten Fall basiert auf den Arbeiten von *Simon Kuznets* die *Kuznets*-Kurve. Die Begründung der beiden Zielkonflikte ist unterschiedlich. Während die *Phillips*-Kurve auf *Second best*-Überlegungen zurückgeführt werden kann, ist die *Kuznets*-Kurve ein typisches Beispiel für Zielkonflikte in dynamischer Betrachtungsweise.

Die Theorie der *Phillips*-Kurve suggeriert, dass es eine wirtschaftspolitische Wahlmöglichkeit zwischen der Höhe der Inflationsrate und der Höhe der Arbeitslosigkeit geben könnte, wie sie in *Abbildung 14.4* dargestellt ist. Sie beruht auf der Vorstellung, dass ein vollständiger Abbau von Arbeitslosigkeit und Inflation gleichzeitig nicht gelingen könne, weil auch bei einer Inflationsrate von null immer noch ein Sockel an „natürlicher" Arbeitslosigkeit bestehen bleibt. Diese wird durch strukturelle Probleme des Arbeitsmarkts erklärt, die kurzfristig nicht gelöst werden können. Möglich wäre es allerdings nach der Theorie der *Phillips*-Kurve, durch eine gezielte Erhöhung der Inflationsrate die Arbeitslosigkeit unter ihr „natürliches" Niveau zu senken. Verantwortlich für den dahinter stehenden Mechanismus sind kurzfristige Fehler in der Erwartungsbildung am Arbeitsmarkt. Sofern der Anstieg der Inflationsrate von den Arbeitsnehmern

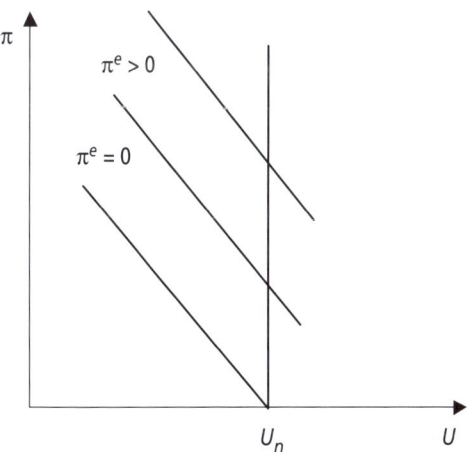

Abbildung 14.4: *Phillips*-Kurve

Die langfristige Phillips-Kurve ist eine Senkrechte über der Rate der natürlichen Arbeitslosigkeit U_n. Kurzfristige Phillips-Kurven haben eine negative Steigung, die einen Trade Off zwischen Inflationsrate und Höhe der Unterbeschäftigung impliziert. Die Lage der kurzfristigen Phillips-Kurven hängt ab von der Höhe der Inflationserwartungen.

nicht korrekt antizipiert wird, wird der Reallohn durch den Preisniveauanstieg sinken und mehr Arbeitskräfte werden eingestellt. Würden dagegen die Nominallöhne im gleichen Maße steigen wie das Preisniveau, blieben der Reallohn und das Niveau der Arbeitslosigkeit konstant. Sofern eine Wahlmöglichkeit zwischen Höhe der Inflationsrate und Höhe der Arbeitslosigkeit im Sinne der *Phillips*-Kurve besteht, wäre wirtschaftspolitisch nur noch zu klären, wo das *Second best*-Optimum erreicht wird. Zu diesem Zweck müsste in Analogie zur gesellschaftlichen Wohlfahrtsfunktion eine wirtschaftspolitische Zielfunktion bestimmt werden, in die politische Präferenzen für die Inflationsbekämpfung einerseits und für das Ziel Vollbeschäftigung andererseits als Argumente eingehen. Indifferenzkurven einer solchen Zielfunktion tangieren die *Phillips*-Kurve dann im *Second best*-Optimum, während die *First best*-Lösung – nämlich keine Inflation und keine Arbeitslosigkeit – als praktisch nicht erreichbar angesehen wird.

Die besonderen politökonomischen Probleme, die bei dem Versuch entstehen, die Theorie der *Phillips*-Kurve im Sinne des *Second best*-Theorems wirtschaftspolitisch auszubeuten, werden in Kapitel 17 näher analysiert.

Simon Kuznets und der Trade Off zwischen Wachstum und Verteilung

Simon Smith Kuznets (1901–1985) wurde in Charkow in der heutigen Ukraine geboren. 1922 wanderte er in die USA aus. Er studierte Wirtschaftswissenschaften an der Columbia University in New York, wo er 1926 promovierte. Nach Anstellungen beim Social Science Research Council in New York und dem National Bureau of Economic Research wurde er 1931 Professor für Wirtschaftswissenschaften und Statistik an der Wharton School der Universität Pennsylvania in Philadelphia. Von 1954 bis 1960 hatte er die Professur für Politische Ökonomie an der Johns Hopkins University in Baltimore inne. 1960 erhielt er den Lehrstuhl für Politische Ökonomie in Harvard. 1971 wurde *Kuznets* für seine empirischen Arbeiten zum Wirtschaftswachstum der Nobelpreis für Wirtschaftswissenschaften verliehen. Hauptwerke: *National Income and Its Composition, 1919 to 1938* (New York, 1941); „Economic Growth and Income Inequality" (*American Economic Review*, 1955).

Kuznets leistete Pionierarbeit bei der empirischen Erfassung der Kreislaufströme in den USA. Damit legte er wichtige Grundlagen sowohl für die Entwicklung der Ökonometrie als auch für die Formulierung makroökonomischer Verhaltenshypothesen, zum Beispiel der Konsumtheorie von *Milton Friedman* auf der Basis des permanenten Einkommens. Für die konjunkturelle Entwicklung der USA identifizierte er einen mittelfristigen Zyklus von etwa 15 bis 20 Jahren, der später als *Kuznets*-Zyklus bekannt wurde. In späteren Werken widmete sich *Kuznets* der besonderen Problematik von Entwicklungsländern. Er versuchte empirisch zu belegen, dass der Prozess der wirtschaftlichen Entwicklung zunächst mit einer Verschlechterung der personellen Einkommensverteilung verbunden ist, später aber eine Umkehrung dieser Entwicklung zu erwarten ist. Gründe für den auch als *Kuznets*-Kurve bekannt gewordenen Zusammenhang sind strukturelle Rigiditäten im Entwicklungsprozess, die erst langfristig eine gleichmäßige Verteilung der gestiegenen Einkommen auf alle Gruppen der Bevölkerung ermöglichen.

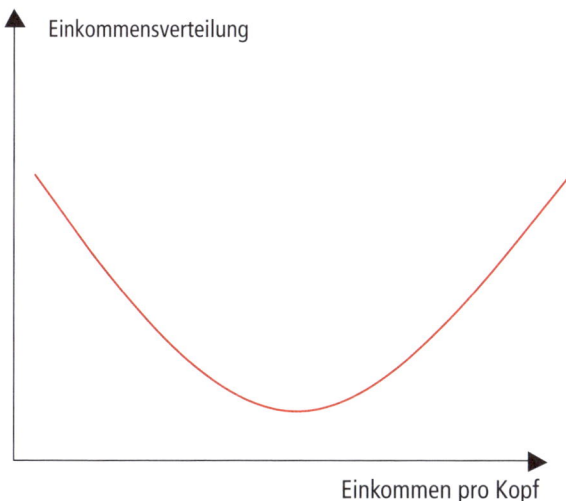

Abbildung 14.5: *Kuznets*-Kurve

Die Kuznets-Kurve beschreibt den Zusammenhang zwischen Entwicklungsstand, gemessen an der Höhe des Pro-Kopf-Einkommens, und der personellen Einkommensverteilung. Sie impliziert, dass im Entwicklungsprozess sich die Verteilung zunächst verschlechtert, sich dann aber langfristig auch wieder verbessert.

Die *Kuznets*-Kurve, wie sie in *Abbildung 14.5* dargestellt ist, basiert auf der Hypothese, dass sich im Zuge der wirtschaftlichen Entwicklung zunächst die personelle Einkommensverteilung verschlechtert. Gründe dafür sind in der ungleichmäßigen Streuung der Entwicklungsgewinne über die Gesamtbevölkerung zu sehen. Solange Arbeitskräfte in Entwicklungsländern reichlich vorhanden sind, während Kapital sehr knapp ist, steigen im Entwicklungsprozess die Profiteinkommen in der Regel stärker als die Lohneinkommen. Diese Veränderung in der funktionalen Einkommensverteilung überträgt sich in der Regel auch in eine Verschlechterung der personellen Einkommensverteilung. Erst in einer späteren Phase der Entwicklung, wenn die Arbeitskraft knapper und das Kapital weniger knapp wird, so dass die Entwicklungsgewinne in allen Bevölkerungsgruppen gleichmäßiger spürbar werden, verbessert sich die Einkommensverteilung dann wieder. Auf das Konzept der *Kuznets*-Kurve wurde inzwischen auch in der Diskussion des Zusammenhangs zwischen Wachstum und Umweltschutz zurückgegriffen. Dabei ist die Vorstellung von einer ökologischen *Kuznets*-Kurve entstanden, wonach im Zuge der wirtschaftlichen Entwicklung zunächst die Umweltverschmutzung zunimmt, sich dann aber auch wieder verbessert.

SCHLÜSSELBEGRIFFE

- Gesellschaftliche Grundwerte 246

- Zielharmonie 249
  Zielkonflikt 249
  Zielneutralität 249

- Transaktionskosten 237, 250
  Second best 250, 254

- *Kaldor-Hicks*-Kriterium 251
  Nutzen-Kosten-Analyse 251
  Generalkompensation 252

- *Phillips*-Kurve 253
  Kuznets-Kurve 254, 255
  Ökologische *Kuznets*-Kurve 255

Aufgaben

www.pearson-studium.de: Hier finden Sie die Lösungen zu den Übungsaufgaben dieses Kapitels, ein Glossar mit Erläuterungen zu den Schlüsselbegriffen sowie Links zu wirtschaftspolitisch relevanten Websites.

1. Dynamischer Wettbewerb und *Second best*-Theorie

Diskutieren Sie, inwieweit die wirtschaftspolitischen Empfehlungen der dynamischen Wettbewerbstheorie als Ausdruck von *Second best*-Überlegungen verstanden werden können.

2. Preisniveau- versus Wechselkursstabilität

Erläutern Sie, warum es bei festen Wechselkursen und vollständiger internationaler Kapitalmobilität einen Zielkonflikt zwischen Preisniveau- und Wechselkursstabilität geben kann.

3. Ökologische Kuznets-Kurve

Diskutieren Sie mögliche Begründungen für die Existenz einer ökologischen *Kuznets*-Kurve.

Literaturhinweise

Die Herleitung wirtschaftspolitischer Ziele aus gesellschaftlichen Grundwerten diskutiert *Streit* (2005). Die möglichen Ursachen wirtschaftspolitischer Zielkonflikte analysieren *Acocella* (1998) und *Stiglitz* (2000). Die Problematik der Kompensationskriterien erläutern *Donges/Freytag* (2004).

Ein Herleitung und Diskussion der *Phillips*-Kurve findet sich bei *Landmann/Jerger* (1999). Eine kritische Auseinandersetzung mit der *Kuznets*-Kurve bieten *Aghion/Williamson* (1998).

Operationalisierung einzelner Ziele der Wirtschaftspolitik

15

ÜBERBLICK

Lernziele

■ Die Abweichung vom Ziel der Vollbeschäftigung wird gemessen durch Arbeitslosenquoten. Sowohl die Erfassung der Arbeitslosen als auch die Erfassung des Arbeitskräftepotenzials ist mit statistischen und konzeptionellen Problemen verbunden. Die *Beveridge*-Kurve kann helfen, friktionell-strukturelle Determinanten der Arbeitslosigkeit vom reinen Angebotsüberhang am Arbeitsmarkt zu trennen.

■ Die Messung der Preisniveaustabilität beziehungsweise der Inflation erfolgt anhand der Veränderung eines Preisindex. Durch verschiedene Faktoren ist der Preisindex der Lebenshaltung verzerrt, so dass ein ausgewiesener Anstieg des Index um 2 Prozent noch als Preisniveaustabilität gewertet werden kann. Verzerrungen des Index durch besonders preisvolatile Gütergruppen lassen sich durch Berechung einer Kerninflationsrate berücksichtigen.

■ Da die Zahlungsbilanz formal immer ausgeglichen ist, orientiert sich das wirtschaftspolitische Ziel des Zahlungsbilanzausgleichs entweder am Saldo der Devisenbilanz oder am Saldo der Leistungsbilanz.

■ Das reale Bruttoinlandsprodukt pro Kopf misst die Zunahme des materiellen Wohlstands. Trotz vieler Kritik, die an der Messung und Interpretation des Bruttoinlandsprodukts geäußert werden kann, haben sich alternative Wohlfahrtskonzepte bislang nicht durchsetzen können.

■ Das Erreichen umweltpolitischer Ziele kann anhand von Emissionen, Immissionen und Umweltschäden gemessen werden. Mit dem DUX liegt inzwischen auch ein multidimensionaler Indikator zur Bewertung der Umweltqualität vor.

■ Zur Messung der funktionalen Verteilung eignet sich die Lohnquote. Die personale Verteilung lässt sich durch die *Lorenz*-Kurve und den *Gini*-Koeffizienten beurteilen. Zur Messung von Armut dienen die Definition einer Armutsgrenze und die Berechung einer Armutsquote.

15.1 Vollbeschäftigung

In der Weltwirtschaftskrise der 20er und 30er Jahre des 20. Jahrhunderts kam es erstmals zu anhaltender Massenarbeitslosigkeit in vielen Industrieländern. Seit dieser Zeit steht das Ziel, einen *hohen Beschäftigungsstand* zu sichern, immer wieder im Zentrum wirtschaftspolitischer Debatten, Kontroversen und Entscheidungen. Arbeitslosigkeit bedeutet unter Effizienzgesichtspunkten eine Verschwendung der volkswirtschaftlichen Ressource Arbeit. Der Einkommensausfall durch Arbeitslosigkeit führt zu wachsender Ungleichheit der personellen Einkommensverteilung. Durch sinkende Einnahmen und wachsende Ausgaben wirkt sich Arbeitslosigkeit negativ auf die Finanzlage der öffentlichen Haushalte aus. Schließlich sind die sozialen und politischen Folgen von Arbeitslosigkeit zu bedenken. Produktive Arbeit bietet Selbstbestätigung und die Möglichkeit zur persönlichen Entfaltung. Arbeitslosigkeit schließt dagegen Individuen von ökonomischen und gesellschaftlichen Entscheidungsprozessen aus. Sie kann gerade in Marktwirtschaften Zweifel an der Funktionsfähigkeit der Wirtschaftsordnung entstehen lassen, die – wie zur Zeit der Weltwirtschaftskrise – tiefgreifende Änderungen des politischen, gesellschaftlichen und ökonomischen Systems nach sich ziehen.

Operationalisieren lässt sich das Ziel der Vollbeschäftigung, ebenso wie die Analyse der Zielabweichung, durch die Betrachtung von *Arbeitslosenquoten*. Die Arbeitslosenquote ist definiert als Quotient von Arbeitslosen und Arbeitskräftepotential, also der Summe von Beschäftigten und Arbeitslosen. Bei der statistischen Abgrenzung der Zahl der Arbeitslosen und des Arbeitskräftepotenzials entstehen Probleme, die vor allem den internationalen Vergleich von Arbeitslosenquoten erschweren. Generell sollte eine Statistik der Arbeitslosen solche Personen erfassen, die ohne Arbeit sind, nach Arbeit suchen und für den Arbeitsmarkt verfügbar sind. In Deutschland ist nach der Abgrenzung der *Bundesagentur für Arbeit* in Nürnberg arbeitslos, wer:

- unter 65 ist,

- bei den Arbeitsämtern als arbeitslos registriert ist,

- nicht arbeitsunfähig erkrankt ist und

- eine Tätigkeit von mehr als 18 Stunden pro Woche für mehr als drei Monate (also keinen Ferienjob) sucht.

Das Statistische Bundesamt in Wiesbaden misst in seinem regelmäßigen Mikrozensus die Arbeitslosigkeit in einer etwas anderen Abgrenzung. Sie orientiert sich an den Richtlinien der Internationalen Arbeitsorganisation (*International Labour Office*, ILO) in Genf und weist die *Zahl der Erwerbslosen* aus. Zusätzlich zu den registrierten Arbeitslosen zählen dazu auch Personen, die sich um eine neue Beschäftigung bemühen, aber:

- beim Arbeitsamt nicht gemeldet sind,

- eine Tätigkeit von weniger als 18 Stunden pro Woche oder für weniger als drei Monaten suchen oder

- über 65 sind.

Nicht berücksichtigt ist in dieser Abgrenzung eine mögliche Arbeitsunfähigkeit. Daher übersteigt die Zahl der Erwerbslosen regelmäßig die Zahl der Arbeitslosen.

Die Organisation für wirtschaftliche Zusammenarbeit und Entwicklung (*Organisation for Economic Cooperation and Development*, OECD) in Paris verwendet für ihre international vergleichenden Untersuchungen so genannte *standardisierte Arbeitslosenzahlen*. Sie beruhen auf Stichprobenerhebungen, die einmal jährlich durchgeführt werden. Die Stille Reserve an Arbeitskräften, die aus unterschiedlichen Gründen nicht bei den Arbeitsämtern gemeldet ist, wird mit diesem Verfahren besser erfasst, im Unterschied zu den Erwerbslosenzahlen des Statistischen Bundesamts wird aber die mögliche Arbeitsunfähigkeit stärker berücksichtigt. Daher ist die Zahl der Erwerbslosen nach dem Mikrozensus höher als die Zahl der Arbeitslosen nach der OECD-Standardisierung.

Auch bei der Messung des Arbeitskräftepotentials gibt es konzeptionelle Unterschiede. Während in die Arbeitslosenquoten der Bundesagentur für Arbeit nur die abhängigen Erwerbspersonen des zivilen Bereichs, also die nicht selbstständig Beschäftigten und die registrierten Arbeitslosen eingehen, basieren die standardisierten Arbeitslosenquoten der OECD auf der Gesamtzahl der Erwerbspersonen. Dies schließt Beschäftigte im nichtzivilen Bereich ebenso ein wie die Gruppe der Selbstständigen. Wegen des deutlich größeren Nenners liegt daher für Deutschland die standardisierte Arbeitslosenquote der OECD immer unter der Arbeitslosenquote, die von der Bundesagentur für Arbeit ausgewiesen wird.

Für international vergleichende Untersuchungen zur Entwicklung der Arbeitslosigkeit sind die standardisierten Quoten der OECD geeignet, die allerdings nur einmal jährlich erhoben werden. Für detaillierte Analysen zur Entwicklung des deutschen Arbeitsmarkts gibt es zu den monatlich verfügbaren Angaben der Bundesagentur für Arbeit keine Alternative. Oft ist es sinnvoll, die globalen Arbeitslosenquoten in verschiedener Weise zu disaggregieren. So können geschlechts- oder altersspezifische Quoten oder regional und sektoral differenzierte Quoten von besonderer Relevanz sein.

Die Statistiken der Bundesagentur für Arbeit enthalten auch Angaben über die Dauer der Arbeitslosigkeit, über Strukturmerkmale von Arbeitslosen sowie über die Zahl und die Anforderungsprofile der bei den Arbeitsämtern gemeldeten offenen Stellen. Da keine Meldepflicht besteht, liegt die Zahl der tatsächlich gemeldeten Vakanzen immer unter der Gesamtzahl der offenen Stellen. Das Verhältnis beider Größen gibt den Einschaltungsgrad der staatlichen Arbeitsverwaltung bei der Besetzung offener Stellen an.

Der Vergleich von Arbeitslosenzahlen und Vakanzen im Zeitablauf erfolgt mit Hilfe von *Beveridge*-Kurven. Dieses arbeitsmarktpolitische Diagnose-Instrument, das in *Abbildung 15.1* dargestellt ist, kann dabei helfen, unterschiedliche Komponenten der gemessenen Arbeitslosigkeit zu identifizieren. *Friktionell-strukturelle Komponenten* der Arbeitslosigkeit beruhen auf Hindernissen der Vermittlung zwischen Angebot und Nachfrage am Arbeitsmarkt, bei deren Beseitigung ein Arbeitsmarktgleichgewicht aber prinzipiell möglich ist. Davon zu unterscheiden ist der eigentliche Kern der Unterbeschäftigung, nämlich der *Angebotsüberhang* oder *Nachfragemangel am Arbeitsmarkt,*

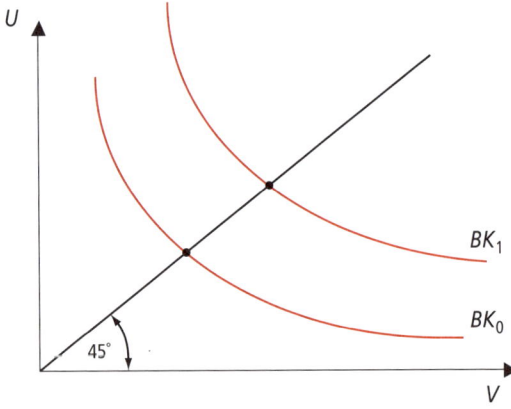

Abbildung 15.1: *Beveridge*-Kurve

Die Beveridge-Kurve stellt den Zusammenhang zwischen Höhe der Arbeitslosigkeit U und Zahl der offenen Stelle V dar. In der Lage der Kurve kommt die friktionell-strukturelle Komponente der Arbeitslosigkeit zum Ausdruck; entlang der Kurve verändert sich das Ausmaß des Angebotsüberhangs am Arbeitsmarkt, der entweder auf zu hohe Reallöhne oder auf Nachfragemangel zurückgeführt werden kann.

der auch nach Behebung aller friktionellen und strukturellen Probleme erhalten bliebe. Ursachen für den Angebotsüberhang sind entweder die überhöhten Reallöhne, die klassische Arbeitslosigkeit verursachen oder der Nachfragemangel am Gütermarkt, der zu keynesianischer Arbeitslosigkeit führt.

Das Ausmaß der friktionell-strukturellen Komponente der Arbeitslosigkeit kommt in der räumlichen Lage der *Beveridge*-Kurve zum Ausdruck. Die Veränderung des reinen Angebotsüberhangs am Arbeitsmarkt schlägt sich in Bewegungen entlang einer gegebenen *Beveridge*-Kurve nieder. Punkte entlang der 45-Grad-Linie bilden Konstellationen am Arbeitsmarkt ab, bei denen die Zahl der offenen Stellen mit der Zahl der Arbeitslosen übereinstimmt. Je höher diese Zahl ist, desto größer sind entweder die Friktionen in der Vermittlung von Arbeitssuchenden auf offene Stellen oder desto weniger passen die Strukturen von Arbeitsangebot und Arbeitsnachfrage zueinander, so dass der Vermittlungs- und Weiterqualifizierungsbedarf zunimmt. Veränderungen des Reallohns oder der Güternachfrage können diese Ausgangslage nun in unterschiedlicher Weise verändern. Dies führt zu den Punkten oberhalb oder unterhalb der 45-Grad-Linie. Trägt man die Entwicklung von Arbeitslosenzahlen und Vakanzen im Zeitablauf ab, erhält man aus der *Beveridge*-Kurve erste Informationen über notwendige Ansatzpunkte der Arbeitsmarktpolitik.

15.2 Preisniveaustabilität

Das Ziel der Preisniveaustabilität gehört zu den ältesten Bestandteilen des wirtschaftspolitischen Zielkatalogs. Inflationen mit ihren negativen Allokations- und Verteilungswirkungen haben immer wieder auf die Bedeutung eines stabilen Preisniveaus aufmerksam gemacht. Messen lässt sich das Ziel Preisniveaustabilität, indem man die Entwicklung eines bestimmten Preisindexes, also eines gewichteten Bündels einzelner Preise, im Zeitablauf beobachtet. Welcher Preisindex im Einzelfall zu betrachten ist, hängt von der speziellen wirtschaftspolitischen Fragestellung, aber auch von Problemen der Messbarkeit und Verfügbarkeit, ab.

Aufgrund der Bedeutung, die eine stabile Kaufkraft des Geldes für die Verbraucher besitzt, findet in aller Regel der *Preisindex für die Lebenshaltung aller privaten Haushalte* Verwendung, um Inflationsprozesse zu analysieren. In ihn gehen mehrere hundert Einzelpreise für Waren und Dienstleistungen ein, die an festgelegten Berichtsstellen erhoben und mit ihren Anteilen an den gesamten Konsumausgaben in einem Basisjahr gewichtet werden. Da es sich um einen *Laspeyres*-Index handelt, wird das Mengengerüst beim Vergleich verschiedener Zeitpunkte konstant gehalten, so dass Veränderungen im Indexwert alleine auf Veränderungen der Güterpreise zurückgehen. Im Zuge der wirtschaftlichen und sozialen Entwicklung ändern sich die tatsächlichen Konsumgewohnheiten der Verbraucher aber kontinuierlich. Sie fragen andere und neue Güter nach. Der Warenkorb des Verbraucherpreisindexes muss daher regelmäßig revidiert werden. Der Vergleich von Indexwerten, die mit einem unterschiedlichen Mengengerüst ermittelt wurden, schränkt jedoch die Aussagekraft des Inflationsindikators ein.

Vier mögliche Fehlerquellen sind bei der Interpretation des Verbraucherpreisindexes zu beachten:

- Bei *Veränderungen der relativen Preise* werden die Verbraucher vermutlich verstärkt die billiger gewordenen Produkte nachfragen. Ein Preisindex mit festen Mengengewichten überzeichnet dann den tatsächlichen Anstieg des Preisniveaus, weil die relativ teueren Güter ein zu hohes Gewicht behalten.

- Durch das *Auftreten neuer Vertriebsformen* wechseln die Verbraucher zu billigeren Lieferanten. Ein Preisindex, der auf einer festen Zahl von Berichtsstellen basiert, weist in diesem Fall den Preisanstieg tendenziell zu hoch aus.

- Besondere statistische Probleme entstehen bei Preisveränderungen, die mit *Qualitätsverbesserungen* einhergehen, weil die Trennung zwischen der Qualitäts- und der Inflationskomponente schwierig ist.

- *Neue Güter* weisen in den ersten Jahren nach ihrer Einführung häufig sinkende Preise auf. Da sie aber erst später in die Indexberechnung einbezogen werden können, bleiben diese Preisbewegungen unberücksichtigt und die tatsächliche Inflationsrate wird in der Indexentwicklung überzeichnet.

Man geht davon aus, dass die vier genannten Fehlerquellen im Durchschnitt den Verbraucherpreisindex gegenüber einem idealen Inflationsindikator um maximal 2 Prozentpunkte erhöhen können. Das Ziel Preisniveaustabilität gilt daher als erreicht, wenn der Verbraucherpreisindex um nicht mehr als 2 Prozent pro Jahr ansteigt.

Betrachtet man die Veränderung des Verbraucherpreisindexes im Zeitverlauf, ist es aus wirtschaftspolitischer Sicht wichtig, dass man einen allgemeinen Inflationstrend von temporären und sektorspezifischen Preisveränderungen abgrenzen kann. Verschiedene Verfahren sind vorgeschlagen worden, um eine solche *Kerninflationsrate* zu ermitteln. Eine einfache Möglichkeit zur *Eliminierung temporärer Preiseffekte* besteht im Ausschluss solcher Güter aus der Indexberechnung, die eine überdurchschnittliche Volatilität aufweisen. Dies sind vor allem unverarbeitete Nahrungsmittel und Energieträger; innerhalb dieser Gütergruppen ist die Volatilität erwartungsgemäß bei Obst und Gemüse sowie bei Brenn- und Kraftstoffen besonders hoch.

Als Folge einer Änderung von indirekten Steuern oder sonstigen Abgaben können aber in bestimmten Perioden auch andere Gütergruppen starke Preisausschläge aufweisen. Die Einschätzung, welche Preisänderung längerfristig transitorisch oder permanent ist, lässt sich aber nicht pauschal treffen und kann im Einzelfall sehr strittig sein. Eine Verfeinerung der einfachen Ausschlussmethode besteht darin, bei der Berechnung des Gesamtindexes die Gewichte der einzelnen Komponenten auch nach der relativen Variabilität der einzelnen Preise festzulegen. Dazu wird das verbrauchsabhängige Gewicht jeder Komponente im Warenkorb durch die Standardabweichung ihrer relativen Preisänderung dividiert.

Das aufwändigste Verfahren zur Berechnung einer Kerninflationsrate besteht in der *Methode der getrimmten Mittelwerte*. Dabei wird die Entwicklung einzelner Komponenten nicht über einen längeren Zeitraum, sondern zu jedem Zeitpunkt im Vergleich zu allen anderen Komponenten betrachtet. Es wird ein bestimmter Anteil (häufig 50 Prozent) derjenigen Komponenten, die sich im Vergleich zu den anderen am stärksten oder am schwächsten verändert haben, bei der Berechnung des Gesamtindexes nicht mehr berücksichtigt. Dieses Berechnungsverfahren, das einen mittleren Preistrend erzeugen soll, bringt es mit sich, das in jedem Zeitpunkt andere Komponenten aus der Berechnung der Kerninflation herausfallen können. Unklar bleibt auch, welcher Bereich der Gesamtverteilung als Kerninflation angesehen werden soll. Alle Verfahren zur Berechnung der Kerninflation enthalten damit letztlich erhebliche Bewertungsspielräume.

Für die Geldpolitik der Europäischen Zentralbank ist der *Harmonisierte Verbraucherpreisindex* (HVPI) für den Euroraum der relevante Inflationsindikator. Er beruht auf einem vereinheitlichten Verfahren zur Messung der Preisentwicklung von Gütern, die von den Konsumenten in allen Ländern der Europäischen Union nachgefragt werden. Da die nationalen Konsumgewohnheiten sich unterscheiden, wird zunächst der HVPI für jedes Land mit einem länderspezifischen Wägungsschema berechnet. Die nationalen Korbgewichte werden alle sieben Jahre überprüft und an Veränderungen der Verbrauchsstruktur angepasst. Der HVPI für das Euro-Gebiet wird als gewichteter Durchschnitt der nationalen Indexwerte ermittelt. Um die Analyse der HVPI-Entwicklung zu erleichtern, wird die Entwicklung seiner fünf Hauptkomponenten gesondert betrachtet. Diese messen die Entwicklung der Verbraucherpreise in den Produktgruppen unverarbeitete Nahrungsmittel, verarbeitete Nahrungsmittel, Energie, Industrieerzeugnisse außer Energie und Dienstleistungen. Die Differenzierung nach Hauptgruppen erlaubt eine Berücksichtigung sektoraler Besonderheiten, vor allem der saisonalen Preisschwankungen bei unverarbeiteten Nahrungsmitteln oder der starken außenwirtschaftlichen Einflüsse auf die Preise von Energieträgern. Die Entwicklung des HVPI ohne Einbeziehung dieser beiden Hauptgruppen verläuft daher deutlich weniger erratisch und kann als einfacher Indikator der Kerninflation herangezogen werden.

Ein Mangel des Verbraucherpreisindexes wird manchmal darin gesehen, dass er keine Aussage über die Preisentwicklung von Immobilien und Finanzaktiva, also den verschiedenen Formen der Vermögensanlage, zulässt. Ein Preisindex aller monetären Transaktionen könnte diesen Mangel beseitigen, wäre allerdings in besonderem Maße von der Volatilität der Vermögenspreise betroffen. Es wäre dann wiederum zu entscheiden, inwieweit ein starker Anstieg der Vermögenspreise als Indikator für einen allgemeinen Inflationstrend dient und in welchem Umfang eine solche *Vermögenswertinflation* (*asset inflation*) bei der Berechnung der Kerninflation zu berücksichtigen ist.

In den Deflator, der für die Berechnung des realen Bruttoinlandsprodukts herangezogen wird, gehen neben den Preisen inländischer Konsumgüter auch die Preise von Investitionsgütern ein. Allerdings handelt es sich dabei um einen *Paasche*-Index, der die monetären Ausgaben zu unterschiedlichen Zeitpunkten vergleicht, ohne das Wägungsschema des Warenkorbs konstant zu halten. Für die Analyse des allgemeinen Inflationstrends ist dieser Index daher weniger geeignet.

15.3 Zahlungsbilanzausgleich

Sowohl die optimale Allokation der Ressourcen als auch die Stabilisierung der konjunkturellen Entwicklung wird in einer offenen Volkswirtschaft durch internationale Transaktionen beeinflusst. Monetäre und realwirtschaftliche Verflechtungen zwischen den Volkswirtschaften müssen daher bei wirtschaftspolitischen Entscheidungen berücksichtigt werden. Das Ausmaß solcher Verflechtungen lässt sich anhand der Zahlungsbilanz dokumentieren. Salden von Teilbilanzen der Zahlungsbilanz können herangezogen werden, um das wirtschaftspolitische Ziel eines außenwirtschaftlichen Gleichgewichts zu operationalisieren.

In der Zahlungsbilanz werden alle ökonomischen Transaktionen zwischen Inländern und Ausländern innerhalb einer bestimmten Periode bewertet und in der Inlandswährung verzeichnet. Die Erfassung der einzelnen Transaktionen erfolgt dabei nach dem Prinzip der doppelten Buchführung, so dass immer gleichzeitig Leistung und Gegenleistung verbucht werden. Auf der Aktivseite der Zahlungsbilanz sind alle Transaktionen erfasst, die zu Zahlungseingängen bei Inländern führen. Hierzu zählen Güterexporte, Kapitalimporte oder Devisenverkäufe der Zentralbank. Auf der Passivseite stehen alle Transaktionen, die Zahlungsausgänge bei Inländern verursachen. Hierzu zählen Güterimporte, Kapitalexporte oder Devisenkäufe der inländischen Zentralbank.

Untergliedert wird die gesamte Zahlungsbilanz, wie *Abbildung 15.2* zeigt, in die drei großen Bereiche der *Leistungsbilanz*, der *Kapitalbilanz* und der *Devisenbilanz*. Hinzu kommen noch die Bilanz der Vermögensübertragungen und die Ausgleichs- und Restposten. Die Leistungsbilanz erfasst die Warenexporte und -importe sowie die Dienstleistungsverkäufe und -käufe zwischen Inländern und Ausländern. Ebenso werden in der Leistungsbilanz die grenzüberschreitenden Kapitalerträge und Arbeitseinkommen sowie die laufenden Übertragungen zwischen Inländern und Ausländern ohne direkte ökonomische Gegenleistung verbucht.

In der Kapitalbilanz sind Kapitalexporte und Kapitalimporte gegenübergestellt. Ein Kapitalexport entsteht durch den Erwerb eines ausländischen Vermögenstitels durch einen Inländer oder durch Kreditvergabe eines Inländers an einen Ausländer. Ein Kapitalimport wird durch den Erwerb eines inländischen Vermögenstitels durch einen Ausländer oder durch Kreditvergabe eines Ausländers an einen Inländer verursacht. Buchungen in der Kapitalbilanz entstehen entweder als Spiegelbild leistungswirtschaftlicher Transaktionen oder auch im Zusammenhang mit reinen Finanztransaktionen zwischen

– Leistungsbilanz

     Handelsbilanz
     Dienstleistungsbilanz
     Bilanz der Erwerbs- und Vermögenseinkommen
     Übertragungsbilanz

– Kapitalbilanz

     Direktinvestitionen
     Finanzderivate
     Übriger Kapitalverkehr
     Wertpapieranlagen

– Devisenbilanz

– Bilanz der Vermögensübertragungen

– Ausgleichs- und Restposten

Abbildung 15.2: Zahlungsbilanzsystematik

Dargestellt sind die wichtigsten Teilbilanzen der Zahlungsbilanz. Unter Berücksichtigung der Ausgleichs- und Restposten ist die Zahlungsbilanz insgesamt immer ausgeglichen. Als Zahlungsbilanzsaldo werden daher entweder der Saldo der Devisenbilanz oder ein Saldo der Leistungsbilanz angesehen.

Inländern und Ausländern. Unterschieden werden in der Kapitalbilanz die Direktinvestitionen, die Wertpapieranlagen sowie der Kreditverkehr und sonstige Kapitalanlagen. Der Kreditverkehr wird zwischen kurzfristigen Krediten mit einer Laufzeit von weniger als einem Jahr und langfristigen Krediten sowie zwischen den Sektoren Kreditinstitute, Private und Staat differenziert.

In der Devisenbilanz schlägt sich die Veränderung der nationalen Währungsreserven nieder. Diese umfassen Gold- und Devisenbestände sowie Forderungen gegenüber dem Internationalen Währungsfonds (*International Monetary Fund*, IMF) oder der Europäischen Zentralbank. Die Devisenreserven bestehen in der Regel nicht aus Bargeld, sondern aus ausländischen Wertpapieren. Vermögensübertragungen zwischen In- und Ausländern werden in einer eigenen Teilbilanz ausgewiesen. Der Restposten der Zahlungsbilanz entsteht, weil eine exakte und periodengerechte Erfassung aller ökonomischen Transaktionen zwischen Inländern und Ausländern nicht möglich ist. Da viele Vorgänge nur geschätzt werden können, entstehen Inkonsistenzen im System der doppelten Verbuchung, die zu einer Restgröße führen. Markante Veränderungen im Restposten können beispielsweise auf bewusste zeitliche Verzögerungen zwischen Warenlieferung und Zahlungsabwicklung im internationalen Handel hinweisen. Solche Bewegungen in den *Terms of Payments* sind häufig ein Zeichen, dass die Marktteilnehmer deutliche Wechselkursänderungen erwarten.

Unter Berücksichtigung der Devisenbilanz, der Bilanz der Vermögensübertragungen und des Restpostens ist die gesamte Zahlungsbilanz formal immer ausgeglichen. Für das wirtschaftspolitische Ziel eines außenwirtschaftlichen Gleichgewichts sind daher die Salden der Teilbilanzen relevant. Lange Zeit stand dabei der Saldo der Devisenbilanz im Zentrum des wirtschaftspolitischen Interesses. Eine Zunahme oder Abnahme der nationalen Währungsreserven hat Rückwirkungen auf die inländische Geldmenge und damit Einfluss auf die Entwicklung von Preisniveau, Zinsen und realen Einkommen im Inland. Ständige Überschüsse der Devisenbilanz können einen Inflationsprozess im Inland auslösen; dauerhafte Defizite der Devisenbilanz führen zum Aufbau einer staatlichen Auslandsverschuldung und beschwören die Gefahr einer Schuldenkrise herauf.

Allerdings ist die Sorge um den Ausgleich der Devisenbilanz auch stark abhängig von der *Wahl des Wechselkurssystems*. Flexible Wechselkurse, die sich auf den internationalen Devisenmärkten aus dem Zusammenspiel von Angebot und Nachfrage nationaler Währungen bilden, sind prinzipiell in der Lage, den Ausgleich der Devisenbilanz herbeizuführen. Dabei besteht jedoch die Gefahr, dass starke Wechselkursschwankungen negative Rückwirkungen auf die internationalen Waren- und Finanzströme haben. Seit der Abkehr von einem weltweiten System fester Wechselkurse im Jahre 1973 ist die wirtschaftspolitische Bedeutung des Ziels Devisenbilanzausgleich in Industrieländern deutlich zurückgegangen. Durch gezielte Devisenmarkteingriffe wird aber immer wieder der Versuch unternommen, zu starke Ausschläge der freien Wechselkurse zu dämpfen. Leitlinien für solche Markteingriffe bieten unterschiedliche Konzepte eines langfristig gleichgewichtigen Wechselkurses, die sich an Kaufkraftparitäten und realwirtschaftlichen Entwicklungen orientieren.

Als Alternative zur Operationalisierung des Ziels Zahlungsbilanzausgleich bietet sich die Betrachtung der *Leistungsbilanz* an. In der gesamtwirtschaftlichen Kreislaufbetrachtung entspricht der Leistungsbilanzsaldo dem Unterschied zwischen inländischer Ersparnis und Nettoinvestition. Ist die Sparlücke positiv, wird über einen Leistungsbilanzüberschuss inländischer Konsumverzicht als Vermögensanlage ins Ausland transferiert. Ein Leistungsbilanzdefizit impliziert dagegen, dass der Konsumverzicht von Ausländern zur Finanzierung von Investitionen im Inland herangezogen wird. Anhaltende Leistungsbilanzsalden führen zum Aufbau oder Abbau von Nettoauslandsvermögen und generieren damit dauerhafte Zinseinkünfte oder wachsende Zinslasten. Auf lange Sicht würden damit erhebliche weltwirtschaftliche Ungleichgewichte verursacht.

Gerade wegen des Zusammenhangs zwischen Leistungsbilanz und inländischer Ersparnislücke ist es aber unwahrscheinlich, dass *strukturelle Leistungsbilanzsalden* auf unbegrenzte Zeit bestehen bleiben. Eher ist mit zyklischen Veränderungen der Leistungsbilanz zu rechnen. Wesentliche Determinanten der inländischen Sparlücke sind die Präferenz der Inländer für Gegenwartskonsum und die Produktivität des inländischen Kapitalstocks. Bei gegebener Zeitpräferenz wird eine hohe inländische Kapitalproduktivität, die man etwa in einem aufstrebenden Entwicklungs- oder Schwellenland oder in einem besonders innovativen Industrieland erwarten kann, zum verstärkten Zufluss von Auslandskapital und damit zu einem Leistungsbilanzdefizit führen. Bei abnehmender Grenzproduktivität des eingesetzten Kapitals ist allerdings nicht davon auszugehen, dass der Abbau von Auslandsvermögen unbegrenzt fortschreitet. Vielmehr wird bei sinkender Produktivität im Inland der Aufbau von Auslandsvermögen an Attraktivität gewinnen, der sich in Leistungsbilanzüberschüssen niederschlagen muss. Da die Dauer und das Ausmaß solcher Zyklen nur schwer vorhersehbar sind, ist es aus wirtschaftspolitischer Sicht wichtig, die Gründe und die Auswirkungen struktureller Leistungsbilanzsalden zu analysieren.

15.4 Optimale Güterversorgung und Wirtschaftswachstum

Die Sicherung einer optimalen Versorgung mit privaten und öffentlichen Gütern sowie die Erhöhung des materiellen Wohlstands im Zeitablauf sind Kernziele jeder praktischen Wirtschaftspolitik. Sie werden traditionell gemessen an dem realen, also dem um Inflationseffekte bereinigten *Bruttosozialprodukt* oder *Bruttoinlandsprodukt*. Das Bruttoinlandsprodukt erfasst alle in einer Volkswirtschaft von Inländern und Ausländern produzierten Güter und Dienstleistungen, unabhängig davon, ob sie für den Konsum, für Investitionen oder für den internationalen Austausch zur Verfügung stehen. Das Bruttosozialprodukt (oder Bruttoinländerprodukt) bezieht sich auf die wirtschaftliche Leistung aller Inländer und unterscheidet sich vom Bruttoinlandsprodukt durch die Einbeziehung der Auslandseinkommen von Inländern und die Ausklammerung der Inlandseinkommen von Ausländern aus Erwerbsarbeit und Vermögensbesitz. Zur Messung des Wirtschaftswachstums findet entweder die *Wachstumsrate des realen Sozialprodukts* (des realen Inlandsprodukts) oder des *realen Pro-Kopf-Sozialprodukts* (Pro-Kopf-Inlandsprodukts) Verwendung, die Aussagen über die materielle Besserstellung im Durchschnitt der Individuen ermöglicht.

Als Indikator für den materiellen Wohlstand eines Landes weist das reale Sozialprodukt oder das reale Inlandsprodukt aber auch gravierende Probleme auf. Sie entstehen zunächst wegen der ungenauen Erfassung der Wertschöpfungen in der volkswirtschaftlichen Gesamtrechnung. Ökonomische Aktivitäten, die nicht über Märkte getauscht und daher dort nicht erfasst werden können, schlagen sich prinzipiell nicht in der amtlichen

Sozialproduktstatistik nieder. Dies betrifft Schwarzarbeit, viele Tätigkeiten im privaten Haushalt und bäuerliche Subsistenzwirtschaft. Staatliche Leistungen, die Unternehmen und Haushalten kostenlos zur Verfügung gestellt werden und für die es damit keine Marktpreise gibt, gehen grundsätzlich mit ihren Herstellungskosten in die Sozialproduktstatistik ein. Diese Kosten können aber durch Ineffizienzen und Monopolmacht verzerrt sein. Weiterhin darf nicht übersehen werden, dass in die Berechnung des Sozialprodukts bestimmte wohlstandsmindernde Effekte positiv eingehen. So sind steigende Investitionen für Umweltschutz, ärztliche Versorgung und Strafverfolgung häufig Anzeichen für eine Beeinträchtigung der Lebensqualität, erhöhen aber dennoch das Sozialprodukt.

Es existieren drei Wege, um diese konzeptionellen Probleme zu überwinden:

- Man versucht, alle Mängel der Sozialproduktstatistik auf einmal zu beseitigen und damit einen *umfassenden Wohlstandsindikator* zu berechnen. Diesen Weg bestritten *William Nordhaus* und *James Tobin* (1993) mit dem Konzept des *Measure of Economic Welfare* (MEW). Dem BIP werden die geschätzten Ergebnisse privater Hausarbeit und Schattenwirtschaften hinzugerechnet, Umweltschäden und Agglomerationskosten werden abgezogen. Das Berechnungsverfahren für einen solchen allgemeinen Wohlstandsindikator verursacht allerdings einen großen Erhebungsaufwand und lässt einen weiten Spielraum für schwer überprüfbare Schätzungen.

- Für bestimmte Fragestellungen ließe sich die Sozialproduktstatistik durch systematische *Zusatzrechnungen* aussagekräftiger gestalten. So werden inzwischen in Deutschland vom Statischen Bundesamt die Folgekosten der Luftverschmutzung, des Verkehrs oder des Energieverbrauchs erfasst und ausgewiesen.

- Man kann materiellen Wohlstand durch mehrere *unterschiedliche soziale Indikatoren* messen. Die OECD hat zu diesem Zweck acht Bereiche festgelegt, die zur Wohlfahrt einer Gesellschaft beitragen: Ausbildung, Gesundheit, Arbeit und Qualität des Arbeitslebens, Freizeit, Kaufkraft, physische Umwelt, Sicherheit und soziale Betätigungschancen. Diese Zielbereiche müssen durch die Auswahl geeigneter Indikatoren abgedeckt werden. Schwierigkeiten ergeben sich, wenn die sozialen Teilindikatoren zu einem Gesamtindikator der gesellschaftlichen Wohlfahrt zusammengefasst werden sollen, denn die Gewichtung der einzelnen Teilbereiche ist mit erheblichen Werturteilen verbunden.

In der Entwicklungspolitik gibt es seit 1990 den Versuch, internationale Wohlstandsvergleiche auf der Basis eines neuartigen Gesamtindikators, des *Human Development Indexes* (HDI), vorzunehmen. Der Index, der vom Weltentwicklungsprogramm der Vereinten Nationen (*United Nations Development Program*, UNDP) konzipiert wurde, basiert auf den drei Komponenten Langlebigkeit, Wissen und Mittel zum Erreichen eines angenehmen Lebensstandards. Langlebigkeit wird durch die Lebenserwartung bei der Geburt, Wissen durch die Alphabetisierungsrate bei Erwachsenen sowie durch Schulbesuchsraten, untergliedert nach Schultypen, gemessen. Als Maß für die Mittel zum Erreichen eines angenehmen Lebensstandards dient das reale Bruttoinlandsprodukt. Die Rohdaten der Einzelindikatoren für jedes Land werden von Null bis Eins skaliert und in Rückstandsindikatoren transformiert, die den Abstand gegenüber dem jeweils am besten entwickelten Land angeben. Aus dem gewichteten Mittelwert der Teil-Rückstandsindikatoren wird jährlich ein Indexwert berechnet und eine internationale Rangliste

Richard Layard und die empirische Glücksforschung

Peter Richard Grenville Layard (geb. 1934) studierte zunächst Geschichte in Cambridge und danach Wirtschaftswissenschaften an der London School of Economics. Dort begann auch seine akademische Karriere, in der er sich besonders der Arbeitsmarktforschung widmete. Von 1980 bis 1999 hatte er eine Professur an der LSE inne. Daneben arbeitete er immer wieder als Berater der britischen Regierung bei Programmen zur Reform des Arbeitsmarkts und zur Senkung der Arbeitslosigkeit. Seit 2000 hat er als Lord Layard of Highgate einen Sitz im britischen Oberhaus. Zu seinen Hauptwerken zählen: *How to Beat Unemployment* (Oxford, 1986); *The New Happiness* (London, 2005).

In seiner jüngsten Schrift, deren deutsche Übersetzung den programmatischen Titel *Die glückliche Gesellschaft. Kurswechsel für Politik und Wirtschaft* (*Layard* 2005) trägt, formuliert *Richard Layard* ein neues Ziel des politischen und damit auch des wirtschaftspolitischen Handelns. Danach geht es nicht darum, die materielle Versorgung, gemessen beispielsweise durch das Bruttoinlandsprodukt, zu maximieren, sondern es soll unmittelbar das Glück (*happiness*) der in der Gesellschaft lebenden Menschen erhöht werden. Möglich wird eine Operationalisierung dieses politischen Ziels durch eine Vielzahl neuer und international vergleichender empirischer Studien zum individuellen und kollektiven Glücksempfinden. Sie geben unmittelbar Aufschluss über erfolgte Veränderungen und überspringen damit die Vorab-Definition bestimmter ethischer oder sozialphilosophischer Standards. Gleichwohl lassen sich aus den empirischen Ergebnissen der Glücksforschung interessante Einsichten über Werte und Wertewandel gewinnen. Aus ökonomischer Sicht besonders relevant ist die Erkenntnis, dass wachsendes Einkommen zwar mit einem positiven, aber unterproportionalen Zuwachs an Glücksempfinden verbunden ist. Im internationalen Kontext lässt sich daraus ableiten, dass die Förderung armer Länder moralisch gerechtfertigt werden kann, weil dort mit einem Einkommensanstieg ein besonders großer Zuwachs an Glück erzeugt wird.

der Entwicklung erstellt. Veränderungen der Listenplätze im Zeitablauf können Aufschluss über Entwicklungsfortschritte und -hemmnisse in einzelnen Ländern geben.

15.5 Umweltschutz

Mit der Aufnahme eines eigenständigen Ziels Umweltschutz in den wirtschaftspolitischen Zielkatalog wird versucht, auf einen besonders schwerwiegenden Fall von *Marktversagen* zu reagieren. Lange Zeit galten die natürlichen Ressourcen, mit Ausnahme des landwirtschaftlich genutzten Bodens, als freie Güter. Ihre dauerhafte Nutzung im Produktionsprozess erschien damit ohne Kosten möglich. Wachsende Umweltschäden, die auch an nationalen Grenzen nicht Halt machen, haben inzwischen das Bewusstsein für die Knappheit der Umweltressourcen geschärft. Zahlreiche wissenschaftliche

Studien und politische Programme gehen inzwischen der Frage nach, wie ein schonenderer Umgang mit den natürlichen Lebensgrundlagen erreicht werden kann.

Wie die Debatte über das *Prinzip der Nachhaltigkeit* gezeigt hat, haben neben den allokativen Aspekten des Umweltschutzes auch die Verteilungsaspekte in intra- und intertemporaler Hinsicht, also die Nutzung natürlicher Ressourcen innerhalb einer Generation und zwischen den Generationen, an Bedeutung gewonnen. Da es eine Vielzahl ethischer Positionen bei der Beurteilung solcher Verteilungsaspekte gibt, verwundert es nicht, dass bislang keine klare Quantifizierung des Umweltschutz-Ziels erreicht werden konnte. Die Operationalisierung des Ziels basiert in der Regel nicht auf Wert-, sondern auf Mengengrößen, die durch Wirtschaftsaktivitäten beeinflusst werden.

Die natürliche Umwelt kann als ein *Kapitalstock* angesehen werden, der mit dem Wirtschaftssystem in einem Kreislauf untrennbar verbunden ist. Die Umwelt liefert einerseits die für ökonomische Tätigkeiten notwendigen Ressourcen und muss andererseits die Abfallprodukte des Wirtschaftsprozesses aufnehmen. Die Umwelt ist damit, wie *Abbildung 15.3* demonstriert, *Inputlieferant* und *Outputempfänger* zugleich. Eine Beeinträchtigung dieser Funktionen durch Schädigung des Ökosystems kann erhebliche ökonomische Folgekosten nach sich ziehen. Die Umwelt besitzt innerhalb bestimmter Grenzen die Fähigkeit zur Selbstreinigung und zur Regeneration. Es ist daher ein Ziel des Umweltschutzes, einen ökologischen Gleichgewichtszustand zu bewahren oder wiederherzustellen, in dem der Umweltkapitalstock erhalten bleibt und das Ökosystem gleichzeitig seine ökonomischen Funktionen erfüllen kann.

Die Operationalisierung der umweltpolitischen Zielsetzungen kann ansetzen an den durch Übernutzung der Umwelt verursachten *Schäden*, wobei deren ökonomische Bewertung aufgrund des häufigen Fehlens von Marktpreisen im Einzelfall sehr schwierig ist. Um das Entstehen von Schäden im Ökosystem frühzeitig zu verhindern, bietet sich dagegen eine Kontrolle der *Immissionen* oder der sie verursachenden *Emissionen* an. Während die Emissionen an der Quelle der Schadstoffentstehung gemessen werden, erfassen Immissionen die Anreicherung von Schadstoffen in den Umweltmedien (Boden, Wasser, Luft) und in Lebewesen (Menschen, Tiere und Pflanzen). Beide Größen sind in

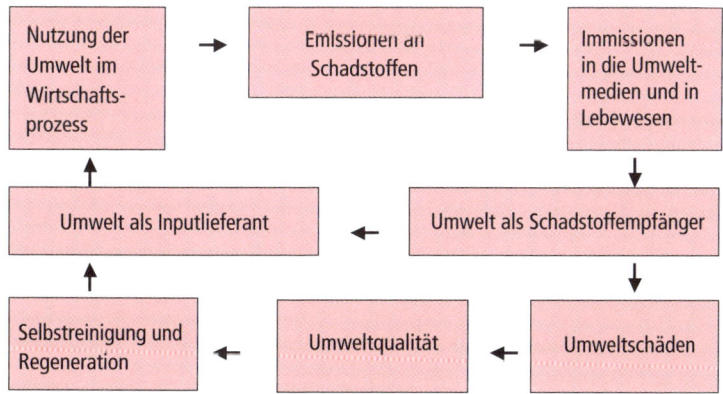

Abbildung 15.3: Ökonomisch-ökologische Kreislaufbeziehungen

Ansatzpunkte für die Messung ökologischer Folgen wirtschaftlicher Aktivität sind entweder die Emissionen, die Immissionen oder die Umweltschäden.

einer Volkswirtschaft nicht notwendigerweise identisch, da Diffusionsprozesse, Synergieeffekte und internationale Schadstofftransmissionen berücksichtigt werden müssen. Aus Gründen der praktischen Erfassung konzentrieren sich umweltpolitische Zielsetzungen häufig auf Schadstoffemissionen. Das Erreichen bestimmter Emissionsziele muss aber weder notwendig noch hinreichend für das Vermeiden schwerer Umweltschäden sein.

Das Statistische Bundesamt ist zur Zeit dabei, umweltökonomische Gesamtrechnungen (UGR) zu entwickeln. Diese Rechnungen enthalten nicht-monetäre und monetäre Daten, mit denen Veränderungen des Umwelt-Kapitalstocks als Folge ökonomischer Aktivitäten gemessen werden. Die UGR unterscheiden drei Bereiche:

- Indikatoren der Umweltbelastung (Material- und Energieflussrechnungen, Indikatoren zur Nutzung von Fläche und Raum),

- Indikatoren des Umweltzustandes,

- Indikatoren des Umweltschutzes (Maßnahmen des Umweltschutzes, Vermeidungskosten zur Erreichung von Standards.

Ursprünglich war es das Ziel der UGR gewesen, Abschreibungen auf das Umweltkapital monetär zu quantifizieren und diese dann zur Berechnung eines „Ökoinlandsprodukts" zu verwenden. Inzwischen hat sich gezeigt, dass eine Vielfalt physischer und monetärer Indikatoren der Komplexität umweltpolitischer Fragestellungen und Ziele besser gerecht wird als eine einzige Wertgröße.

Seit dem Jahr 2000 liegt mit dem *Deutschen Umweltindex* (DUX) ein neuer umweltpolitischer Indikator vor. Ähnlich wie der HDI beruht der DUX auf Indikatoren zur Erreichung vorgegebener Zielwerte in sechs unterschiedlichen Umweltbereichen: Klima, Luft, Boden, Wasser, Energie und Rohstoffproduktivität. Der Zielwert in jedem Teilbereich, zum Beispiel eine Reduzierung der CO_2-Emissionen um 25 Prozent bis 2005 gegenüber dem Stand von 1990, wird mit den Indexwert 1.000 versehen. Die tatsächlich erreichten Werte werden in entsprechende Indexpunkte transformiert; die Einzelwerte in den sechs Teilbereichen werden anschließend addiert. Die Abweichung des Indexwerts vom Maximalwert 6.000 misst somit die umweltpolitische Zielerreichung.

15.6   Verteilungsgerechtigkeit

Mit dem wirtschaftspolitischen Ziel, eine als gerecht empfundene Verteilung von Einkommen und Vermögen herzustellen, soll verhindert werden, dass bestimmte Personen oder Personengruppen im Prozess der wirtschaftlichen Entwicklung benachteiligt werden. Seit Beginn der Industrialisierung werden immer wieder staatliche Eingriffe in die Marktallokation mit Hinweis auf die „soziale Frage" gerechtfertigt. Andererseits darf durch die Verteilungsgerechtigkeit nicht die für die ökonomische Entwicklung bedeutsame Leistungsgerechtigkeit in Frage gestellt werden, also die Belohnung höherer Leistung durch höheres Einkommen. Eine absolute Gleichverteilung der Einkommen als Ziel der Wirtschaftspolitik würde die ökonomischen Anreizstrukturen in einer Marktwirtschaft außer Kraft setzen. Der dabei auftretende Zielkonflikt tritt regelmäßig bei sozialpolitischen Reformvorhaben auf.

Verteilungsgerechtigkeit lässt sich in verschiedener Weise messen. Im Hinblick auf die funktionale Verteilung, die Aufteilung des Einkommens auf die Produktionsfaktoren Arbeit und Kapital, bietet sich die Betrachtung der *funktionalen Einkommensquoten* (Lohn- und Gewinnquote) an. Dabei misst die Lohnquote den Anteil der Einkommen unselbstständig Beschäftigter am Volkseinkommen. Sinnvolle Aussagen über die Entwicklung der Einkommensposition der Arbeitnehmer im Zeitablauf lassen sich allerdings nur anhand der *bereinigten Lohnquote* treffen. Sie korrigiert die Einflüsse von Veränderungen der Zahl der Arbeitnehmer und Selbstständigen auf die Lohnquote. In der Gewinnquote sind Einkommen für die Arbeitsleistung der Unternehmer enthalten, die konzeptionell der Lohnquote zugeschlagen werden müssten. Auf diesem Wege kommt man zu einer ergänzten Lohnquote.

Der wichtigste Einwand gegenüber der Verwendung funktionaler Einkommensquoten als Indikatoren der Verteilungsgerechtigkeit liegt allerdings in der großen Inhomogenität der Gruppe der unselbstständig Beschäftigten, die Top-Manager und kleine Angestellte gleichermaßen umfasst. Da viele unter ihnen neben Lohneinkommen auch Einkommen aus Kapitalbesitz, etwa Aktiendividenden, Sparzinsen oder Mieteinkünfte, beziehen, wird die Aussagekraft der Lohnquote zusätzlich verzerrt. Diesen Mängeln kann durch die Betrachtung der personalen Einkommensverteilung begegnet werden, die jedoch einen erheblich höheren Erhebungsaufwand voraussetzt. Es wird dabei untersucht, welcher Anteil des Volkseinkommens unabhängig von der Einkommensentstehung auf bestimmte Personen oder Personengruppen entfällt.

Die personale Verteilung der Einkommen lässt sich mit Hilfe einer *Quantildarstellung* messen. Dazu werden alle Einkommensbezieher nach der Höhe ihres Einkommens in aufsteigender Reihefolge sortiert. In der Praxis werden dazu Haushaltseinkommen entweder in fünf oder zehn jeweils gleich große Klassen, die so genannten Quintile oder Dezile, aufgeteilt. Die Anteile der Gesamteinkommen, die in die einzelnen Klassen entfallen, lassen sich international oder im Zeitablauf vergleichen und geben damit Aufschluss über Stand und Entwicklung der Einkommensverteilung.

Komplizierter als die Quantildarstellung ist das Instrumentarium der *Lorenz*-Kurve. Wie *Abbildung 15.4* zeigt, werden die kumulierten Anteile am Gesamteinkommen (von 0 bis 100 Prozent) den kumulierten Anteilen der Einkommensbezieher (ebenfalls von

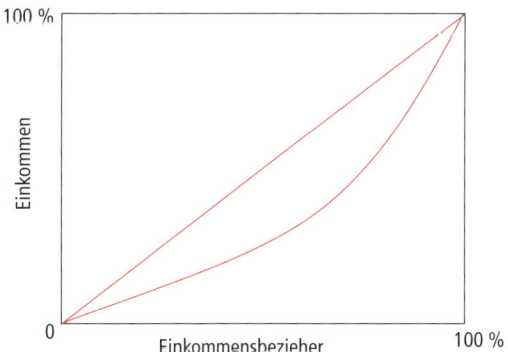

Abbildung 15.4: *Lorenz*-Kurve

Dargestellt ist der statistische Zusammenhang zwischen dem kumulierten Anteil der Quantile von Einkommensbeziehern und dem Anteil der von ihnen empfangenen Einkommen am gesamten Volkseinkommen. Typischerweise hängt die Lorenz-Kurve nach unten durch, weil die Einkommensverteilung ungleich ist.

0 bis 100 Prozent) gegenübergestellt. Die Diagonale dieser Grafik würde den Zustand der völligen personalen Gleichverteilung repräsentieren, denn sie impliziert, dass jeweils x Prozent der Einkommensbezieher auch x Prozent des Gesamteinkommens erhalten. Je stärker die Kurve von der Diagonalen abweicht, desto größer ist folglich die Ungleichverteilung der Einkommen. Da die Betrachtung mit den Anteilen der gering verdienenden Einkommensbezieher beginnt, deren Anteil am Gesamteinkommen niedrig ist, hängt die *Lorenz*-Kurve typischerweise nach unten durch.

Setzt man die Fläche über der *Lorenz*-Kurve (I) in Beziehung zur Gesamtfläche unter den Diagonalen (I + II), so erhält man den *Gini*-Koeffizienten als Maß der personalen Verteilungsgerechtigkeit. Ein *Gini*-Koeffizient von 0 würde den Zustand absoluter personaler Gleichverteilung repräsentieren, in dem der Inhalt der Fläche I gleich null ist. Dagegen weist ein *Gini*-Koeffizient von 1 auf absolute Ungleichverteilung hin, denn in diesem Fall ist der Inhalt der Fläche II gleich null. Anhand von *Lorenz*-Kurven und *Gini*-Koeffizienten lässt sich auch die Wirkung staatlicher Umverteilungsmaßnahmen durch den Einsatz steuer- und ausgabenpolitischer Instrumente messen. Dazu wird die personale Verteilung der Primäreinkommen mit derjenigen der Finaleinkommen verglichen. Logische Voraussetzung für einen solchen Vergleich ist allerdings, dass sich die einzelnen *Lorenz*-Kurven nicht schneiden.

Sieht man das Ziel der Sozial- und Verteilungspolitik vor allen Dingen darin, das Auftreten von *Armut* zu verhindern oder zu lindern, müssen besondere Indikatoren zur Armutsmessung herangezogen werden, zwischen den Indikatoren absoluter und relativer Armut muss dabei unterschieden werden. Zur Messung der absoluten Armut, die vor allem für die Entwicklungspolitik Bedeutung besitzt, wird versucht, eine Einkommenshöhe zu bestimmen, die für einen existenzminimalen Lebensstandard unabdingbar ist. Die Weltbank hat 1990 einen Warenkorb existenznotwendiger Güter vorgeschlagen und daraus abgeleitet, dass eine *absolute Armutsschwelle* bei einem Einkommen von 1 US-Dollar pro Tag oder etwa 400 US-Dollar im Jahr anzusetzen ist. Bei der Messung der relativen Armut, die in Industrieländern erhebliche sozialpolitische Bedeutung besitzt, wird auf das Konzept der *Armutsgrenze* zurückgegriffen, die immer im Verhältnis zum jeweiligen Durchschnittseinkommen festgesetzt wird. Oft wird die Armutsgrenze bei einem Drittel oder bei der Hälfte der Durchschnittseinkommen angesetzt. Die *Armutsquote* misst dann den Anteil der Einkommensbezieher, deren Einkommen unterhalb der Armutsgrenze liegt.

SCHLÜSSELBEGRIFFE

Aufgaben

www.pearson-studium.de: Hier finden Sie die Lösungen zu den Übungsaufgaben dieses Kapitels, ein Glossar mit Erläuterungen zu den Schlüsselbegriffen sowie Links zu wirtschaftspolitisch relevanten Websites.

1. Hartz IV und die registrierte Arbeitslosigkeit

Erläutern Sie, warum als Folge der Hartz IV-Arbeitsmarktreform, bei der Arbeitslosen- und Sozialhilfe zusammengeführt wurden und ehemaligen Sozialhilfeempfänger nun verstärkt Arbeitsplätze durch die Bundesagentur für Arbeit vermittelt werden sollen, Anfang des Jahres 2005 die registrierte Arbeitslosigkeit in Deutschland stark anstieg.

2. Wechselkurs und Währungsstabilität

Vergleichen Sie, welche Aussagen über die Stabilität einer Währung die Wechselkursentwicklung im Vergleich zur Inflationsentwicklung machen kann.

3. Messung der Schattenwirtschaft

Diskutieren Sie Möglichkeiten, den Umfang der Schattenwirtschaft in einem Land zu bestimmen.

4. **Problematik zusammengesetzter Indikatoren**

   Diskutieren Sie am Beispiel des HDI und des DUX die Problematik zusammengesetzter Indikatoren zur Messung eines wirtschaftspolitischen Ziels.

5. **Vergleich von Gini-Koeffizienten**

   Erläutern Sie, welche Probleme bei internationalen und intertemporalen Vergleichen von *Gini*-Koeffizienten auftreten können.

Literaturhinweise

Die Probleme bei der statistischen Messung der Arbeitslosigkeit erläutern *Landmann/Jerger* (1999) und *Franz* (2003). Probleme der Inflationsmessung diskutieren *Bofinger* (2001) und *Görgens u. a.* (2004). Konzeptionelle Probleme der Zahlungsbilanz behandeln *Rose/Sauernheimer* (1999). Einen Überblick über verschiedene statistische Verfahren zur Wohlstandsmessung geben *Donges/Freytag* (2004). *Feess* (1998) beschreibt Möglichkeiten zur Operationalisierung des Umweltschutzziels. *Bohnet* (1999) analysiert die unterschiedlichen Konzepte zur Messung der Einkommens- und Vermögensverteilung.

TEIL VI

Träger der Wirtschaftspolitik: Anwendungen der Neuen Politischen Ökonomie

Ökonomische Analysen des Verhaltens wirtschaftspolitischer Institutionen

16

ÜBERBLICK

Lernziele

■ Die Ansätze der Neuen Politischen Ökonomie basieren auf dem Prinzip des methodologischen Individualismus, wonach alle kollektiven Entscheidungen letztlich auf das rationale Handeln von Individuen zurückgeführt werden müssen.

■ In repräsentativen Demokratien gibt es immanente Mechanismen, die eine Orientierung der Wahlprogramme konkurrierender Parteien an den Präferenzen der Medianwähler beziehungsweise der Wechselwähler begünstigen.

■ Die Versuche der Politiker, durch gezielte Ausgabenprogramme vor Wahlen wichtige Wählergruppen zu beeinflussen, können zum Entstehen politischer Konjunkturzyklen führen.

■ Individuelle Nutzen- und Kostenüberlegungen können erklären, warum kleine Gruppen tendenziell ihre Interessen besser institutionell organisieren können als große Gruppen.

■ Die Abhängigkeit der Politik von Lobbygruppen, in denen die gesellschaftlichen Interessen asymmetrisch repräsentiert sind, führt zum Erliegen des politischen Wettbewerbs und zu institutioneller Sklerose.

■ Die Theorie der Bürokratie kann erklären, warum staatliche Verwaltungen nicht nur mit überhöhten Kosten produzieren, sondern oft auch ein überdimensioniertes und tendenziell wachsendes Angebot an öffentlichen Gütern bereithalten.

■ Die jüngste Reform der EU-Agrarpolitik konnte nur gelingen, weil der internationale Druck die polit-ökonomischen Rahmenbedingungen verändert hat, so dass die Lobbyisten des bestehenden Systems in die Defensive gerieten.

16.1 Grundlagen der Neuen Politischen Ökonomie

Die Entwicklung geeigneter wirtschaftspolitischer Instrumente, mit denen nach den Erkenntnissen der ökonomischen Theorie die aus übergeordneten gesellschaftlichen Werten gewonnenen Ziele erreicht werden können, ist das traditionelle Aufgabenfeld der theoretischen Wirtschaftspolitik. Viele Beispiele aus der wirtschaftspolitischen Praxis verdeutlichen aber, dass die theoretischen Empfehlungen häufig unzureichend, zu spät oder gar nicht zur Ausführung kommen. Dies ist nicht immer auf unzureichende theoretische Fundierung oder mangelhafte wirtschaftspolitische Beratung zurückführen. Oft werden diejenigen, die wirtschaftspolitische Programme in der politischen Praxis durchsetzen und ausführen müssen, eben nicht nur von wirtschaftstheoretischen Erkenntnissen geleitet. Die *Träger der Wirtschaftspolitik* haben eine Schlüsselposition bei der Umsetzung wirtschaftspolitischer Empfehlungen. Sie umfassen alle Institutionen, die mit der Wahrnehmung wirtschaftspolitisch relevanter Entscheidungen betraut sind. Dazu zählen in erster Linie die Staatsorgane im In- und Ausland, aber auch Gewerkschaften und Arbeitgeberverbände.

Für die Realisierungschancen wirtschaftspolitischer Konzepte ist es von größter Wichtigkeit, dass das Verhalten wirtschaftspolitischer Institutionen bereits im Beratungsprozess berücksichtigt wird. Analytische Untersuchungen über das Verhalten von Institutionen lassen sich aber unter ganz verschiedenen Blickwinkeln und mit unterschiedlichen Methoden durchführen. So wird die Beschreibung und Erklärung politischer Entscheidungsprozesse bereits seit langem aus staatsphilosophischer, soziologischer, politologischer, psychologischer oder juristischer Sicht betrieben. Die ökonomische Theorie hat erst relativ spät eigene Ansätze zur Analyse des Verhaltens politischer Institutionen und kollektiver Entscheidungen entwickelt. Wegbereitend für die Begründung dieses neuen Forschungszweigs, für den sich der Begriff Neue Politische Ökonomie eingebürgert hat, waren die Arbeiten von *Joseph Schumpeter* (1942), *Anthony Downs* (1957) sowie von *James Buchanan* und *Gordon Tullock* (1962). Das besondere Kennzeichen der Neuen Politischen Ökonomie besteht darin, dass sie das politische System, seine Funktionsweise und seine Ergebnisse mit Hilfe der gleichen Methodik untersucht, die von der ökonomischen Theorie zur Analyse des Wirtschaftsgeschehens verwendet wird. Die Neue Politische Ökonomie stellt den Versuch dar, durch die Anwendung des Begriffsinstrumentariums und der Denkweise der Wirtschaftstheorie, insbesondere durch eine konsequente Mikrofundierung, zu einem vertieften Verständnis der kollektiven Entscheidungsprozesse zu gelangen.

An drei Grundannahmen der Neuen Politischen Ökonomie lässt sich der Einfluss der mikroökonomischen Theorie verdeutlichen:

- Ausgangspunkt der ökonomischen wie der politischen Analyse ist das Konzept des *methodologischen Individualismus*. Danach sind die maßgeblichen Entscheidungsträger, auch im Bereich kollektiver Entscheidungen, immer Individuen, niemals aber überindividuelle Kollektive wie Staat, Volk oder Parteien. Das theoretische Anliegen besteht deshalb in der Entwicklung von Aussagen über die Handlungen von Individuen im politisch-institutionellen Bereich (Politiker, Wähler, Verbandsvertreter oder Bürokraten).

- Hinzu kommt die Hypothese vom *Rationalverhalten* der Individuen. Sie unterstellt, dass jedes Individuum bei politischen Entscheidungen aus den zur Wahl stehenden Handlungsalternativen diejenigen auswählt, die ihm bei einem gegebenen Aufwand den höchsten Grad an Zielerreichung erbringen oder die bei einem vorgegebenen Zielerreichungsgrad den geringsten Aufwand erfordern.

- Als Ziel individuellen Handelns wird schließlich die individuelle *Nutzenmaximierung* unterstellt, wobei der individuelle Nutzen wiederum von Einkommensströmen, Prestigezuwächsen, Stimmengewinnen oder hierarchischen Positionsverbesserungen abhängen kann.

Die Tatsache, dass in der Neuen Politischen Ökonomie die gleichen Grundaxiome wie in weiten Bereichen der theoretischen Wirtschaftspolitik Verwendung finden, ermöglicht es, ökonomische und politische Entscheidungsprozesse in einem einheitlichen Konzept zu erfassen. Aus der Anwendung der mikroökonomischen Theorie auf verschiedenste Bereiche politisch-institutioneller Regelungen haben sich inzwischen mehrere selbstständige Teilbereiche der Neuen Politischen Ökonomie entwickelt. Im Folgenden sollen die *ökonomische Theorie der Demokratie*, die *ökonomische Theorie der Interessenverbände* und die *ökonomische Theorie der Bürokratie* näher betrachtet werden.

Antoine de Montchrétien und die Oeconomie Politique

Antoine de Montchrétien de Vatteville (1575–1621), geb. in Falaise in der Norman-
die, hielt sich nach dem Besuch der Schule in Caen längere Zeit in England und
Holland auf. Nach der Rückkehr nach Frankreich gründete er einen Handels- und
Manufakturbetrieb. Hauptwerk: *Traité de l'Oeconomie Politique* (Paris, 1615).

Mit seiner Abhandlung über die Politische Ökonomie begründete *Montchrétien*
die moderne Theorie der Wirtschaftspolitik. Er lebte in einer Epoche, in der sich
der ökonomische Wohlstand in Europa ungleichmäßig entwickelte. Die Niederlande verzeichneten ein hohes Wirtschaftswachstum, das zu einem „Goldenen Zeit-
alter" der Prosperität führte, während Frankreich eine politische und ökonomische
Krise durchlebte. Die Lehren, die sich aus den Erfolgen der Niederlande für die Wachstumsförderung in anderen Ländern ziehen ließen, wurden intensiv diskutiert. Allen
Zeitgenossen fiel auf, dass der Wohlstand der Niederlande ganz offenbar durch intensiven Handel entstanden war. Daher plädierten die so genannten Merkantilisten
in ganz Europa für die gezielte staatliche Förderung von Handel und Gewerbe als
Mittel der Wachstumspolitik. *Montchrétien* begann seine Analyse mit einer Schil-
derung der wirtschaftlichen Lage Frankreichs, plädierte für die Wachstumsförderung als wichtigstes politisches Ziel und forderte eine gezielte staatliche Politik zur
Entwicklung des französischen Binnen- und Außenhandels.

Der Begriff der Politischen Ökonomie galt zunächst als weitgehend identisch
mit der Wirtschaftswissenschaft insgesamt, da die theoretische Analyse ökonomischer Zusammenhänge immer durch das politische Interesse an der Wohlstandstei-
gerung einzelner Staaten vorangetrieben wurde. Auch die Lehrbücher der ökonomischen Klassik, wie *David Ricardos Principles of Political Economy and Taxation*,
verwendeten diesen Begriff. *Karl Marx* versuchte in seinem Hauptwerk *Das Kapital. Kritik der Politischen Ökonomie* die Gebundenheit der ökonomischen Theorie
und der theoretischen Wirtschaftspolitik an die Interessen einer bestimmten Gruppe der Gesellschaft, die Kapitalisten, herauszuarbeiten. Die Neue Politische Ökonomie greift einerseits die These von der Interessengebundenheit der Wirtschaftspolitik auf, sieht dabei allerdings ganz unterschiedliche Interessen am Werk.

16.2 Ökonomische Theorie der parlamentarischen Demokratie

Erste Ansätze der Neuen Politischen Ökonomie, die sich mit der Funktionsweise parlamentarischer Demokratien beschäftigen, sind im Werk *Joseph Schumpeters* zu finden,
der zu den Wegbereitern der dynamischen Wettbewerbstheorie zählt. *Schumpeters* Analyse geht bewusst vom Ideal der klassischen Demokratie ab, in dem gewählte Repräsentanten im Auftrag der Wähler nach dem Erreichen des Gemeinwohls streben. Stattdessen interpretiert er die parlamentarische Demokratie als dynamischen Wettbewerb von
Politikern um eine möglichst große Zahl von Wählerstimmen. Wähler und Politiker werden in ihren Handlungen allein von individuellen Nutzenerwägungen und nicht vom

Gemeinwohl geleitet. Ziel der Politiker ist die Wahl beziehungsweise die Wiederwahl in ein Staatsamt wegen der damit verbundenen Macht-, Prestige- und Einkommensvorteile. Die *Maximierung des Eigennutzens der Politiker* kann allerdings positive Resultate für das gesamte Gemeinwesen zur Folge haben, sofern es gelingt, die Dynamik des politischen Wettbewerbs zu erhalten. Genauso wie die Versorgung der Verbraucher mit Gütern eine Nebenerscheinung des individuellen Profitstrebens der Unternehmer ist, kann das individuelle Streben der Politiker nach Macht und Ämtern unter bestimmten Bedingungen zu einer bestmöglichen Befriedigung der Wählerwünsche führen.

Die Grundprinzipien der ökonomischen *Theorie der parlamentarischen Demokratie* lassen sich anhand eines einfachen Modells ableiten, das von *Anthony Downs* (1957) entwickelt wurde. Danach sei die Existenz von mindestens zwei Parteien (beziehungsweise zwei repräsentativen Parteivertretern) unterstellt, die um die politische Macht konkurrieren. In periodischen, relativ kurzen Abständen werden Wahlen abgehalten, bei denen jeder wahlberechtigte Bürger eine Stimme besitzt. Wahlenthaltung sei ausgeschlossen. Die Partei, welche die Mehrheit der Stimmen auf sich vereinigen kann, ist berechtigt, die Regierungsgewalt bis zum nächsten Wahltermin zu übernehmen. Die Siegerpartei wird von den Verlierern nicht an der Übernahme der Amtsgeschäfte gehindert und macht selber auch nicht den Versuch, ihren Wahlsieg zur Behinderung der politischen Tätigkeit der Verlierer zu nutzen. Damit ist ein dauerhafter politischer Wettbewerb sichergestellt.

Unter der Voraussetzung des Rationalverhaltens und der individuellen Nutzenmaximierung bei Politikern und Wählern werden sich in einem solchen System die Parteien bemühen, durch Berücksichtigung möglichst vieler Wählerinteressen ein Maximum an Stimmen zu erwerben. Die Wähler werden wiederum denjenigen Kandidaten wählen, von dessen politischen Aktivitäten sie sich den höchsten Nutzenzuwachs erwarten. Zur Vereinfachung sei zunächst davon ausgegangen, dass die Wähler vollständig über den Inhalt der Parteiprogramme und die Politiker ebenso genau über die Verteilung der Wählerpräferenzen informiert sind.

Analog zur Wettbewerbstheorie macht das Modell von *Downs* Aussagen über die *Dynamik von Parteiprogrammen*, das heißt über die Entwicklung von Wahlaussagen der Politiker im Zeitablauf. So lässt sich in einem Zweiparteiensystem, in dem die programmatischen Äußerungen lediglich ein einziges, politisch zu lösendes Problem betreffen und somit von den Wählern eine eindimensionale Entscheidung verlangt wird, eine deutliche Tendenz zur Annäherung der Parteiprogramme in der Mitte des Wählerspektrums ableiten.

Wenn die Programme beider Parteien zunächst extreme Positionen vertreten, werden sie sich unter den bisher getroffenen Annahmen so weit aufeinander zu bewegen, bis sie beide mit der Präferenz des *Medianwählers* übereinstimmen. Es handelt sich dabei um denjenigen Wähler, dessen Stimme darüber entscheidet, dass eine Partei mehr als 50 Prozent der Stimmen – und damit die Mehrheit – auf sich vereinigt. Die Bewegung zur Mitte hin ist dabei unabhängig von der konkreten Gestalt der Verteilungsfunktion der Wählerpräferenzen. Betrachtet man ein eindimensionales politisches Entscheidungsproblem, etwa die Frage nach dem Umfang staatlicher Eingriffe in den Wirtschaftsprozess, so lassen sich die möglichen politischen Optionen in einem Kontinuum zwischen zwei Polen, völlig zentrale Planung Z und völlig freie Marktwirtschaft F, anordnen. In *Abbildung 16.1* ist jeder Wähler einem bestimmten Punkt in diesem Kontinuum umso eher zugetan, je näher dieser Punkt an dem von ihm persön-

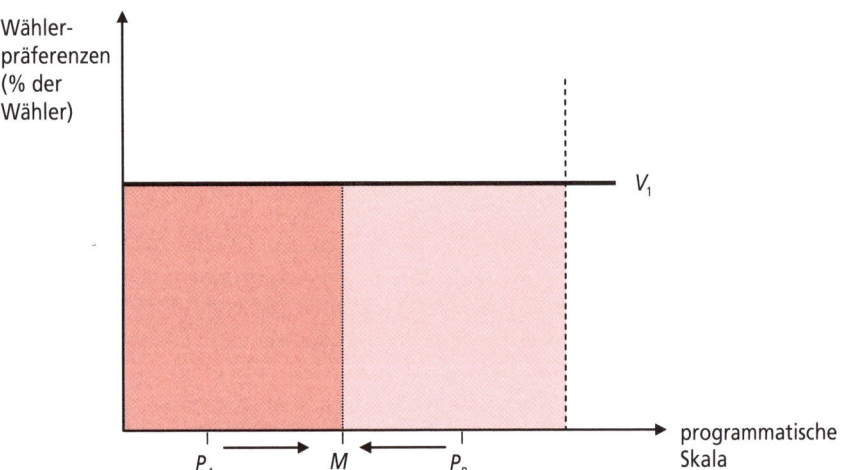

Abbildung 16.1: Wahlgleichgewicht bei gleich verteilten Wählerpräferenzen

Wenn zwei Parteien um Wählerstimmen werben, Wahlenthaltungen nicht möglich sind und jeder Wähler die Partei wählt, deren Programm seinen persönlichen Präferenzen am nächsten liegt, werden sich die Parteiprogramme in der Mitte annähern. Nur dort, und nicht an den Rändern, können der anderen Partei Wählerstimmen abgenommen werden. Im Gleichgewicht stimmen beide Parteiprogramme mit der Präferenz des Medianwählers M überein.

lich präferierten Punkt liegt, unabhängig davon, wie groß die Entfernung im Einzelfall auch liegen mag.

Betrachtet sei zunächst der Fall, in dem die Zahl der Wähler sich gemäß einer Verteilungsfunktion V_1 gleichmäßig über das Spektrum der möglichen programmatischen Positionen verteilt. Bietet im Ausgangszustand der Politiker A ein Programm links von der Mitte und Politiker B ein Programm rechts von der Mitte an, so besteht eine Tendenz, dass sich die programmatischen Aussagen von A und B in der Mitte annähern. Die Bewegung zur Mitte vergrößert die Wahrscheinlichkeit, dass die Wähler den einen Politiker dem anderen vorziehen werden. Wahlentscheidend ist es, den Wähler zu gewinnen, dessen Stimme einer Partei die Mehrheit der Stimmen erbringt. Man bezeichnet dieses Ergebnis auch als *Medianwähler-Theorem.*

Die Annäherung der Programmaussagen an die Position des Medianwählers stellt sich unter den genannten Prämissen auch dann ein, wenn die Verteilung der Wählerpräferenzen ein anderes Aussehen hat (vgl. *Abbildung 16.2 a* und *b*). Die Verteilungsfunktion V_2, die eine Häufung in der Mitte aufweist, oder die Verteilungsfunktion V_3, die zwei Gipfel rechts und links der Mitte besitzt, macht diesen Zusammenhang deutlich. Die Gesamtzahl der Wählerstimmen, die auf jede Partei entfällt, errechnet sich als Fläche unter der Verteilungsfunktion. Da jede Partei bestrebt ist, die so auf sie entfallende Fläche zu maximieren, an den Rändern aber keine Expansionsmöglichkeiten bestehen, können neue Wähler nur in der Mitte gewonnen werden. Wie weit die Bewegung in die Mitte für jede der beiden Parteien gehen muss, hängt von der Position des Median der jeweiligen Wählerverteilung ab.

Mehrdimensionalität der Parteiprogramme könnte die Bewegung zur Mitte aufhalten. Allerdings entstehen den Wählern erheblich höhere Informationskosten, wenn sie

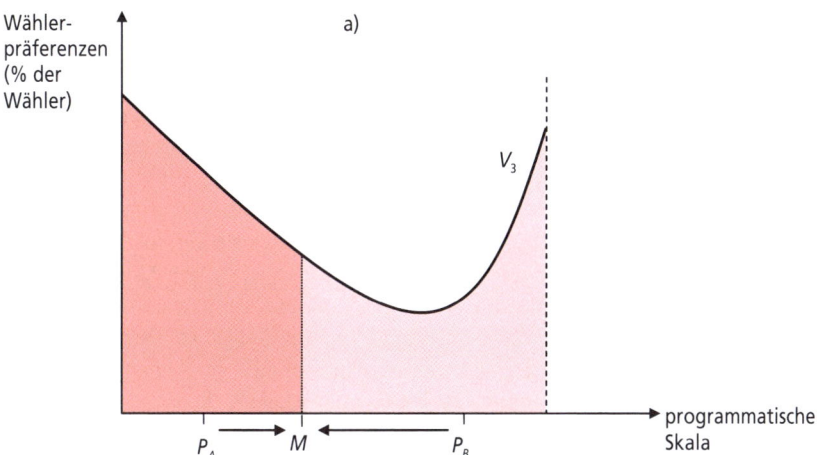

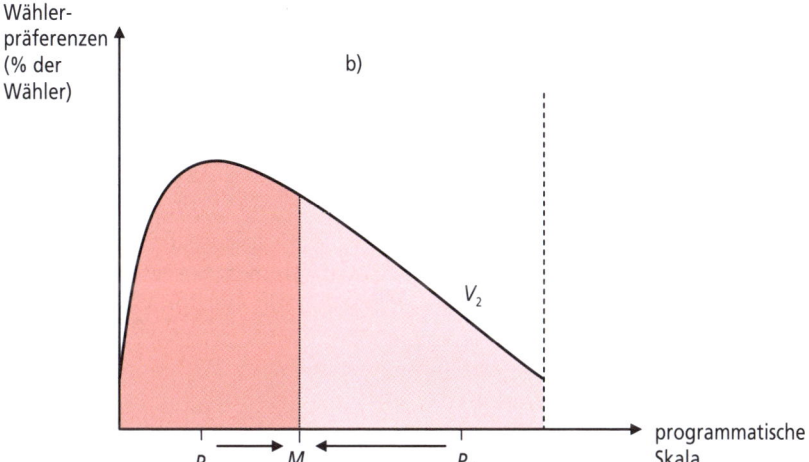

Abbildung 16.2: Wahlgleichgewicht bei ungleich verteilten Wählerpräferenzen

*Auch bei ungleich verteilten Wählerpräferenzen bleibt die Anziehungskraft des Medianwählers M für die Parteipro-
gramme enthalten, sofern weiterhin nur zwei Parteien um die Wähler konkurrieren, die Wahlprogramme eindimen-
sional sind, Wahlenthaltung ausgeschlossen ist und jeder Wähler seine Stimme derjenigen Partei gibt, die seiner persönlichen Präferenz am nächsten liegt.*

ganze Bündel von Programmaussagen und deren jeweilige Konsequenzen bewerten und
vergleichen sollen. Daraus ergibt sich ein Anreiz für die Parteien, möglichst eindimensionale Programmaussagen anzubieten, wobei diese Funktion häufig von einer bestimmten, eindeutig festlegbaren *Parteiideologie* übernommen wird. Gehemmt wird die Bewegung zur Mitte durch den *intraparteilichen Wettbewerb* um Programmaussagen.
Sofern die Parteiführung, die für die Formulierung der Programmaussagen verantwortlich ist, selbst durch Wahlen legitimiert wird, muss sie sich tendenziell an der Mitte
der durch die Partei vertretenen Wählergruppen – und nicht an der Mitte des gesamten

Wählerpotentials – orientieren. Damit entsteht eine Tendenz zur Formulierung von Wahlprogrammen, in denen extreme Positionen eine stärkere Berücksichtigung finden.

Drohende *Wahlenthaltungen* und das *Auftreten neuer Parteien* wirken ebenfalls einer zu starken inhaltlichen Annäherung der Parteiprogramme entgegen. Wahlenthaltung droht von den Wählern mit extremen Präferenzen, die sich von keiner Partei mehr angemessen repräsentiert fühlen, wenn alle Wahlprogramme zu weit in die Mitte gerückt sind. Der Effekt wird verstärkt, wenn enttäuschte Wähler sich neu gegründeten Parteien zuwenden, die mit ihren Aussagen die Ränder des programmatischen Spektrums abdecken. Zum anderen besteht für die Wähler der Mitte selbst kein Anreiz mehr, für eine bestimmte Partei zu votieren, wenn die Programmaussagen aller Parteien sich zu weit angenähert haben. Stimmenthaltungen haben für jede Partei den gleichen Effekt wie die Abwanderung von Wählern zu anderen Parteien. Sie vergrößern damit den Anreiz zu einer stärkeren programmatischen Abgrenzung.

Problematisch für die Aussagekraft des Modells von *Downs* sind schließlich die Annahmen bezüglich der Informationen über Parteiprogramme und Wählerwünsche. Zunächst kann man bezweifeln, dass die Wählerpräferenzen für die Parteien tatsächlich so genau vorhersehbar sind, wie es die Annahme einer gegebenen Verteilungsfunktion suggeriert. Daher geht die Theorie des *Probabilistic Voting* (*Coughlin* 1992), also des probabilistischen Wählerverhaltens, davon aus, dass die Parteien nur die Wahrscheinlichkeit der Gewinnung von Wählerstimmen maximieren können. Wenn man unterstellt, dass unterschiedliche Wählergruppen mit unterschiedlicher Wahrscheinlichkeit auf Veränderungen der Parteiprogramme reagieren, besteht für die Parteien ein Anreiz, sich besonders stark an den Interessen derjenigen Wählergruppe zu orientieren, die mit der höchsten Wahrscheinlichkeit auf einen programmatischen Wechsel mit einer Änderung ihres Wahlverhaltens reagiert. An die Stelle der Anziehungskraft des Medianwählers für die Ausgestaltung der Parteiprogramme tritt damit die *Anziehungskraft der Wechselwähler*.

Da die verbindliche Bewertung der Parteiprogramme durch die Wähler immer nur zu den Wahlterminen erfolgt, sind die Politiker in jedem Fall gezwungen, vorausahnend die Präferenzen der Wähler abzutasten. Nur auf diese Weise können sie rechtzeitig zum Wahltermin jenes Programm anbieten, von dem sie glauben, dass es dem Willen ihrer Wähler am ehesten entspricht. Um ihre Informationsbasis zu verbreitern, kann es für die Politiker deshalb sinnvoll sein, die Ansichten *organisierter Interessengruppen* zu erfragen und zu berücksichtigen. Damit ergibt sich eine wichtige Funktion für die Existenz solcher Interessengruppen, die in Kapitel 16.2 noch genauer analysiert werden.

Schließlich ist es auch für die Wähler kostspielig, sich über die konkreten Programmaussagen unterschiedlicher Politiker und deren Konsequenzen zu informieren. Somit besteht ein Anreiz für die gerade regierenden Politiker, unmittelbar vor Wahlen den Nutzen ihrer Tätigkeit dem Wähler besonders plastisch vor Augen zu führen. Sie werden daher bestrebt sein, vor Wahlterminen entweder wählergruppenspezifische Begünstigungen durchzusetzen oder für eine möglichst günstige allgemeine Wirtschaftslage zu sorgen. Gleichzeitig werden sie versuchen, die Kosten dieser Maßnahmen erst nach den Wahlterminen anfallen zu lassen. Die Wahrscheinlichkeit für eine solche Politik steigt mit der Länge der Wahlperioden, ihre Folge ist das Entstehen *politischer Konjunkturzyklen* (*Nordhaus* 1975).

William Nordhaus und der politische Konjunkturzyklus

William D. Nordhaus (geb. 1941), US-Ökonom, seit 1973 Professor an der Yale University. Hauptwerke: *Invention, Growth and Welfare: A Theoretical Treatment of Technological Change* (Cambridge MA, 1969); *Is Growth Obsolete?* (zusammen mit *J. Tobin*, New York, 1973); „The Political Business Cycle" (*Review of Economic Studies*, 1975); *Managing the Global Commons: The Economics of Climate Change* (Wien, 1994).

In seinem Artikel über die Entstehung politischer Konjunkturzyklen sah *Nordhaus* in den Mechanismen der parlamentarischen Demokratie einen Anreiz für die Regierung, Konjunkturschwankungen nicht zu dämpfen, sondern sie im Gegenteil selbst zu erzeugen. Verantwortlich dafür sind die gesetzlich vorgegebenen Wahlzyklen für die Parlamente und Regierungen. Politiker werden ein Interesse daran haben, vor Wahlen eine andere Wirtschaftspolitik zu verfolgen als nach dem Wahlen, wenn sie nicht mit unmittelbaren Sanktionen von Seiten der Wähler zu rechnen haben.

Das Modell von Nordhaus basiert auf einer *Phillips*-Kurve, die der Regierung eine (zumindest kurzfristige) Wahlmöglichkeit zwischen der Höhe der Inflationsrate und dem Ausmaß der Arbeitslosigkeit suggeriert. Die Wähler messen die Regierung an den Erfolgen bei der Inflationsbekämpfung und der Schaffung neuer Beschäftigung, allerdings diskontieren sie die vergangenen Leistungen ab, sie vergessen also nach einiger Zeit auch die Misserfolge in der Vergangenheit. Unter diesen Annahmen wird die Regierung einen Anreiz haben, unmittelbar nach einer Wahl die Inflationsrate durch eine restriktive Finanz- und Geldpolitik zu senken und dafür steigende Arbeitslosenzahlen in Kauf zu nehmen. Unmittelbar vor einer Wahl wird dagegen das Beschäftigungsziel eine sehr viel höhere politische Präferenz besitzen. Dies wird sich in einer expansiven Haushaltspolitik niederschlagen, die mit einer wieder steigenden Inflationsrate einhergeht.

Ein wichtiger Einwand gegen die Theorie der politischen Konjunkturzyklen betrifft die Erwartungsbildung der Akteure. Bei rationalen Erwartungen ist weder die kurzfristige Stabilität der *Phillips*-Kurve gesichert noch sollte man eine dauerhafte Täuschung der Wähler über die tatsächliche Politik der Regierung erwarten können. Diesem Einwand steht entgegen, dass jede politische Wahl immer wieder unter Unsicherheit stattfindet, die exogene Ursachen – Rohstoffpreisveränderungen, Einflüsse der Weltkonjunktur, politische Krisen – hat. Die überwiegende Zahl der Wähler wird nicht in der Lage sein, den Einfluss endogener und exogener Faktoren auf die wirtschaftspolitischen Ziele genau zu unterscheiden. Für die Politiker ergeben sich damit Handlungs- und Gestaltungsspielräume, die sie ganz im Sinne von *Schumpeters* Theorie des dynamischen Wettbewerbs durch innovative Wahlaussagen für ihre Wiederwahl nutzen können.

16.3 Ökonomische Theorie der Interessenverbände

Ein wichtiges Anliegen der Neuen Politischen Ökonomie besteht darin, das Entstehen von Interessenverbänden und ihren Einfluss auf den politischen Entscheidungsprozess zu analysieren und zu beurteilen. Die in demokratischen Systemen häufig beklagte „Herrschaft der Verbände" macht auf die *Bedeutung der organisierten Gruppeninteressen* für die politische Willensbildung aufmerksam. Es stellt sich daher die Frage, ob das System der parlamentarischen Demokratie nicht möglicherweise die Durchsetzung von Partikularinteressen begünstigt.

Aus Sicht der Neuen Politischen Ökonomie liegt die wichtigste Ursache für die politische Macht der Interessenverbände darin begründet, dass sie den Politikern und ihren Mitgliedern *Informationen* liefern, die diese ansonsten nur unter erheblichen Kosten erhalten könnten. Man kann davon ausgehen, dass Politiker und Parteienvertreter in der Regel nur ungenaue Kenntnisse über die Auswirkungen bestimmter wirtschaftspolitischer Maßnahmen oder über die Präferenzen der Wähler für wirtschaftspolitische Ziele und Mittel verfügen. Solche Informationen können mit verhältnismäßig geringen Kosten von den Interessenverbänden bereitgestellt werden. Andererseits können die Verbände ihren Mitgliedern auch genauere Informationen über die Wirkungen staatlicher Maßnahmen geben und damit den bei individuellen Wahlentscheidungen verfügbaren Wissensstand verbessern. Die Macht der Verbände kann auch darauf beruhen, dass sie aufgrund eines *hohen Organisationsgrads* in der Lage sind, durch gezielte Aktionen das gesamte Wirtschaftssystem zu beeinflussen. Sie können auf diese Weise andere Wählergruppen erreichen und deren Entscheidungen im Verbandsinteresse manipulieren. Solche „Marktmacht" der Verbände drückt sich etwa in Form organisierter Streiks oder Kaufboykotte aus.

Der Einfluss der Verbände auf die politische Willensbildung muss nicht zwangsläufig die Ergebnisse der Politik einseitig verzerren. So tragen zur Informationsbildung der Politiker sicherlich nicht nur die Darlegungen der Interessenverbände, sondern auch unabhängige Beratergremien und individuelle Erfahrungen bei. Ebenso könnte die gleichmäßige Vertretung aller individuellen Interessen durch Verbände zu einem Wettbewerbsdruck führen, der übermäßige Begünstigungen verhindert. Allerdings hat die ökonomische Theorie der Interessenverbände auch nachgewiesen, dass sich nicht alle individuellen Interessen gleichermaßen gut verbandsmäßig organisieren und damit politisch gleich nachdrücklich durchsetzen lassen. Immerhin sind die Gründung und der laufende Unterhalt eines Interessenverbands für die Mitglieder mit Kosten verbunden, während der Nutzen der Verbandstätigkeit unter Umständen Individuen zugute kommt, die diese Kosten nicht getragen haben.

Mancur Olson (1965) hat die Bedingungen herausgearbeitet, die einen Beitritt zu einem Verband rechtfertigen. Der Verband bietet seinen Mitgliedern ein *privates Kollektivgut* oder *Clubgut* an, das heißt Mitglieder des Clubs rivalisieren nicht beim Konsum des Gutes, aber Nicht-Mitglieder des Verbandes sind von der Nutzung ausgeschlossen. Da der Beitritt zum Club mit Kosten verbunden ist, lohnt er sich für ein rational handelndes Individuum nur dann, wenn das vom Verband angebotene Clubgut im individuellen Nutzenkalkül eine ausreichend hohe Bedeutung besitzt.

Kosten und Nutzen der Clubmitgliedschaften werden natürlich auch von der *Zahl der Clubmitglieder* beeinflusst, wobei ganz unterschiedliche funktionale Verläufe denkbar sind. Der Nutzen einer Mitgliedschaft kann ebenso wie die Kosten bei wachsender

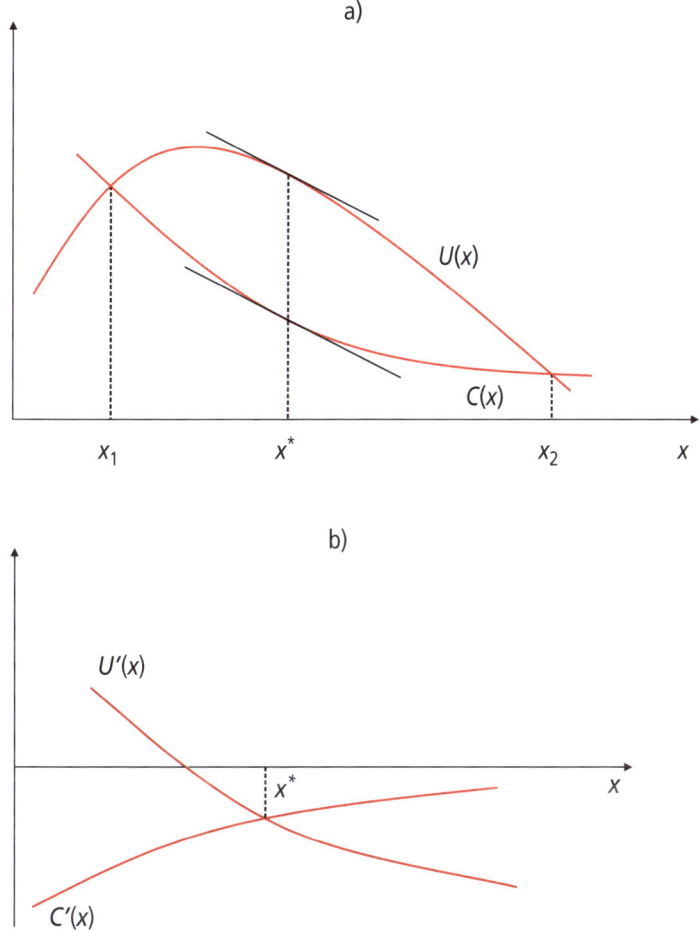

Abbildung 16.3: Determinanten der optimalen Clubgröße

Im oberen Teil sind denkbare Kosten- und Nutzenverläufe C und U in Abhängigkeit von der Mitgliederzahl x eines Clubs abgetragen; im unteren Teil finden sich die zugehörigen Verläufe der Grenzkosten C' und Grenznutzen U'. Unter ökonomischen Gesichtspunkten liegt die optimale Clubgröße am Schnittpunkt von Grenzkosten und Grenznutzen bei x*.

Zahl der Mitglieder zunehmen oder sinken. Unabhängig vom konkreten Verlauf lässt sich herleiten, dass die optimale Größe eines Clubs dann erreicht ist, wenn der Grenznutzen mit den Grenzkosten der Aufnahme eines weiteren Mitglieds übereinstimmt. *Abbildung 16.3* stellt einen möglichen Verlauf von Kosten und Nutzenverläufen dar, der zu einer optimalen Clubgröße bei der Mitgliederzahl x^* führt. In diesem Beispiel sinken die Gesamtkosten bei wachsender Mitgliederzahl. Die Grenzkosten sind daher negativ, steigen aber an, zum Beispiel weil die Organisation der steigenden Mitglieder aufwändiger wird. Der Nutzen der Mitgliedschaft steigt zunächst an und sinkt später, weil etwa die Heterogenität der Mitglieder zunimmt und damit die Zielsetzung des Clubs nicht mehr so gut verwirklicht werden kann.

Mancur Olson und die institutionelle Sklerose

Mancur Lloyd Olson (1932–1998), US-Ökonom, nach Studium in Oxford und Harvard seit 1969 Professor für Ökonomie an der University of Maryland, seit 1991 dort auch Direktor des neu gegründeten Center on Institutional Reform and the Informal Sector (IRIS). Das Institut setzte sich zur Aufgabe, länderspezifische Spielregeln für den Übergang in eine Marktwirtschaft zu entwerfen und Strategien für deren Umsetzung zu erarbeiten. Demokratisierung, Justizreformen, Marktregulierung, Wettbewerbspolitik, Korruptionsbekämpfung sowie Sozialkapitalbildung sind thematische Schwerpunkte von IRIS. Seine Hauptwerke sind: *The Logic of Collective Action* (Cambridge MA, 1965), *The Rise and Decline of Nations* (New Haven CT, 1982).

Olson legte in seinen Arbeiten die Grundlage für eine Theorie der Organisation von Lobbygruppen. Er zeigte, warum und wie sich in modernen Gesellschaften Interessengruppen bilden, die ihren Mitgliedern Zugang zu bestimmten kollektiven Gütern verschaffen. Eine große Gefahr sah *Olson* darin, dass die Organisation der gesellschaftlichen Interessen nicht symmetrisch erfolgt. Wegen der Gefahr von Trittbrettfahrerverhalten und aufgrund der Kosten der Organisation lassen sich in der Regel die Sonderinteressen kleiner Gruppen stärker institutionell bündeln als diejenigen großer Gruppen. Wenn aber kleine, gut organisierte Interessengruppen einen übergroßen Einfluss auf die Wirtschaftspolitik eines Landes ausüben, blockieren sie langfristig den ökonomischen und gesellschaftlichen Wandel. Sie werden durch gezielten Lobbyismus versuchen, die Einkommen ihrer Mitglieder zu erhöhen, auch wenn dies nicht mit einem allgemeinen Wohlstandsanstieg, sondern mit reiner Umverteilung verbunden ist.

Olson sah eine wichtige Voraussetzung für dauerhaften Wohlstand im Zurückdrängen mächtiger Verbandsinteressen und in der Stärkung des Wettbewerbs. Den langfristigen ökonomischen Niedergang von Staaten führte er auf „institutionelle Sklerose" zurück, die dadurch entsteht, dass Lobbygruppen durch Verteidigung ihrer Privilegien die Wettbewerbsordnung verzerren und damit die Anfälligkeit von Volkswirtschaften gegenüber externen Schocks erhöhen.

Die Berücksichtigung der Verbandszielsetzung und ihrer Beziehung zum individuellen Nutzen, zum Nutzen einer Clubmitgliedschaft und zur Entwicklung des Grenznutzens bei gegebenen Kosten kann erklären, warum Produzenten und Arbeitnehmer sich wesentlich stärker verbandsmäßig organisieren als Konsumenten. Im Rahmen einer arbeitsteiligen Wirtschaft beziehen Individuen in der Regel ein Einkommen aus einer dominierenden Quelle als Arbeitslohn oder Gewinn; dagegen sind die individuellen Konsumaktivitäten auf eine Vielzahl verschiedener Güter gerichtet, die auf zahlreichen Märkten gehandelt werden. Die Unterstützung einer Interessengruppe, die eine Erhöhung individueller Einkommen betreibt, kann damit den individuellen Nutzen in der Regel stärker erhöhen als Lobbytätigkeit, die auf individuell bessere Versorgung mit einem einzigen Konsumgut abzielt. Bei steigendem Anteil der Ausgaben für die Anschaffung oder Nutzung eines bestimmten Konsumguts am individuellen Einkommen erhöht sich der Anreiz zur verbandsmäßigen Organisation der Verbraucherinteressen. Typische Beispiele für Konsumgüter mit einem relativ hohen Anteil an den Haushaltsausgaben und entsprechend starker verbandsmäßiger Organisation der Konsumenten sind Auto und Wohnung. Es kann daher nicht erstaunen, wenn in Deutschland einerseits die Nachfrage nach Mietwohnungen durch eine Subventionierung der Mieten in Form des Wohngelds gefördert wird und gleichzeitig im Rahmen der EU-Agrarpolitik die landwirtschaftlichen Produzenten eine massive Unterstützung erfahren.

Ebenso kann die Verbandsmitgliedschaft für ein nutzenmaximierendes Individuum interessant sein, wenn sie mit dem Bezug von Gütern und Dienstleistungen verbunden ist, die Nicht-Mitgliedern nicht zufließen. Solche Leistungen können im Bezug einer Mitgliedszeitung, in kostenlosen Beratungen, Schulungs- und Fortbildungsmaßnahmen oder in der Organisation von Gruppenreisen liegen. Die wenigsten Verbände werden auf die Aktivierung der Mitgliederinteressen über solche Sonderleistungen verzichten können.

Da das Entstehen von Interessengruppen somit von unterschiedlichen Faktoren abhängt, kann nicht ausgeschlossen werden, dass durch die bestehenden Interessenverbände eine asymmetrische Information der Politiker erfolgt. Damit entsteht aber eine systematische Verzerrung im politischen Willensbildungs- und Entscheidungsprozess. Als teilweise ausgleichender Mechanismus könnte zum einen der Wettbewerb der Parteien um Wählerstimmen wirken, indem eine Partei sich die Wünsche nicht-organisierter Individuen zu Eigen macht und sie durchzusetzen versucht. Zum anderen können der politische Einfluss eines Verbands und die damit verbundene ökonomische Begünstigung so zunehmen, dass der Nutzen einer Verbandsorganisation der Benachteiligten schließlich die dabei anfallenden Kosten übersteigt. Die Macht der einen Seite hätte in diesem Fall das Entstehen einer *Gegenmacht* provoziert.

16.4 Ökonomische Theorie der Bürokratie

Ein entscheidender Einfluss auf die Wahl und die Ergebnisse wirtschaftspolitischer Maßnahmen geht von den *Verwaltungsinstanzen* aus, die mit ihrer Umsetzung betraut sind. Die Neue Politische Ökonomie sieht die Bürokratie nicht mehr als ausführendes Organ legislativer Entscheidungen an. Sie berücksichtigt vielmehr explizit das Rationalverhalten der in der Verwaltung tätigen Individuen. Diese werden versuchen, nicht das Gemeinwohl, sondern zunächst ihren individuellen Nutzen zu maximieren.

Ein Eigengewicht innerhalb politischer Entscheidungsprozesse fällt den Verwaltungsinstanzen alleine schon dadurch zu, dass sie in der Regel weitaus bessere Informationen über die Wirksamkeit und Durchführbarkeit wirtschaftspolitischer Maßnahmen besitzen als die Masse der Politiker. Diesen *Informationsvorsprung* können gerade die leitenden Verwaltungsbeamten dazu nutzen, um eigene Ziele zu verwirklichen. Ihr individueller Nutzen, den sie zu maximieren suchen, kann dabei von ihrem Prestige, von ihrer Macht oder von der Zahl der Mitarbeiter abhängen. Letztlich steht er aber immer im Zusammenhang mit der Größe des von der Behörde verwalteten Budgets. Mit zunehmender Größe des Budgets wächst die Zahl der *bürokratischen Hierarchieebenen*. Damit besteht für die leitenden Verwaltungsangestellten eine größere Wahrscheinlichkeit, prestigeträchtige Titel, eine höhere Zahl von Mitarbeitern oder ein höheres Einkommen zu erhalten.

Gegenüber Politikern und Parlamenten werden sich die Behördenvertreter wie Vertreter von Interessenverbänden verhalten. Sie nutzen ihren Informationsvorsprung, um die Größe der betreffenden Verwaltung und die Höhe ihres Budgets zu verteidigen, den Verwaltungsapparat durch die Übernahme zusätzlicher Aufgaben möglichst weiter zu vergrößern und um sich neue Tätigkeitsbereiche zu erschließen, sofern ihre bisherigen Aufgaben durch wirtschaftliche oder politische Entwicklungen hinfällig werden. Ist das staatliche Leistungsangebot durch diese Zustände überdimensioniert, entsteht *allokative Ineffizienz*. Kostenüberlegungen spielen dagegen im Kalkül der Bürokraten eine geringe Rolle, da sie allenfalls in ihrer Funktion als Steuerzahler geringfügig durch die Mehrkosten einer expandierenden Verwaltung belastet sind. Gleichzeitig führt fehlender Wettbewerbsdruck zwischen Verwaltungsinstanzen, sofern sie staatliche Leistungen als Monopolisten anbieten, zur Verschwendung der eingesetzten Produktionsfaktoren. Die Tatsache, dass staatliche Verwaltungen ihre Leistungen oft zu überhöhten Kosten anbieten, wird nach *Harvey Leibenstein* (1966) als *X-Ineffizienz* bezeichnet.

Das Zusammenwirken von *X*-Ineffizienz und allokativer Ineffizienz wird im Bürokratie-Modell von *William Niskanen* (1971) verdeutlicht, das in *Abbildung 16.4* dargestellt ist. Betrachtet werden Angebot und Nachfrage einer staatlichen Leistung q, die alternativ auch von privaten Anbietern bereitgestellt werden könnte. Die lineare Angebotskurve S_1 entspricht den Grenzkosten der privaten Herstellung. Da steigende Grenzkosten unterstellt werden, hat die Angebotskurve eine positive Steigung. Die Nachfragekurve D sei linear und fallend. In ihr äußert sich die marginale Zahlungsbereitschaft der Nachfrager für die Nutzung des Gutes. Dieses Gut werde nun als staatliche Leistung von der Behörde kostenlos bereitgestellt. Die Finanzierung erfolgt über eine allgemeine Abgabe, deren Gesamtumfang durch die Zahlungsbereitschaft der Bürger bestimmt wird. Die Höhe des verfügbaren staatlichen Budgets, das heißt die Summe aller Einnahmen aus erhobenen Abgaben, lässt sich dann durch die Fläche unter der Nachfragekurve bis zur Bereitstellungsmenge der staatlichen Leistung q messen. Um allokative Verzerrungen bei der Abgabenerhebung zu vermeiden, sei unterstellt, dass für alle Nutzer der staatlichen Leistung eine gleich hohe Pauschalabgabe erhoben wird und dass die Summe dieser Pauschalabgaben genau dem staatlichen Budget entspricht.

Bei Wettbewerb unter privaten Anbietern würde im Wettbewerbsgleichgewicht die Leistung im Umfang q_W angeboten. *X-Ineffizienz* des staatlichen Angebots besteht darin, dass die Grenzkosten der Leistungserstellung sich erhöhen, weil Wettbewerbsdruck und effektive Kostenkontrolle fehlen. Durch *X*-Ineffizienz kommt es in *Abbildung 16.4 a* zu einer Verschiebung der Angebotskurve nach oben auf S_2. Würden die staatlich erstellten Leistungen auf privaten Märkten angeboten, käme ein Marktgleichgewicht mit der geringeren Menge q_X und einem höheren Preis zustande. Bei staatlichem Angebot der Menge q_X entsteht aber auch noch ein Budgetüberschuss für die Verwaltung im Umfang des Dreiecks *ABC*. Er kommt zustande, weil die Grenzkosten der Leistungserstellung, selbst unter Berücksichtigung administrativer Ineffizienz, geringer sind als die marginale Zahlungsbereitschaft der Nutzer, die sich in der Nachfragekurve niederschlägt.

Für das Angebotsverhalten der Behörde ist aber nicht die Maximierung des Budgetüberschusses relevant. Das Vorliegen hoher Budgetüberschüsse kann die Politiker sogar zu einer Senkung der Abgaben veranlassen. Im Eigeninteresse der Bürokraten liegt eher die Maximierung des Budgets. Dabei lassen sich zwei Fälle unterscheiden, die in *Abbildung 16.4 b* dargestellt sind. Gibt es keine Kostenrestriktionen für die Erstellung der staatlichen Leistung, werden die Bürokraten versuchen, das Angebot bis zur Sät-

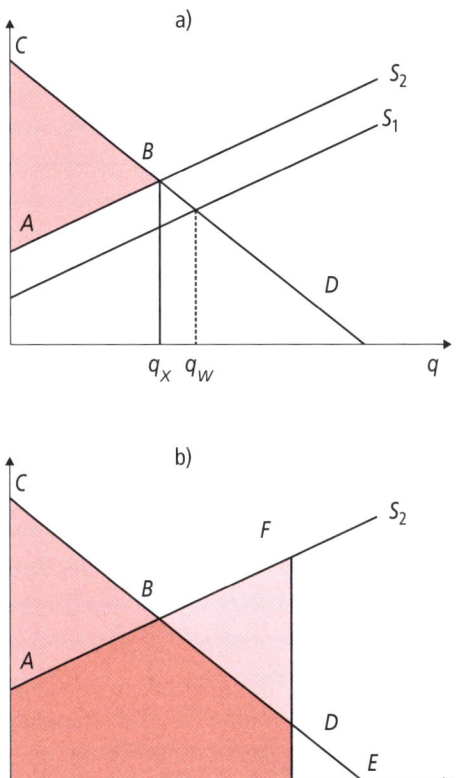

Abbildung 16.4: Ineffizienzen staatlicher Bürokratie

X-Ineffizienz der staatlichen Bürokratie liegt vor, wenn die Grenzkosten des öffentlichen Angebots wegen fehlenden Wettbewerbs höher liegen als die Grenzkosten bei privatem Angebot. Durch die Verschiebung der Angebotskurve verringert sich die Marktversorgung in B gegenüber einem Wettbewerbsgleichgewicht. Durch die Tendenz der Bürokratie zur Ausweitung des Budgets wird andererseits ein Überangebot begünstigt. Ohne Budgetrestriktion würde das Angebot bis zur Sättigung der Nachfrage bei E ausgedehnt. Bei Berücksichtigung einer Budgetrestriktion würde sich ein Gleichgewicht bei F ergeben, wo die Kosten genau dem durch Pauschalabgaben finanzierten Budget entsprechen.

tigungsmenge bei E auszudehnen. Das dann entstehende Budgetdefizit müsste aus anderen Positionen des öffentlichen Haushalts, zum Beispiel durch Staatsverschuldung, finanziert werden. Gibt es dagegen eine Verpflichtung zum Budgetausgleich, wird sich die Angebotsmenge der staatlichen Leistung gegenüber dem denkbaren Maximum bei E so weit verringern, bis sich bei q_F eine Kostendeckung aus den erzielbaren Einnahmen eingestellt hat. Bei q_F stimmen die Einnahmen aus Abgaben, die Fläche unter der Nachfragekurve, und die Gesamtkosten der Leistungserstellung, die Fläche unter der Grenzkosten- beziehungsweise Angebotskurve, überein. Damit entsprechen sich auch die durchschnittliche Zahlungsbereitschaft und die Durchschnittskosten der staatlichen Leistung. Im Vergleich zum Wettbewerbsgleichgewicht auf einem privaten Markt, in dem marginale Zahlungsbereitschaft und Grenzkosten übereinstimmen, resultiert daraus aber ein Überangebot und daher eine *allokative Ineffizienz*.

Adolph Wagner und das Gesetz von der wachsenden Staatstätigkeit

Adolph Heinrich Gotthilf Wagner (1835–1917), geb. in Erlangen, studierte Rechts- und Staatswissenschaften in Göttingen und Heidelberg. Bereits 1858 wurde er als Professur der Nationalökonomie und Finanzwissenschaft an die Handelsakademie in Wien berufen. 1864 wurde er Professor für Statistik im estnischen Dorpat, 1868 wurde er Ordinarius für Staats- und Kameralwissenschaften in Freiburg i. Br. und 1870 schließlich ordentlicher Professor der Staatswissenschaften an der Universität Berlin. 1872 war er Mitbegründer des Vereins für Socialpolitik, 1882–1885 Mitglied des Preußischen Abgeordnetenhauses. Hauptwerke: *Allgemeine oder theoretische Volkswirtschaftslehre* (Leipzig und Heidelberg 1876), *Grundlegung der Politischen Ökonomie* (Leipzig, 1892), *Finanzwissenschaft*, 4 Bände (Leipzig 1883–1901).

Wagner stellte die Hypothese auf, dass langfristig die staatlichen Aktivitäten im Vergleich zur gesamtwirtschaftlichen Entwicklung überproportional wachsen, so dass die Staatsquote säkular zunehmen muss: „ … eine immer grössere und wichtigere Quote der Gesamtbedürfnisse eines fortschreitenden Culturvolks wird durch den Staat statt durch andere Gemein- und Privatwirthschaften befriedigt, …" In langfristiger Betrachtung zeigt sich in allen Industrieländern, dass die Staatsausgaben sowohl absolut als auch relativ zum Sozialprodukt zugenommen haben. Das Wachstum der Staatsquote weist allerdings deutlich länderspezifische Unterschiede auf. Unklar ist auch, ob es einen langfristigen oberen Grenzwert der Staatsquote gibt und ob es in Zukunft nicht auch Gründe für eine wieder sinkende Staatstätigkeit geben könnte. Interessant ist die langfristige Verschiebung in der Struktur der Staatsausgaben. Der Anteil von Transferausgaben an Private und Unternehmen ist sehr viel stärker gestiegen als der Anteil von Staatskonsum und staatlichen Investitionen. Gerade die staatlichen Investitionen weisen in vielen Ländern eine Stagnation oder einen Rückgang auf. Eine Erklärung für dieses Phänomen kann in den polit-ökonomischen Mechanismen parlamentarischer Demokratien mit mächtigen Lobbygruppen und politischen Wahlgeschenken an wichtige Wählergruppen gesehen werden.

Auf den Einfluss der Bürokratie für das Wachstum der Staatsquote verweist der von *Peacock/Wiseman* (1961) betonte *Niveauverschiebungseffekt*. Während der Weltkriege nahmen die Staatsausgaben in allen Industrieländern sprunghaft zu; nach Kriegsende wurden sie jedoch nicht im gleichen Ausmaß wieder reduziert. Die aufgebauten Verwaltungsstellen hatten naturgemäß ein starkes Eigeninteresse, ihr Weiterbestehen durch Übernahme neuer Aufgaben zu rechtfertigen. Gebunden blieb die Expansion der Staatstätigkeit aber letztlich an die Mobilisierung der notwendigen Staatseinnahmen. Eine Begrenzung des staatlichen Ausgabenwachstums beziehungsweise sogar eine Rückführung der Staatsquote setzt in einer Demokratie daher voraus, dass es Widerstand der Wähler gegen steigende Steuerlasten oder gegen eine wachsende Staatsverschuldung gibt.

16.5 Beispiel: Institutionelle Probleme einer Reform der EU-Agrarpolitik

Ein konkretes Beispiel, wie sich die Ansätze der Neuen Politischen Ökonomie nutzen lassen, um das Verhalten der Träger wirtschaftspolitischer Entscheidungen zu analysieren, liefert die *Europäische Agrarpolitik* (vgl. Abschnitt 3.4). Deren Kennzeichen bestand darin, dass die Einführung von Marktordnungen mit garantierten Mindestpreisen, die deutlich über vergleichbaren Weltmarktpreisen lagen, zu einer deutlichen Steigerung des landwirtschaftlichen Angebots führte. Die wegen fehlender Nachfrage entstandenen Angebotsüberschüsse mussten daher entweder vernichtet, eingelagert oder zu subventionierten Preisen in Gebiete außerhalb der EU exportiert werden. Infolge der Aufkaufgarantien und Exporterstattungen stieg die finanzielle Belastung des EU-Budgets mit den Kosten der Gemeinsamen Agrarpolitik permanent an. Das wachsende Agrarbudget, das sich nach der EU-Erweiterung um Länder mit hoher landwirtschaftlicher Produktion noch mehr erhöhte, und die bei der Überproduktion offensichtliche Verschwendung knapper Ressourcen haben immer wieder die *Notwendigkeit grundlegender Reformen* deutlich gemacht. Das Fehlschlagen vieler Reformbemühungen lässt sich verständlich machen, wenn man die Interessenlage der Akteure, das heißt nationaler Regierungen, EU-Bürokratie, Landwirtschaftsverbände und Landwirte aus Sicht der Neuen Politischen Ökonomie untersucht.

Zunächst lässt sich die *Theorie der Interessenverbände* heranziehen, um zu erklären, warum durch die gemeinsame Agrarpolitik der EU ein einzelner volkswirtschaftlicher Sektor, die Landwirtschaft, durch Preisgarantien in einzigartiger Weise begünstigt wird. Der Betrag der Landwirtschaft zum Bruttosozialprodukt liegt im Durchschnitt aller EU-Länder nur bei etwa 5 Prozent. Die landwirtschaftlichen Produzenten besitzen aber über ihre Interessenverbände sowohl auf nationalem wie auf EU-Niveau ein erhebliches politisches Gewicht. Etwa 90 Prozent der deutschen Landwirte gehören dem Deutschen Bauernverband (DBV) an. Ähnlich hoch ist der Organisationsgrad der Landwirte in den meisten anderen EG-Staaten. Die nationalen Verbände können entweder direkt oder über ihre europäische Dachorganisation Comité des Organisations Professionelles Agricoles de la C.E. (COPA) auf die agrarpolitischen Entscheidungen in der EU Einfluss nehmen.

Der hohe verbandsmäßige Organisationsgrad der Landwirte lässt sich nun wiederum auf die besondere *Struktur der landwirtschaftlichen Produktion* zurückführen. Wie alle Produzenten sind die Landwirte an der über die Preispolitik der EU beeinflussbaren Einkommensentwicklung stärker interessiert als die Verbraucher an günstigen Preisen für Lebensmittel, die zudem nur einen kleinen Teil der gesamten Konsumausgaben ausmachen. Entsprechend gering ist die verbandsmäßige Organisation von Verbraucherinteressen im nationalen Bereich und auf EU-Ebene. Im Unterschied zu Arbeitnehmern und industriellen Unternehmern fließen selbstständigen Landwirten über den Preis für Agrarprodukte nicht nur Entgelte für Arbeitseinsatz und Gewinne für eingesetztes Kapital, sondern auch Renten für die Nutzung des Bodens zu. Der Anreiz für eine politische Durchsetzung der Einkommenssicherung ist für die landwirtschaftlichen Erzeuger umso größer, je weniger Erfolg marktmäßige Aktivitäten, etwa durch alternative Nutzung der eingesetzten Produktionsfaktoren, in dieser Hinsicht versprechen. Die Abwanderung von Arbeitskräften aus dem Landwirtschaftsbereich ist in Zeiten hoher Arbeitslosigkeit aber außerordentlich schwer realisierbar. Die alternative Nutzung des landwirtschaftlichen Bodens ist außerhalb der Ballungsräume kaum möglich. Das in der landwirtschaftlichen Produktion eingesetzte Kapital kann nur unter hohen Verlusten liquidiert und anderweitig genutzt werden.

Schließlich bieten die Landwirtschaftsverbände ihren Mitgliedern auch eine Vielzahl von *speziellen Dienstleistungen* an. So können sie etwa den einzelnen Landwirten die im Detail sehr komplizierten Regelungen der EU-Agrarpolitik und ihre Auswirkungen verständlich machen. Den nichtorganisierten Verbrauchern erwachsen dagegen hohe Informationskosten, wenn sie die Einzelheiten der Preiseingriffe im Agrarbereich genauer verstehen und Alternativen prüfen wollen. Der hohe Organisationsgrad der Landwirte kann wiederum von der Verbandsführung leicht als Mittel zur politischen Einflussnahme verwendet werden. Aufgrund der besonderen Natur der produzierten Güter, die einen kleinen, aber unverzichtbaren Anteil des privaten Konsums ausmachen, besteht zudem für die Verbände die Möglichkeit, durch gezielte Aktionen einen weiten Bereich des Wählerpotentials negativ zu beeinflussen und die Verantwortung auf Politiker und Parteien abzuwälzen.

Besondere Berücksichtigung verdient schließlich noch das Verhalten der mit der Abwicklung der EU-Agrarpolitik beauftragten Politiker und Verwaltungen. Hier kann die Neue Politische Ökonomie eine Erklärung dafür bieten, warum gerade die Agrarpolitik aus dem nationalen Verantwortungsbereich heraus auf die supranationale Ebene verlagert wurde. *Roland Vaubel* (1985) formuliert im Rahmen einer *Theorie internationaler Institutionen* die Hypothese, dass nationale Politiker vermutlich keine Zuständigkeiten an internationale Organisationen abtreten werden, mit denen sich die Interessen breiter Wählerschichten beeinflussen und die sich daher entsprechend gut für Wahlkampfzwecke verwenden lassen. Dagegen dürften sie sich bereit finden, solche Kompetenzen abzutreten, mit denen sie sich zwar die Unterstützung einzelner Interessengruppen sichern können, bei denen sie aber nicht gerne vor allen Wählern die Verantwortung für die entstandenen Kosten übernehmen. Die Politiker erhoffen sich von der Tätigkeit der internationalen Institutionen somit Maßnahmen, deren Nutzen auf wenige Wähler konzentriert ist, deren Kosten aber so breit auf die Gesamtheit der Wähler gestreut sind, dass sie aufgrund der bestehenden Informationskosten von einem einzelnen Wähler gar nicht mehr registriert werden. Im Extremfall würde die Verlagerung von Entscheidungskompetenzen auf internationale Gremien also dazu dienen, Kosten zu verschleiern, die aus der gezielten Befriedigung von Partikularinteressen erwachsen.

Auch die mit der Durchführung der Gemeinsamen Agrarpolitik beauftragte EU-Bürokratie dürfte wenig Interesse an einer grundlegenden Reform des bestehenden Systems besitzen. Denn bei der Rückkehr zu einer völlig freien Preisbildung für Agrarprodukte müsste ihr bisheriger Aufgabenbereich erheblich schrumpfen. Soweit es darum geht, lediglich die negativen Auswirkungen des bestehenden Systems zu mildern, wird die EU-Bürokratie auf die Informationsvermittlung durch die Landwirtschaftsverbände angewiesen sein. Damit nimmt der Einfluss der Verbände auf politische Entscheidungen wiederum zu.

Auf drei Faktoren ist es zurückzuführen, dass nach 1990 dennoch weitreichende Reformen der EU-Agrarpolitik eingeleitet wurden:

- Die *finanziellen Lasten* der bisherigen Agrarpolitik drohten den EU-Haushalt zu sprengen.

- Nach der anstehenden *Osterweiterung der EU* drohte ein völliger Zusammenbruch des bisherigen Stützungssystems.

- Die EU-Agrarpolitik geriet unter massiven Druck im Zusammenhang mit den Gesprächen zur *Liberalisierung des Welthandels*, die zunächst im Rahmen des GATT geführt wurden und nach 1995 unter dem Dach der neuen Welthandelsorganisation (*World Trade Organization*, WTO) fortgesetzt wurden.

Gerade der letzte Faktor erwies sich als wirkungsvoller Hebel, um die festgefügten institutionellen Strukturen der europäischen Agrarpolitik zu verändern. Im Unterschied zu früheren Welthandelsrunden war diesmal die *umfassende Liberalisierung* des weltweiten Agrarhandels ein explizites Ziel. Der EU drohte Ende 1990, dass sie mit ihrer protektionistischen Agrarpolitik den Abschluss einer neuen GATT-Vereinbarung verhindern und damit ihre eigenen Interessen an einer weiteren Liberalisierung des internationalen Handels mit Industriegütern und Dienstleistungen massiv schädigen könnte. Nicht größere ökonomische Vernunft, sondern eher der *politische Druck stärkerer Interessengruppen* zwang die EU zu Änderungen der Agrarpolitik, die mit der *MacSherry-Reform* von 1992 begannen und in die Agenda 2000 der EU-Kommission einmündeten. Hauptziele der Reform waren die Orientierung am Marktgleichgewicht auf den Agrarmärkten, nachhaltige Preissenkungen sowie die Extensivierung der Landwirtschaft zum Schutz der Umwelt und zur Vermeidung neuer struktureller Überschüsse. *Direkte Unterstützungszahlungen* an die landwirtschaftlichen Beitriebe, gekoppelt an die Art der Flächennutzung und verbunden mit einem Programm zur Flächenstilllegung bei Überschussproduktion, sollten an die Stelle der staatliche gestützten Preise treten. Durch die Senkung der Garantie- und Interventionspreise reduzierten sich auch die Abschöpfungen und Exportsubventionen, die sich an der Differenz zu den Weltmarktpreisen orientierten. Die *MacSherry-Reform* ebnete den Weg zu einem neuen GATT-Abkommen, führte aber nicht zwangsläufig auch zu einer Begrenzung der Ausgaben für die EU-Agrarpolitik. Vielmehr führte der Wechsel von der Preisstützung zu direkten Beihilfezahlungen eher zu einer Zunahme der EU-Agrarausgaben. Dies lässt sich an *Abbildung 16.5* verdeutlichen.

Ausgangspunkt sei das EU-Agrarpreisniveau p_E, das über dem Weltmarktpreisniveau p_W liegt. Der Unterschied zwischen p_E und p_W wird durch Exporterstattungen abgedeckt. Das Gesamtvolumen der Erstattung richtet sich nach der Höhe der Exporte. Es entspricht dem Inhalt der Fläche *DCBA*. Würde das EU-Agrarpreisniveau nun auf das Weltmarktpreisniveau abgesenkt, gäbe es keine Exporterstattungen mehr und die allokativen Verzerrungen durch die Preiseingriffe wären beseitigt. Dagegen stehen nun die finanziellen Lasten für Direktzahlungen an die Landwirte, die deren Einkommensausfall kompensieren müssen. Sie entsprechen dem Inhalt der Fläche $p_W CB p_E$. Da die Preissenkung für alle im Inland und Ausland verkauften Agrarprodukte gilt, sind die Nettokosten der Direktbeihilfen umso höher, je geringer der Anteil der Exporte an der Gesamtproduktion ausfällt. In der EU liegt dieser Anteil etwa bei einem Fünftel. Eine Senkung der Agrarausgaben ergibt sich alleine durch den Rückgang der landwirtschaftlichen Produktion, der natürlich auch eine Folge des sinkenden Agrarpreisniveaus sein wird.

An der Reformstrategie wird noch einmal der polit-ökonomische Nutzen der ursprünglichen EU-Agrarpolitik deutlich. Die hohen Garantiepreise verteilten die Kosten

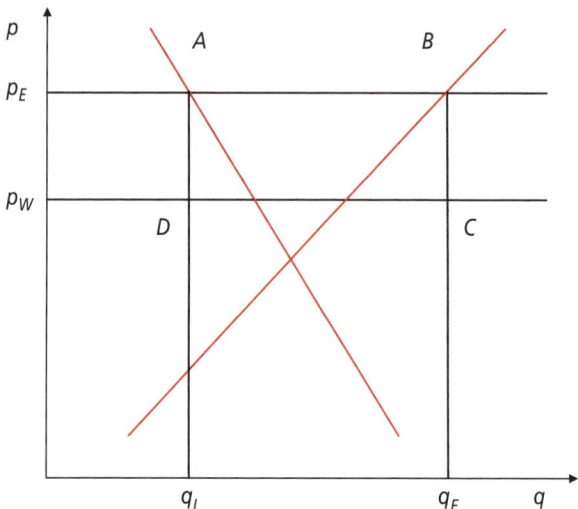

Abbildung 16.5: Budgeteffekte der Reform der EU-Agrarpolitik

Um bei einem Garantiepreis p_E, der über dem Weltmarktpreis p_W liegt, die Überschussproduktion aus dem EU-Markt zu nehmen, waren im traditionellen System Exporterstattungen in Höhe des Rechtecks DCBA erforderlich. Ein kompletter Ersatz des Systems der Garantiepreise durch direkte Einkommensbeihilfen, die allen Landwirten die ursprüngliche Einkommenshöhe sichern, würde ein Budget in Höhe von $p_W CBp_E$ und damit zusätzliche Mittel erforderlich machen. Ein Entlastung des EU-Haushalts ist nur dann zu erwarten, wenn keine vollständige Kompensation der Einkommensverluste erfolgt.

der Agrarpolitik relativ breit auf die *Gesamtheit der Verbraucher*, während die Kosten der Direktbeihilfen zunächst im öffentlichen Haushalt anfallen und erst im zweiten Schritt auf die *Steuerzahler* überwälzt werden können. Der Widerstand der Verbraucher gegen hohe Agrarpreise dürfte geringer ausfallen als der Widerstand der Steuerzahler gegen wachsende Staatsbudgets. Insofern zwingen Direktbeihilfen zu einer stärkeren Kostenrechtfertigung und Kostenkontrolle. Allerdings wird eine weitere Rückführung der Exportsubventionen der EU, die von der WTO verlangt wird, eine weitere Senkung der Interventionspreise, eine Zunahme der direkten Beihilfen und damit unter Umständen noch höhere Agrarausgaben nach sich ziehen.

SCHLÜSSELBEGRIFFE

Aufgaben

www.pearson-studium.de: Hier finden Sie die Lösungen zu den Übungsaufgaben dieses Kapitels, ein Glossar mit Erläuterungen zu den Schlüsselbegriffen sowie Links zu wirtschaftspolitisch relevanten Websites.

1. Parteienwettbewerb in Deutschland

Diskutieren Sie vor dem Hintergrund des *Downs*-Modells die programmatische Entwicklung der beiden großen Volksparteien (CDU/CSU und SPD) seit den 90er Jahren und die Wettbewerbschancen der kleinen Parteien (FDP, Die Grünen, Die Linke/PDS). Welche Folgen könnte die Bildung der Großen Koalition für die programmatische Entwicklung der anderen Parteien haben?

2. Gewerkschaften aus Sicht der Clubtheorie

Welche Gründe liefert die Theorie der Interessenverbände für das Entstehen und die Macht von Gewerkschaften?

3. Ineffizienzen im staatlichen Gesundheitswesen

Geben Sie Beispiele dafür, wie es in einem rein staatlich organisierten Gesundheitssystem typischerweise sowohl zu allokativer Ineffizienz als auch zu *X*-Ineffizienz kommt.

4. Reformstau und Reformen in der Rentenpolitik

Seit der Rentenreform 1956 funktionierte das Rentensystem in Deutschland nach dem Umlageverfahren, in dem die Auszahlungen an die Rentner sich letztlich an den Einzahlungen der abhängig Beschäftigten orientieren. Die wachsende Arbeitslosigkeit und der langfristige Bevölkerungsrückgang haben dieses System in Schwierigkeiten gebracht. Die Beitragssätze drohen anzusteigen, wachsende Defizite müssen durch Zuschüsse aus dem Bundeshaushalt gedeckt werden. Erst in den 90er Jahren wurde begonnen, die Rentenversicherung so umzustellen, dass die heutigen Beitragszahler einen Kapitalstock ansparen, aus dem ihre zukünftigen Renten finanziert werden. Diskutieren Sie unter einer polit-ökonomischen Perspektive, warum diese Reformen so lange verzögert wurden und warum sie letztlich aber doch nicht vermieden werden konnten.

Literaturhinweise

Die Bedeutung der internen Organisation von Institutionen für das Verständnis der praktischen Wirtschaftspolitik betont *Dixit* (1996). Einen umfassenden Einblick in das Forschungsprogramm der Neuen Politischen Ökonomie geben die Lehrbücher von *Bernholz/Breyer* (1984), *Frey/Kirchgässner* (2002) und *Kirsch* (2004). Zahlreiche Anwendungsbeispiele des Instrumentariums der Neuen Politischen Ökonomie in unterschiedlichen Bereichen der Wirtschaftspolitik finden sich bei *Drazen* (2000) und *Persson/Tabellini* (2000).

Die Anwendung der Neuen Politischen Ökonomie zur Analyse der EU-Agrarpolitik behandelt bereits *Hasse* (1983). Die neueren Entwicklungen werden von *Tangermann* (1998) und *Koester* (2005) zusammengefasst. Eine umfassende Analyse der Finanzpolitik aus Sicht der Neuen Politische Ökonomie liefert *Blankart* (2003).

Handlungsspielräume und Glaubwürdigkeit wirtschaftspolitischer Institutionen

17

ÜBERBLICK

Lernziele

■ Die Glaubwürdigkeit wirtschaftspolitischer Institutionen ist die Voraussetzung für die Wirksamkeit wirtschaftspolitischer Eingriffe. Die Glaubwürdigkeit leidet, wenn wirtschaftspolitische Institutionen zeitinkonsistent handeln.

■ Zeitinkonsistenz liegt vor, wenn Entscheidungen, die zu einem bestimmten Zeitpunkt getroffen wurden, zu einem späteren Zeitpunkt nicht mehr optimal sind, weil andere Akteure inzwischen ihre Strategien festgelegt haben. Sind sich die anderen Akteure aber der Zeitinkonsistenz bewusst, werden sie ihr Verhalten entsprechend korrigieren.

■ Zeitkonsistentes Handeln und damit größere Glaubwürdigkeit der Wirtschaftspolitik lassen sich durch strikte Regelbindungen der wirtschaftspolitischen Akteure und klare Zielvorgaben erreichen.

■ Die Verlängerung des Zeithorizonts der Akteure, zum Beispiel die Verlängerung von Wahlperioden, begünstigt den Aufbau von Reputation.

■ Die Verfassung der Europäischen Zentralbank sorgt für ein hohes Maß an Unabhängigkeit für die Entscheidungsträger der Geldpolitik und gibt das klare und eindeutige Ziel der Preisniveaustabilität vor. Im Rahmen ihrer Zwei-Säulen-Strategie hat sich die EZB geldpolitische Regeln gegeben, die aber auch reichlich Raum für diskretionäres Handeln lassen.

17.1 Zeitinkonsistenz wirtschaftspolitischer Entscheidungen

Die Heterogenität zwischen den Trägern der Wirtschaftspolitik und denjenigen, die von den wirtschaftspolitischen Eingriffen betroffen sind, kann den erfolgreichen Einsatz wirtschaftspolitischer Elemente auch noch in einer anderen Hinsicht beeinträchtigen. Bereits im Zusammenhang mit der *Lucas*-Kritik am Konzept rationaler Wirtschaftspolitik ist die Frage aufgetaucht, inwieweit die von den Trägern der Wirtschaftspolitik unterstellten konstanten Rahmenbedingungen sich de facto als Reaktion auf bestimmte wirtschaftspolitische Eingriffe verändern. Wirtschaftspolitik wird angesichts möglicher Verhaltensänderungen bei den Betroffenen zu einem Spiel, in dem beide Seiten die Reaktionen der Gegenspieler berücksichtigen müssen. Gerade angesichts einer möglichen *Spielsituation* wird aber die Glaubwürdigkeit der wirtschaftspolitischen Entscheidungsträger zu einem zentralen Problem. Nur eine *glaubwürdige Institution* kann wirkungsvoll Einfluss auf Märkte und Kreislaufströme nehmen. Glaubwürdigkeit kann durch Regelbindung der Institutionen erreicht werden. Die Debatte über die Vorteile von Regeln gegenüber diskretionären Handlungsspielräumen, in der bisher vor allem die wirkungsvolle Begrenzung von Eigeninteressen der Bürokratie herausgestellt wurde, gewinnt damit eine weitere wichtige Dimension.

Die Glaubwürdigkeit wirtschaftspolitischer Institutionen steht auf dem Spiel, wenn ihr Verhalten sich als zeitinkonsistent erweist. *Zeitinkonsistenz* liegt vor, wenn Entscheidungen, die zu einem bestimmten Zeitpunkt optimal sind, dies zu einem späteren Zeitpunkt nicht mehr sind (*Kydland/Prescott* 1977). Zwischen den beiden Zeitpunkten haben die Mitspieler ihre Entscheidungen getroffen. Wenn sie mit zeitinkonsistentem Handeln der Gegenseite rechnen, werden sie dies im Entscheidungsprozess antizipieren. Das Gesamtergebnis kann dann für alle Beteiligten schlechter sein, als es wäre, wenn bereits am Anfang eine wirkungsvolle Beschränkung der Handlungsmöglichkeiten, zum Beispiel durch strikte Regeln, eingeführt wird. Angesichts der Zeitinkonsistenz-Problematik kann es also sogar für Institutionen, die zunächst völlige Handlungsfreiheit besitzen, sinnvoll und zielgerichtet sein, sich einer Einschränkung ihrer Handlungsmöglichkeiten zu unterwerfen.

Besondere Bedeutung haben Betrachtungen über mögliche Zeitinkonsistenz im Bereich der Geldpolitik gefunden. *Robert Barro* und *David Gordon* (1983) haben einen einfachen Ansatz entwickelt, um *diskretionäres Handeln* und *Regelbindung* der Zentralbank zu vergleichen. Die Entscheidungssituation wird in *Abbildung 17.1* durch eine (erwartungsmodifizierte) *Phillips*-Kurve beschrieben. Das Niveau der natürlichen Arbeitslosigkeit und damit die langfristige *Phillips*-Kurve liegt bei U_n. Die kurzfristigen *Phillips*-Kurven, in denen ein möglicher Trade off zwischen Inflationsrate π und Arbeitslosigkeit U zum Ausdruck kommt, liegen umso höher, je höher die Inflationser-

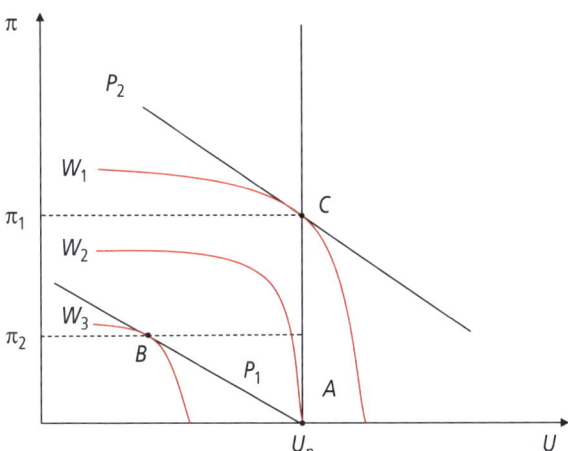

Abbildung 17.1: Zeitinkonsistenz diskretionärer Geldpolitik

Eingezeichnet sind die vertikale langfristige Phillips-Kurve über dem Niveau der natürlichen Arbeitslosigkeit, zwei kurzfristige Phillips-Kurven mit negativer Steigung, die Substitutionsmöglichkeiten zwischen Arbeitslosigkeit und Inflation suggeriert, sowie Indifferenzkurven einer sozialen Wohlfahrtsfunktion der Zentralbank, die ebenfalls eine negative Steigung aufweist. Zentralbank und Private streben zunächst gemeinsam eine Inflationsrate von null bei Punkt A an. Sobald die Privaten jedoch Inflationserwartungen in dieser Höhe gebildet haben, besteht für die Zentralbank die Versuchung, durch eine Erhöhung der Inflation eine Verringerung der Arbeitslosigkeit und damit ein höheres Wohlfahrtsniveau am Punkt B zu erreichen. Sofern die Privaten nun aber mit einem solchen zeitinkonsistenten Verhalten der Zentralbank rechnen, werden sie von Anfang an positive Inflationserwartungen bilden, so dass ein langfristiges Gleichgewicht nur am Punkt C liegen kann. Dort hat sich gegenüber A das Wohlfahrtsniveau aus Sicht der Zentralbank sogar verringert.

wartung π^e der Privaten ist. Von der Zentralbank wird angenommen, dass sie mit ihrem geldpolitischen Instrumentarium die tatsächliche Inflationsrate zielgenau und ohne zeitliche Verzögerung steuern kann. Die Zentralbank orientiert ihre Handlungen an einer *sozialen Wohlfahrtsfunktion W*. Die Indifferenzkurven der sozialen Wohlfahrtsfunktion sind strikt konkav; sie beschreiben Kombinationen von π und U, die den gleichen Nutzen stiften. Je weiter links sie verlaufen, desto höher ist das erreichte Nutzenniveau. Die Tatsache, dass geringere Niveaus der Arbeitslosigkeit als U_n aus Sicht der Zentralbank einen höheren Nutzen stiften können, zeigt im Übrigen, dass es nach der Modelllogik Individuen mit heterogenen Präferenzen geben muss. Von den Privaten, die im Modell erfasst sind, wird weiterhin angenommen, dass sie über das Modell und die Handlungsalternativen der Zentralbank vollständig informiert sind und ihre Inflationserwartungen am Ende der ersten Periode rational auf der Grundlage dieser Informationen bilden. Ein Abweichen der tatsächlichen Inflationsrate von der erwarteten Inflationsrate ist unter diesen Annahmen nur durch eine *überraschende Verhaltensänderung* der Zentralbank möglich, nachdem die Privaten bereits ihre Inflationserwartungen gebildet haben.

Aus Sicht der Zentralbank lässt das Modell ohne weitere Handlungsbeschränkungen einen eindeutigen Anreiz für zeitinkonsistentes Handeln erkennen. Da langfristig die Arbeitslosenquote immer bei ihrem natürlichen Niveau U_n liegen wird, ist es am Beginn des Spiels immer das erklärte Ziel der Zentralbank, die Inflationsrate auf dem Niveau $\pi = 0$ zu fixieren und damit das Nutzenniveau W_2 auf der gesellschaftlichen Wohlfahrtsfunktion im Punkt A zu erreichen. Sobald die Privaten aber ihre Inflationserwartungen auf diesen Wert ausgerichtet haben und damit kurzfristig die *Phillips*-Kurve P_1 gilt, ändert sich die Entscheidungssituation der Zentralbank. Sie könnte bei Punkt B das höhere Nutzenniveau W_3 erreichen, wenn sie durch *Überraschungsinflation* in Höhe von π_1 das Niveau der Arbeitslosigkeit auf U_1, also unter das natürliche Niveau, senkt. Da rationale Bildung der Inflationserwartungen unterstellt wurde, werden die Privaten mit dem zeitinkonsistenten Verhalten der Zentralbank rechnen und dies in ihren Inflationserwartungen berücksichtigen. Ein zeitkonsistentes Gleichgewicht ist unter diesen Bedingungen erst dann erreicht, wenn die Inflationserwartungen bei $\pi_2 > 0$ liegen und mit der tatsächlichen Inflationsrate π übereinstimmen. Die zugehörige kurzfristige *Phillips*-Kurve P_2 tangiert beim Niveau der natürlichen Arbeitslosigkeit U_n (und damit in einem Punkt auf der langfristigen *Phillips*-Kurve) die Indifferenzkurve W_1. Aus Sicht der Zentralbank kann somit eine Erhöhung oder Verringerung der Inflationsrate das Nutzenniveau nicht mehr erhöhen. Allerdings ist der Nutzen im Punkt C deutlich niedriger, als er im Punkt A oder auch im Punkt B gewesen wäre. Das zeitkonsistente Gleichgewicht bei rationaler Erwartungsbildung führt also zu einem Zustand, der aus Sicht aller Beteiligten eigentlich die schlechteste Lösung darstellt. Eine Begrenzung diskretionärer Handlungsspielräume der Zentralbank, beispielsweise durch die Vorgabe eines Inflationsziels in Höhe von $\pi = 0$, wäre dagegen ein geeignetes Mittel, um zeitinkonsistentes Handeln zu verhindern und damit ein Gleichgewicht bei A auch tatsächlich zu erreichen.

Das Grundmodell ist in verschiedener Hinsicht erweitert worden. Die *Erweiterungen* betreffen insbesondere die Einbeziehungen von Unsicherheit über die zukünftige Entwicklung, die Rolle unvollständiger Informationen der Privaten im Prozess der Bildung von Inflationserwartungen sowie die Berücksichtigung mehrperiodiger Handlungs- und Entscheidungszeiträume. Durch diese Erweiterungen sind die Möglichkeiten und

Grenzen deutlich geworden, durch strikte Begrenzung diskretionärer Handlungsspielräume die Glaubwürdigkeit und Wirksamkeit wirtschaftspolitischer Institutionen zu erhöhen.

17.2 Ansatzpunkte für institutionelle Regelungen

Aus dem spieltheoretischen Grundmodell lässt sich ein klares Plädoyer für die *Vorteilhaftigkeit von Regeln* ableiten, an denen sich die wirtschaftspolitischen Institutionen in ihrem Handeln orientieren und die sie den Privaten deutlich kommunizieren. Regeln sind dabei Festlegungen auf bestimmte Ziele, beispielsweise eine Inflationsrate von null, oder auf bestimmte Zwischenziele, die eng mit dem eigentlichen Ziel verbunden sind. Im Bereich der Geldpolitik könnte neben oder anstelle eines Inflationsziels auch ein Ziel für das Wachstum der Geldmenge vorgegeben werden.

Aus der Mehrperiodenanalyse des Modells von *Barro* and *Gordon* wird deutlich, dass Institutionen sich eine *Reputation* gegenüber den Privaten erwerben können, wenn sie sich um eine Orientierung an den vorgegebenen Regeln bemühen. Dies wird einer wirtschaftspolitischen Institution umso leichter fallen, je weniger sie von anderen Ansprüchen beeinflusst wird. Insofern wird der Aufbau von Reputation bei der Regelbindung durch *Unabhängigkeit* der Institution unterstützt. Der Reputation der Institution und dem Erreichen eines hohen gesellschaftlichen Nutzenniveaus dient auch eine gezielte Auswahl der Verantwortlichen. Die Bestellung „konservativer" Zentralbanker, in deren individueller Nutzenfunktion das Erreichen von Preisniveaustabilität einen besonders großen Stellenwert besitzt, hat eine wichtige Signalfunktion für die Privaten. Schließlich kann versucht werden, durch besondere Anreize, zum Beispiel durch die direkte Koppelung von Einkommen an das Erreichen bestimmter Ziele, das Problem möglicher Zeitinkonsistenz zu lösen. Die Notenbank von Neuseeland knüpft beispielsweise die Bezahlung ihrer Gouverneure unmittelbar an die Verfolgung eines vorgegebenen Stabilitätsziels.

Die eindeutigen Vorteile der Regelbindung schwinden allerdings, wenn die *Unsicherheit* zukünftiger Entwicklungen berücksichtigt wird. Angesichts heute unvorhersehbarer Entwicklungen wäre es unklug, den Handlungsspielraum wirtschaftspolitischer Akteure durch starre Regeln zu sehr einzuschränken. Die Möglichkeiten einer Institution, im Notfall auch überraschende Maßnahmen zu ergreifen und damit nachhaltige Wirkungen zu erzielen, sind jedoch davon abhängig, dass sie sich zuvor unter Normalbedingungen eine hohe Reputation bei den Privaten erworben haben. Regelbindung und diskretionäres Handeln müssen sich insofern nicht vollständig ausschließen. Sie können sich unter Abwägung der jeweiligen Handlungssituation sogar wirkungsvoll ergänzen.

Auch über den Bereich der Geldpolitik hinaus haben institutionelle Regelungen einen erheblichen Einfluss auf die wirtschaftspolitische Glaubwürdigkeit. So sehen *Besley* und *Coate* (1997; 1998) ein zentrales Problem der *repräsentativen Demokratie* darin, dass die Möglichkeit eines Regierungswechsels bei jeder Wahl sich negativ auf langfristige finanzielle Engagements einer Regierung und damit vor allem nachteilig auf das Niveau öffentlicher Investitionen auswirkt. Empirische Untersuchungen von *Crain* (2002) haben bestätigt, dass längere Legislaturperioden vertrauensbildend wirken und damit höhere öffentliche Investitionen in Sach- und Humankapital fördern.

John Taylor und eine Regel für die optimale Zinspolitik

John B. Taylor (geb. 1946), US-Ökonom und Finanzpolitiker, seit 1984 Professor für Ökonomie in Stanford, 1989–1991 Mitglied im Council of Economic Advisers des US-Präsidenten, seit 2001 Staatssekretär für Internationale Angelegenheiten im US-Finanzministerium. Hauptwerke: *Macroeconomic Policy in a World Economy: From Econometric Design to Practical Operation* (New York, 1993); „Discretion versus Policy Rules in Pratice" (*Carnegie-Rochester Conference Series on Public Policy*, 1993); *Monetary Policy Rules* (Chicago, 1999).

Taylors Arbeiten über optimale geldpolitische Regeln basieren sowohl auf der *Lucas*-Kritik als auch auf den Überlegungen bezüglich der Zeitinkonsistenz diskretionärer wirtschaftspolitischer Maßnahmen. Die Debatte über Zeitkonsistenz fordert eine klare Regelbindung der Geldpolitik; *Goodhart's Law* warnt gleichzeitig davor, dass strikte Regelbindung auch Veränderungen von Strukturparametern auslösen kann. Daher werden geldpolitische Regeln benötigt, die nicht statisch sind, sondern sich auch an Veränderungen der ökonomischen Situation anpassen können.

Aus umfangreichen ökonometrischen Untersuchungen ergab sich für *Taylor* eine Regel für die optimale Höhe des nominellen Zinssatzes i, also einer von der Zentralbank unmittelbar beeinflussbaren geldpolitischen Variablen:

$$i = r + \pi + 0,5\ (Y - Y^*)/Y^* + 0,5\ (\pi - 0,02)$$

Dabei bezeichnet r das angestrebte Realzinsniveau, π die Inflationsrate während der vergangenen vier Quartale, Y das reale Sozialprodukt und Y^* den langfristigen Trendwert des realen Sozialprodukts. Nach der *Taylor*-Regel orientiert sich die optimale Zinspolitik also an der Inflationsrate der Vergangenheit π, der Abweichung der Inflationsrate von ihrem „unvermeidlichen" Wert von 2 Prozent sowie an der Höhe des *Output Gap*, das heißt der prozentualen Abweichung des realen Sozialprodukts von seinem langfristigen Trendwert. Interessant an der *Taylor*-Regel sind die gleichmäßigen Gewichte von 0,5, mit denen die Abweichung vom Ziel der Preisniveaustabilität und die Abweichung vom Trendwachstum Berücksichtigung finden. Dahinter scheint sich auf den ersten Blick eine besondere Präferenz der Zentralbank zu verbergen, die nicht unbedingt den Präferenzen der Privaten entspricht. Angesichts der Unsicherheit über die zukünftige Entwicklung der Inflationsrate und ihrer Determinanten sowie der möglichen Instabilität des betrachteten makroökonomischen Modells erscheint es allerdings durchaus sinnvoll, mögliche Trendabweichungen der realwirtschaftlichen Größen zu berücksichtigen. Die *Taylor*-Regel gilt heute als ein besonders wichtiges Instrument der geldpolitischen Analyse und Zielformulierung.

17.3 Beispiel: Verfassung und geldpolitische Strategie der Europäischen Zentralbank

Die Europäische Zentralbank als eine noch junge wirtschaftspolitische Institution sieht sich in erheblichem Maße Fragen nach ihrer Glaubwürdigkeit und ihren geldpolitischen Handlungsspielräumen gegenüber. Schon in den Verhandlungen über die europäische Währungsunion, in den Vorschriften des Maastricht-Vertrags von 1992 betreffend die Errichtung der Europäischen Zentralbank, in politischen Gesprächen danach und in der von der EZB gewählten geldpolitischen Strategie sind als Antwort auf diese Fragen institutionelle Regeln entstanden, die sich mit Hilfe des politökonomischen Instrumentariums analysieren lassen. Dabei zeigt sich, dass gerade die spieltheoretische Perspektive des Modells von *Barro* und *Gordon* hilfreich ist, um das Zusammenspiel einzelner Regelungen transparent zu machen und auf Schwachstellen hinzuweisen.

Der Maastricht-Vertrag regelt in Titel VI (Artikel 102a–109m) sowie in mehreren den Vertrag ergänzenden Protokollen die gemeinsame Wirtschafts- und Währungspolitik der Europäischen Union. Im Zentrum stehen die Regelungen für die Einrichtung der Europäischen Zentralbank, die zusammen mit den weiter bestehenden nationalen Zentralbanken das Europäische System der Zentralbanken (ESZB) bildet. Artikel 105 Absatz 1 des Vertrags, auf den Artikel 2 des Protokolls über die Satzung der EZB und des ESZB explizit Bezug nimmt, schreibt vor: „Das vorrangige Ziel des ESZB ist es, die Preisstabilität zu gewährleisten. Soweit dies ohne Beeinträchtigung des Zieles der Preisstabilität möglich ist, unterstützt das ESZB die allgemeine Wirtschaftspolitik der Gemeinschaft …" Bereits mit dieser eindeutigen Festschreibung des Ziels *Preisstabilität*, die ohne Einschränkung als Stabilisierung des Preisniveaus gemessen an einem geeigneten Index interpretiert werden kann, soll die Glaubwürdigkeit der europäischen Geldpolitik gestützt werden. Den Marktteilnehmern wird zweifelfrei signalisiert, dass die EZB keine Beschäftigungsziele verfolgt, sofern diese in irgendeiner Weise das Primärziel der Preisniveaustabilität in Frage stellen. Der Gefahr, dass durch eine Festlegung des Euro-Wechselkurses gegenüber anderen Währungen ein Zielkonflikt zwischen Preisniveau- und Wechselkursstabilisierung beziehungsweise Zahlungsbilanzausgleich aufbrechen könnte, versucht Artikel 109 Absatz 1 des Maastricht-Vertrags dadurch zu entgegnen, dass Vereinbarungen über den Euro-Wechselkurs durch den Europäischen Rat nur dann eingegangen werden dürfen, wenn dies einstimmig, nach Anhörung der EZB und des Europäischen Parlaments und unter Berücksichtigung des Primärziels der Preisniveaustabilität erfolgt.

Es zählt zu den fundamentalen Einsichten der Neuen Politischen Ökonomie, dass die Zielvorgaben an Institutionen wirkungslos bleiben, wenn sie nicht mit den Zielen der in den Institutionen tätigen Individuen kompatibel sind und wenn sie die für die individuellen Entscheidungsträger relevanten Restriktionen außer Acht lassen. Die zentralen Entscheidungsgremien der europäischen Währungsunion sind nach Artikel 106 Absatz 3 sowie Artikel 109a Absatz 1 des Maastricht-Vertrags das Direktorium der EZB und der EZB-Rat, der sich aus den Mitgliedern des Direktoriums und den Präsidenten der nationalen Zentralbanken zusammensetzt. Weiterhin legt der Vertrag in Artikel 109a Absatz 2 fest, dass in das Direktorium, das aus dem Präsidenten, dem Vizepräsidenten und vier weiteren Mitgliedern besteht, nur Mitglieder berufen werden können, die „aus dem Kreis der in Währungs- und Bankenfragen anerkannten und erfahrenen Persönlichkeiten" stammen.

Dem ESZB und der EZB als Organisation wird ein weites Maß an *Unhängigkeit* bei der Verfolgung des vorgegebenen Ziels zugesichert. Dabei besteht die *personelle Unabhängigkeit* darin, dass die Mitglieder des Direktoriums nach Ablauf ihrer Amtszeit, die maximal acht Jahre beträgt, grundsätzlich nicht wieder ernannt werden dürfen. Damit entfällt eine mögliche Verpflichtung, sich im Interesse der Wiederernennung für andere als das stabilitätspolitische Ziel zu engagieren. Die *funktionelle Unabhängigkeit* der EZB ergibt sich daraus, dass ihr durch das Vertragswerk die notwendigen Instrumente zur Verfügung gestellt werden, um für Preisstabilität zu sorgen. Die Artikel 18–20 des ergänzenden Protokolls sehen Offenmarkt- und Kreditgeschäfte sowie Mindestreserven als geldpolitische Instrumente vor und ermöglichen die Anwendung weiterer Instrumente, sofern dies für das Erreichen des Stabilitätsziels als zweckmäßig angesehen wird.

Von zentraler Bedeutung ist schließlich die *institutionelle Unabhängigkeit*, die der EZB gleich in mehrerer Hinsicht zuerkannt wird. Artikel 107 des Vertrags schreibt unmissverständlich vor, dass bei der Wahrnehmung ihrer Befugnisse, Aufgaben und Pflichten „weder die EZB noch eine nationale Zentralbank noch ein Mitglied ihrer Beschlussorgane Weisungen von Organen oder Einrichtungen der Gemeinschaft, Regierungen der Mitgliedstaaten oder anderen Stellen einholen oder entgegennehmen". Die genannten Institutionen sollen nicht versuchen, „die Mitglieder der Beschlussorgane der EZB oder der nationalen Zentralbanken bei der Wahrnehmung ihrer Aufgabe zu beeinflussen". Artikel 104 konkretisiert die funktionale und institutionelle Unabhängigkeit dahingehend, dass die Finanzierung öffentlicher Schulden durch das ESZB ausnahmslos untersagt wird: „Überziehungs- und andere Kreditfazilitäten bei der EZB oder den Zentralbanken der Mitgliedsstaaten ... für Organe oder Einrichtungen der Gemeinschaft, Zentralregierungen, regionale oder lokale Gebietskörperschaften oder andere öffentlich-rechtliche Körperschaften, sonstige Einrichtungen des öffentlichen Rechts oder öffentliche Unternehmen der Mitgliedsstaaten sind ebenso verboten wie der unmittelbare Erwerb von Schuldtiteln von diesen durch die EZB oder die nationalen Zentralbanken." Zur vorbeugenden Vermeidung übergroßer öffentlicher Defizite, die zur Bedrohung für den geldpolitischen Kurs der EZB werden könnten, führt Artikel 104c ein neues Verfahren zur Überwachung der Haushaltslage und des öffentlichen Schuldenstands in den Mitgliedsländern durch die Europäische Kommission ein. Stellt die Kommission dabei die Gefahr eines übermäßigen Defizits fest, kann der Europäische Rat Sanktionsmaßnahmen gegenüber dem betreffenden Mitgliedsland verhängen. Durch den so genannten *Stabilitätspakt* haben sich die Länder des Eurogebiets dazu verpflichtet, öffentliche Haushaltsdefizite von mehr als 3 Prozent des Bruttoinlandsprodukts (und einen Bestand an öffentlicher Verschuldung von mehr als 60 Prozent des Bruttoinlandsprodukts) grundsätzlich als übermäßig zu betrachten und mittelfristig ausgeglichene Haushalte zu erzielen.

Innerhalb dieses institutionellen Rahmens, der Glaubwürdigkeit und Handlungsfähigkeit der europäischen Geldpolitik durch weitgehende Unabhängigkeit zu sichern versucht, legte der EZB-Rat im Oktober 1998 seine *geldpolitische Strategie* vor. Deren Ziel wurde in Form einer quantitativen Festlegung des Ziels der Preisstabilität so formuliert, dass mittelfristig ein Anstieg des Harmonisierten Verbraucherpreisindex (HVPI) für das Euro-Währungsgebiet von unter 2 Prozent im Vorjahresvergleich angestrebt wird. Um dieses Ziel zu erreichen, verfolgt die EZB eine bemerkenswerte *Zwei-Säulen-Strategie*. Sie besteht zum einen in der Bekanntgabe eines quantitativen Referenzwerts für das Wachstum der Geldmenge M 3 (bislang als jährliche Wachstumsrate von 4,5 Prozent), zum anderen basiert sie auf der Beurteilung einer breiten Palette sonstiger Konjunktur- und Finanzmarktindikatoren im Hinblick auf Risiken für die Preisstabilität im Euroraum.

Mit Hilfe der *Zwei-Säulen-Strategie* versucht die EZB einen pragmatischen Mittelweg zwischen einer strikten Regelbindung der Geldpolitik an ein Geldmengen- oder Inflationsziel und einem rein diskretionären Ansatz zu finden, der jeweils auf einzelne geldpolitische Schocks reagiert. Durch die Verkündung eines quantifizierten und damit gut überprüfbaren Stabilitätsziels und des quantitativen Referenzwerts für das Geldmengenwachstum soll die Glaubwürdigkeit der Geldpolitik gestärkt werden. Die Beachtung anderer Indikatoren soll flexible geldpolitische Reaktionen auf Sonderentwicklungen, beispielsweise Wechselkursveränderungen oder Rohstoffpreisveränderungen, ermöglichen, ohne die Glaubwürdigkeit in Frage zu stellen. Kritiker sehen aber genau darin die große Gefahr der gewählten Strategie. Als eine noch junge Institution ohne einen über lange Zeit gewachsenen Bestand an Reputation kann die Berücksichtigung von Sonderfaktoren zu einem Hemmnis für den Aufbau einer glaubwürdigen Geldpolitik werden. Da die EZB den Kreis der relevanten Indikatoren bewusst groß gemacht hat, können die Märkte die Einschätzung möglicher Fehlentwicklungen nicht vollständig antizipieren. Da sie somit immer mit überraschenden geldpolitischen Entscheidungen rechnen müssen, könnte sich nach den Mechanismen des Modells von *Barro* und *Gordon* eine höhere Inflationsrate einstellen, als sie prinzipiell von allen Beteiligten gewünscht wird.

SCHLÜSSELBEGRIFFE

- Zeitinkonsistenz 301
  Phillips-Kurve 301
  Regelbindung 303, 307
  Diskretionäres Handeln 303

- *Taylor*-Regel 304

- Maastricht-Vertrag 305
  Zwei-Säulen-Strategie 306
  Personelle Unabhängigkeit 306
  Funktionelle Unabhängigkeit 306
  Institutionelle Unabhängigkeit 306

Aufgaben

www.pearson-studium.de: Hier finden Sie die Lösungen zu den Übungsaufgaben dieses Kapitels, ein Glossar mit Erläuterungen zu den Schlüsselbegriffen sowie Links zu wirtschaftspolitisch relevanten Websites.

1. Haushaltsdefizite und gesamtwirtschaftliches Gleichgewicht

Artikel 115 des Grundgesetzes schreibt vor, dass in jedem Haushaltsjahr das Haushaltsdefizit des Bundes geringer sein muss als die geplanten staatlichen Investitionsausgaben. Ein Überschreiten dieser Grenze ist zulässig zur „Abwehr einer Störung des gesamtwirtschaftlichen Gleichgewichts". Diskutieren Sie, ob eine solche Vorschrift eine geeignete Regelbindung für die Finanzpolitik sein kann.

2. Reform des Europäischen Stabilitätspaktes

Der Europäische Stabilitätspakt war eingeführt worden, um übermäßige Haushaltsdefizite in den Ländern der Euro-Zone zu verhindern. Inzwischen haben mehrere Euro-Länder, darunter auch Deutschland, die Referenzwerte für die öffentliche Verschuldung teilweise mehrere Jahre lang überschritten. Eine Reform des Stabilitätspaktes sieht vor, dass länderspezifische Besonderheiten stärkere Berücksichtigung finden sollen. Diskutieren Sie mögliche Konsequenzen dieser Entwicklung für die Finanzpolitik und für die Geldpolitik in der Euro-Zone.

3. Verlässlichkeit von Wechselkurszielen

Erläutern Sie, warum ein fester Wechselkurs der Inlandswährung gegenüber einer stabilen Auslandswährung geeignet sein kann, die Reputation der inländischen Zentralbank zu erhöhen. Diskutieren Sie auch, welche Nachteile sich aus der Fixierung des Wechselkurses für die Handlungsmöglichkeiten der Zentralbank ergeben können.

4. Konstanz der Wirtschaftspolitik

Nach *Walter Eucken* ist die „Konstanz der Wirtschaftspolitik" ein Grundprinzip guter Wirtschaftspolitik. Erläutern Sie, ob und in welcher Weise dieser Grundsatz im Programm der Sozialen Marktwirtschaft verwirklicht werden konnte.

Literaturhinweise

Eine exzellente Einführung in die Problematik zeitinkonsistenter Wirtschaftspolitik bietet *Drazen* (2000); mit den Auswirkungen von zeitinkonsistenter Geldpolitik befasst sich *Bofinger* (2001).

Der organisatorische Aufbau und die geldpolitische Strategie der Europäischen Zentralbank werden beschrieben von *Bofinger* (2001) und *Görgens u.a.* (2004).

Organisationsformen der Beziehungen zwischen wirtschaftspolitischen Institutionen

18

ÜBERBLICK

Lernziele

■ In Demokratien gibt es nach dem Grundsatz der Gewaltenteilung eine wechselseitige Kontrolle der verschiedenen staatlichen Organe. Damit wird das Machtstreben einzelner Institutionen begrenzt

■ Die Wahrnehmung von Kontrollfunktionen erfordert allerdings Zeit, so dass es zu Wirkungsverzögerungen im Einsatz wirtschaftspolitischer Instrumente kommen kann.

■ Die Reaktionsfähigkeit wirtschaftspolitischer Akteure bei Veränderungen der Wirtschaftslage wird erhöht, wenn ihre Unabhängigkeit gestärkt wird. Subsidiarität und Föderalismus als Prinzipien zur Strukturierung staatlicher Systeme zeugen davon, dass Unabhängigkeit zu Wettbewerb zwischen staatlichen Institutionen führt.

■ Unabhängige Institutionen können durch den unkoordinierten Einsatz ihrer wirtschaftspolitischen Instrumente aber auch gesellschaftlich suboptimale Lösungen herbeiführen.

■ Maßnahmen zur Koordinierung unabhängiger wirtschaftspolitischer Institutionen bieten sich als Möglichkeit an, die Vorteile der Kontrolle und der Unabhängigkeit miteinander zu verbinden. Allerdings können die Versuche zur Koordinierung bestimmter wirtschaftspolitischer Interessen auch zu einem System korporatistischer Absprachen führen, das jeden institutionellen Wettbewerb lähmt.

■ Die bisherigen Ansätze dialogorientierter Wirtschaftspolitik in Deutschland, die Konzertierte Aktion und das Bündnis für Arbeit, konnten keine dauerhafte Koordinierung von Tarifpolitik und anderen Bereichen der Wirtschaftspolitik zustande bringen. Als Gründe für das Scheitern lassen sich Informations-, Vertrauens- und Verteilungsprobleme identifizieren.

18.1 Kontrolle

Die Überlegungen aus dem Bereich der Neuen Politischen Ökonomie machen darauf aufmerksam, dass das Verhalten wirtschaftspolitischer Institutionen einerseits von den individuellen Zielsetzungen der politisch Verantwortlichen und Handelnden bestimmt wird. Andererseits hängt es von den Beschränkungen ab, denen die Tätigkeit einzelner Träger der Wirtschaftspolitik unterworfen ist. Besondere Bedeutung erlangen solche Beschränkungen bei der Abgrenzung und Abstimmung der Kompetenzen einzelner wirtschaftspolitischer Institutionen. Der Erfolg wirtschaftspolitischer Maßnahmen hängt nicht zuletzt davon ab, ob es gelingt, das Zusammenwirken einzelner Entscheidungsinstanzen so zu organisieren, dass sich ein Maximum an gesamtwirtschaftlicher Zielerreichung einstellt.

Hinsichtlich des gesamten Staatsapparats ist die vorherrschende Organisationsform der Beziehungen zwischen den einzelnen Entscheidungsinstanzen die der *Kontrolle*.

Das demokratische Staatsverständnis beruht auf dem *Prinzip der Gewaltenteilung*, also der Kontrolle der Parlamentsarbeit durch den Wähler, der Kontrolle der Regierung durch das Parlament und der Kontrolle der Verwaltungsbürokratie durch die Regierung sowie der Kontrolle aller staatlicher Handlungen durch unabhängige Gerichte. Die dabei anzutreffenden Kontrollmechanismen – Wahl beziehungsweise Abwahl der Regierung, Dienstaufsicht der Regierung über die Verwaltung, Möglichkeiten zur Prüfung aller staatlichen Entscheidungen und Maßnahmen durch das Gericht – sollen gewährleisten, dass trotz egoistischem Verhalten der auf den einzelnen Entscheidungsebenen tätigen Individuen gesamtstaatliche Zielsetzungen erreicht werden können.

Die Analysen der Neuen Politischen Ökonomie weisen auf die mit der Ausgestaltung der Kontrollmechanismen verbundenen Gefahren hin. Insbesondere der zeitliche Abstand zwischen den einzelnen Wahlakten und die ungleichmäßige Verteilung von Informationen zwischen den einzelnen Entscheidungsinstanzen können dazu führen, dass einzelne Wählergruppen einseitige Begünstigungen erfahren oder die Verwaltungsinstanzen ihre eigenen Interessen gegenüber den Politikern durchsetzen. Das Informationsproblem kann allerdings in Demokratien dadurch an Bedeutung verlieren, dass durch die Berichterstattung der Medien über Notwendigkeit, Alternativen und Konsequenzen staatlicher Maßnahmen eine zusätzliche Kontrollinstanz existiert. Ebenso können die Politiker ihre Informationsbasis verbreitern, indem sie ihre Entscheidungen außer auf Empfehlungen von Bürokraten und Verbandsvertretern auch auf die Vorschläge unabhängiger wissenschaftlicher Gutachtergremien stützen.

Die Wahrnehmung von Kontrollfunktionen erfordert Zeit. Damit kann es zu Wirkungsverzögerungen (*Time lags*) der Wirtschaftspolitik kommen. Im Bereich der Ordnungspolitik, in dem Entscheidungen mit weitreichenden Wirkungen für die Ausgestaltung der Rahmenbedingungen des Wirtschaftssystems zu treffen sind, erscheint eine umfassende Mitsprache und Kontrolle aller betroffenen Individuen und Gruppen unabdingbar. Dagegen können im Bereich prozesspolitischer Maßnahmen rasche Entscheidungen notwendig sein, die durch ein komplexes Kontrollsystem behindert werden. Den Zeitraum, der von einer Änderung der wirtschaftlichen Gesamtlage und dem Erkennen eines wirtschaftspolitischen Handlungsbedarfs bis zum Einleiten entsprechender Maßnahmen verstreicht, die zuvor von der Verwaltung erarbeitet, von der Regierung beschlossen und vom Parlament verabschiedet werden müssen, bezeichnet man auch als interne Wirkungsverzögerung (*Inside lag*) der Prozesspolitik. Zusammen mit den in der Funktionsweise des Wirtschaftssystems selbst begründeten äußeren Wirkungsverzögerungen (*Outside lags*) wirtschaftspolitischer Eingriffe können *Inside lags* dazu führen, dass prozesspolitische Maßnahmen kontraproduktiv wirken. Denkbar ist etwa der Fall, dass staatliche Ausgabenkürzungen, die den Nachfrageboom drosseln sollen, aufgrund langer Beratungs-, Verabschiedungs- und Durchführungszeiten erst im bereits beginnenden Konjunkturabschwung wirksam werden. Die restriktiven fiskalpolitischen Maßnahmen verstärken dann den Rückgang der gesamtwirtschaftlichen Nachfrage.

18.2 Unabhängigkeit

Zur Vermeidung langer Wirkungsverzögerungen der Prozesspolitik und damit zur Steigerung der Effizienz wirtschaftspolitischer Maßnahmen kann es sinnvoll sein, die Kontrollmechanismen zu verkürzen oder verschiedene Bereiche des Staatsapparats unabhängig von Mitsprache und Kontrolle anderer Staatsorgane zu machen. So sind etwa in *föderalistisch gegliederten Staaten* wirtschaftspolitische Entscheidungs- und Kontrollkompetenzen auf verschiedene Hierarchieebenen verteilt. Die Abgrenzung der Kompetenzen zwischen den einzelnen Entscheidungsebenen erfolgt dabei häufig nach dem *Prinzip der Subsidiarität*. Danach soll die jeweils niedrigste Ebene alle Entscheidungs- und Kontrollkompetenzen wahrnehmen, solange sie dazu organisatorisch und materiell in der Lage ist und solange ihre Entscheidungen nicht die Kompetenzen anderer gleichrangiger Hierarchieebenen tangieren, so dass ein Interessenausgleich auf einer höheren Hierarchieebene gefunden werden muss.

Schwierigkeiten bereitet dagegen die Verselbstständigung einzelner Bereiche des Verwaltungsapparats auf gesamtstaatlicher Ebene. Zum einen widerspricht es den Organisationsprinzipien des demokratischen Staates, einzelne staatliche Institutionen völlig aus dem Kontrollmechanismus des politischen Wettbewerbs herauszunehmen, selbst wenn dies die Effizienz wirtschaftspolitischer Maßnahmen deutlich erhöhen könnte. Zum anderen würde die Aufhebung der Kontrolle eine wichtige Schranke für die Durchsetzung eigener Interessen der verselbstständigten Institutionen beseitigen. Die Verpflichtung einer unabhängigen staatlichen Verwaltungsinstanz zur Verfolgung gesamtwirtschaftlich bedeutsamer Zielsetzungen lässt sich allenfalls, wie im Fall der Zentralbank, durch eine genau präzisierte und damit jederzeit überprüfbare Zielvorgabe an die betreffende Institution gewährleisten. Diese hätte bei erheblichen Zielabweichungen mit dem Verlust ihrer Sonderposition zu rechnen.

Unabhängigkeit besteht auch für diejenigen Träger der Wirtschaftspolitik, die von vornherein nicht in den Bereich staatlicher Entscheidungs- und Kontrollprozesse eingebunden sind. Wirtschaftspolitische Bedeutung erlangen in diesem Zusammenhang vor allem private Interessenverbände, sofern sie alleine oder zusammen mit anderen Verbänden Maßnahmen beschließen können, die das ökonomische Verhalten der Verbandsmitglieder oder auch anderer Wirtschaftssubjekte beeinflussen. Herausragende Beispiele für solche Verbände, die unabhängig über Teilbereiche der Wirtschaftspolitik entscheiden, sind *Gewerkschaften* und *Arbeitgeberverbände*, die aufgrund der gesetzlich garantierten Tarifautonomie zentrale Kompetenzen im Bereich der Lohn- und Einkommenspolitik besitzen.

Unabhängig voneinander sind schließlich im internationalen Rahmen die einzelnen nationalen Träger der Wirtschaftspolitik. Gerade in international stark verflochtenen Volkswirtschaften üben die im Ausland beschlossenen und durchgeführten wirtschaftspolitischen Maßnahmen einen erheblichen Einfluss auf die inländische Wirtschaftsentwicklung aus.

18.3   Koordinierung

Die Unabhängigkeit wirtschaftspolitischer Institutionen kann zwar interne Wirkungsverzögerungen verkürzen, sie kann selbst aber zum Problem für die Wirksamkeit wirtschaftspolitischer Maßnahmen werden, falls die Entscheidungen der unabhängigen Instanzen sich in ihrer Wirkung gegenseitig behindern. So können sich im internationalen Kontext die in einem Land beschlossenen Maßnahmen restriktiver Geldpolitik als wirkungslos erweisen, falls der Wechselkurs der inländischen Währung an die Währung eines anderen Landes gebunden ist und im Ausland eine stark expansive Geldpolitik praktiziert wird. Ebenso kann die Wirksamkeit von staatlichen Maßnahmen, die auf eine Erhöhung der Beschäftigung durch Belebung der gesamtwirtschaftlichen Nachfrage abzielen, erheblich beeinträchtigt werden, wenn die unabhängigen Tarifpartner gleichzeitig die Lohnsätze so stark ansteigen lassen, dass sie beschäftigungsmindernd wirken. Schließlich reduziert sich in einem föderalistischen Staat der volkswirtschaftliche Effekt einer Senkung staatlicher Ausgaben oder staatlicher Kreditaufnahme, falls er nur auf gesamtstaatlicher Ebene beschlossen wird, die unteren Hierarchieebenen aber gleichzeitig das Volumen ihrer Ausgaben und ihrer Verschuldung erheblich ansteigen lassen.

Die Beispiele verdeutlichen, dass in allen Bereichen wirtschaftspolitischer Entscheidungen, auf deren Ergebnisse verschiedene unabhängige Träger der Wirtschaftspolitik Einfluss besitzen, ein *Bedarf zur Abstimmung der Einzelmaßnahmen* besteht. Diese muss nicht zwingend in der Aufgabe der Unabhängigkeit und der Unterordnung der

---

Karl Schiller und die Konzertierte Aktion

Karl Schiller (1911–1994), geb. in Breslau, studierte Rechtswissenschaften und Volkswirtschaftslehre in Kiel, Frankfurt am Main, Berlin und Heidelberg. 1947 wurde er als Ordinarius für Volkswirtschaftslehre an die Universität Hamburg berufen. Seit 1946 Mitglied der SPD, war er 1948–1953 Hamburger Wirtschafts- und Verkehrssenator und 1961–1965 Wirtschafssenator in Berlin. 1965–1972 war er Mitglied des Deutschen Bundestags; 1966 wurde er zum Bundeswirtschaftsminister ernannt. Er hatte dieses Amt bis zu seinem Rücktritt 1972 inne; seit 1971 war er gleichzeitig auch Bundesfinanzminister. Hauptwerk: *Der Ökonom und die Gesellschaft. Das freiheitliche und das soziale Element in der modernen Wirtschaftspolitik* (Stuttgart, 1964).

Schiller besaß maßgeblichen Anteil daran, dass sich die SPD mit ihrem Godesberger Programm von 1959 zur Sozialen Marktwirtschaft bekannte. Mit der von ihm geprägten Formel „so viel Wettbewerb wie möglich, so viel Planung wie nötig" setzte er sich für die Ergänzung der marktwirtschaftlichen Ordnungspolitik durch die makroökonomische Globalsteuerung durch den Staat ein, einer „Versöhnung des Freiburger Imperativs mit der Keynes'schen Botschaft". In seine Amtszeit als Bundeswirtschaftsminister fiel 1967 die Verabschiedung des Stabilitäts- und Wachstumsgesetzes, das er als Grundgesetz moderner Wirtschaftspolitik verstand. Als besondere institutionelle Innovation enthielt dieses Gesetz die Einrichtung einer Konzertierten Aktion, eines Dialoggremiums von Vertretern der Bundesregierung und der Tarifpartner unter Leitung des Bundeswirtschaftsministers. Die Bundesbank nahm beratend an den Sitzungen der Konzertierten Aktion teil. Zweck der Gespräche sollte die Koordinierung der Tarifpolitik und der staatlichen Haushaltspolitik, nach Möglichkeit auch der Geldpolitik sein, um dadurch die Ziele der konjunkturellen Stabilisierung besser zu erreichen. Die Konzertierte Aktion in Deutschland konnte allerdings die schwere Wirtschaftskrise in Deutschland Mitte der 70er Jahre nicht verhindern. Sie scheiterte endgültig, als die Gewerkschaften 1977 das Gremium verließen.

einzelnen Einscheidungsträger unter die Kontrolle einer obersten Instanz geschehen. Die Abstimmung kann auch in Form einer *freiwilligen Koordinierung* erfolgen, von der sich alle Beteiligten verbesserte Erfolgschancen der von ihnen zu verantwortenden Maßnahmen versprechen. Die organisatorische Ausgestaltung der Koordinierung kann dabei ganz unterschiedliche Formen annehmen. Sie kann in der bloßen Information anderer Träger der Wirtschaftspolitik über geplante Maßnahmen einer einzelnen Institution bestehen, wobei es den anderen Institutionen freisteht, ob sie daraus Konsequenzen ziehen oder nicht. Sie kann aber auch durch die Einrichtung von *Koordinationsgremien* institutionalisiert werden, in denen die einzelnen Träger der Wirtschaftspolitik über die Durchführung gemeinsamer, aufeinander abgestimmter Maßnahmenpakete beraten.

Problematisch wird die Koordinierung, wenn sie zu einem *Kartell organisierter Interessengruppen* zulasten Dritter beziehungsweise der Allgemeinheit wird. Ein System von Absprachen zwischen organisierten Gruppen, die jeweils einen signifikanten Einfluss auf Teilbereiche der Wirtschaftspolitik besitzen, bezeichnet man als Korporatismus. Korporatistische Systeme neigen dazu, Wettbewerb zwischen Institutionen auszuschalten und damit Innovationen zu behindern. Außerdem laden sie die Lasten der Absprachen einseitig den nicht organisierten Wirtschaftssubjekten auf.

18.4 Beispiel: Dialogorientierte Wirtschaftspolitik im Bündnis für Arbeit

Als herausragende wirtschaftspolitische Innovation der neuen rot-grünen Bundesregierung wurde Ende 1998 ein „Bündnis für Arbeit, Ausbildung und Wettbewerbsfähigkeit" ins Leben gerufen. Angestrebt wurde damit ein *institutionalisierter Dialog unterschiedlicher Träger der Wirtschaftspolitik*, insbesondere von Staat, Gewerkschaften und Wirtschaftsverbänden, mit dem Ziel, die Arbeitslosenquote deutlich zu senken. Er sollte auf freiwilliger Kooperation der weiterhin unabhängigen Träger der Wirtschaftspolitik basieren und übertrug das Modell der Konzertierten Aktion nach dem Stabilitäts- und Wachstumsgesetz, das der makroökonomischen Stabilisierung dienen sollte, auf die Reform des Arbeitsmarkts. Im Jahr 2002 wurden weitere Bündnisgespräche von den Beteiligten abgebrochen. Es bleibt zu klären, warum die dialogorientierte Politik keinen größeren Beitrag zur Verringerung der Unterbeschäftigung in Deutschland leisten konnte.

Zu einer mikroökonomisch orientierten Analyse der Dialog- und Kooperationsstrategie gelangt man, wenn man die unerwünschten Nebenwirkungen, die von den Aktionen einzelner wirtschaftspolitischer Akteure auf die Aktionen anderer Akteure ausgehen, als Externalitäten interpretiert. Im Bereich der Beschäftigungspolitik lassen sich solche Externalitäten im Verhältnis zwischen Tarifpartnern und Staat gleich in zweifacher Weise erkennen. Das finanzielle Nettoergebnis der Tarifverhandlungen wird in erheblicher Weise durch die Steuer- und Abgabenpolitik des modernen Wohlfahrtsstaats determiniert, über deren Kurs bei den Tarifparteien häufig keine Klarheit besteht. Andererseits steht gerade in umlagefinanzierten Systemen der sozialen Sicherung die Entwicklung der Sozialabgabesätze bei gegebenem Leistungsniveau in engem Zusammenhang mit der Zahl der Beitragzahler, die wiederum von der Lohnpolitik der Tarifvertragsparteien maßgeblich beeinflusst wird. Die Suche nach neuen kooperativen

Organisationsformen, bei denen der Staat nicht als Korrekturinstanz, sondern als gleichberechtigter Teilnehmer fungiert, lässt sich als ein institutionelles Arrangement zur *Internalisierung externer Effekte* ansehen.

Angesichts der genannten möglichen Vorteile dialogorientierten und kooperativen Handelns in der Wirtschaftspolitik stellt sich natürlich die Frage, ob es nicht auch negative Anreizwirkungen der Kooperation gibt, die in der bisherigen Analyse nicht thematisiert wurden. Zur Beantwortung dieser Frage bietet sich ein Rückgriff auf das *Coase-Theorem* an, nach dem die Bereitschaft zum Eingehen und Einhalten von kooperativen Lösungen an das Vorliegen niedriger Transaktionskosten geknüpft ist. Transaktionskosten entstehen vor allem durch *Kosten der Informationsgewinnung* und *Informationsbeschaffung*. Für den Erfolg dialogorientierter Wirtschaftspolitik ist es daher essenziell, dass alle Beteiligten über verlässliche Informationen verfügen, was die vermutlichen Auswirkungen ihrer eigenen Aktionen und der Aktionen ihrer Partner sowie die Entwicklung der gesamtwirtschaftlichen Rahmenbedingungen angeht. Dauerhaftigkeit ist von einer Kooperationsstrategie nur zu erwarten, wenn die Beteiligten dieses Informationsproblem erkennen und sich darum bemühen, durch Senkung der Informationskosten den Nettoertrag der Kooperation deutlich zu erhöhen.

Auch im neuen deutschen Bündnis für Arbeit ist die Bedeutung des Informationsproblems deutlich geworden. Auf der Ebene der vom Bündnis eingesetzten Arbeitsgruppen wurde ein wissenschaftliches Beratungsgremium aus Sozial- und Wirtschaftswissenschaftlern installiert, dem insbesondere die Leiterin des Wirtschafts- und Sozialwissenschaftlichen Instituts des DGB und der Leiter des Instituts der Deutschen Wirtschaft angehörten. Bemerkenswert an diesem Expertengremium ist insbesondere die bewusste Ausklammerung der bereits bestehenden wissenschaftlichen Beiräte der Bundesministerien sowie des Sachverständigenrats als dem zentralen wissenschaftlichen Beratungsgremium der Bundesregierung in wirtschaftspolitischen Fragen. Die Sensibilität des Informationsproblems schien so groß zu sein, dass die enge Vertrauensbeziehung der wissenschaftlichen Berater zu den Beratenen zentrale Bedeutung gewann und wichtiger wurde als die wissenschaftliche Qualität der Beratungsergebnisse. Damit wurde ein erheblicher Teil der Erfolgsbedingung der Kooperationsstrategie von den wirtschaftspolitisch Verantwortlichen auf ihre wissenschaftlichen Berater verlagert, die ihrerseits zu einem Konsens über die Beurteilung zukünftiger Handlungsalternativen kommen sollten. Da ein solcher Konsens häufig nicht gefunden werden konnte, blieben die Voraussetzungen für ein funktionsfähiges Bündnis schwach.

Lässt sich ein Informationskonsens nicht herstellen, droht ein Bruch der Kooperationsstrategie. Ein Bruch ist auch dann zu erwarten, wenn sich die den Kooperationsentscheidungen zugrunde gelegten Daten ex post als unzureichend oder falsch erweisen. Nun sind allerdings gerade diejenigen Informationen, die auf gesamtwirtschaftlicher Ebene in Bündnisgespräche einfließen, in hohem Maße unsicher. Dafür gibt es mindestens zwei Gründe. Der erste liegt in der *Aggregation mikroökonomischer Entwicklungen* in makroökonomischen Daten. Gerade die zukünftige Beschäftigungsentwicklung beruht in einer Marktwirtschaft auf den dezentralen Entscheidungen einzelner Unternehmen, Arbeitskräfte zu entlassen oder einzustellen. Je weiter die kooperativen Entscheidungsgremien von der Mikroebene des einzelnen Betriebs entfernt sind, desto größer wird die Gefahr, dass die Ergebnisse mikroökonomischer Marktprozesse in der Aggregation falsch oder unzureichend beurteilt werden. Bei der Prognose der Auswirkungen kooperativ getroffener Entscheidungen auf gesamtwirtschaftlicher Ebene ist umgekehrt auch zu berücksichtigen, dass die Entscheider auf Makroebene nicht davon ausgehen können, dass auf der Mikroebene alle Vereinbarungen tatsächlich umgesetzt werden. Damit, und unter zusätzlicher Berücksichtigung der offen bekundeten Parteilichkeit wichtiger Berater in den Kooperationsgremien, wächst die *Gefahr der opportunistischen Informationsgewinnung und -verarbeitung*. Die Einschätzung zukünftiger Entwicklungen und Handlungsalternativen wird dann nicht mehr nach dem Kriterium möglichst großer wissenschaftlicher Qualität, sondern nach Maßgabe des größtmöglichen Konsenses zwischen den Kooperationspartnern erfolgen. Damit wächst die Wahrscheinlichkeit der Fehlinformation und die Erfolgschancen langfristiger Kooperation sinken.

Aus der Wettbewerbstheorie ist bekannt, dass die Kooperation zweier selbstständiger Unternehmen die gemeinsame Monopolmacht erhöht und damit beide besser stellt, dass aber solche Kooperationen häufig auch sehr labil sind. Der Grund dafür besteht in einem klassischen spieltheoretischen *Gefangenendilemma*, denn durch den Bruch der Vereinbarungen und durch das Hintergehen des Kooperationspartners könnte sich jeder Partner einen noch höheren Gewinn sichern. Gleiches gilt für die dialogorientierte Wirtschaftspolitik. Sie ist nur dann erfolgreich, wenn dem Misstrauen gegenüber Hintergehungsstrategien der Partner wirkungsvoll begegnet werden kann. Das strategische Vertrauensproblem in Form eines Gefangenendilemmas ist im Zusammenhang mit der Zeitinkonsistenz optimaler Maßnahmen der Wirtschaftspolitik bekannt. Es sind verschiedene Lösungen für dieses Problem entwickelt worden, die im Wesentlichen auf besonderen institutionellen Vorkehrungen gegen das Hintergehen der Kooperationspartner beruhen. Eine Lösung besteht in einer strikten Regelbindung der individuellen Entscheidungen. Sie wurde im Bereich der Geldpolitik etwa durch die verbindliche Vorgabe von Inflations-, Geldmengenwachstums- oder Wechselkurszielen durch die Zentralbanken demonstriert. Zum anderen wird das gegenseitige Vertrauen der Kooperationspartner immer dann verstärkt, wenn die Zusammenarbeit über möglichst lange Fristen vereinbart ist, weil sich dann der Aufbau einer Reputation für absprachekonformes Verhalten lohnt. Am besten funktionieren daher Kooperationen mit prinzipiell unbegrenzter Laufzeit. Die letzte Möglichkeit, den Erfolg einer Kooperation abzusichern, besteht schließlich darin, die Kosten des Scheiterns dadurch zu erhöhen, dass die Partner sich gegenseitig Pfänder ihres guten Willens übereignen. Im Fall der Unternehmenskooperation können dies gegenseitige Kapitalbeteiligungen sein, im Bereich der politischen Kooperation gibt es die gegenseitigen Gewährung von Mitspracherechten.

Im Bündnis für Arbeit wurde konsequent von Beginn an immer wieder die Dauerhaftigkeit der Zusammenarbeit zwischen Staat, Gewerkschaften und Wirtschaftsverbänden betont. Der *lange Zeithorizont* der Bündnisgespräche, der mindestens eine Legislaturperiode umfassen sollte, erschien zunächst ausreichend, um gegenseitiges Vertrauen bei den Dialogpartnern entstehen zu lassen. Auch die Tatsache, dass erst über die Teilnahme am Bündnis für Arbeit Gewerkschaften und Wirtschaftsverbände eine herausgehobene Mitwirkungsmöglichkeit bei allen zukünftigen steuer- und sozialpolitischen Gesetzgebungsinitiativen erhielten, sollte die möglichst lange Dauer der Kooperation unterstützen.

Jede Dialog- und Kooperationsstrategie steht vor dem Problem, dass den möglichen gesamtwirtschaftlichen Gewinnen der Kooperation individuelle Kosten gegenüberstehen und dass über die Verteilung der Gewinne und Kosten eine Einigung erzielt werden muss. Verstärkt wird das Verteilungsproblem, wenn Möglichkeiten zur Abwälzung von

Kosten auf Nichtteilnehmer am Dialogprozess bestehen. Entscheidend für das Auftreten und die Lösung des Verteilungsproblems ist zunächst, wer überhaupt und in welcher Form *Teilnehmer des Dialogs* ist. Die Effizienz der Dialog- und Kooperationsstrategie verlangt zwangsläufig eine Begrenzung der Teilnehmerzahl. Teilnehmer des Dialogs werden daher Repräsentanten verschiedener Gruppen sein. Aus der ökonomischen Theorie der Interessenverbände ist bekannt, dass sich aufgrund unterschiedlicher Nutzen-Kosten-Kalküle nicht alle Gruppeninteressen gleichermaßen gut organisieren lassen. Daher werden auch nicht alle potenziell Betroffenen in einem Dialogprozess, wie dem deutschen Bündnis für Arbeit, gleichermaßen gut repräsentiert werden können. Als Teilnehmer traten, wie zu erwarten war, neben der Bundesregierung vor allem die Verbandsvertreter von Großunternehmen und die Spitzen der Gewerkschaften mit hohem Organisationsgrad auf. Außerhalb des institutionalisierten Dialogs standen – trotz prinzipiell hoher Betroffenheit, aber mangels ausreichender Repräsentation – die Vertreter kleiner Unternehmen, ausländischer Unternehmen oder noch gar nicht existierender Unternehmen in technologisch neuen Branchen, schließlich Vertreter der Arbeitslosen, der gegenwärtigen Steuer- und Beitragszahler sowie zukünftiger Generationen. Angesichts der asymmetrischen Interessenrepräsentation war davon auszugehen, dass die Dialoginsider einen starken Anreiz besaßen, unter Zuhilfenahme staatlicher Regelungsmacht interne Verteilungskonflikte zu Lasten von Dialogoutsidern zu lösen.

Eine Lösung des Verteilungsproblems kann schwerlich in einer Vergrößerung des Teilnehmerkreises liegen. Eher ist sie wiederum in Regelbindungen und in der Nutzung der disziplinierenden Kräfte des Wettbewerbs zu suchen. Aus der Innovationsforschung ist bekannt, dass langfristig erfolgreiche Unternehmenskooperationen nur unter intensivem Wettbewerbsdruck funktionieren. Dies liegt wohl vor allem daran, dass erst durch Wettbewerb eine Abwälzung der Kooperationskosten auf Outsider wirkungsvoll unterbunden werden kann. Das Unvermögen der Bündnisgespräche, eine dauerhafte Senkung der Arbeitslosigkeit in Deutschland herbeizuführen, hatte seine polit-ökonomischen Gründe daher letztlich in einer unzureichenden Lösung des Verteilungsproblems der Kooperation.

SCHLÜSSELBEGRIFFE

- *Time lags* 311
  Inside lag 311
  Outside lag 311

- Subsidiarität 312
  Gewaltenteilung 311
  Föderalismus 312, 313
  Tarifautonomie 312

- Konzertierte Aktion 313, 314
  Dialogorientierte Wirtschaftspolitik 314
  Bündnis für Arbeit 314
  Korporatismus 314

Aufgaben

www.pearson-studium.de: Hier finden Sie die Lösungen zu den Übungsaufgaben dieses Kapitels, ein Glossar mit Erläuterungen zu den Schlüsselbegriffen sowie Links zu wirtschaftspolitisch relevanten Websites.

1. Föderativer versus zentralistischer Staatsaufbau

Diskutieren Sie Vor- und Nachteile von föderativ und zentralistisch organisierten Staaten im Hinblick auf eine effiziente wirtschaftspolitische Steuerung.

2. Europäische Beschäftigungsstrategie

Teil der im Jahre 2000 von den Staats- und Regierungschefs der Europäischen Union beschlossenen Lissabon-Strategie sind Maßnahmen zur Koordinierung der nationalen Arbeitsmarkt- und Beschäftigungspolitik. Traditionell war die Beschäftigungspolitik eine Domäne der nationalen Regierungen gewesen. Diskutieren Sie Nutzen und Kosten einer verstärkten Koordinierung der Beschäftigungspolitik innerhalb Europas.

3. Internationale Koordinierung der Fiskalpolitik

Die Weltwirtschaftsgipfel, an denen Vertreter der wichtigsten Industrieländer teilnehmen, entstanden in den 70er Jahren mit dem Ziel, die internationalen Auswirkungen nationaler Fiskalpolitik in einem System flexibler Wechselkurse zu koordinieren. Erläutern Sie unter Berücksichtigung von Zins- und Einkommenseffekten, warum ein Bedarf an verstärkter internationaler Koordinierung bestand, und diskutieren Sie, ob durch die Weltwirtschaftsgipfel tatsächlich eine bessere internationale Abstimmung erreicht werden konnte.

Literaturhinweise

Eine Diskussion von Chancen und Möglichkeiten dialogorientierter Wirtschaftspolitik findet sich bei *Klump* (1998); das Bündnis für Arbeit und die Gründe für sein Scheitern analysieren *Berthold/Hank* (1999) und *Fickinger* (2005).

Literaturverzeichnis

Acemoglu, D. (2003), „Why not a Political Coase Theorem? Social Conflict, Commitment, and Politics", *Journal of Comparative Economics*, 31, 620–652.

Acocella, N. (1998), *Foundations of Economic Policy*, Cambridge.

Aghion, P./Williamson, J.G. (1998), *Growth, Inequality and Globalization. Theory, History and Policy*, Cambridge.

Ahrns, H.-J./Feser, H.-D. (1997), *Wirtschaftspolitik. Problemorientierte Einführung*, München.

Akerlof, G. (1970), „The Market for ‚Lemons': Quality Uncertainty and the Market Mechanism", *Quarterly Journal of Economics*, 84, 488–500.

Ambrosius, G. (2001), *Staat und Wirtschaftsordnung. Eine Einführung in Theorie und Geschichte*, Stuttgart.

Armstrong, H./Taylor, J. (2002), *Regional Economics and Policy*, 3. Edition, Southampton.

Arrow, K. (1951), *Social Choice and Individual Values*, New Haven.

Baldwin, R./Wyplosz, C. (2006), *The Economics of European Integration*, 2. Edition, London.

Barro, R. J./Gordon, D. B. (1983), „A Positive Theory of Monetary Policy in a Natural Rate Model", *Journal of Political Economy*, 91, 589–610.

Belke, A./Vollmer, U. (1995), „Die Lucas-Kritik ökonometrischer Politikbeurteilung", *Wirtschaftswissenschaftliches Studium (WiSt)*, 24, 83–85.

Bender, D./Berg, H./Cassel, D./Gabisch, G./Grossekettler, K.-H./Hartwig, K.-H./Hübl, L./Kerber, W./Nienhaus, V./Ott, N./Siebke, J./Smeets, H.-D./Thieme, H.J./Vollmer, U. (2003), *Vahlens Kompendium der Wirtschaftstheorie und Wirtschaftspolitik*, 8. Auflage, München.

Berthold, N./Hank, R. (1999), *Bündnis für Arbeit: Korporatismus statt Wettbewerb*, Tübingen.

Berthold, N./Külp, B. (1992), *Grundlagen der Wirtschaftspolitik*, München.

Besley, T./Coate, S. (1997), „An Economic Model of Representative Democracy", *Quarterly Journal of Economics*, 112, 85–114.

Besley, T./Coate, S. (1998), „Sources of Ineffiency in a Representative Democracy: A Dynamic Analysis", *American Economic Review*, 88, 139–156.

Blanchard, O./Illing, G. (2006), *Makroökonomie*, 4. Auflage, München.

Blankart, C.B. (2003), *Öffentliche Finanzen in der Demokratie*, 5. Auflage, München.

Bofinger, P. (2001), *Monetary Policy: Goals, Institutions, Strategies, and Instruments*, Oxford.

Bohnet, A. (1999), *Finanzwissenschaft. Grundlagen staatlicher Verteilungspolitik*, 2. Auflage, München.

Borrmann, J./Finsinger, J. (1999), *Markt und Regulierung*, München.

Breyer, F./Kolmar, M. (2005), *Grundlagen der Wirtschaftspolitik*, 2. Auflage, Tübingen.

Buchanan, J. M./Tullock, G. (1962), *The Calculus of Consent, Logical Foundations of Constitutional Democracy*, Ann Arbor.

Cansier, D. (1996), *Umweltökonomie*, 2. Auflage, Stuttgart.

Cassel, D. (1984) (Hrsg.), *Wirtschaftspolitik im Systemvergleich. Konzeption und Praxis der Wirtschaftspolitik in kapitalistischen und sozialistischen Wirtschaftssystemen,* München.

Cassel, D. (1997) (Hrsg.), *Institutionelle Probleme der Systemtransformation,* Berlin.

Cassel, S. (2001), *Politikberatung und Politikerberatung – Eine institutionenökonomische Analyse der wissenschaftlichen Beratung der Wirtschaftspolitik,* Bern.

Clark, J. M. (1940), „Toward a Concept of Workable Competition", *American Economic Review,* 30, 241–246.

Coase, R. (1937), „The Nature of the Firm", *Economica,* 4, 386–405.

Coase, R. (1960), „The Problem of Social Cost", *Journal of Law and Economics,* 3, 1–44.

Condorcet, M. J. A. N. Caritat Marquis de (1785), *Essai sur l'Application de l'Analyse à la Probabilité des Décisions Rendues à la Pluralité des Voix,* Paris.

Cox, H./Jens, U./Markert, K. (1981) (Hrsg.), *Handbuch des Wettbewerbs,* München.

Coughlin, P. (1992), *Probabilistic Voting Theory,* Cambridge.

Crain, W. M. (2002), „Sources of Inefficency in Representative Democracy: Evidence on Public Investment Across Nations", *Economics of Governance,* 3, 171–181.

Dixit, A. K. (1996), *The Making of Economic Policy: A Transaction-Cost Politics Perspective,* Cambridge MA – London.

Djankov, S./Glaeser, E./La Porta, R./Lopez-de-Silanes, F./Shleifer, A. (2003), „The New Comparative Economics", *Journal of Comparative Economics,* 31, 595–619.

Donges, J. B./Freytag, A. (2004), *Allgemeine Wirtschaftspolitik,* 2. Auflage, Stuttgart.

Downs, A. (1957), *An Economic Theory of Democracy,* New York (deutsch: *Politische Theorie der Demokratie,* Tübingen 1968).

Drazen, A. (2000), *Political Economy in Macroeconomics,* Princeton, NJ.

Eekhoff, J. (2002), *Wohnungspolitik,* 2. Auflage, Tübingen.

Eisermann, D. (2003), *Die Politik nachhaltiger Entwicklung. Der Rio-Johannesburg-Prozess,* Bonn.

Eucken, W. (1952), *Grundsätze der Wirtschaftspolitik,* Bern-Stuttgart.

Erlei, M./Leschke, M./Sauerland, D. (1999), *Neue Institutionenökonomik,* Stuttgart.

Faustmann, M. (1849), „Berechnung des Wertes, welchen Waldboden sowie noch nicht haubare Bestände für die Forstwirtschaft besitzen", *Allgemeine Forst- und Jagd-Zeitung,* 15, 441–455.

Feess, E. (1998), *Umweltökonomie und Umweltpolitik,* 2. Auflage, München.

Fickinger, N. (2005), *Der verschenkte Konsens. Das Bündnis für Arbeit, Ausbildung und Wettbewerbsfähigkeit 1998–2000,* Wiesbaden.

Franz, W. (2003), *Arbeitsmarktökonomik,* 3. Auflage, Berlin-Heidelberg-New York.

Frey, B. S. / Kirchgässner, G. (2002), *Demokratische Wirtschaftspolitik. Theorie und Anwendung,* 3. Auflage, München.

Friedman, M. (1956), The Quantity Theory of Money: A Restatement, in: *M. Friedman, Studies in the Quantity Theory of Money,* Chicago, 3–21 (deutsch: Die Quantitätstheorie des Geldes: Eine Neuformulierung, in: *M. Friedman, Die optimale Geldmenge und andere Essays,* München 1970, 77–100).

Fritsch, M./Wein, T./Ewers, H.-J. (2005), *Marktversagen und Wirtschaftspolitik. Mikroökonomische Grundlagen staatlichen Handelns,* 6. Auflage, München.

Giersch, H. (1961), *Allgemeine Wirtschaftspolitik, Band 1: Grundlagen,* Wiesbaden.

Giersch, H. (1977), *Allgemeine Wirtschaftspolitik, Band 2: Konjunktur- und Wachstumspolitik in der offenen Gesellschaft*, Wiesbaden.

Glastetter, W. (1998), *Außenwirtschaftspolitik: Eine problemorientierte Einführung*, München.

Görgens, E./Ruckriegel, K./Seitz, F. (2004), *Europäische Geldpolitik. Theorie, Empirie, Praxis*, 4. Auflage, Stuttgart.

Grüner, H. P. (2006), *Wirtschaftspolitik: Allokationstheoretische Grundlagen und politisch-ökonomische Analyse*, 2. Auflage, Berlin.

Habermas, J. (1963), *Verwissenschaftliche Politik und öffentliche Meinung*, in: Habermas, J., *Technik und Wissenschaft als „Ideologie"*, Frankfurt am Main, 120–145.

Hagen, J. von/Welfens, P. J.J./Börsch-Supan, A. (1997), *Springers Handbuch der Volkswirtschaftslehre*, Berlin.

Hardin, G. (1968), „The Tragedy of the Commons", *Science*, 162, 1243–1248.

Hasse, K. (1983), *Die Politische Ökonomie der Agrarpolitik. Eine Untersuchung zur Anwendbarkeit der Neuen Politische Ökonomie auf die Entscheidungen in der deutschen und der europäischen Agrarpolitik*, Hannover.

Hayek, F.A. von (1968), *Der Wettbewerb als Entdeckungsverfahren*, Kieler Vorträge N. F. 56, Kiel.

Herdzina, K. (1999), *Wettbewerbspolitik*, 5. Auflage, Stuttgart.

Herborth, H.-J. (1993), *Dauerhafte Entwicklung statt globaler Selbstzerstörung – Eine Einführung in das Konzept des „Sustainable Development"*, Berlin.

Hesse, H. (1998), *Theoretische Grundlagen der „Fiscal Policy "*, 2. Auflage, München.

Hicks, J.R. (1939), „The Foundations of Welfare Economics", *Economic Journal*, 49, 696–712.

Hoppmann, E. (1968), Zum Problem einer wirtschaftspolitisch praktikablen Definition des Wettbewerbs, in: *H. K. Schneider* (Hrsg.), *Grundlagen der Wettbewerbspolitik*, Berlin, S. 9–49.

Immenga, U. / Kirchner, C. / Knieps, G. / Kruse, J. (2002) (Hrsg.), *Telekommunikation im Wettbewerb – Eine ordnungspolitische Konzeption nach erfolgreicher Marktöffnung*, München.

Issing, O. (2003), *Einführung in die Geldtheorie*, 13. Auflage, München.

Issing, O./Gaspar, V./Angeloni, I./Tristani, O. (2001), *Monetary Policy in the Euro Area. Strategy and Decision Making at the European Central Bank*, Cambridge.

Jarchow, H.-J. (1980), Der Hopfenzyklus in der Bundesrepublik (1950–1970) und das Spinngewebe-Theorem, in: *H. Hesse* (Hrsg.), *Arbeitsbuch Angewandte Mikoökonomie*, Tübingen, 81–89.

Kaldor, N. (1939), „Welfare Propositions of Economics and Interpersonal Comparisons of Utility", *Economic Journal*, 49, 549–552.

Kantzenbach, E. (1966), *Die Funktionsfähigkeit des Wettbewerbs*, Göttingen.

Kartte, W./Holtschneider, R. (1981), Konzeptionelle Ansätze und Anwendungsprinzipien im Gesetz gegen Wettbewerbsbeschränkungen – Zur Geschichte des GWB, in: *Cox, H./ Jens, U./Marker, K.* (Hrsg.), *Handbuch des Wettbewerbs*, München, 193–224.

Kerber, W. (2003), Wettbewerbspolitik, in: *Bender, D./Berg, H./Cassel, D./Gabisch, G./ Grossekettler, K.-H./Hartwig, K.-H./Hübl, L./Kerber, W./Nienhaus, V./Ott, N./Siebke, J./ Smeets, H.-D. / Thieme, H. J. / Vollmer, U., Vahlens Kompendium der Wirtschaftstheorie und Wirtschaftspolitik*, 8. Auflage, München, 297–361.

Keynes, J. M. (1936), *The General Theory of Employment, Interest and Money* (deutsch: *Allgemeine Theorie der Beschäftigung, des Zinses und des Geldes*, 9. Auflage, Berlin 2002).

Kirsch, G. (2004), *Neue Politische Ökonomie*, 5. Auflage, Stuttgart.

Kleinewefers, H./Jans, A. (1996), *Einführung in die volkswirtschaftliche und wirtschaftspolitische Modellbildung*, München.

Kleps, K. (1996), *Staatliche Preispolitik. Theorie und Realität in Markt- und Planwirtschaften*, 2. Auflage., München.

Kloten, N. (1976), Erfolg und Misserfolg der Stabilisierungspolitik (1969–1974), in: Deutsche Bundesbank (Hrsg.), *Währung und Wirtschaft in Deutschland 1876–1975*, Frankfurt am Main, 643–690.

Klump, R. (1985), *Wirtschaftsgeschichte der Bundesrepublik Deutschland. Zur Kritik neuerer wirtschaftshistorischer Interpretationen aus ordnungspolitischer Sicht*, Suttgart.

Klump, R. (1998), Dialogorientierte Wirtschaftspolitik – Ein Weg zu mehr Beschäftigung?, in: Berg, H. (Hrsg.), *Arbeitsmarkt und Beschäftigung. Deutschland im internationalen Vergleich*, Berlin, 195–211.

Klump, R. (2001), Soziale Marktwirtschaft: Geistige Grundlagen, ethischer Anspruch, historische Wurzeln, in: *Schlecht, O./Stoltenberg, G.* (Hrsg.), *Soziale Marktwirtschaft. Grundlagen, Entwicklungslinien, Perspektiven*, Freiburg i. Br., 17–59.

Knieps, G. (2001), *Wettbewerbsökonomie. Regulierungstheorie, Industrieökonomie, Wettbewerbspolitik*, Berlin-Heidelberg-New York.

Knieps, G./Brunekreeft, G. (2000) (Hrsg.), *Zwischen Regulierung und Wettbewerb. Netzsektoren in Deutschland*, Heidelberg.

Koester, U. (2005), *Grundzüge der landwirtschaftlichen Marktlehre*, 3. Auflage, München.

Kromphardt, J. (1983), Wirtschaftswissenschaft II: Methoden und Theorienbildung in der Volkswirtschaftslehre, in: *Albers, W./Born, K. E./Dürr, E./Hesse, H./Kraft, A./Lampert, H./Rose, K./Rupp, H.-H./Scherf, H./Schmidt, K./Wittmann, W.* (Hrsg.), *Handwörterbuch der Wirtschaftswissenschaften*, Band 9, Göttingen, 904–936.

Krugman, P./Obstfeld, M. (2003), *Internationale Wirtschaft*, 6. Auflage, München.

Kydland, F./Prescott, E. (1977), „Rules rather than Discretion: The Inconsistency of Optimal Plans", *Journal of Political Economy*, 85, 473–490.

Lampert, H./Althammer, J. (2004), *Lehrbuch der Sozialpolitik*, 7. Auflage, Berlin-Heidelberg – New York.

Landmann,O./Jerger, J. (1999), *Beschäftigungstheorie*, Berlin-Heidelberg-New York.

Layard, R. (2005), *The New Happiness*, London (deutsch: *Die glückliche Gesellschaft. Kurswechsel für Politik und Wirtschaft*, Frankfurt am Main 2005).

Leibenstein, H. (1966), „Allocative Efficiency versus X-Efficiency", *American Economic Review*, 56, 392–415.

Lucas, R.E. (1976), Econometric Policy Evaluation: A Critique, in: *Brunner, K. / Meltzer, A.* (Eds.), *The Phillips Curve and Labour Markets*, Carnegie-Rochester Conference Series on Public Policy, Amsterdam, 19–46.

Marx, K. (1867), *Das Kapital – Kritik der Politischen Ökonomie, Band 1: Der Produktionsprozess des Kapitals*, Hamburg.

Maußner, A. (1994), *Konjunkturtheorie*, Berlin-Heidelberg-New York.

Maußner, A./Klump, R. (1996), *Wachstumstheorie*, Berlin-Heidelberg-New York.

Mises, L. von (1929), *Kritik des Interventionismus, Untersuchungen zur Wirtschaftspolitik und Wirtschaftsideologie der Gegenwart*, Jena.

Müller-Armack, A. (1946), Wirtschaftslenkung und Marktwirtschaft, Hamburg (wiederab-gedruckt in: *Müller-Armack, A., Wirtschaftsordnung und Wirtschaftspolitik, Studien und Konzepte zur Sozialen Marktwirtschaft und zur Europäischen Integration*, 2. Auflage, Bern-Stuttgart 1976, 19–170).

Müller-Armack, A. (1959), „Die Soziale Marktwirtschaft nach einem Jahrzehnt ihrer Erpro-bung", in: *Wirtschaftspolitische Chronik*, 8, 7–22 (wiederabgedruckt in: *Müller-Armack, A. Genealogie der Sozialen Marktwirtschaft, Frühschriften und weiterführende Konzepte*, Bern-Stuttgart 1974, 119–128).

Musgrave, R. A. (1959), *The Theory of Public Finance: A Study in Political Economy*, New York.

Neumann, M. / Weigand, J. (2006) (Eds.), *The International Handbook of Competition*, Chel-tenham.

Niskanen, W. (1971), *Bureaucracy and Representative Government*, Chicago.

Nordhaus, W. D. / Tobin, J. (1973), Is Growth Obsolete?, in: *Moss, M.* (Ed.) *The Measurement of Economic and Social Performance, Studies in Income and Wealth*, New York-Lon-don, 509–564.

North, D. C. (1981), *Structure and Change in Economic History*, New York (deutsch: *Theorie des institutionellen Wandels*, Tübingen 1988).

Olson, M. (1965), *The Logic of Collective Action: Public Goods and the Theory of Groups*, Cambridge MA.

Peacock, A. / Wiseman, J. (1961), *The Growth of Public Expenditure in the United Kingdom*, Princeton NJ.

Persson, T. / Tabellini, G. (2000), *Politcal Economics. Explaining Economic Policy*, Cambridge MA – London.

Peters, H.-R. (2000), *Wirtschaftspolitik*, 3. Auflage, München.

Pigou, A. C. (1920), *The Economics of Welfare*, London.

Rawls, J. (1971), *A Theory of Justice*, Cambridge MA (deutsch: *Eine Theorie der Gerechtig-keit*, Frankfurt am Main 2001).

Ricardo, D. (1817), *On the Principles of Political Economy and Taxation*, London (deutsch: *Über die Grundsätze der politischen Ökonomie und der Besteuerung*, Marburg 2005).

Richter, R. / Furubotn, E. (2003), *Neue Institutionenökonomik. Eine Einführung und kritische Würdigung*, 3. Auflage, Tübingen.

Rose, K. / Sauernheimer, K. (1999), *Theorie der Außenwirtschaft*, 13. Auflage, München.

Sachverständigenrat zur Begutachtung der gesamtwirtschaftlichen Entwicklung (2003), (Hrsg.), *40 Jahre Sachverständigenrat 1963–2003*, Wiesbaden.

Samuelson, P. A. (1954), „The Pure Theory of Public Expenditure", *Review of Economics and Statistics*, 36, 387–389.

Sautter, H. (2004), *Weltwirtschaftsordnung. Die Institutionen der globalen Ökonomie*, Mün-chen.

Schatz, K.-W. (2002), *Für eine Erneuerung der Wirtschaftspolitik in Deutschland / Aufgaben und Struktur des Bundesministeriums für Wirtschaft*, Köln.

Schumpeter, J. A. (1911), *Theorie der wirtschaftlichen Entwicklung. Eine Untersuchung über Unternehmergewinn, Kapital, Kredit, Zins und den Konjunkturzyklus*, Berlin.

Schumpeter, J. A. (1942), *Capitalism, Socialism, and Democracy*, New York (deutsch: *Ka-pitalismus, Sozialismus und Demokratie*, Tübingen 1993).

Schmidt, I. (2005), *Wettbewerbspolitik und Kartellrecht*, 8. Auflage, Stuttgart.

Siebert, H. (2002), *Der Kobra-Effekt. Wie man Irrwege der Wirtschaftspolitik vermeidet*, 2. Auflage, Stuttgart-München.

Sinn, G. / Sinn, H.-W. (1993), *Kaltstart. Volkswirtschaftliche Aspekte der Deutschen Wiedervereinigung*, 3. Auflage, München.

Smith, A. (1776), *An Inquiry into the Nature and Causes of the Wealth of the Nations*, London (deutsch: *Der Wohlstand der Nationen – Eine Untersuchung seiner Natur und seiner Ursachen*, München 1999).

Stiglitz, J. E. (2000), *Economics of the Public Sector*, New York.

Streit, M. E. (2005), *Theorie der Wirtschaftspolitik*, 6. Auflage, Düsseldorf.

Tangermann, S. (1998), „Reform der EU-Agrarpolitik und WTO-Verhandlungen", *Agrarwirtschaft*, 47, 443–452.

Tinbergen, J. (1952), *On the Theory of Economic Policy*, Amsterdam.

Tinbergen J. (1956), *Economic Policy: Principles and Design*, Amsterdam.

Vaubel, R. (1985), Von der normativen zu einer positiven Theorie der internationalen Organisationen, in: *Giersch, H.* (Hrsg.), *Probleme und Perspektiven der weltwirtschaftlichen Entwicklung*, Berlin, 403–421.

Voigt, S. (2002), *Institutionenökonomik*, München.

Wallis, J. J. / North, D. C. (1986), Measuring the Transaction Sector in American Economy: 1870–1970, in: *Engerman, S. L. / Gallman, R. E.* (Eds.), *Long-Term Factors in American Economic Growth*, Chicago / London, 195–223.

Weimann, J. (2005), *Wirtschaftspolitik. Allokation und kollektive Entscheidung*, 3. Auflage, Berlin-Heidelberg-New York.

Weizsäcker, C. C. von (1998), „Das Gerechtigkeitsproblem in der Sozialen Marktwirtschaft", *Zeitschrift für Wirtschaftspolitik*, 47(1998), 257–288.

Welfens, P. J .J. (2005), *Grundlagen der Wirtschaftspolitik. Institutionen – Makroökonomik – Politikkonzepte*, 2. Auflage, Berlin-Heidelberg-New York.

Woll, A. (1992), *Wirtschaftspolitik*, München.

Register